세균전게임

LED를 밝혀라

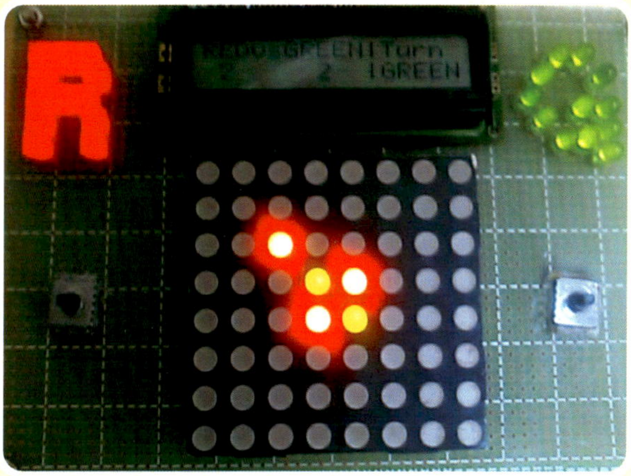

오셀로

지렁이게임

레이싱게임

반응감지 블록피하기

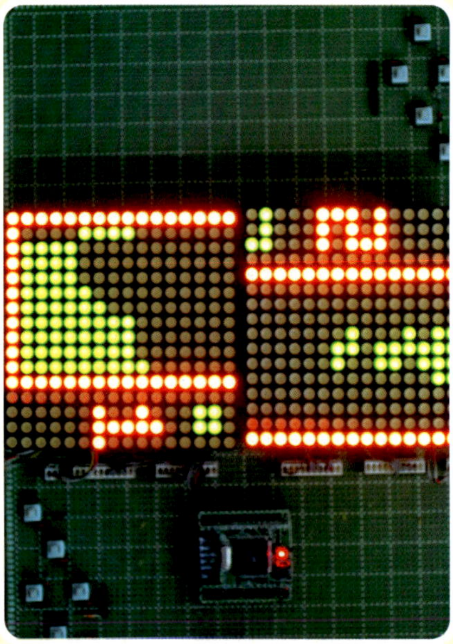

테트리스

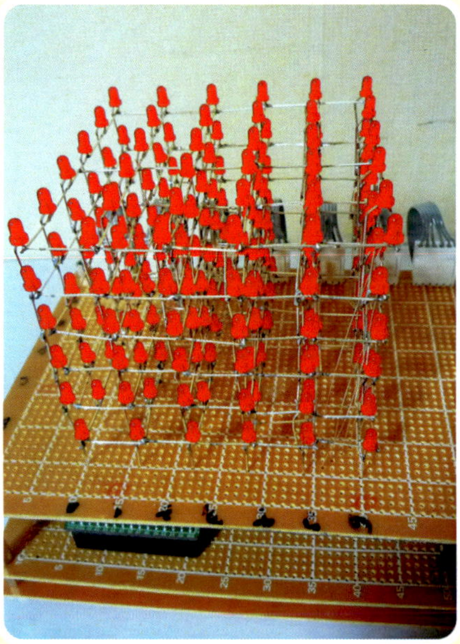

LED Cube

같은 숫자 맞추기

전자악기 테레민

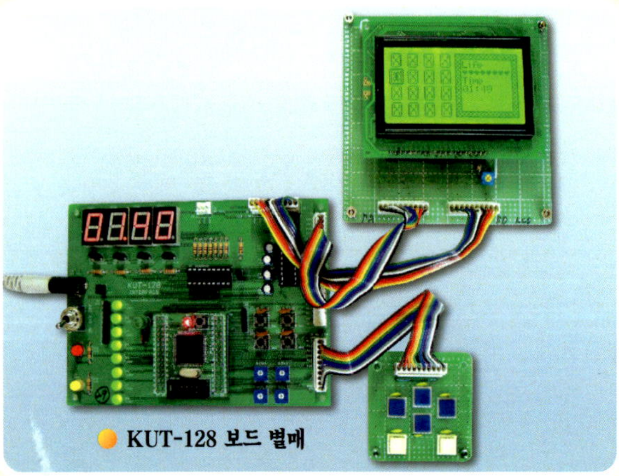

AVR ATmega128을 활용한 응용 실습편 - 게임특집

졸업작품 만들기 (VI)

신 동 욱 저

Ohm사

머리말

산업 현장 등에서 사용되고 있는 제어장치에는 마이크로프로세서가 널리 사용되고 있으며, 현재 여러 회사로부터 많은 종류의 마이크로프로세서가 생산되고 있다. 이들 마이크로프로세서에는 16비트 또는 32비트 고성능의 것도 있지만, 아직 8비트 마이크로프로세서가 많이 사용되고 있다. 지금까지는 인텔사의 MCS51 계열의 8비트 마이크로프로세서가 많이 사용되어 왔지만, 최근에는 플래시 프로그램 메모리와 ISP (In-System Programmable) 기능을 가지고 있는 Atmel사의 AVR 8 비트 RISC (Reduced Instruction Set Computer) 마이크로프로세서들이 많이 사용되고 있다.

이 책은 [쉬운 예제와 Kit로 배우는 AVR ATmega128]을 통해 ATmega128의 기능을 학습한 후에 이를 이용하여 응용작품을 만들고자 하는 독자들을 위해 쓰여진 책이라 할 수 있다.

이 책에 있는 작품들은 2008년도 한국기술교육대학교 전자전공 3학년 학생들이 약 10주 동안 ATmega128의 기능을 학습한 후 6주에 걸쳐 작품계획부터 시작해서 작품 설계 및 제작까지의 과정을 거쳐 완성한 작품들을 선별하여 정리한 것이다.

이 책은 크게 2부분으로 구성되어 있다.

1부에서는 ATmega128를 이용하여 설계된 KUT-128 보드, 개발 툴 *CodeVisionAVR C* 컴파일러, ATmega128의 기본사항에 대해 기술하였다.

2부에서는 10개의 작품들에 대해 다루고 있으며, 8개의 게임 작품과 1개의 LED 응용 표시작품 그리고 1개의 센서 응용작품이 소개된다.

게임 작품은 8x8 도트매트릭스를 이용한 작품과 16x16 도트매트릭스를 이용한 작품 그리고 7-세그먼트를 이용한 작품으로 나눌 수 있다.

8x8 도트매트릭스를 이용한 작품으로는 영역을 많이 차지해야 이기는 <세균전 게임>과 <오셀로 게임>이 소개되며, 그 밖에 <레이싱 게임>과 LED가 꺼져 있는 부분을 한 번씩만 통과하면서 모든 LED를 켜는 <"LED를 밝혀라" 게임>이 소개된다.

16x16 도트매트릭스를 이용한 작품으로는 먹이를 먹을 때마다 마디가 하나씩 증가하는 <지렁이(worm)게임>과 우리에게 잘 알려져 있는 <테트리스 게임> 그리고 3축 가속도 센서를 이용한 <반응감지 블록피하기> 게임이 소개된다.

7-세그먼트를 이용한 작품에서는 20개의 7 세그먼트를 이용하여 0부터 9까지 같은 숫자를 한 쌍씩 발생한 후 이를 맞추어가는 <같은 숫자 맞추기> 게임이 소개된다.

LED 표시 응용작품에서는 216개의 LED를 6x6x6으로 구성하고, 여러 종류의 패턴을 출력하여 3차원으로 표시하는 디스플레이 작품이 소개된다.

센서 응용작품에서는 초음파 센서 두 개를 이용하여 하나는 음량(볼륨), 다른 하나는 음계를 선택하여 음악을 연주할 수 있는 <전자 테레민>이 소개된다.

마지막으로 이 책이 만들어질 수 있도록 노력해 준 한국기술교육대학교 2008년도 전자전공 3학년 학생들에게 고맙게 생각하며, 이와 함께 이 책의 출판을 위해 항상 물심양면으로 애써주신 Ohm사의 곽종학 사장님과 편집부의 직원 여러분들에게 감사의 말씀을 드립니다.

2008년 12월 저자 신동욱 씀.

이 책의 내용이나 기술적인 문의사항은 Ohm사 홈페이지(http://www.ohm.co.kr) 해당 게시판에 공개적으로 질문하여 주시면 성실히 답변해 드리겠습니다.

차례

제 I 부 KUT-128 보드 및 개발 툴

제 2 부 응용 작품

부록

제 1 부

KUT-128 보드 및 개발 툴

Chapter 01

KUT-128 보드

이 장에서는 작품에 사용된 KUT-128 보드에 대해 설명한다. KUT-128 보드는 MCU 보드와 인터페이스 보드로 구성되며, ATmega128의 기능 학습과 응용작품 제작에 이용할 수 있다.

1.1 KUT-128 MCU 보드

MCU 보드를 키트로 사용할 때는 인터페이스 보드에 장착하여 사용하며, 학생들의 작품 제작이나 회사에서의 상품을 개발할 때는 MCU 보드만을 따로 이용할 수 있도록 설계되어 있다.

[사진 1-1] KUT-128 MCU 보드

(1) MCU 회로

MCU 회로는 [그림 1-1]과 같이 ATmega128 MCU, 리셋 회로, 클럭 발생 회로로 구성되어 있다. 클럭 발생 회로는 16MHz 크리스탈 발진기를 사용하였으며, ATmega128의

A, B, C, D, E, F, G 포트는 커넥터로 뽑아 인터페이스 보드 또는 사용자들의 개발 보드와 연결할 수 있도록 설계하였다. 리셋 회로는 리셋 스위치를 이용하여 MCU에 시스템 리셋을 발생시킬 수 있다.

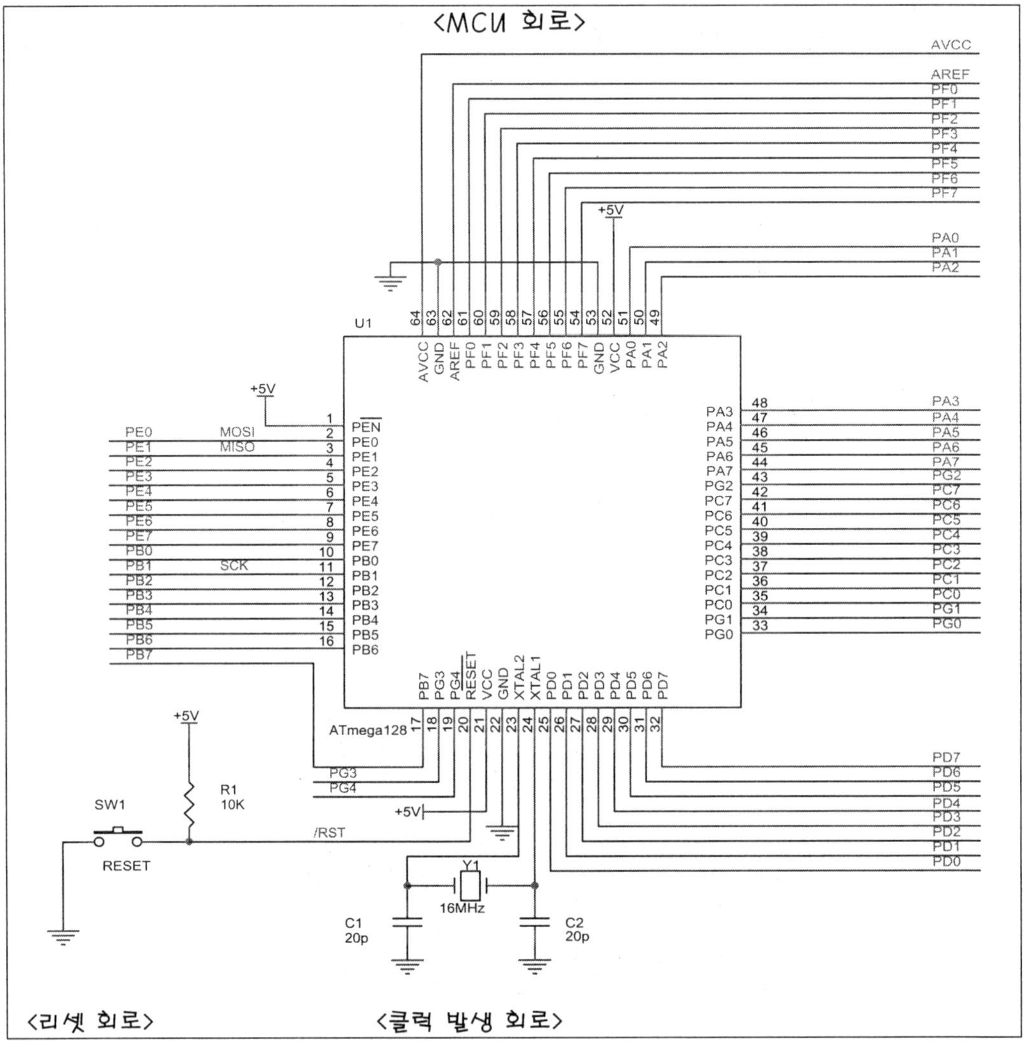

[그림 1-1] ATmega128 MCU 회로

(2) ISP 다운로더 커넥터

C 컴파일러에 내장된 프로그래머(Programmer)를 통해 KUT-128 보드에 사용자가 작성한 프로그램을 다운로드 할 수 있도록 ISP(In-System Programming) 커넥터를 [그림

1-2]와 같이 구성하였다. KUT-128 보드에 PC를 연결하여 프로그램을 다운로드 하기 위해서는 ISP 케이블을 반드시 제작해야 하며, ISP 케이블은 부록의 <케이블 제작>을 참조하여 직접 제작하든지 또는 Ohm사에서 판매하는 케이블을 사용하여야 한다.

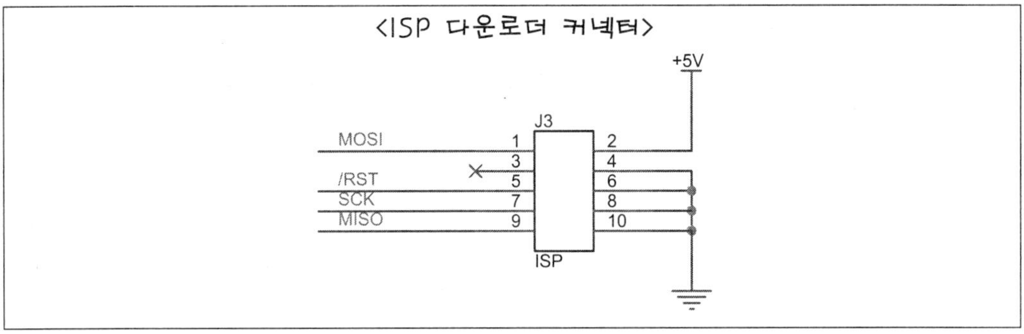

[그림 1-2] ISP 다운로더 커넥터

(3) 확장 커넥터

ATmega128의 모든 단자를 [그림 1-3]과 같이 커넥터로 뽑아 KUT-128 인터페이스 보드 또는 사용자가 설계하는 확장보드에 연결할 수 있다.

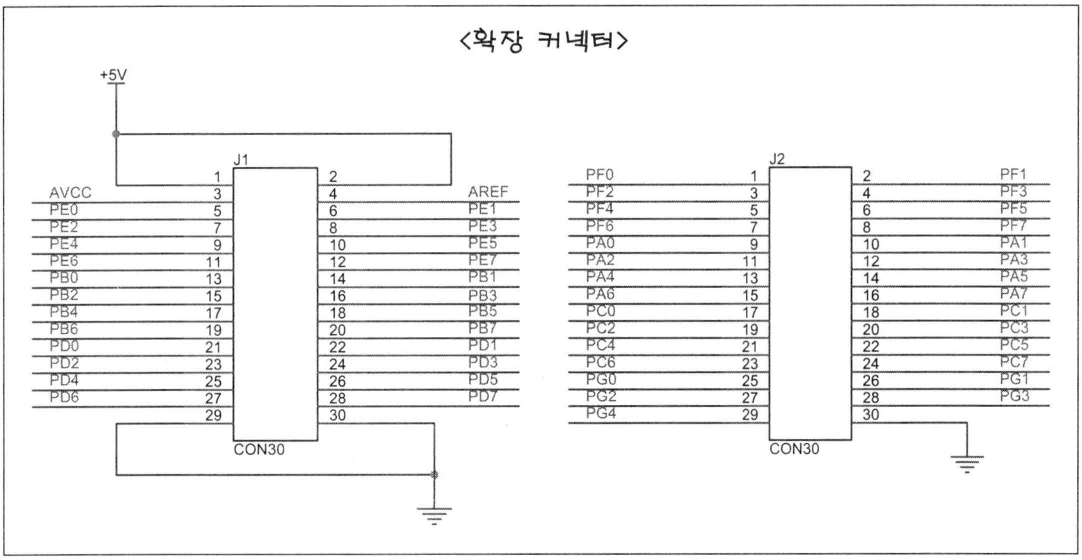

[그림 1-3] 확장 커넥터

(4) 전원 LED와 바이패스 콘덴서

[그림 1-4]는 전원 LED와 바이패스 콘덴서 회로를 보여준다.

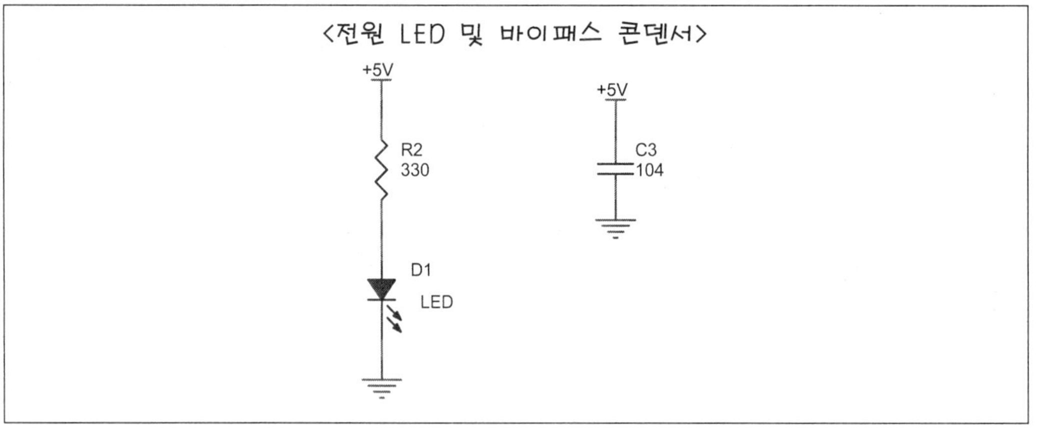

[그림 1-4] 전원 LED 및 바이패스 콘덴서

1.2 KUT-128 인터페이스 보드

인터페이스 보드는 ATmega128의 기능을 가능한 모두 학습할 수 있도록 다음과 같은 회로를 보드 상에 실장하거나 커넥터를 이용하여 추가로 연결할 수 있도록 구성하였다.

- LED 출력(포트 C) 회로
- 7-Segment(포트 B, F) 구동 회로
- 스위치 입력 회로(포트 E)
- 아날로그 입력 회로
- A/D 변환기 입력회로
- USART(RS-232 시리얼 통신) 회로
- LCD 커넥터
- 외부에 메모리 또는 I/O를 연결하기 위한 확장 포트 : 포트 A, 포트 C, 포트 G

[사진 1-2]는 KUT-128 인터페이스 보드를 보여주며, [사진 1-3]은 KUT-128 인터페이스 보드에 KUT-128 MCU 보드가 장착된 것을 보여준다.

[사진 1-2] KUT-128 인터페이스 보드

[사진 1-3] KUT-128 + KUT-128 인터페이스 보드

(1) LED 출력 회로

포트 출력에 대한 실험을 할 수 있으며, 출력값을 직접 확인할 수 있도록 [그림 1-5]와 같이 포트 C에 8개의 LED를 연결하여 구성하였다. 그리고, 포트 C를 확장 포트로 외부에서 사용할 때 LED가 동작하지 않도록 하기 위해 어레이 저항의 공통 단자를 점퍼 JP1에 의해 ON/OFF 할 수 있다.

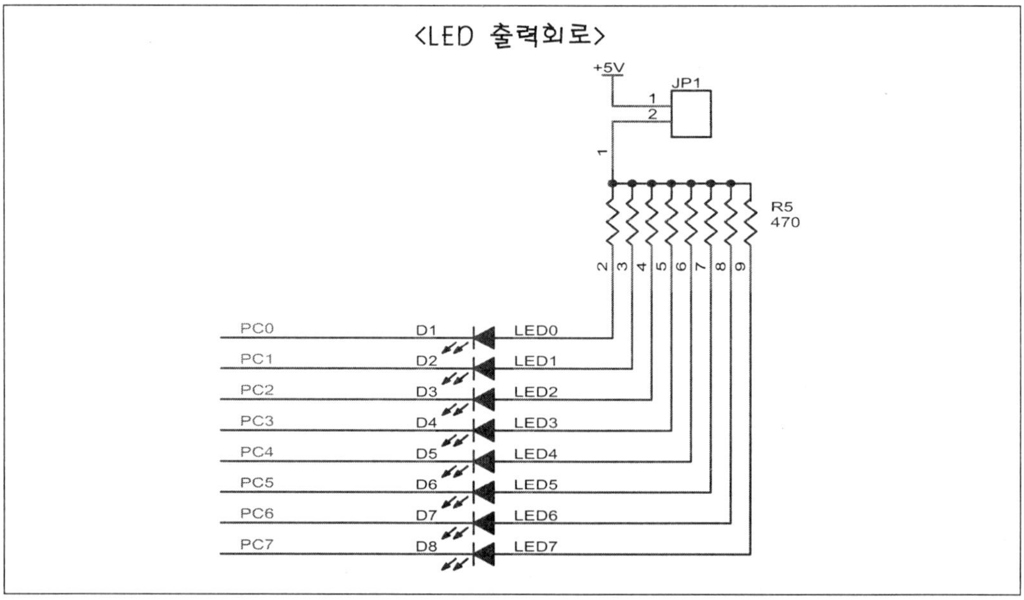

[그림 1-5] LED 출력 회로

(2) 7-Segment 구동회로

디지털 시계의 제작 또는 A/D 변환기의 변환값 등을 표시할 수 있도록 Common Anode 형의 7-Segment를 4개 장착하였다. [그림 1-6]과 같이 각 Segment의 LED는 ULN2803을 거쳐 포트 B에 연결되어 있으며, 각 Segment의 ON/OFF는 4개의 트랜지스터 2SA1015를 이용하여 동적 구동법에 의해 구동하도록 설계하였다. 각 Segment의 LED를 ON시키기 위해서는 포트 B의 해당비트에 1을 출력해야 하며, Segment를 ON시키기 위해서는 PF4~PF7에 0을 출력시켜 트랜지스터를 ON시켜야 한다. 점퍼 JP2는 좌측 2번째 Segment의 decimal point LED의 표시를 ON/OFF 시킨다.

<7-Segment 구동회로>

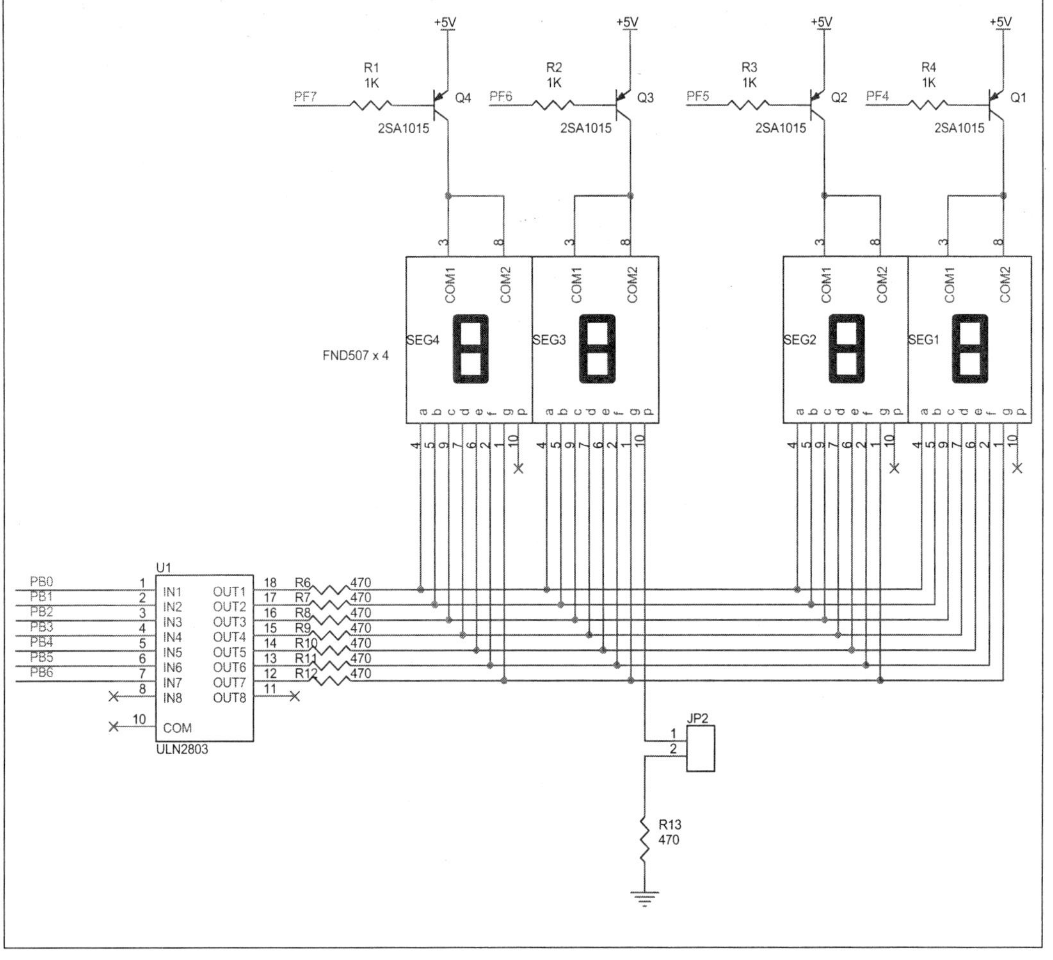

[그림 1-6] 7-Segment 구동회로

(3) 스위치 입력회로

포트 입력뿐 아니라 인터럽트 실험을 수행할 수 있도록 [그림 1-7]과 같이 4개의 스위치를 포트 E에 연결하여 설계하였다. 이들 스위치들은 일반 스위치 입력핀으로 사용할 수도 있고, 또한 외부 인터럽트 INT4-INT7의 입력핀으로도 사용이 가능하다.

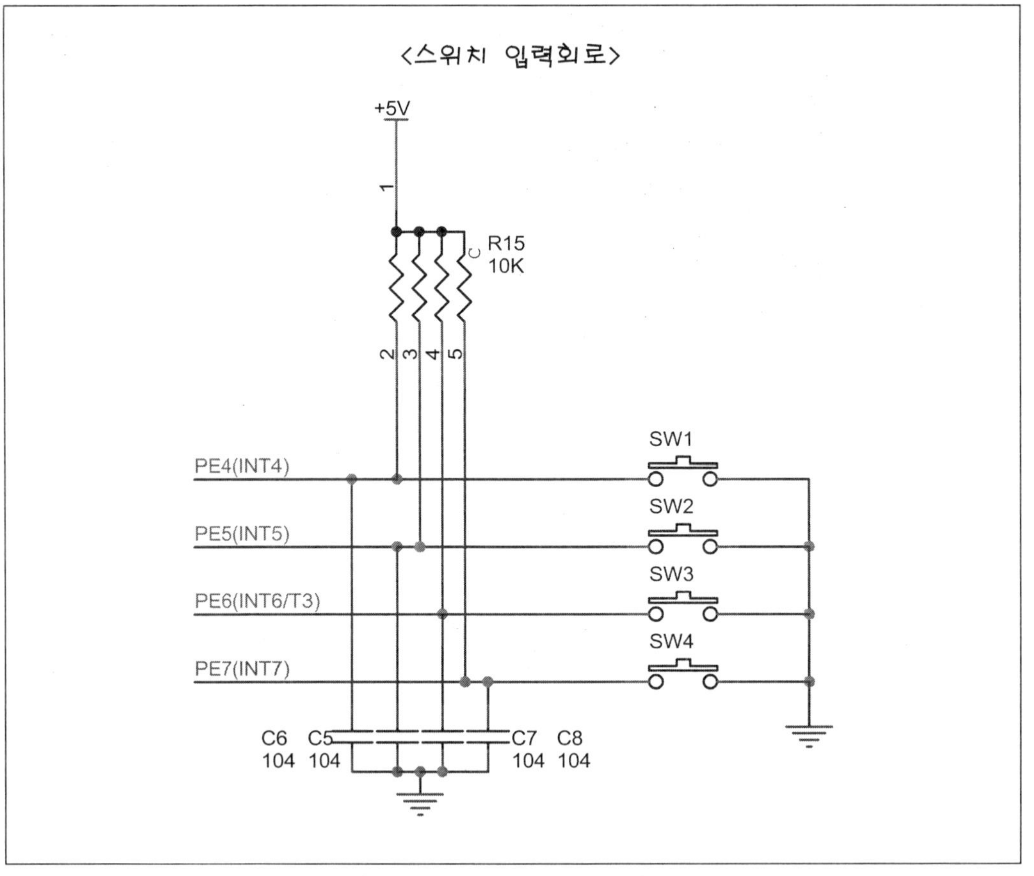

[그림 1-7] 스위치 입력회로

(4) USART 회로

ATmega128에 내장되어 있는 USART0 시리얼 통신 포트를 사용할 수 있도록 MAX232 드라이버 IC를 사용하여 [그림 1-8]과 같이 회로를 구성하였다. MAX232 드라이버 IC는 RS-232C 통신에 적합하도록 전압 레벨을 ±10V로 변환하는 역할을 하며, RS-232C 통신을 위한 케이블 제작은 부록을 참조하기 바란다.

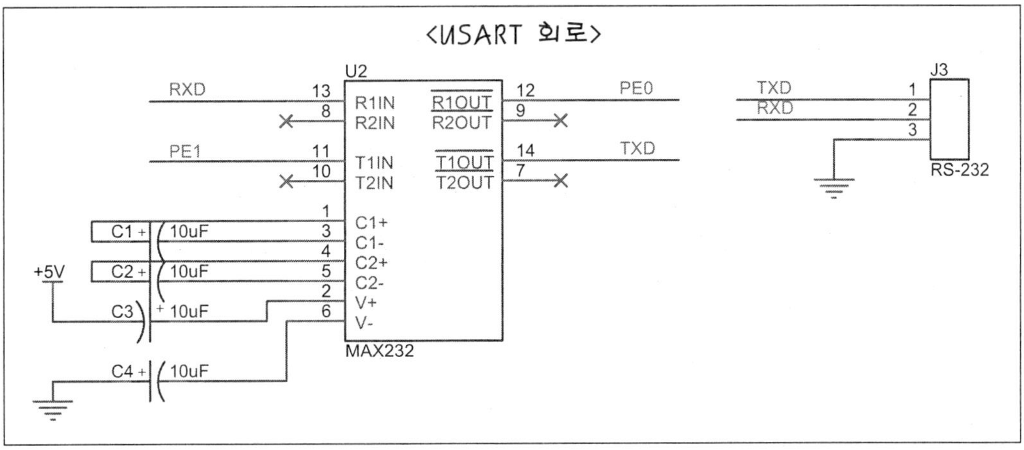

[그림 1-8] USART 회로

(5) LCD 커넥터

LCD 연결을 위한 커넥터는 [그림 1-9]와 같이 포트 D를 이용하여 구성하였다. LCD는 16문자×2라인을 가지고 있는 캐릭터(Character) LCD를 사용할 수 있으며, 4비트 데이터 버스 방식에 의해 제어된다. 가변저항은 LCD의 밝기 조정용으로 사용된다.

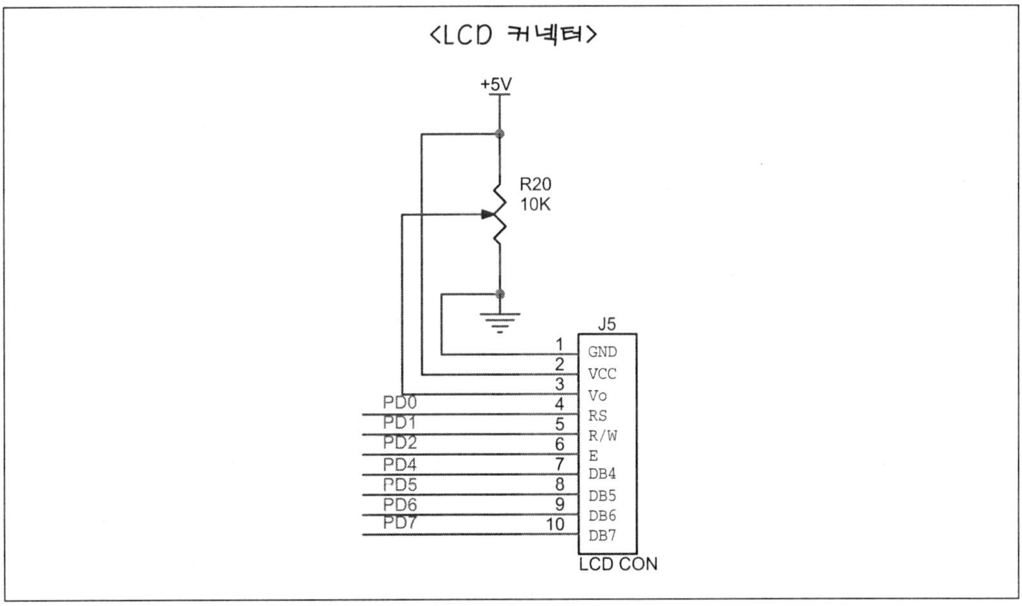

[그림 1-9] LCD 커넥터

(6) PWM 출력 및 아날로그 입력회로

ATmega128의 타이머/카운터를 이용하여 PWM 출력 실험을 할 수 있도록 [그림 1-10]과 같이 회로를 설계하였으며, 또한 아날로그 비교기와 A/D 변환기의 두 입력신호를 각각 공급한다.

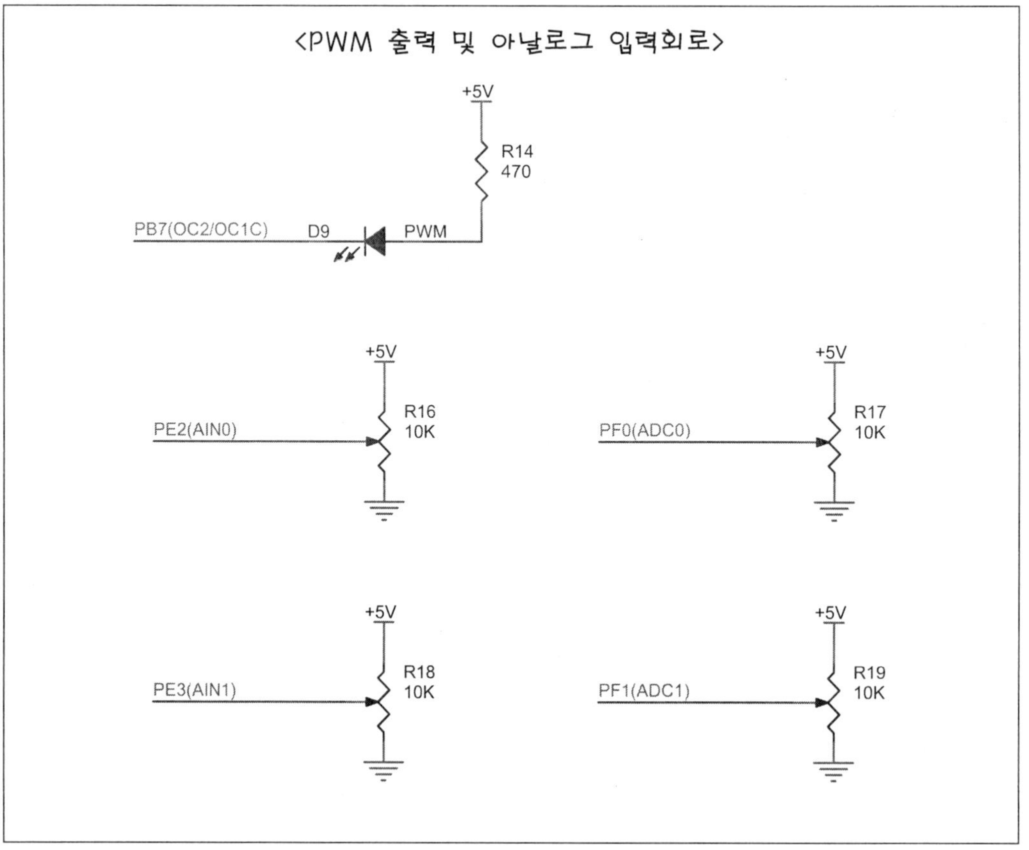

[그림 1-10] PWM 출력 및 아날로그 입력회로

(7) MCU 보드 연결 커넥터

[그림 1-11]은 KUT-128 MCU 보드와의 연결을 위한 커넥터를 보여준다.

<MCU 보드 연결 커넥터>

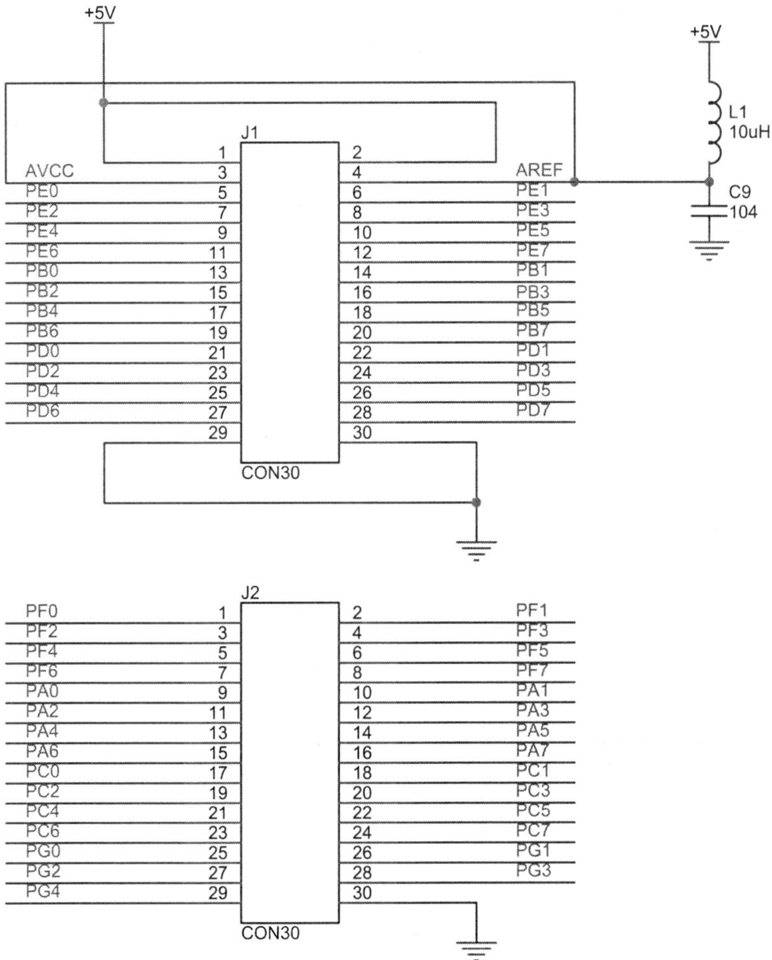

[그림 1-11] MCU 보드 연결 커넥터

(8) 외부 확장 커넥터

KUT-128 인터페이스 보드에 실장된 기능 이외의 실험을 할 수 있도록 [그림 1-12]와 같이 포트 A와 포트 C 그리고 제어 신호로 구성된 포트 G의 외부 확장 커넥터를 마련하였다.

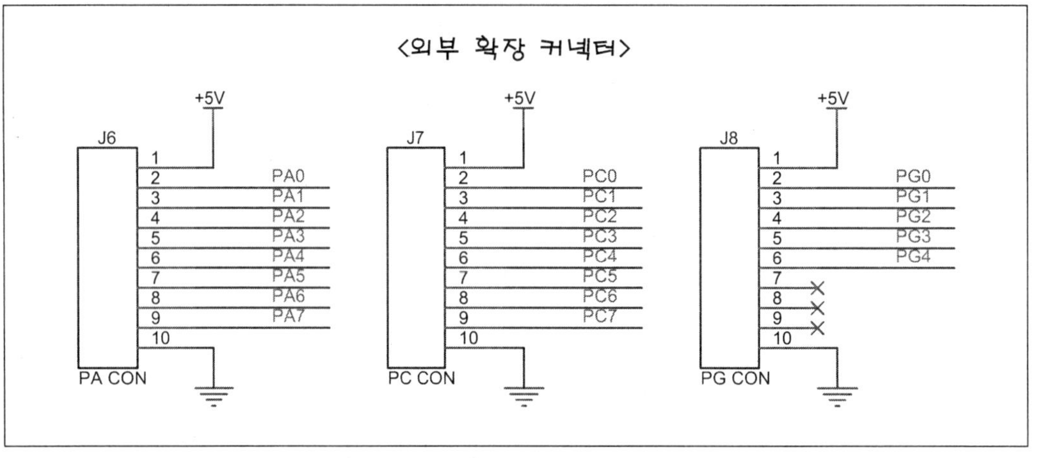

[그림 1-12] 외부 확장 커넥터

(9) 전원부

KUT-128 보드에는 [그림 1-13]과 같이 5V 단일 전원이 공급되고, 전원이 ON되면 전원 LED가 ON된다.

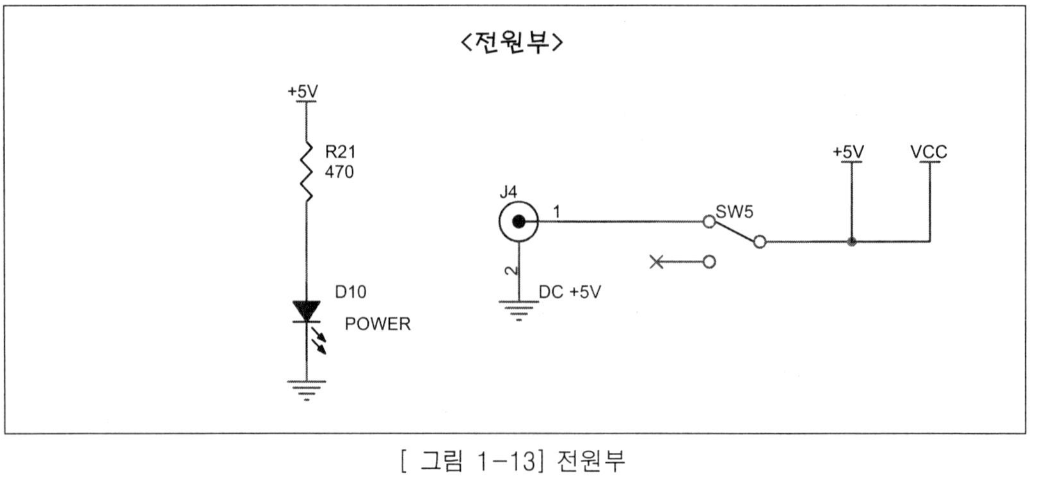

[그림 1-13] 전원부

Chapter 02

CodeVisionAVR C 컴파일러

2.1 CodeVisionAVR 특징

이 책에서 소개되는 작품들의 프로그램은 C언어로 작성되어 있으며, C 컴파일러는 사용하기 쉽고 편리한 통합 환경을 지원하는 *HP InfoTech*사의 *CodeVisionAVR* 을 사용하였다. *CodeVisionAVR*은 Atmel사의 AVR 마이크로콘트롤러 패밀리를 위해 설계된 통합 개발 환경 및 자동 프로그램 생성기(*CodeWizardAVR*)를 내장한 C 컴파일러이다. 즉, *CodeVisionAVR*은 에디터, 컴파일러, 프로그램 다운로드 기능을 모두 가지고 있기 때문에, 사용자가 작성한 프로그램을 컴파일한 후에 바로 ATmega128의 플래시 프로그램 메모리에 다운로드하여 실행시켜 볼 수가 있다.

또한, *CodeVisionAVR*은 윈도우즈에서 실행되는 32비트 어플리케이션 프로그램이며, AVR 구조와 임베디드(embeded) 시스템에 가장 적합하도록 ANSI C 언어의 모든 구성요소와 거의 가깝게 구현되었다.

특히, 표준 C 라이브러리뿐만 아니라 *CodeVisionAVR* C 컴파일러는 다음과 같은 인터페이싱(interfacing) 라이브러리를 가지고 있다.

① 캐릭터 LCD 모듈
② Philips I^2C 버스
③ National Semiconductor의 LM75 온도 센서
④ Philips PCF8563, PCF8583, Dallas Semiconductor DS1302와 DS1307 리얼-타임 클럭
⑤ Dallas Semiconductor 1-Wire 프로토콜
⑥ Dallas Semiconductor DS1820/DS1822 온도 센서
⑦ Dallas Semiconductor DS1621 온도계/온도조절장치
⑧ SPI

⑨ 전원 관리
⑩ 시간 지연 함수

또한, *CodeVisionAVR*은 다음과 같은 기능의 구현에 필요한 모든 코드를 생성하는 *CodeWizardAVR* 자동 프로그램 생성기를 내장하고 있다.

① 외부 메모리 액세스 설정
② 칩 리셋 소스 정의
③ 입·출력 포트 초기화
④ 외부 인터럽트 초기화
⑤ 타이머/카운터 초기화
⑥ 워치-독 타이머 초기화
⑦ UART 초기화
⑧ 아날로그 비교기 초기화
⑨ AD 컨버터 초기화
⑩ SPI 인터페이스 초기화
⑪ I^2C Bus, LM75 온도 센서, DS1621 온도계/온도조절장치 및 PCF8563, PCF8583, DS1302, DS1307 리얼-타임 클럭 초기화
⑫ 1-Wire 버스 및 DS1820/DS1822 온도 센서 초기화
⑬ LCD 모듈 초기화

2.2 *CodeVisionAVR* 구성

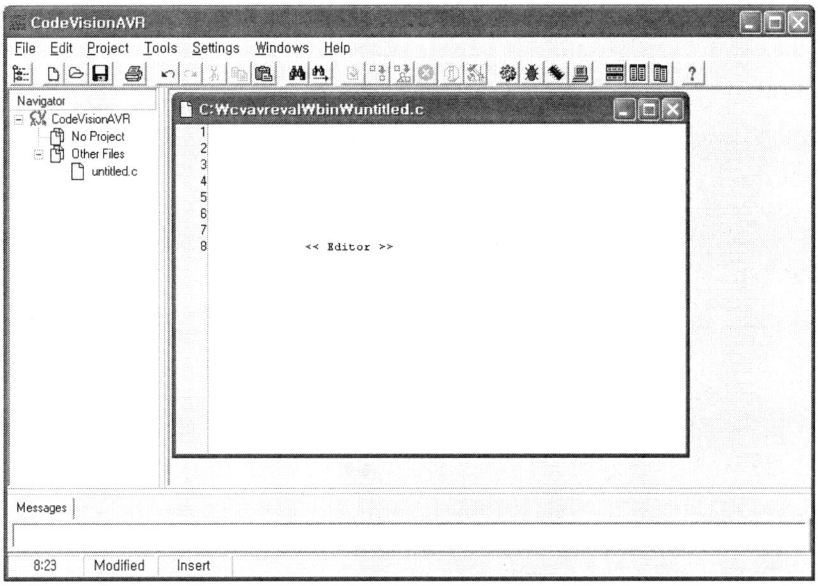

[그림 2-1] *CodeVisionAVR* 통합 개발 환경

CodeVisionAVR 통합 개발 환경의 구성은 [그림 2-1]과 같으며, 각 구성 요소에 대한 기능은 다음과 같다.

① Navigator 윈도우

소스 파일을 보다 쉽게 표시하거나 열 수 있게 하며, 파일 이름을 클릭하면 파일이 열리거나 최대화된다. 또한, 컴파일(Compile)이나 메이크(Make) 과정을 거친 후에 전역 변수 리스트와 컴파일된 C 소스 파일에서 선언된 함수를 보여준다. Project 밑에 있는 파일들은 컴파일 대상파일을 보여주며, 컴파일 과정에서 에러나 경고(Warning)가 발생하면 Navigator 윈도우에서 확인할 수 있다. Others File 밑에 있는 파일은 현재 편집창에 오픈 되어 있는 파일명을 보여줄 뿐이며, 컴파일과는 아무런 관계가 없다.

② Editor 윈도우

사용자가 C 소스 및 헤더 파일을 작성하거나 이미 존재하는 C 소스파일을 열면 화면상에 표시되는 곳이다. 맨 왼쪽에는 소스코드의 라인 수가 표시되고, 주석, 코드, 함수, 정의어 등에 따라 각각 다른 색으로 표시되어 사용자가 이를 쉽게 구별할 수 있다.

③ Message 윈도우

컴파일 과정에서 에러나 경고가 발생했을 경우에 메시지가 표시되는 부분으로 Navigator 윈도우에 표시되는 메시지와 같다.

④ Menu

*CodeVisionAVR*의 모든 기능을 사용할 수 있는 메뉴로 프로젝트 파일 및 소스 파일을 열거나 저장할 수 있으며, 컴파일이나 메이크 과정을 수행할 수도 있다.

⑤ Toolbar

자주 사용하는 메뉴를 모아 놓은 부분으로 각각의 기능은 다음과 같다.

Navigator 보이기/감추기	새 파일 만들기
파일 열기	파일 저장
파일 인쇄	되살리기
다시 하기	오려두기
복사	붙여 넣기
텍스트 찾기	텍스트 바꾸기
편집 파일 문법에러 체크	현재 파일 컴파일
프로젝트 파일 Make	컴파일 정지
컴파일/메이크 정보	프로젝트 구성
CodeWizardAVR 실행	디버거(Debugger) 실행
칩 프로그래머 실행	시리얼 터미널 실행
수평 타일 윈도우	수직 타일 윈도우
캐스케이드 윈도우	도움말

[그림 2-2] 툴바 기능

CodeVisionAVR 통합 개발 환경에 대한 구성은 이상과 같으며, 자세한 기능 및 설명은 많은 지면을 필요로 하기 때문에 생략하기로 한다. 데모용 소프트웨어 또는 컴파일러에 대한 자세한 정보를 얻기 위해서는 도움말을 참고하거나 아래의 홈페이지를 참조하기 바란다.

http://www.hpinfotech.ro/html/download.htm : 평가판 다운로드

http://www.roboblock.co.kr : 평가판 다운로드, *CodeVisionAVR* 국내 판매

http://www.ohm.co.kr : 평가판 다운로드

2.3 컴퓨터와 연결하기

KUT-128 보드와 컴퓨터는 [그림 2-3]과 같이 ISP 케이블로 연결되며, 이 케이블을 통해 C컴파일러에서 생성한 헥사파일이 KUT-128 MCU 보드의 플래시 프로그램 메모리에 쓰여지고 실행되어진다.

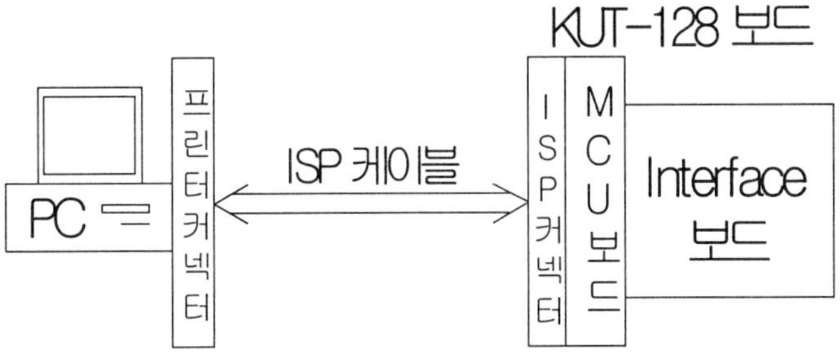

[그림 2-3] 직렬 프로그래밍을 위한 PC와 KUT-128 보드와의 연결

KUT-128 보드에 사용하는 ISP 케이블은 Kanda Systems STK200/300 규격의 ISP와 호환되도록 설계되어 있기 때문에, *CodeVisionAVR*에서 지원하는 프로그래머를 KUT-128 보드에서 사용할 수 있도록 [그림 2-1]에서 'Settings' 메뉴의 'Programmer' 항목을 선택하여 [그림 2-4]와 같이 <Kanda Systems STK200/300>를 선택하고, 프린터 포트는 사용자 컴퓨터에서 사용하고 있는 주소를 선택하면 된다. 참고로 프린터 포트의 주소는 윈도우즈의 제어판에서 시스템에 관한 항목을 열어보면 알 수 있다.

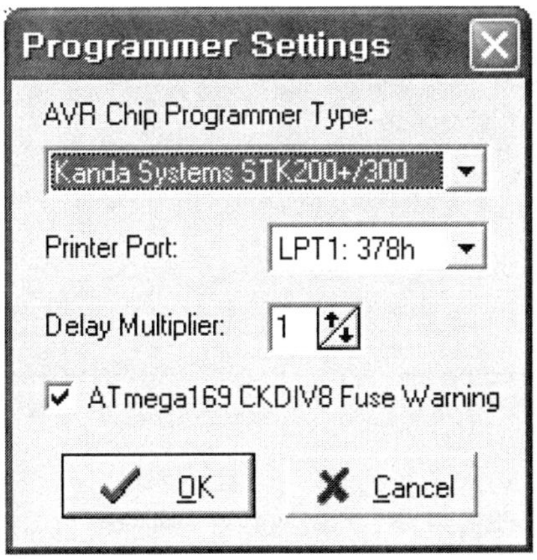

[그림 2-4] 프로그래머 설정

2.4 프로그래밍

프로그래밍이란 *CodeVisionAVR*을 이용하여 KUT-128 보드에 ISP 케이블을 통해 사용자가 작성한 프로그램을 ATmega128에 다운로드하여 실행시키는 일련의 과정으로 정의한다. 실질적인 프로그래밍은 *CodeVisionAVR*의 프로그래머에 의해서 자동으로 수행되며, 사용자는 약간의 설정으로 쉽게 프로그래밍을 할 수 있다.

2.4.1 프로젝트 파일 생성

① 메뉴의 File-New 항목을 클릭하거나 툴바의 버튼을 클릭하고, [그림 2-5]의 대화상자에서 'Project'를 선택한다.

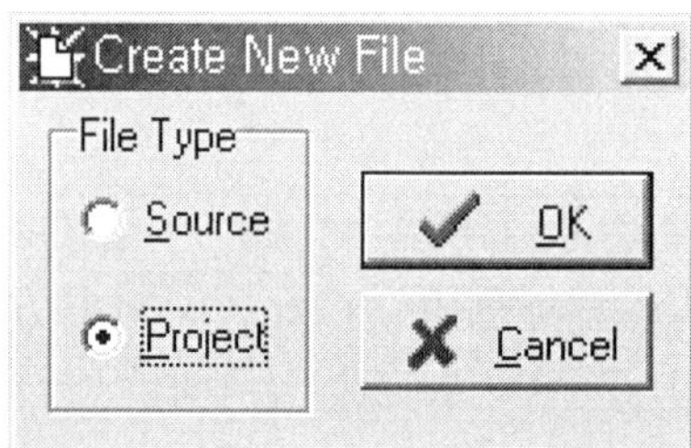

[그림 2-5] 프로젝트 파일 선택

② [그림 2-6]과 같은 *CodeWizardAVR*의 사용 여부를 묻는 대화상자가 나타나면 'No' 버튼을 클릭한다.

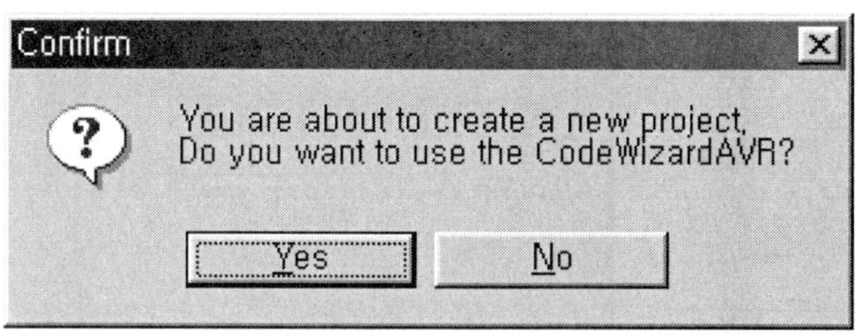

[그림 2-6] *CodeWizardAVR* 사용 대화상자

③ [그림 2-7]와 같은 대화상자가 표시되면, 생성하고자 하는 프로젝트명을 입력한다.

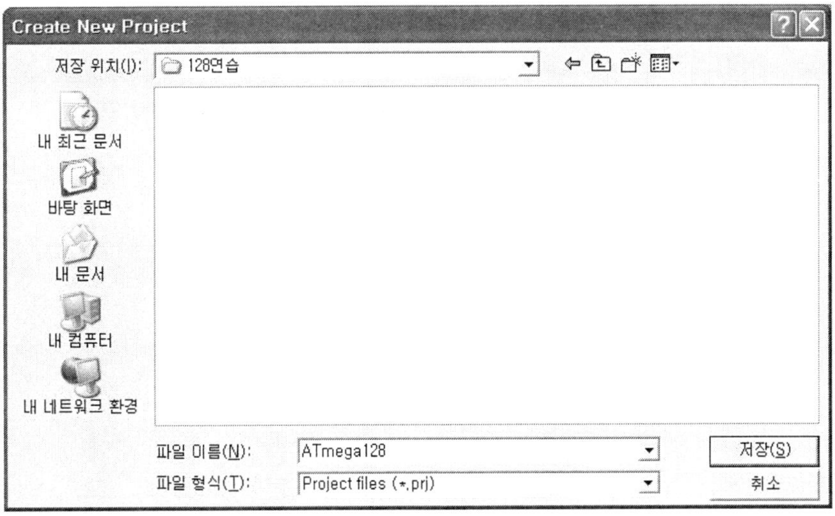

[그림 2-7] 프로젝트 파일명 입력

⑤ 'C Compiler' 항목을 열어 [그림 2-8]과 같이 'Chip'을 선택하는 곳에서 ATmega128를 선택하고, Clock을 16MHz로 설정한다.

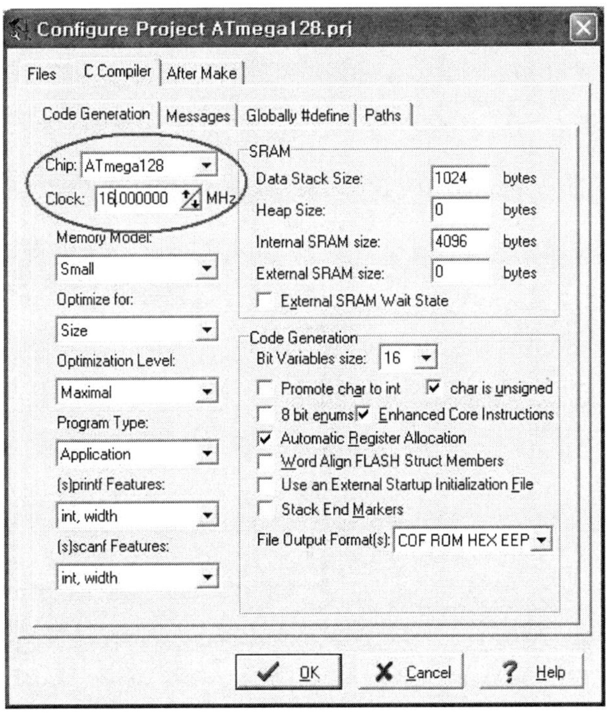

[그림 2-8] 프로젝트 구성 - C Compiler

⑥ [그림 2-9]와 같이 'After Make' 항목을 열어 'Program the Chip'의 체크 박스를 활성화시킨다.

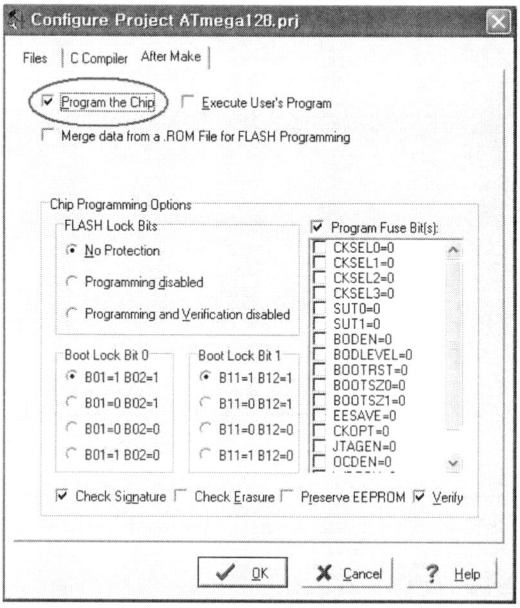

[그림 2-9] 프로젝트 구성 – After Make

⑦ [그림 2-9]에서 OK 버튼을 클릭하면 [그림 2-10]에서와 같이 Navigatotr 윈도우 화면에 프로젝트명 "ATmega128"이 표시되는 것을 확인할 수 있다.

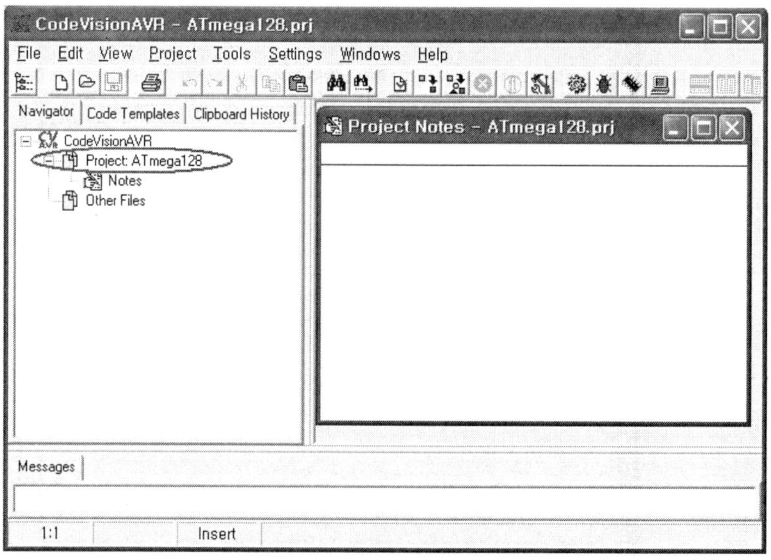

[그림 2-10] 프로젝트 생성 결과 화면

2.4.2 소스 파일 작성

File 메뉴의 New 항목이나 툴바의  버튼을 클릭하면 [그림 2-11]과 같은 선택 창이 나타난다. 이 창의 File Type에서 **'Source'** 항목을 선택한 후에 OK 버튼을 클릭하면 [그림 2-12]와 같은 새로운 에디터 창이 생성되고 [그림 2-13]과 같이 여기에 소스 코드를 작성하면 된다. 편집창에서는 여러 개의 파일을 동시에 열어 작업할 수 있다.

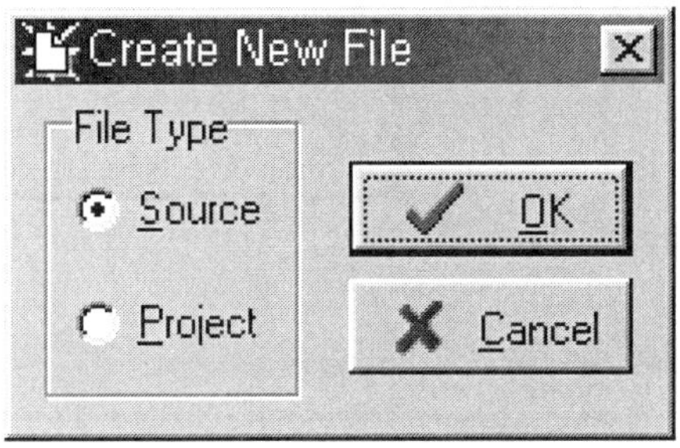

[그림 2-11] 새 파일 선택 창

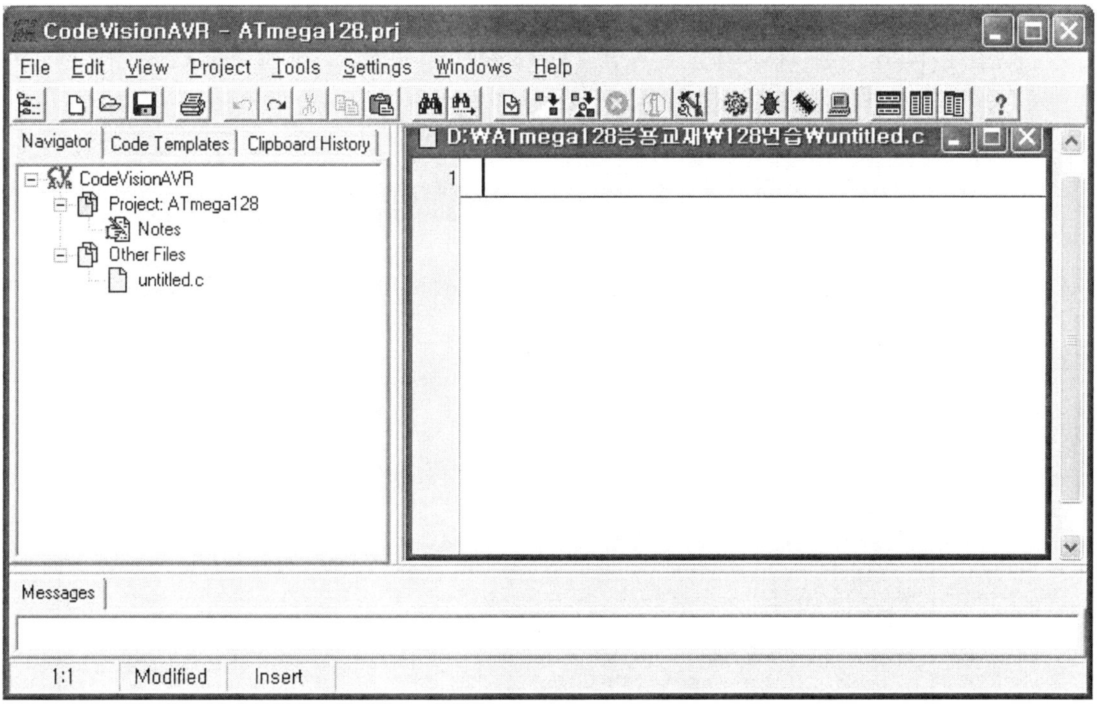

[그림 2-12] 새 파일 생성

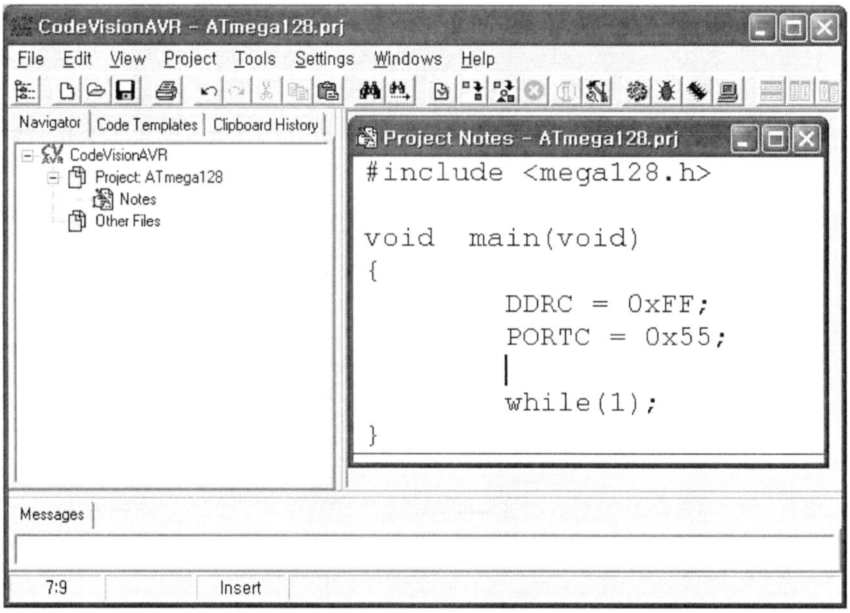

[그림 2-13] 소스 코드 작성

사용자가 작성한 프로그램을 저장하기 위해 File 메뉴의 'Save As' 항목을 클릭하면 [그림 2-14]와 같은 파일 저장 대화상자가 나타난다. 저장하고자 하는 폴더를 지정한 후에 '파일 이름(N)'에 원하는 파일명으로 저장하면 된다.

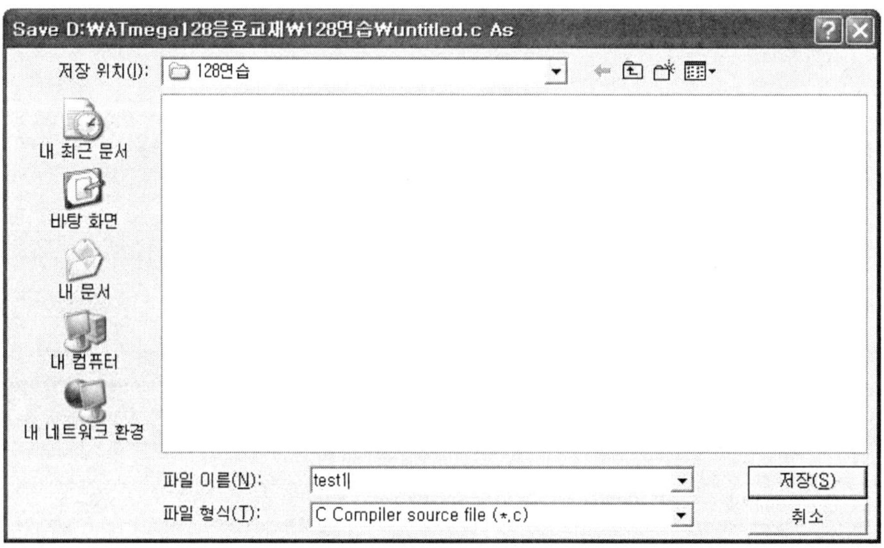

[그림 2-14] 파일 저장하기

2.4.3 컴파일 및 프로그래밍

메뉴의 <프로젝트 구성> 버튼 을 클릭하여 [그림 2-15]와 같은 대화 상자가 나타나면 'Files' 항목의 'Add' 버튼을 클릭하여 [그림 2-16]의 대화상자를 통해 방금 작성한 test1.c 파일을 프로젝트에 추가한다.

[그림 2-15] 프로젝트 구성

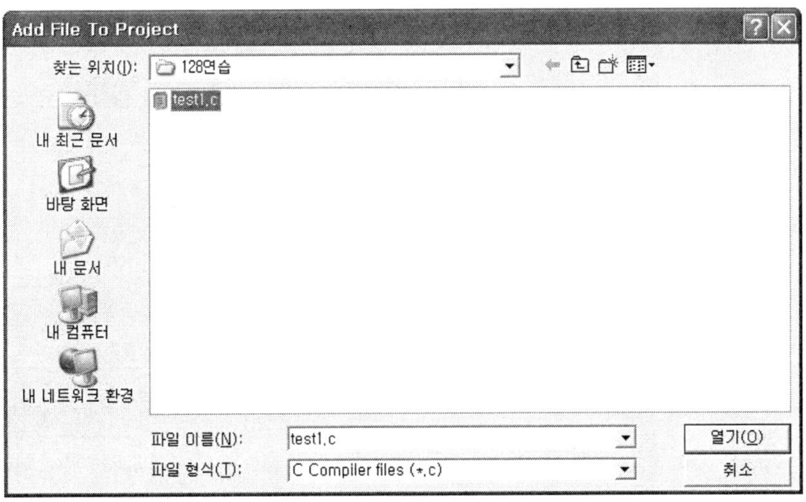

[그림 2-16] 컴파일 대상 파일 등록하기

[그림 2-17] 컴파일 대상 등록

[그림 2-17]은 컴파일 대상 파일로 등록된 상태를 보여주며, OK 버튼을 클릭하면 [그림 2-18]과 같이 Navigator 윈도우에서 프로젝트명 밑에 test1.c 파일이 표시된 것을 확인할 수 있다.

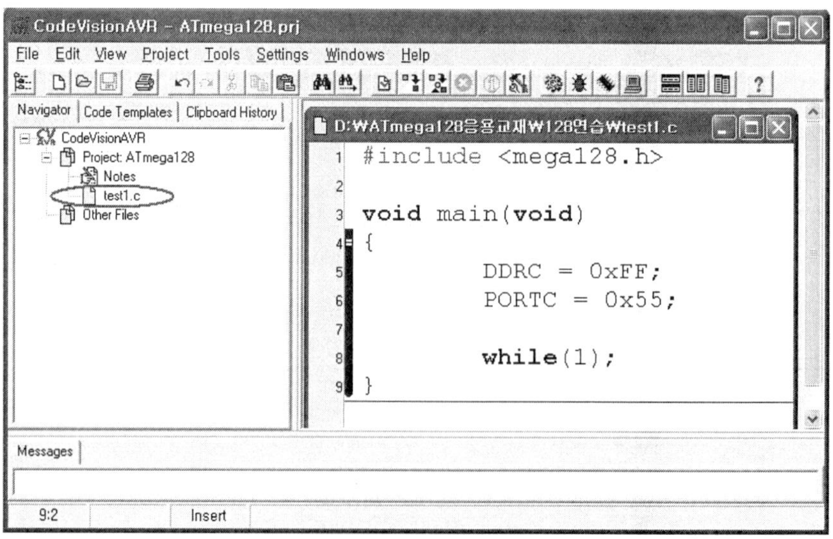

[그림 2-18] Navigator 윈도우에 컴파일 대상 파일 등록 표시

툴바의 메이크 버튼 를 클릭하여 메이크 과정이 끝나면 [그림 2-19]와 같은 'Information' 대화 상자가 나타난다. 대화 상자의 'Program' 버튼을 클릭하면, [그림 2-20]과 같이 프로그래밍 되는 과정이 표시된다.

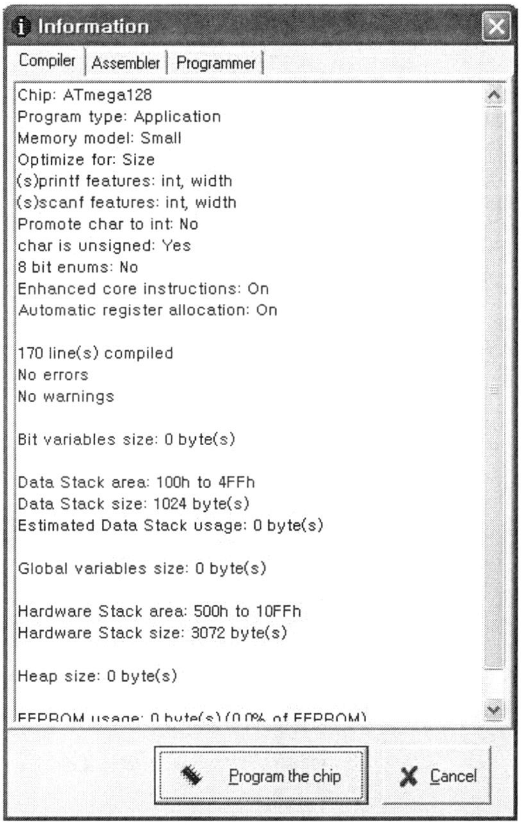

[그림 2-19] 컴파일 정보 대화상자

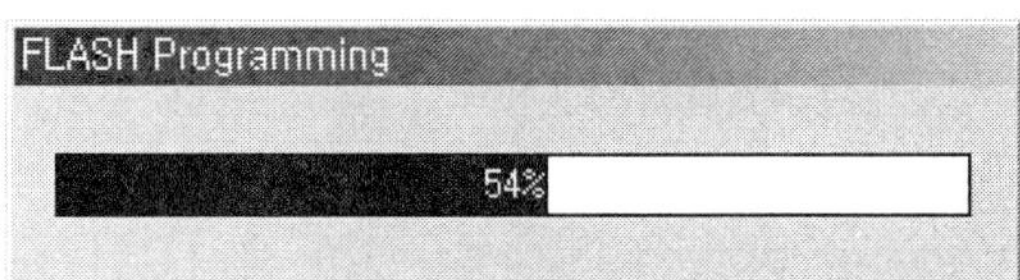

[그림 2-20] 프로그래밍 과정 표시화면

프로그래밍 과정이 끝나면 다운로드한 프로그램이 바로 실행되어 LED 4개가 점등되는 것을 확인할 수 있다.

2.4.4 새 파일 작성 및 컴파일 하기

앞에서와 마찬가지로 <File -> New>를 실행하여 Editor 윈도우에서 [그림 2-21]과 같이 프로그램을 작성한 후 <File -> Save As> 실행하여 소스 파일 test2.c로 저장한다. 이렇게 저장하면 [그림 2-21]의 Navigator 윈도우에서 Other Files 밑에 test2.c가 표시되는 것을 알 수 있다. 이것은 파일 test2.c가 컴파일 대상 파일은 아니지만 Editor 윈도우상에 오픈되어 있는 것을 보여주는 것이다.

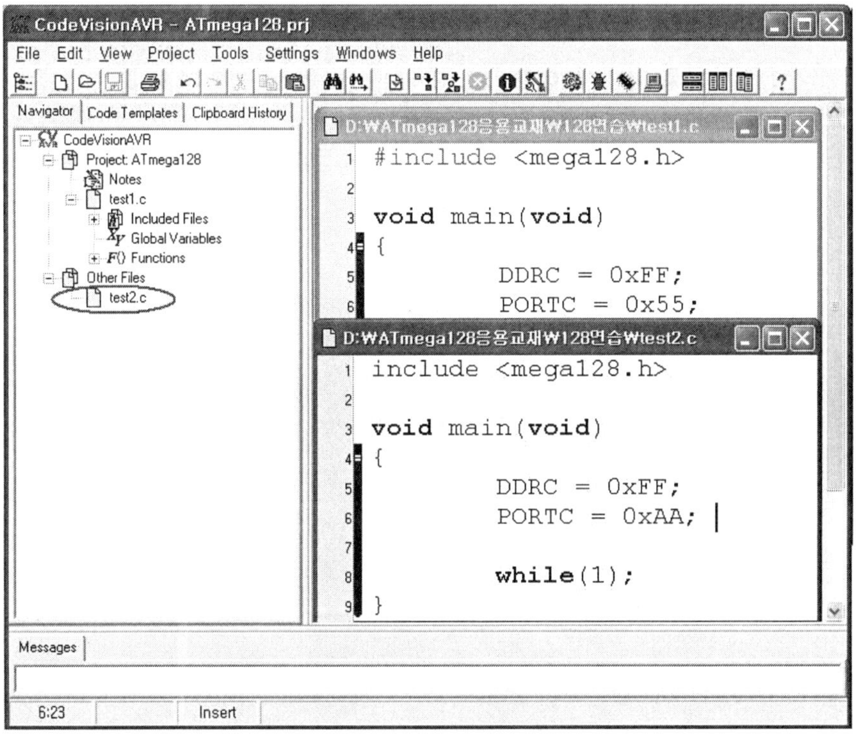

[그림 2-21] 새로운 소스 파일 작성

새로 작성한 파일을 컴파일 대상 파일로 등록하기 위해서는 이전에 컴파일 대상파일로 등록된 파일을 우선 제거해야 하며, 툴바의 <프로젝트 구성> 버튼 을 클릭하면 [그림 2-22]의 대화상자가 표시된다. 여기서, 프로젝트에 등록되어 있는 파일 test1.c를 클릭한 후 [그림 2-23]에서와 같이 Remove 버튼을 클릭하면, [그림 2-24]와 같이 프로젝트로부터 제거된다. 그리고, 앞에서와 마찬가지로 [그림 2-24]에서 <Add> 버튼을 클릭하여 새로 작성한 파일 test2.c를 선택하여 열면 [그림 2-25]와 같이 프로젝트 구성 화면이 바뀌게 된다. 그리고, OK 버튼을 클릭하면 [그림 2-26]에서와 같이 Navigator 윈도우에서 파일 test2.c가 새로 등록되고, 앞에서 컴파일 대상 파일이었던 test1.c는 Ohter Files 밑에 표시된 것을 확인할 수 있다.

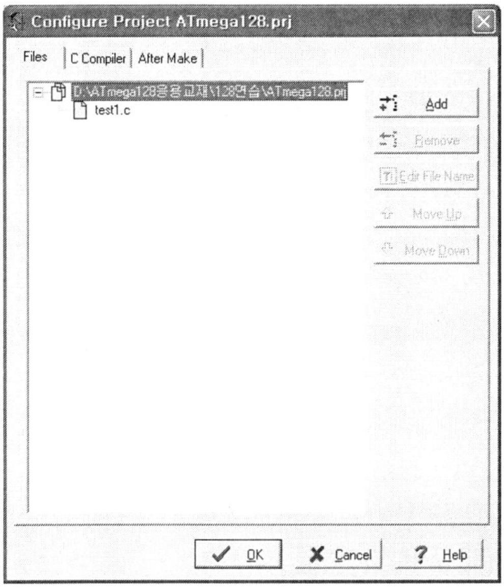

[그림 2-22] 프로젝트 구성 화면

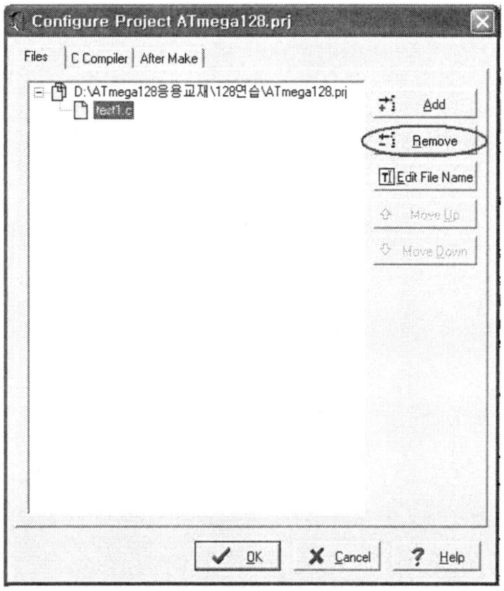

[그림 2-23] 컴파일 대상 파일 제거

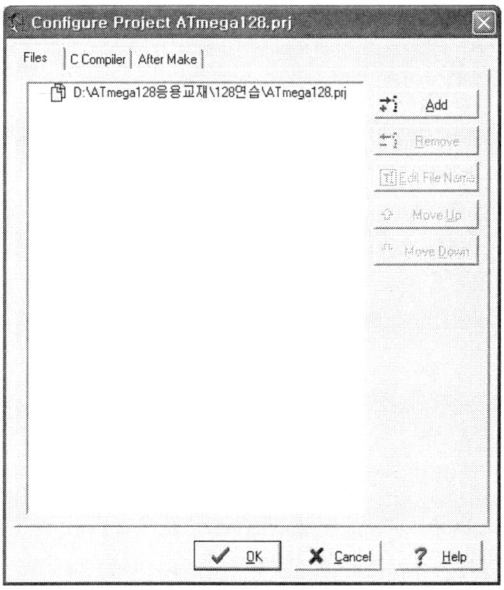

[그림 2-24] 제거된 프로젝트 구성 화면

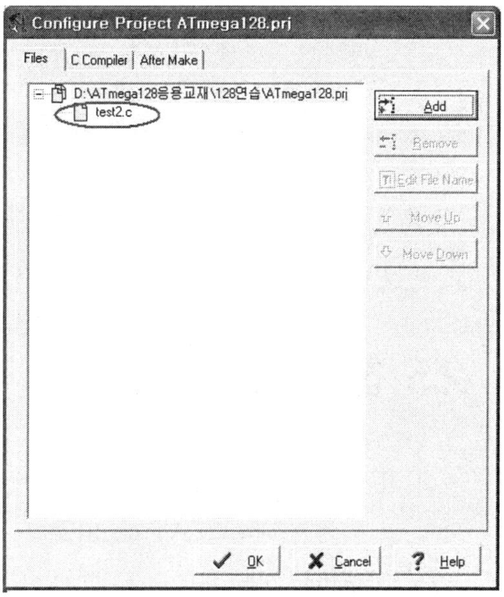

[그림 2-25] 새 파일 컴파일 대상 등록

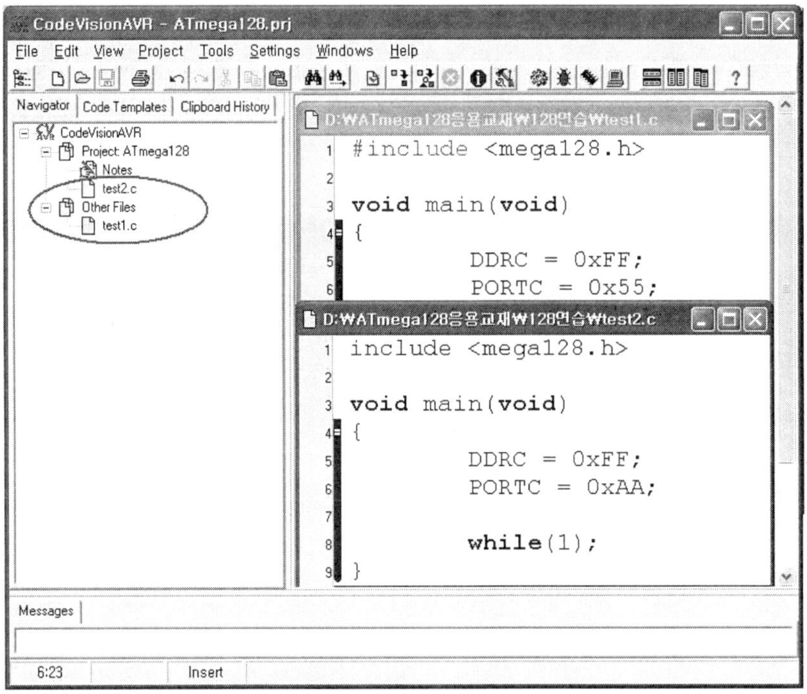

[그림 2-26] 새로 등록된 컴파일 대상 파일의 Navigator 윈도우 표시 화면

컴파일과 프로그래밍은 앞에서와 마찬가지로 툴바의 메이크 버튼 를 클릭한 후 Information 대화상자에서 <Program>버튼을 클릭하면 새로운 프로그램이 프로그래밍 되어 실행된다.

프로젝트 파일은 사용하는 CPU나 클럭이 바꾸지 않는 한 계속 사용할 수 있으며, 앞에서와 같이 컴파일 대상 파일만 새로 등록해 가면서 새로운 프로그램을 MCU 보드에 프로그래밍하면 된다.

그리고, *CodeVisionAVR*의 실행을 종료한 후에 다시 실행시키면 마지막에 작업했던 환경이 그대로 표시되어 이전의 작업을 계속할 수 있게 된다.

2.5 칩 프로그래머

이 절에서는 프로젝트를 새로 생성하거나 기존의 프로젝트를 오픈하지 않고 이미 생성되어 있는 헥사 파일을 ATmega128에 바로 프로그래밍 하는 방법을 설명한다.

프로그래머는 메뉴의 'Tools'에서 'Chip Programmer' 항목을 선택하거나 툴바의 버튼을 클릭하면 되며, [그림 2-27]과 같이 표시된다. 메뉴와 입력항목은 다음과 같은 기능을 갖는다.

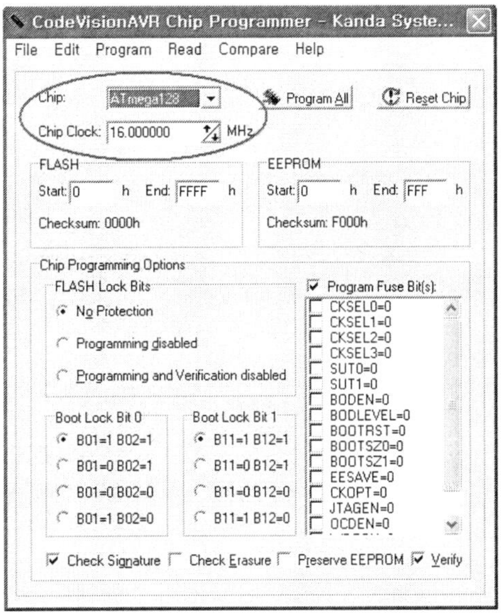

[그림 2-27] *CodeVisionAVR*의 칩 프로그래머

▶ File 메뉴

- Load FLASH : ROM(*.rom) 파일, 인텔 헥사(*.hex) 파일, 바이너리(*.bin) 파일 등을 읽어 플래시 버퍼에 저장한다.
- Load EEPROM : EEPROM(*.eep) 파일, 인텔 헥사, 바이너리 파일 등을 읽어 EEPROM 버퍼에 저장한다.
- Save FLASH : 플래시 버퍼에 있는 데이터를 파일로 저장한다.
- Save EEPROM : EEPROM 버퍼에 있는 데이터를 파일로 저장한다.

▶ Edit 메뉴

- FLASH : 플래시 버퍼에 있는 데이터를 수정한다.
- EEPROM : EEPROM 버퍼에 있는 데이터를 수정한다.

▶ Program 메뉴

- Erase Chip : 칩의 플래시 메모리, EEPROM 메모리의 내용을 한번에 삭제한다.
- Blank Check : 칩이 프로그램 가능한 상태인지를 점검한다.
- FLASH : 플래시 메모리 버퍼에 있는 내용을 칩의 플래시 메모리에 쓴다.

- EEPROM : EEPROM 버퍼에 있는 내용을 칩의 EEPROM 메모리에 쓴다.
- Lock Bit : 플래시 메모리의 내용을 보호할 수 있도록 한다.
- All : 위의 모든 기능을 일괄적으로 처리한다.

▶ Read 메뉴

- FLASH : 칩의 플래시 메모리의 내용을 읽어 플래시 버퍼에 저장한다.
- EEPROM : 칩의 EEPROM에 있는 내용을 읽어 EEPROM 버퍼에 저장한다.
- Chip Signature : 칩의 서명 바이트를 읽는다.

▶ Compare 메뉴

- FLASH : 플래시 버퍼와 칩의 플래시 메모리의 내용을 비교한다.
- EEPROM : EEPROM 버퍼와 칩의 EEPROM 메모리의 내용을 비교한다.

▶ Help 메뉴

프로그래머의 기능을 요약한 도움말 메뉴로 자세한 기능은 도움말을 참고하라.

기존의 헥사파일을 바로 프로그래밍하는 방법은 다음과 같은 순서로 실행한다.

① [그림 2-27]과 같이 Chip항목에서 ATmega128을 설정한다.

② [그림 2-28]과 같이 메뉴 File의 'Load Flash'를 선택하여 대화상자가 표시되면 [그림 2-29]와 같이 ATmega128에 다운로드할 헥사 파일명을 입력한다.

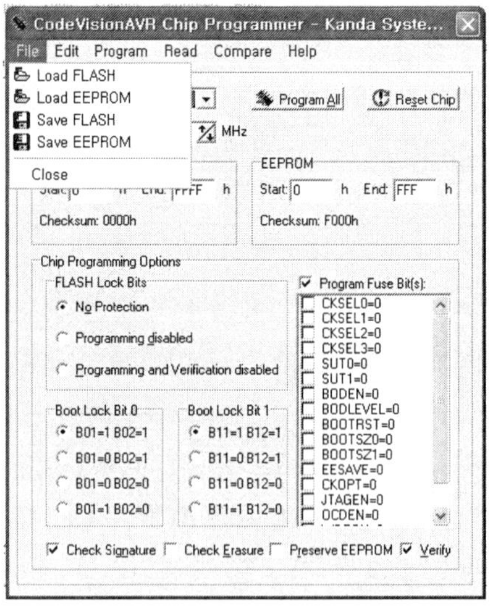

[그림 2-28] 헥사 파일 읽기

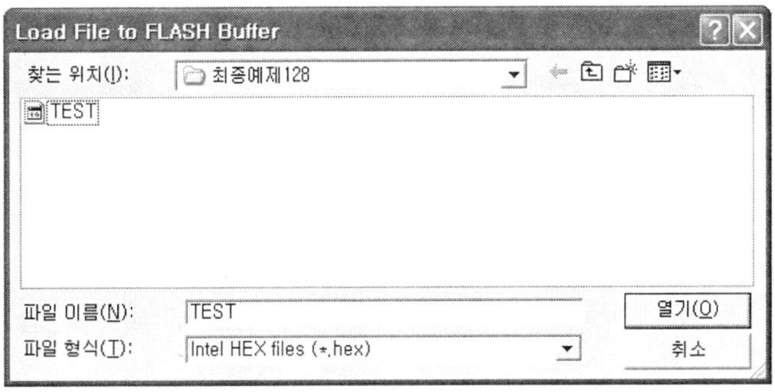

[그림 2-29] 헥사 파일명 입력

③ 메뉴 Program의 'Erase Chip'을 실행하여 ATmega128의 메모리 내용을 지운다.([그림 2-30])

④ 메뉴 Program의 'FLASH'을 클릭하여 ATmega128의 플래시 메모리에 프로그래밍 한다.([그림 2-30])

⑤ 프로그래밍이 완료되면 KUT-128 보드에서 자동적으로 실행된다.

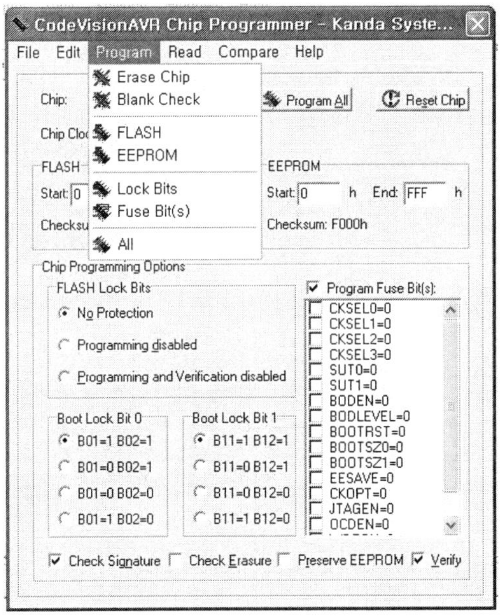

[그림 2-30] 플래시 메모리 프로그래밍

Chapter 03

ATmega128 기본사항

3.1 AVR 패밀리

Atmel사에서 생산되고 있는 AVR RISC 마이크로프로세서의 종류는 [표 3-1], [표 3-2], [표 3-3]과 같이 많으며, 그 특징들도 각각 다르다. AVR은 크게 AT90S 시리즈와 Tiny 시리즈, Mega 시리즈로 나눌 수 있다. 이름에서도 알 수 있듯이 AT90S 시리즈는 일반적인 다른 프로세서와 마찬가지로 적절한 메모리 용량과 I/O를 가지고 있는 것이 특징이며 범용으로 사용하기에 적당하다. 반면에 Tiny 시리즈는 대부분 핀 수가 적고 메모리 용량도 작아서 소형 제어기에 적당하다. Mega 시리즈는 메모리 용량이 AT90S 시리즈와 Tiny 시리즈에 비해 크기 때문에 시스템을 구동하는 코드의 양이 많거나 사용되는 주변기기가 많은 제어기에 적당하다.

[표 3-1] AVR 8비트 RISC Tiny 시리즈

PART	FLASH	EEPROM	SRAM	명령어	I/O	인터럽트	외부인터럽트	SPI	UART	8비트 타이머	16비트 타이머	PWM	WDT	RTC 타이머	아날로그비교기	10비트 AD컨버터	내장 오실레이터	브라운아웃 검출기	ISP	전압	클럭 주파수MHz
ATiny11L	1K	-	-	90	6	4	1	-	-	1	-	-	Y	-	Y	-	Y	-	Y	2.7-5.5	0-2
ATiny11	1K	-	-	90	6	4	1	-	-	1	-	-	Y	-	Y	-	Y	-	Y	4.0-5.5	0-6
ATiny12V	1K	64	-	90	6	5	1	-	-	1	-	-	Y	-	Y	-	Y	Y	Y	1.8-5.5	0-1
ATiny12L	1K	64	-	90	6	5	1	-	-	1	-	-	Y	-	Y	-	Y	Y	Y	2.7-5.5	0-4
ATiny12	1K	64	-	90	6	5	1	-	-	1	-	-	Y	-	Y	-	Y	Y	Y	4.0-5.5	0-8
ATiny15L	1K	64	-	90	6	8	1	-	-	2	-	1	Y	-	Y	4	Y	Y	Y	2.7-5.5	1.6
ATiny22L	2K	128	128	120	5	2	1	-	-	1	-	-	Y	-	-	-	Y	-	Y	2.7-6.0	0-4
ATiny22	2K	128	128	120	5	2	1	-	-	1	-	-	Y	-	-	-	Y	-	Y	4.0-6.0	0-8
ATiny28V	2K	-	-	90	19	5	2	-	-	1	-	-	Y	-	-	-	Y	-	Y	1.8-3.6	0-1
ATiny28L	2K	-	-	90	19	5	2	-	-	1	-	-	Y	-	-	-	Y	-	Y	2.7-3.6	0-4

[표 3-2] AVR 8비트 RISC AT90S 시리즈

PART	FLASH	EEPROM	SRAM	명령어	I/O	인터럽트	외부인터럽트	SPI	UART	8비트 타이머	16비트 타이머	PWM	WDT	RTC 타이머	아날로그비교기	10비트 AD컨버터	내장 오실레이터	브라운아웃 검출기	ISP	전압	클럭 주파수MHz
AT90S1200	1K	64	–	89	15	3	1	–	–	1	–	–	Y	–	Y	–	Y	–	Y	2.7-6.0	0-12
AT90S2313	2K	128	128	120	15	10	2	–	1	1	1	1	Y	–	Y	–	–	–	Y	2.7-6.0	0-10
AT90LS2323	2K	128	128	120	3	2	1	–	–	1	–	–	Y	–	–	–	–	–	Y	2.7-6.0	0-4
AT90S2323	2K	128	128	120	3	2	1	–	–	1	–	–	Y	–	–	–	–	–	Y	4.0-6.0	0-10
AT90LS2343	2K	128	128	120	5	2	1	–	–	1	–	–	Y	–	–	–	Y	–	Y	2.7-6.0	0-4
AT90S2343	2K	128	128	120	5	2	1	–	–	1	–	–	Y	–	–	–	Y	–	Y	4.0-6.0	0-10
AT90LS2333	2K	128	128	120	20	14	2	1	1	1	1	2	Y	–	Y	6	–	Y	Y	2.7-6.0	0-4
AT90S2333	2K	128	128	120	20	14	2	1	1	1	1	2	Y	–	Y	6	–	Y	Y	4.0-6.0	0-8
AT90S4414	4K	256	256	120	32	11	2	1	1	1	1	2	Y	–	Y	–	–	–	Y	2.7-6.0	0-8
AT90LS4433	4K	256	128	120	20	14	2	1	1	1	1	2	Y	–	Y	6	–	Y	Y	2.7-6.0	0-4
AT90S4433	4K	256	128	120	20	14	2	1	1	1	1	2	Y	–	Y	6	–	Y	Y	4.0-6.0	0-8
AT90LS4434	4K	256	256	120	32	15	2	1	1	2	1	3	Y	Y	Y	8	–	–	Y	2.7-6.0	0-4
AT90S4434	4K	256	256	120	32	15	2	1	1	2	1	3	Y	Y	Y	8	–	–	Y	4.0-6.0	0-8
AT90S8515	8K	512	512	120	32	11	2	1	1	1	1	2	Y	–	Y	–	–	–	Y	2.7-6.0	0-8
AT90S8534	8K	512	256	120	15	7	2	–	–	1	1	–	Y	–	–	6	–	–	–	3.3-6.0	0-1.5
AT90LS8535	8K	512	512	120	32	15	2	1	1	2	1	3	Y	Y	Y	8	–	–	Y	2.7-6.0	0-4
AT90S8535	8K	512	512	120	32	15	2	1	1	2	1	3	Y	Y	Y	8	–	–	Y	4.0-6.0	0-8

[표 3-3] AVR 8비트 RISC Mega 시리즈

PART	FLASH	EEPROM	SRAM	명령어	I/O	인터럽트	외부인터럽트	SPI	UART	8비트 타이머	16비트 타이머	PWM	WDT	RTC 타이머	아날로그비교기	10비트 AD컨버터	내장 오실레이터	브라운아웃 검출기	ISP	전압	클럭 주파수MHz
ATmega8	8K	512	1K	130	23	18	2	1	1	2	1	3	Y	Y	Y	–	Y	Y	Y	4.5-5.5	0-16
ATmega8L	8K	512	1K	130	23	18	2	1	1	2	1	3	Y	Y	Y	–	Y	Y	Y	2.7-5.5	0-8
ATmega16	16k	512	1k	131	32	20	3	1	1	2	1	4	Y	Y	Y	8	Y	Y	Y	4.5-5.5	0-16
ATmega16L	16k	512	1K	131	32	20	3	1	1	2	1	4	Y	Y	Y	8	Y	Y	Y	2.7-5.5	0-8
ATmega32	32K	1K	2K	130	32	19	3	1	1	2	1	4	Y	Y	Y	8	Y	Y	Y	4.5-5.5	0-16
ATmega32L	32K	1K	2K	130	32	19	3	1	1	2	1	4	Y	Y	Y	8	Y	Y	Y	2.7-5.5	0-8
ATmega48	4K	256	512	131	23	26	5	1	1	2	1	6	Y	Y	Y	8	Y	Y	Y	1.8-5.5	0-20
ATmega64	64K	2K	4K	133	53	34	8	1	2	2	2	8	Y	Y	Y	8	Y	Y	Y	4.5-5.5	0-16
ATmega64L	64K	2K	4K	133	53	34	8	1	2	2	2	8	Y	Y	Y	8	Y	Y	Y	2.7-5.5	0-8
ATmega88	8K	512	1K	131	23	26	5	1	1	2	1	6	Y	Y	Y	8	Y	Y	Y	1.8-5.5	0-20
ATmega103	128K	4K	4K	121	48	23	8	1	1	2	1	4	Y	Y	Y	8	–	–	Y	4.0-5.5	0-6
ATmega103L	128K	4K	4K	121	48	23	8	1	1	2	1	4	Y	Y	Y	8	–	–	Y	2.7-3.6	0-4
ATmega128	128K	4K	4K	133	53	34	8	1	2	2	2	8	Y	Y	Y	8	Y	Y	Y	4.5-5.5	0-16
ATmega128L	128K	4K	4K	133	53	34	8	1	2	2	2	8	Y	Y	Y	8	Y	Y	Y	2.7-5.5	0-8
ATmega161	16K	512	1K	130	35	20	3	1	2	2	1	4	Y	Y	Y	–	–	Y	Y	4.0-5..5	0-8
ATmega161L	16K	512	1K	130	35	20	3	1	2	2	1	4	Y	Y	Y	–	–	Y	Y	2.7-5.5	0-4
ATmega162	16K	512	1K	130	35	28	3	1	2	2	2	6	Y	Y	–		Y	Y	Y	2.7-5.5	0-16
ATmega162v	16K	512	1K	130	35	28	3	1	2	2	2	6	Y	Y	–		Y	Y	Y	1.8-5.5	0-8
ATmega163	16K	512	1K	130	32	17	2	1	1	2	1	4	Y	Y	Y	8	Y	Y	Y	4.0-3.6	0-8
ATmega163L	16K	512	1K	130	32	17	2	1	1	2	1	4	Y	Y	Y	8	Y	Y	Y	2.7-5.5	0-4
ATmega165	16K	512	1K	130	53	22	3	1	1	2	1	4	Y	Y	Y	8	Y	Y	Y	4.5-5.5	0-16
ATmega165V	16K	512	1K	130	53	22	3	1	1	2	1	4	Y	Y	Y	8	Y	Y	Y	1.8-5.5	0-8
ATmega168	16K	512	1K	131	23	26	5	1	1	2	1	6	Y	Y	Y	8	Y	Y	Y	1.8-5.5	0-20
ATmega169	16K	512	1K	130	54	22	17	1	1	2	1	4	Y	Y	Y	8	Y	Y	Y	4.5-5.5	0-16
ATmega169L	16K	512	1K	130	54	22	17	1	1	2	1	4	Y	Y	Y	8	Y	Y	Y	2.7-5.5	0-8
ATmega169V	16K	512	1K	130	54	22	17	1	1	2	1	4	Y	Y	Y	8	Y	Y	Y	1.8-5.5	0-1
ATmega8515	8K	512	512	130	35	16	3	1	1	1	1	3	Y	–	Y	–	Y	Y	Y	4.5-5.5	0-16
ATmega8515L	8K	512	512	130	35	16	3	1	1	1	1	3	Y	–	Y	–	Y	Y	Y	2.7-5.5	0-8
ATmega8535	8K	512	512	130	32	20	3	1	1	2	1	4	Y	Y	Y	8	Y	Y	Y	4.5-5.5	0-16
ATmega8535L	8K	512	512	130	32	20	3	1	1	2	1	4	Y	Y	Y	8	Y	Y	Y	2.7-5.5	0-8
ATmega1280	128K	4K	8K	135	86	57	11	1	4	2	4	16	Y	Y	Y	16	Y	Y	Y	2.7-5.5	0-16
ATmega1281	128K	4K	8K	135	54	48	11	1	2	2	4	9	Y	Y	Y	8	Y	Y	Y	2.7-5.5	0-16
ATmega2560	256K	4K	8K	135	86	57	11	1	4	2	4	16	Y	Y	Y	16	Y	Y	Y	2.7-5.5	0-16
ATmega2561	256K	4K	8K	135	54	48	11	1	2	2	4	9	Y	Y	Y	8	Y	Y	Y	2.7-5.5	0-16

3.2 ATmega128의 특징

[표 3-4]는 ATmega128의 주요 특징을 나타낸다.

[표 3-4] ATmega128의 특징

고 성능의 저 전력 RISC 구조	· 133개의 명령어(대부분 한 클럭 사이클로 실행) · 32 x 8 비트 개의 범용 작업 레지스터 · 16MHz에서 16MIPS까지의 명령 처리 속도, 곱셈기 2사이클 실행
데이터 및 비휘발성 메모리	· 128KB 바이트의 ISP 방식 프로그램용 플래시 메모리 내장 - 10,000번까지 쓰기/삭제 가능 · 4KB의 SRAM, 4KB의 EEPROM(100,000번 쓰기/삭제 가능) · 외부 64KB의 메모리 영역 · 소프트웨어와 EEPROM 데이터 보안을 위한 락(Lock)기능
주변장치	· ISP 기능을 위한 SPI 인터페이스 · 내장 메모리(플래시. EEPROM)의 프로그래밍과 On-chip 디버그 기능을 위한 JTAG 인터페이스(IEEE std. 1149.1) · 53개의 I/O 핀(A, B, C, D, E, F 포트 - 8 비트, G 포트 - 5 비트) · 리셋을 포함한 35개의 인터럽트 소스 · 별도의 프리스케일러를 갖는 2개의 8 비트 타이머/카운터(0, 2) · 별도의 프리스케일러를 갖는 2개의 16 비트 타이머/카운터(1, 3) · 2개의 8비트 PWM 채널과 6개의 2~16비트 PWM 채널 · 8채널 10비트 A/D 컨버터와 아날로그 비교기 · TWI, SPI 시리얼 인터페이스, 2개의 프로그램이 가능한 시리얼 USART · 독립적인 내장 발진기에 의한 워치독 타이머
특수 기능	· 6개의 슬립모드 · 내부 RC 오실레이터와 외부 크리스탈을 연결하기 위한 발진회로 내장 · 외부, 내부 인터럽트(Interrupt) 소스
동작 전압	· 2.7-5.5V (ATmega128L), 4..5-5.5V (ATmega128)
동작 클럭	· 0-8MHz (ATmega128L), 0-16MHz (ATmega128)

3.2.1 ATmega128의 핀 기능

AVR RISC 구조에 기초한 ATmega128은 저전력 CMOS형의 8 비트 마이크로 콘트롤러로서 ATmega128의 핀 구조는 [그림 3-1]과 같으며, 패키지형은 64핀의 TQFP형과 MLF형이 있다. 분기 명령 등을 제외한 대부분의 명령어는 한 클럭 사이클에 실행되며, ATmega128은 1MIPS/MHz에 가까운 처리속도를 낼 수 있기 때문에 전력 소모를 최적화 할 수 있다.

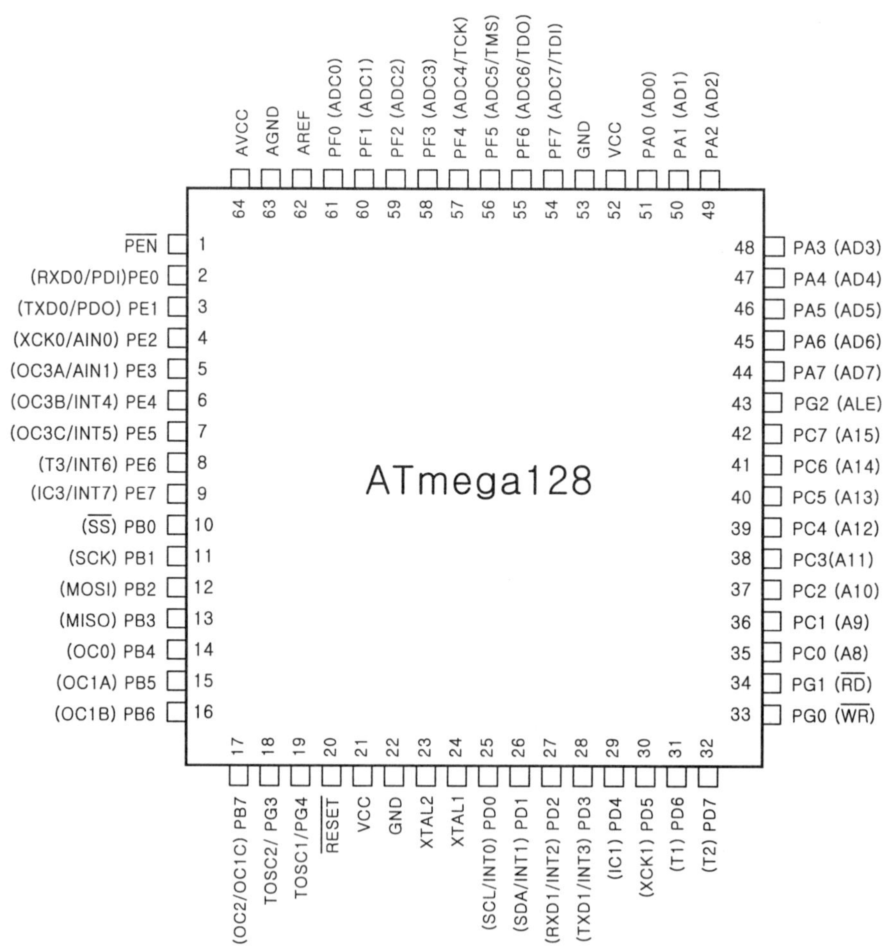

[그림 3-1] ATmega128의 핀 구조

· VCC - 전원.

· GND - 접지.

· **포트** A(PA7..PA0) - 포트 A는 내부 풀업저항(20kΩ-100kΩ)을 갖는 8비트 양방향 I/O 포트이며, 출력버퍼는 sink와 source 능력에 대해 대칭적으로 40mA의 구동특성을 갖는다. 리셋 상태에서는 3-스테이트 상태가 되며, 외부에 SRAM을 사용할 경우에는 하위 어드레스 버스와 데이터 버스로 사용된다.

· **포트** B(PB7..PB0) - 포트 B는 내부 풀업저항을 갖는 8비트 양방향 I/O 포트이며, 출력버퍼는 sink와 source 능력에 대해 대칭적으로 40mA의 구동특성을 갖는다. 리셋 상태에서는 3-스테이트 상태가 된다. 포트 B는 [그림 3-1]의 핀 구성에서와 같이 다양한 기능을 갖는다.

· **포트** C(PC7..PC0) - 포트 C는 내부 풀업저항을 갖는 8비트 양방향 I/O 포트이며, 출력버퍼는 sink와 source 능력에 대해 대칭적인 구동특성을 갖는다. 리셋 상태에서는 3-스테이트 상태가 되며, 외부에 SRAM을 사용할 경우에는 상위 어드레스 버스로 사용된다.

· **포트** D(PD7..PD0) - 포트 D는 내부 풀업저항을 갖는 8비트 양방향 I/O 포트이며, 출력버퍼는 sink와 source 능력에 대해 대칭적인 구동특성을 갖는다. 리셋 상태에서는 3-스테이트 상태가 되며, [그림 3-1]의 핀 구성에서와 같이 다양한 기능을 제공한다.

· **포트** E(PE7..PE0) - 포트 E는 내부 풀업저항을 갖는 8비트 양방향 I/O 포트이며, 출력버퍼는 sink와 source 능력에 대해 대칭적인 구동특성을 갖는다. 리셋 상태에서는 3-스테이트 상태가 되며, [그림 3-1]의 핀 구성에서와 같이 다양한 기능을 제공한다.

· **포트** F(PF7..PF0) - 포트 F는 내부 풀업저항을 갖는 8비트 양방향 I/O 포트이며, 출력버퍼는 sink와 source 능력에 대해 대칭적인 구동특성을 갖는다. 리셋 상태에서는 3-스테이트 상태가 되며, JTAG 인터페이스가 인에이블 되어 있으면 리셋이 발생할지라도 PF7(TDI), PF5(TMS), PF4(TCK)에 연결된 풀업저항들은 동작상태가 된다.

· **포트 G(PG4..PG0)** – 포트 G는 내부 풀업저항을 갖는 8비트 양방향 I/O 포트이며, 출력버퍼는 sink와 source 능력에 대해 대칭적인 구동특성을 갖는다. 리셋 상태에서는 3-스테이트 상태가 되며, [그림 3-1]의 핀 구성에서와 같이 다양한 기능을 제공한다.

· $\overline{\text{RESET}}$ – 리셋 입력 단자로서 리셋동작을 확실하게 하기 위해서는 1.5us 이상의 low 신호가 인가되어야 한다.

· XTAL1 – 인버팅 오실레이터 증폭기와 내부 클록 동작회로에 대한 입력 단자이다.

· XTAL2 – 인버팅 오실레이터 증폭기의 출력 단자이다.

· AVCC – A/D 컨버터 및 포트 F의 전원 단자이다.

· AREF – A/D 컨버터에 대한 아날로그 기준전압 입력 단자이다.

· AGND – AVCC에 대한 전원접지 단자이며, 반드시 GND와 연결하여 사용한다.

· $\overline{\text{PEN}}$(Programmng Enable) – SPI 모드를 위한 프로그램 인에이블 핀이며, 내부적으로 High로 풀업되어 있다. 전원 ON에 의한 (파워온) 리셋시에 Low 상태를 유지하면 MCU는 SPI 모드로 들어가게 된다. $\overline{\text{PEN}}$은 정상동작 중에는 기능하지 않는다.

· ALE(Address Latch Enable) – 외부에 메모리를 사용할 경우 포트 A를 통해 어드레스가 출력되고 있음을 나타내는 어드레스 래치 인에이블 신호 출력 단자이다.

· $\overline{\text{RD}}$, $\overline{\text{WR}}$ – 외부 메모리를 액세스하기 위한 읽기/쓰기 제어신호 출력단자이다.

· SCK(Serial Clock) – ISP 직렬 프로그래밍 인터페이스에서 마스터(PC)가 ATmega128에 보내는 클럭신호이며, ATmega128의 직렬 프로그래밍에서는 이 단자를 사용한다.

· PDI(Programming Data Input) – ISP 직렬 프로그래밍 인터페이스에서 마스터(PC)가

ATmega128에 보내는 데이터 신호 MOSI(Master Output/Slaver Input) 이며, ATmega128의 직렬 프로그래밍에서는 이 단자를 사용한다.

· PDO(Programming Data Output) - ISP 직렬 프로그래밍 인터페이스에서 ATmega128이 마스터(PC)에 보내는 데이터 신호 MISO(Master Input/Slaver Output)이며, ATmega128의 직렬 프로그래밍에서는 이 단자를 사용한다.

· TCK(JTAG Test Clock) - JTAG ICE가 ATmega128에 보내는 클럭 신호 단자이다.

· TMS(JTAG Test Mode Select) - JTAG ICE가 ATmega128에 보내는 모드 선택 신호 단자이다.

· TDO(JTAG Test Data Output) - ATmega128이 JTAG ICE에 보내는 데이터 출력신호 단자이다.

· TDI(JTAG Test Data Input) - JTAG ICE가 ATmega128에 보내는 데이터 입력 신호 단자이다.

· INT0~INT7 - 외부 인터럽트 요청 입력 단자이다.

· TXD0, RXD0 - RS-232C 시리얼 통신 0을 위한 송/수신 단자이다.

· TXD1, RXD1 - RS-232C 시리얼 통신 1을 위한 송/수신 단자이다.

· XCK0 - 시리얼 통신 포트 0이 동기모드로 동작할 때의 클럭 입출력 단자이다.

· XCK1 - 시리얼 통신 포트 1이 동기모드로 동작할 때의 클럭 입출력 단자이다.

· $\overline{\text{SS}}$(SPI Slave Slect) - SPI 채널의 슬레이브 선택 입력 단자이다.

· SCK(SPI Serial Clock) - SPI 채널의 마스터 클럭 출력 또는 슬레이브 클럭 입력단자이다.

· MOSI(SPI Master Output Slave Input) - SPI 채널의 마스터 데이터 출력 또는 슬레이브 데이터 입력 단자이다.

· MISO(SPI Master Input Slave Output) - SPI 채널의 마스터 데이터 입력 또는 슬레이브 데이터 출력 단자이다.

· SCL(TWI Serial Clock) - TWI 채널의 클럭 입출력 단자이다.

· SDA(TWI Serial Data) - TWI 채널의 데이터 입출력 단자이다.

· TOSC1, TOSC2(Timer/Counter0 RTC Oscillator) - 타이머/카운터0의 RTC 기능을 사용하는 경우의 클럭 발생을 위한 수정발진자 연결 단자이다.

· T1, T2, T3 - 타이머/카운터1, 2, 3의 외부 클럭 입력 단자이다.

· OC0, OC1A, OC1B, OC1C, OC2, OC3A, OC3B, OC3C(Timer/Counter 0, 1, 2, 3 Output Compare Match and PWM Output) - 타이머/카운터 0, 1, 2, 3의 비교출력 단자로서 타이머/카운터를 PWM 모드로 설정하면 이 단자들을 통해 PWM 신호를 출력할 수 있다.

· IC1, IC3(Timer/Counter 1, 3 Input Capture Trigger) - 타이머/카운터 1과 3의 캡쳐 모드에서의 트리거 입력 신호 단자이다.

· ADC0~ADC7(ADC Channel 0~7) - A/D 컨버터의 아날로그 입력 단자이다.

· AIN0, AIN1 - 아날로그 비교기의 입력신호 단자로서, AIN0와 AIN1은 각각 (+)와 (-) 극성을 갖는다.

3.2.2 ATmega128 메모리 구성

(1) 플래시 프로그램 메모리

ATmega128은 프로그램 저장을 위해 ISP 기능을 갖는 플래시 메모리 128K 바이트를 내장하고 있다. 모든 명령어는 16 비트나 32 비트 워드이기 때문에, 플래시는 64K×16 비트로 구성되어 있다. 프로그램 메모리는 [그림 3-2]와 같이 부트 플래시 섹션과 응용 플래시 섹션으로 나누어 사용할 수 있다. 이 프로그램 메모리는 SPI 시리얼 통신을 이용한 ISP(In-System Programming) 기능을 가지고 있으며, 적어도 10,000번의 쓰기 및 삭제가 가능하다. 플래시 프로그램 메모리의 프로그래밍은 SPI, JTAG, 병렬 프로그래밍 방식을 이용할 수 있다. 프로그램 메모리 영역에 정의된 상수를 액세스할 때 Z 레지스터가 사용되는데 128K×8비트 형식으로 액세스하기 때문에 2개의 64K×8비트 영역으로 나누어 액세스하여야 하며, 이를 위해 RAMPZ 레지스터의 RAMPZ0 비트가 미리 설정되어야 한다.

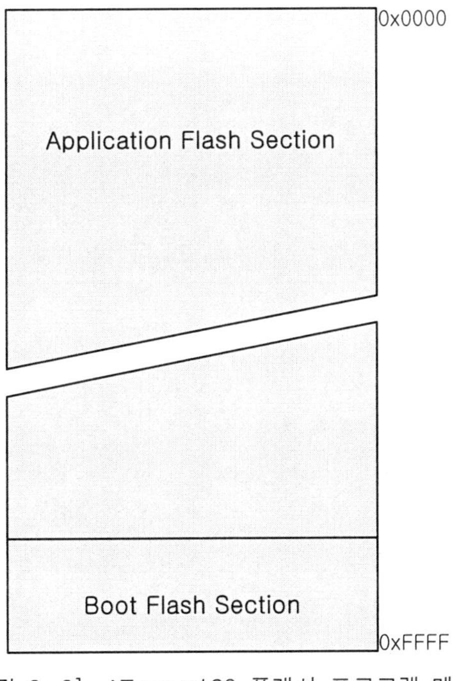

[그림 3-2] ATmega128 플래시 프로그램 메모리

(2) 범용 레지스터

[그림 3-3]은 ATmega128의 데이터 메모리 구성을 보여주며, 32개의 범용 레지스터 영

역, 64개의 I/O 레지스터, 160개의 확장 I/O 레지스터, 4KB의 내부 SRAM으로 구성되어 있다. 그리고. 그림에서와 같이 내부와 외부 합해 64KB까지 사용 가능하다.

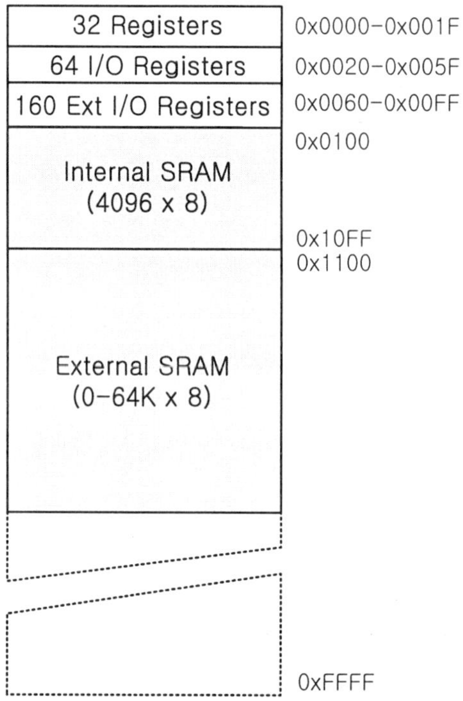

[그림 3-3] ATmega128 데이터 메모리 구성

[그림 3-4]는 CPU내의 32개 범용 레지스터의 구조를 보여준다. 범용 레지스터를 오퍼랜드로 사용하는 대부분의 명령어는 모든 레지스터들을 직접 액세스할 수 있으며, 대부분의 명령어들이 단일 사이클로 수행된다.

[그림 3-4]에서 보여진 것처럼 각 레지스터는 데이터 메모리 영역에서 직접 맵핑(mapping) 가능하도록 32개의 영역에 대한 데이터 메모리 주소가 할당되어 있다. 비록 SRAM 영역으로서 물리적인 구현이 되어 있지 않지만, 이런 메모리 구성은 유연한 레지스터의 액세스를 가능하게 한다.

레지스터 R26~R31은 범용적인 사용이외에 추가된 기능을 가지고 있다. 이 레지스터들은 데이터 영역의 간접 주소 지정 방식을 위한 주소 포인터로 사용되며, 이 세 개의 간접 주소 레지스터 X, Y, Z는 [그림 3-5]와 같다. 이 레지스터들은 다른 주소 지정 방식과 달리 고정 변위, 자동 증가 및 자동 감소 기능을 갖는다.

범용 작업 레지스터

7 　　　　 0	주소	
R0	0x00	
R1	0x01	
R2	0x02	
…		
R13	0x0D	
R14	0x0E	
R15	0x0F	
R16	0x10	
R17	0x11	
…		
R26	0x1A	X 레지스터 하위 바이트
R27	0x1B	X 레지스터 상위 바이트
R28	0x1C	Y 레지스터 하위 바이트
R29	0x1D	Y 레지스터 상위 바이트
R30	0x1E	Z 레지스터 하위 바이트
R31	0x1F	Z 레지스터 상위 바이트

[그림 3-4] ATmega128의 범용 레지스터

X-레지스터, Y-레지스터, Z-레지스터

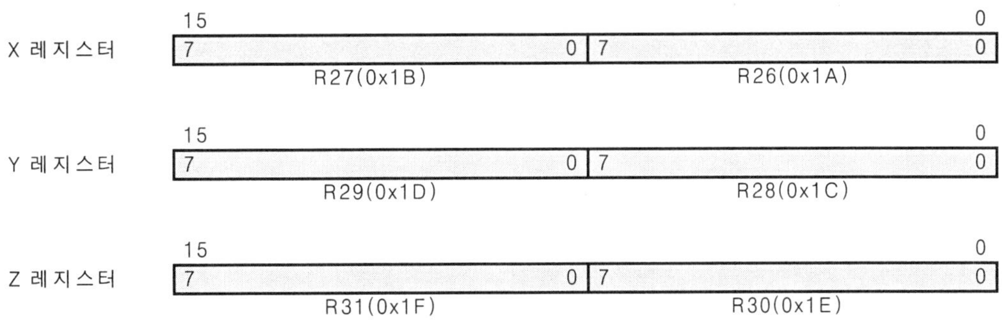

[그림 3-5] X, Y, Z 레지스터

(3) I/O 레지스터

I/O 레지스터는 ATmega128에 내장된 I/O 기능들을 제어하기 위한 레지스터로서 64개의 영역이 할당되어 있다. 이 레지스터 영역은 [그림 3-3]과 같이 0x0020~0x005F의 어드레스를 가지지만, IN/OUT 명령을 사용하여 지정하는 경우에는 0x00~0x3F의 어드레스로 지정해야 한다. [표 3-5]는 I/O 레지스터를 보여준다.

확장 I/O 레지스터는 ATmega128에 새로 추가된 I/O 기능들을 제어하기 위해 확장된 영역으로서 0x0060~0x00FF 번지에 할당되어 있으며, 이 영역은 외부 데이터 메모리처럼 사용하여야 한다. 따라서, 이 영역에 대해서는 IN/OUT 명령을 사용할 수 없으며, [표 3-6]은 확장 I/O 레지스터를 보여준다.

(4) RAM 영역

ATmega128의 내부 RAM 영역은 0x0100~0x10FF의 영역을 가지며, 외부 RAM 영역은 0x1100~0xFFFF번지의 약 60KB의 영역을 갖는다. 외부 RAM 영역은 사용자가 필요에 따라 RAM을 접속하여 사용하거나 I/O 영역으로 사용할 수가 있다. 이 외부 데이터 영역을 액세스하는 데는 ALE, $\overline{RD}$, $\overline{WR}$ 신호가 MCU로부터 출력되므로 이들 신호를 이용하여 회로를 설계하여야 한다.

(5) EEPROM 데이터 메모리

ATmega128에는 4K 바이트의 데이터 EEPROM이 내장되어 있으며, 별도의 데이터 영역으로 구성되어 바이트 단위로 읽거나 쓸 수 있다. EEPROM은 적어도 100,000번 정도의 쓰기 및 삭제가 가능하다. EEPROM은 EEPROM 주소 레지스터, EEPROM 데이터 레지스터, EEPROM 제어 레지스터를 이용하여 액세스할 수 있다.

[표 3-5] I/O 레지스터

주소	레지스터명	기 능	알기 쉽게 배우는 AVR ATmega128 참조 페이지
0x00(0x20)	PINF	포트 F 데이터 입력 레지스터	103
0x01(0x21)	PINE	포트 E 데이터 입력 레지스터	103
0x02(0x22)	DDRE	포트 E 데이터 방향 레지스터	103
0x03(0x23)	PORTE	포트 E 데이터 출력 레지스터	103
0x04(0x24)	ADCL	A/D 변환 결과 하위 레지스터	235
0x05(0x25)	ADCH	A/D 변환 결과 상위 레지스터	235
0x06(0x26)	ADCSRA	A/D 변환기 제어 및 상태 레지스터	234
0x07(0x27)	ADMUX	A/D 변환기 멀티플렉서 레지스터	232
0x08(0x28)	ACSR	아날로그 비교기 제어 및 상태 레지스터	225
0x09(0x29)	UBR0OL	USART 0 보우 레지스터(하위 바이트)	253
0x0A(0x2A)	UCSR0B	USART 0 제어 및 상태 레지스터 B	249
0x0B(0x2B)	UCSR0A	USART 0 제어 및 상태 레지스터 A	247
0x0C(0x2C)	UDR0	USART 0 I/O 데이터 레지스터	247
0x0D(0x2D)	SPCR	SPI 제어 레지스터	267
0x0E(0x2E)	SPSR	SPI 상태 레지스터	270
0x0F(0x2F)	SPDR	SPI I/O 데이터 레지스터	270
0x10(0x30)	PIND	포트 D 데이터 입력 레지스터	102
0x11(0x31)	DDRD	포트 D 데이터 방향 레지스터	102
0x12(0x32)	PORTD	포트 D 데이터 출력 레지스터	102
0x13(0x33)	PINC	포트 C 데이터 입력 레지스터	102
0x14(0x34)	DDRC	포트 C 데이터 방향 레지스터	102
0x15(0x35)	PORTC	포트 C 데이터 출력 레지스터	102
0x16(0x36)	PINB	포트 B 데이터 입력 레지스터	101
0x17(0x37)	DDRB	포트 B 데이터 방향 레지스터	101
0x18(0x38)	PORTB	포트 B 데이터 출력 레지스터	101
0x19(0x39)	PINA	포트 A 데이터 입력 레지스터	101
0x1A(0x3A)	DDRA	포트 A 데이터 방향 레지스터	101
0x1B(0x3B)	PORTA	포트 A 데이터 출력 레지스터	100
0x1C(0x3C)	EECR	EEPROM 제어 레지스터	300
0x1D(0x3D)	EDDR	EEPROM 데이터 레지스터	299
0x1E(0x3E)	EEARL	EEPROM 주소 레지스터(하위 주소)	299
0x1F(0x3F)	EEARH	EEPROM 제어 레지스터(상위 주소)	299

[표 3-5] I/O 레지스터(계속)

주소	레지스터명	기 능	알기 쉽게 배우는 AVR ATmega128 참조 페이지
0x20(0x40)	SFIOR	특수 기능 I/O 레지스터	99, 154, 167, 226
0x21(0x41)	WDTCR	워치독 타이머 제어 레지스터	218
0x22(0x42)	OCDR	On-chip 디버그 레지스터	-
0x23(0x43)	OCR2	타이머/카운터2 출력비교 레지스터	165
0x24(0x44)	TCNT2	타이머/카운터2 레지스터	165
0x25(0x45)	TCCR2	타이머/카운터2 제어 레지스터	163
0x26(0x46)	ICR1L	타이머/카운터1 입력캡쳐 레지스터 상위 바이트	179
0x27(0x47)	ICR1H	타이머/카운터1 입력캡쳐 레지스터 상위 바이트	179
0x28(0x48)	OCR1BL	타이머/카운터1 출력 비교 B 레지스터 하위 바이트	178
0x29(0x49)	OCR1BH	타이머/카운터1 출력 비교 B 레지스터 상위 바이트	178
0x2A(0x4A)	OCR1AL	타이머/카운터1 출력 비교 A 레지스터 하위 바이트	178
0x2B(0x4B)	OCR1AH	타이머/카운터1 출력 비교 A 레지스터 상위 바이트	178
0x2C(0x4C)	TCNT1L	타이머/카운터1 하위 바이트	176
0x2D(0x4D)	TCNT1H	타이머/카운터1 상위 바이트	176
0x2E(0x4E)	TCCR1B	타이머/카운터1 제어 레지스터 B	182
0x2F(0x4F)	TCCR1A	타이머/카운터1 제어 레지스터 A	180
0x30(0x50)	ASSR	비동기 상태 레지스터	152
0x31(0x51)	OCR0	타이머/카운터0 출력비교 레지스터	151
0x32(0x52)	TCNT0	타이머/카운터0 레지스터	151
0x33(0x53)	TCCR0	타이머/카운터0 제어 레지스터	148
0x34(0x54)	MCUCSR	MCU 제어 및 상태 레지스터	91,219
0x35(0x55)	MCUCR	MCU 제어 레지스터	76, 94, 127
0x36(0x56)	TIFR	타이머/카운터 인터럽트 플래그 레지스터	154, 166, 187
0x37(0x57)	TIMSK	타이머/카운터 인터럽트 마스크 레지스터	153, 166, 185
0x38(0x58)	EIFR	확장 인터럽트 플래그 레지스터	131
0x39(0x59)	EIMSK	확장 인터럽트 인에이블 레지스터	130
0x3A(0x5A)	EICRB	외부 인터럽트 제어 레지스터 B	130
0x3B(0x5B)	RAMPZ	확장 인터럽트 플래그 레지스터	66
0x3C(0x5C)	XDIV	XTAL Divide 제어 레지스터	89
0x3D(0x5D)	SPL	스택 포인터 하위 바이트	66
0x3E(0x5E)	SPH	스택 포인터 상위 바이트	66
0x3F(0x5F)	SREG	상태 레지스터	63, 131

[표 3-6] 확장 I/O 레지스터

주소	레지스터명	기 능	알기 쉽게 배우는 AVR ATmega128 참조 페이지
0x60	Reserved	-	-
0x61	DDRF	F 포트 데이터 방향 레지스터	103
0x62	PORTF	F 포트 데이터 출력 레지스터	103
0x63	PING	G 포트 데이터 입력 레지스터	104
0x64	DDRG	G 포트 데이터 방향 레지스터	104
0x65	PORTG	G 포트 데이터 출력 레지스터	104
0x66	Reserved	-	-
0x67	Reserved	-	-
0x68	SPMCSR	Store 프로그램 제어 및 상태 레지스터	-
0x69	Reserved	-	-
0x6A	EICRA	외부 인터럽트제어 레지스터 A	129
0x6B	Reserved	-	-
0x6C	XMCRB	외부 메모리 제어 레지스터 B	78
0x6D	XMCRA	외부 메모리 제어 레지스터 A	76
0x6E	Reserved	-	-
0x6F	OSCCAL	오실레이터 캘리브레이션 레지스터	88
0x70	TWBR	TWI 비트 레이트 레지스터	279
0x71	TWSR	TWI 상태 레지스터	281
0x72	TWAR	TWI 어드레스 레지스터	283
0x73	TWDR	TWI 데이터 레지스터	282
0x74	TWCR	TWI 제어 레지스터	280
0x75	Reserved	-	-
0x76	Reserved	-	-
0x77	Reserved	-	-
0x78	OCR1CL	타이머/카운터1 출력비교 C 레지스터 하위 바이트	178
0x79	OCR1CH	타이머/카운터1 출력비교 C 레지스터 상위 바이트	178
0x7A	TCCR1C	타이머/카운터1 제어 레지스터 C	184
0x7B	Reserved	-	-
0x7C	ETIFR	확장 타이머/카운터 인터럽트 플래그 레지스터	188
0x7D	ETIMSK	확장 타이머/카운터 인터럽트 마스크 레지스터	186
0x7E	Reserved	-	-
0x7F	Reserved	-	-

[표 3-6] 확장 I/O 레지스터(계속)

주소	레지스터명	기 능	알기 쉽게 배우는 AVR ATmega128 참조 페이지
0x80	ICR3L	타이머/카운터3 입력캡쳐 레지스터 하위 바이트	180
0x81	ICR3H	타이머/카운터3 입력캡쳐 레지스터 하위 바이트	180
0x82	OCR3CL	타이머/카운터3 출력비교 C 레지스터 하위 바이트	179
0x83	OCR3CH	타이머/카운터3 출력비교 C 레지스터 상위 바이트	179
0x84	OCR3BL	타이머/카운터3 출력비교 B 레지스터 하위 바이트	179
0x85	OCR3BH	타이머/카운터3 출력비교 B 레지스터 상위 바이트	179
0x86	OCR3AL	타이머/카운터3 출력비교 A 레지스터 하위 바이트	178
0x87	0CR3AH	타이머/카운터3 출력비교 A 레지스터 상위 바이트	178
0x88	TCNT3L	타이머/카운터3 레지스터 하위 바이트	176
0x89	TCNT3H	타이머/카운터3 레지스터 상위 바이트	176
0x8A	TCCR3B	타이머/카운터3 제어 레지스터 B	182
0x8B	TCCR3A	타이머/카운터3 제어 레지스터 A	180
0x8C	TCCR3C	타이머/카운터3 제어 레지스터 C	184
0x8D	Reserved	-	-
0x8E	Reserved	-	-
0x8F	Reserved	-	-
0x90	UBRR0H	USART0 보우 레이트 레지스터(상위 바이트)	253
0x91	Reserved	-	-
0x92	Reserved	-	-
0x93	Reserved	-	-
0x94	Reserved	-	-
0x95	UCSR0C	USART0 제어 및 상태 레지스터 C	251
0x96	Reserved	-	-
0x97	Reserved	-	-
0x98	UBRR1H	USART1 보우 레이트 레지스터(상위 바이트)	253
0x99	UBRR1L	USART1 보우 레이트 레지스터(히위 바이트)	253
0x9A	UCSR1B	USART1 제어 및 상태 레지스터 B	249
0x9B	UCSR1A	USART1 제어 및 상태 레지스터 A	247
0x9C	UDR1	USART1 데이터 레지스터	247
0x9D	UCSR1C	USART1 제어 및 상태 레지스터 C	251
0x9E~0xFF	Reserved	-	-

3.2.3 외부 메모리 인터페이스

ATmega128은 외부 메모리 영역 0x1100~0xFFFF 번지의 약 60KB 영역에 대해 SRAM, LCD, A/D, D/A 등과 같은 주변장치를 사용할 수 있으며, 다음과 같은 설정 기능을 가지고 있다.

① 4개의 다른 웨이트 상태 설정 가능

② 외부 데이터 메모리 영역을 2개의 섹터로 나눌 수 있고, 이들 섹터에 대해 각각 독립적인 웨이트 사이클 설정 가능

③ 어드레스 상위 바이트에서 필요한 비트만 동작 설정 가능

④ 전류소비를 최소화하기 위해 데이터 버스에 버스키퍼 기능 설정 가능

그리고, 외부 메모리 영역의 인터페이스에 사용되는 신호는

① AD0~AD7 : 어드레스 하위 및 데이터 신호

② A8~A15 : 어드레스 상위 신호

③ ALE : 어드레스 래치 인에이블 신호

④ $\overline{RD}$: 외부 메모리 읽기 신호

⑤ $\overline{WR}$: 외부 메모리 쓰기 신호

이며, [그림 3-6]은 이들 신호를 이용하여 구성한 외부 메모리 영역에 대한 기본 인터페이스를 보여준다. AD0~AD7은 시분할로 어드레스 버스와 데이터 버스로 사용되기 때문에, 데이터 신호는 ALE신호와 래치(D-플립플롭)를 이용하여 구성된 회로를 거쳐 외부 메모리에 연결되어 있는 것을 알 수 있다.

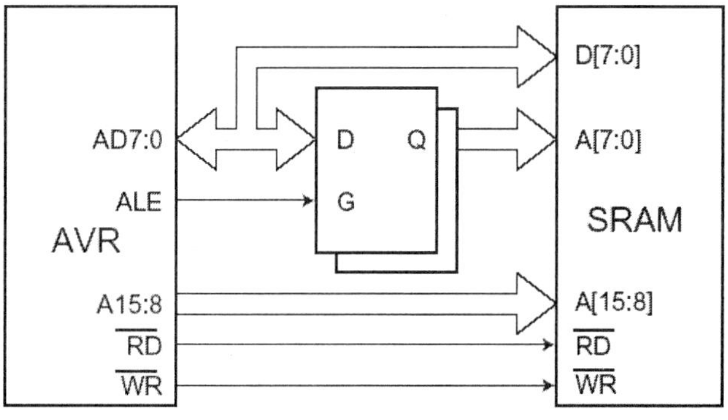

[그림 3-6] 외부 메모리 영역에 대한 기본 인터페이스

외부 메모리에 대한 제어는 3개의 레지스터 MCUCR, XMCRA, XMCRB에 의해 이루어지며, 각 레지스터의 기능은 다음과 같다.

■ MCUCR(MCU Control Register) : MCU 제어 레지스터

이 레지스터는 I/O 영역 0x35(0x55) 번지에 위치하며, 외부 메모리에 관련이 있는 비트의 기능은 다음과 같다.

비트	7	6	5	4	3	2	1	0	
0x35(0x55)	SRE	SRW10	SE	SM1	SM0	SM2	IVSEL	IVCE	MCUCR
읽기/쓰기	읽기/쓰기	읽기/쓰기	읽기/쓰기	읽기/쓰기	읽기/쓰기	읽기/쓰기	읽기/쓰기	읽기/쓰기	
초기값	0	0	0	0	0	0	0	0	

- Bit 7-SRE(External SRAM/XMEM Enable) : 외부 메모리 사용 인에이블

  1로 하면 외부 데이터 메모리 영역의 인터페이스 신호 AD0~AD7, A8~A15, ALE, $\overline{RD}$, $\overline{WR}$ 가 액티브되며, 0으로 하면 외부 메모리 인터페이스 신호가 아니라 일반 I/O 핀으로 동작하게 된다.

- Bit 6-SRW10 : 웨이트 사이클 수 설정 비트

  XMCRA 레지스터의 SRW11 비트와 조합하여 외부 데이터 메모리 영역을 액세스할 때 부여하는 웨이트 사이클 수를 설정하는데 사용된다.

■ XMCRA(External Memory Control Register A) : 외부 메모리 제어 레지스터 A

이 레지스터는 I/O 영역 0x6D 번지에 위치하며, 외부 메모리에 관련이 있는 비트의 기능은 다음과 같다.

비트	7	6	5	4	3	2	1	0	
0x6D	-	SRL2	SRL1	SRL0	SRW01	SRW00	SRW11	-	XMCRA
읽기/쓰기	읽기	읽기/쓰기	읽기/쓰기	읽기/쓰기	읽기/쓰기	읽기/쓰기	읽기/쓰기	읽기	
초기값	0	0	0	0	0	0	0	*	

- Bit 6..4-SRL2, SRL1, SRL0 : Wait Sector Limit

  이 비트들은 [그림 3-7]과 같이 외부 메모리 영역을 2개의 섹터로 분할하기 위한 선택비트이며, 이렇게 나누어진 두개의 영역에는 서로 다른 웨이

트 사이클 수를 지정할 수가 있다. [표 3-7]은 이 비트들에 의해 나누어 진 영역을 보여준다.

- Bit 3..1-SRW01, SRW00, SRW11 : 웨이트 사이클 수 설정 비트

  이 비트들은 외부 메모리 영역의 웨이트 사이클 수를 설정하는 비트로서, SRW01, SRW00은 [그림 3-7]에서 메모리의 하위 섹터에 대한 웨이트 사이클 수를 설정한다. 그리고, SRW11과 MCUCR의 6번째 비트 SRW10는 상위 섹터에 대한 웨이트 사이클 수를 설정하는 비트이다. [표 3-8]은 이를 요약한 것이다.

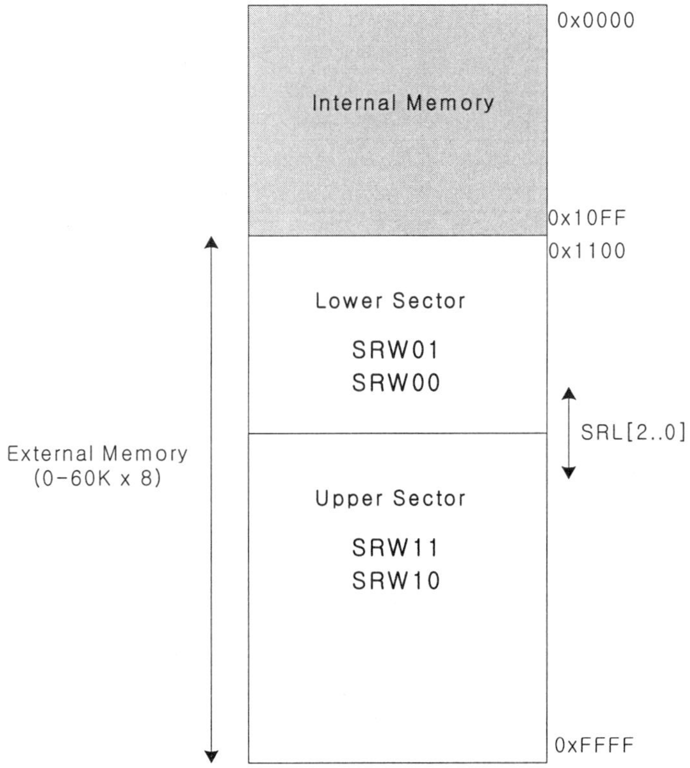

[그림 3-7] 외부 메모리 영역 섹터 분할

[표 3-7] 외부 메모리의 섹터 분할

SRL2	SRL1	SRL0	섹터 영역
0	0	0	lower sector = 없음 upper sector = 0x1100 - 0xFFFF
0	0	1	lower sector = 0x1100 - 0x1FFF upper sector = 0x2000 - 0xFFFF
0	1	0	lower sector = 0x1100 - 0x3FFF upper sector = 0x4000 - 0xFFFF
0	1	1	lower sector = 0x1100 - 0x5FFF upper sector = 0x6000 - 0xFFFF
1	0	0	lower sector = 0x1100 - 0x7FFF upper sector = 0x8000 - 0xFFFF
1	0	1	lower sector = 0x1100 - 0x9FFF upper sector = 0xA000 - 0xFFFF
1	1	0	lower sector = 0x1100 - 0xBFFF upper sector = 0xC000 - 0xFFFF
1	1	1	lower sector = 0x1100 - 0xDFFF upper sector = 0xE000 - 0xFFFF

[표 3-8] SRW11..10과 SRW01..00에 의한 웨이트 사이클 수 설정

SRWn1	SRWn0	웨이트 사이클수
0	0	웨이트 없음
0	1	리드/라이트 중에 1개의 웨이트
1	0	리드/라이트 중에 2개의 웨이트
1	1	리드/라이트 중에 2개의 웨이트와 다음 어드레스 출력 전에 1 개의 웨이트

(n : 0 또는 1)

■ XMCRB(External Memory Control Register B) : 외부 메모리 제어 레지스터 B

이 레지스터는 버스 키퍼기능의 설정과 외부 메모리 어드레스의 상위 바이트에서 필요한 비트만 동작하도록 설정하는데 사용된다.

비트	7	6	5	4	3	2	1	0	
0x6C	XMBK	-	-	-	-	XMM2	XMM1	XMM0	XMCRB
읽기/쓰기	읽기/쓰기	읽기	읽기	읽기	읽기	읽기/쓰기	읽기/쓰기	읽기/쓰기	
초기값	0	0	0	0	0	0	0	*	

- Bit 7-XMBK : 외부 메모리 버스 키퍼 인에이블 비트

  1로 하면 AD0~AD7 버스라인에 버스키퍼 기능이 인에이블 되어 이 버스에 마지막으로 출력한 값이 계속해서 출력된다. 이 버스키퍼 기능은 외부 메모리가 사용되지 않는 경우(MCUCR 레지스터의 7번째 비트 SRE=0의 경우)에도 XMBK가 1이면 버스키퍼 기능은 동작한다.

- Bit 2..0-XMM2, XMM1, XMM0 : 외부 메모리 High Mask

  이 비트들은 외부 메모리의 어드레스 상위 바이트 A8-A15 중에서 어드레스 버스 신호로 어느 비트까지 사용할지를 설정하며, 어드레스 버스 신호로 사용하지 않는 비트들은 I/O 포트의 기능을 갖게 된다. 이것은 외부에 작은 용량의 메모리를 사용하는 경우에 일부의 버스신호를 I/O 포트로 사용할 수 있다는 장점을 갖는다. [표 3-9]는 이들 비트값에 따라 어드레스 버스신호로 사용하는 비트와 I/O 포트로 사용할 수 있는 비트를 나타낸다.

[표 3-9] 외부 메모리 사용이 인에이블 되었을 때 I/O 포트로 사용할 수 있는 비트

XMM2	XMM1	XMM0	외부 메모리 어드레스로 사용하는 비트수 (어드레스 신호)	I/O 포트로 사용할 수 있는 비트
0	0	0	8 (A8-A15)	없음
0	0	1	7 (A8-A14)	PC7
0	1	0	6 (A8-A13)	PC6-PC7
0	1	1	5 (A8-A12)	PC5-PC7
1	0	0	4 (A8-A11)	PC4-PC7
1	0	1	3 (A8-A10)	PC3-PC7
1	1	0	2 (A8-A9)	PC2-PC7
1	1	1	0 (없음)	PC0-PC7

제 2 부

응용작품

Chapter 01

세균전 게임

1.1 작품 개요

이 작품은 2명의 Player가 각각의 돌(세균)을 두 칸 이내에서 이동하여 아군 주위에 둘러싸여 있는 적군을 아군으로 감염시키는 게임이다. 한 칸 이동시에는 아군을 한 개 증가시키고, 두 칸 이동시에는 자리를 이동하여 아군에 인접해 있는 적군을 아군으로 감염시켜 나가는 것이다. 이렇게 하여 상대방을 전멸시키면 게임이 끝나게 되며, 전멸시키지 못한 경우에는 모든 칸이 꽉 찼을 때 세균수가 많은 쪽이 이기게 된다.

<게임 진행 설명>

[그림 1-1]은 게임의 간단한 진행과정 예를 보여준다.

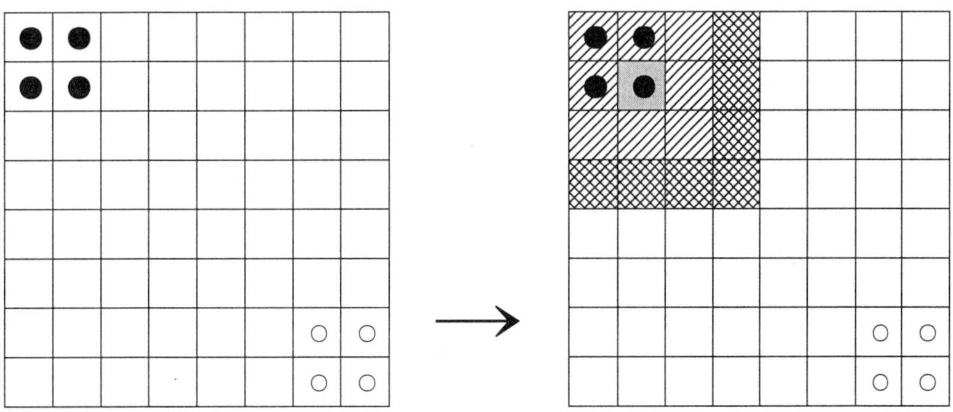

- 시작 상태(흑 공격)

- 선택 된 검은 세균 이동 범위 (빗금부분)

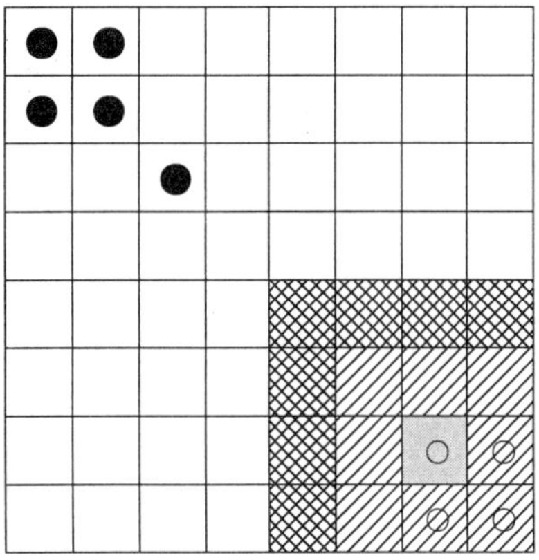

- 검은 세균 1칸 이동
-> 검은 세균 1개 증가
- 선택된 흰색 세균 이동 범위(빗금부분)

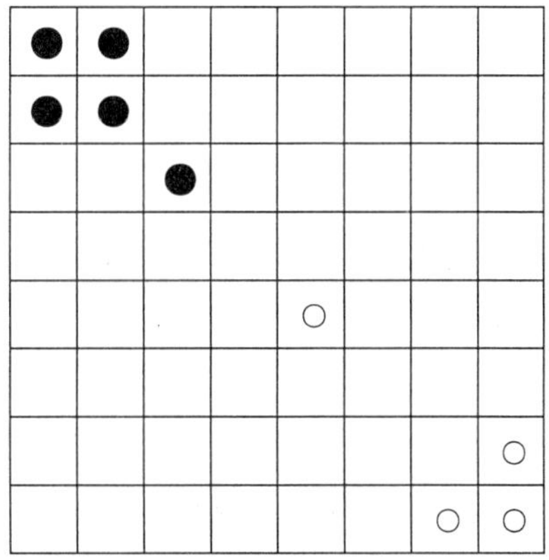

- 흰색 2칸 이동
-> 선택된 흰색 세균 자리 이동

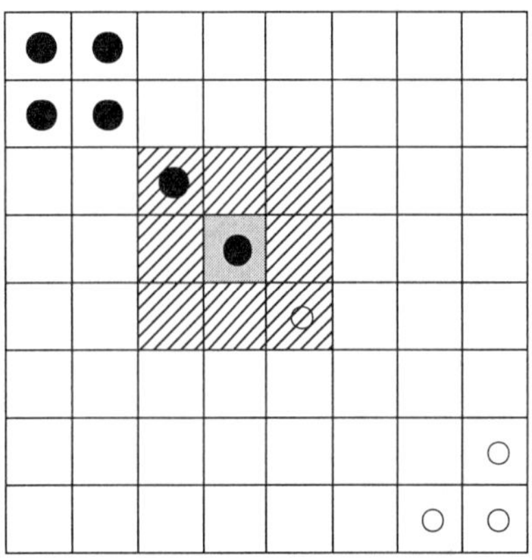

- 검은 세균 1칸 이동
-> 검은 세균 1개 증가
- 검은 세균 감염 범위(빗금 부분)

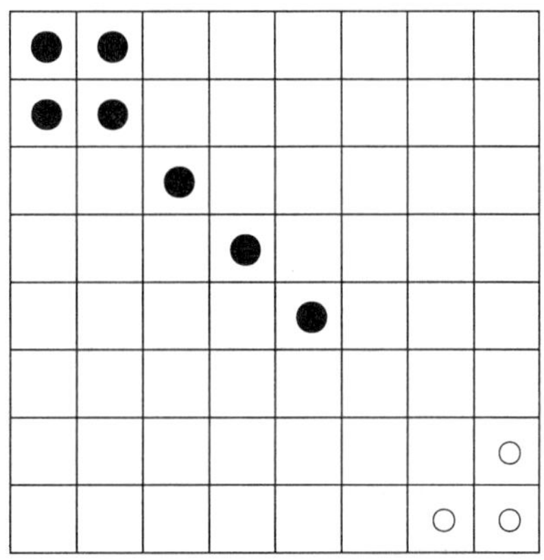

- 범위 내 흰색 세균 감염

[그림 1-1] 게임 진행 예

<게임 규칙>

게임 규칙 및 진행과정은 다음과 같다.

① 이동할 세균을 선택한다.

② 이동할 위치를 선택한다.

▶ ①에서 선택된 세균 위치로부터 2칸 이내에 세균이 없는 위치로 이동 시킨다.

- 1칸 이동 : 이동할 위치에 세균을 1개 증가시킨 후, 이 세균에 접해 있는 상대방의 세균을 자기와 같은 색으로 바꾼다.(감염처리)

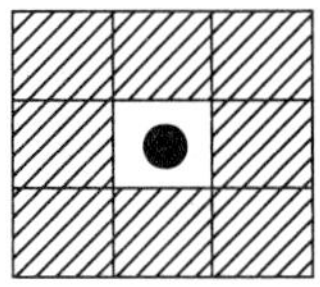

<1칸 이동 범위>

▪ 2칸 이동 : ①에서 선택한 세균을 ②에서 선택한 위치로 이동시킨 후, 이 세균에 접해 있는 상대방의 세균을 자기와 같은 색으로 바꾼다.

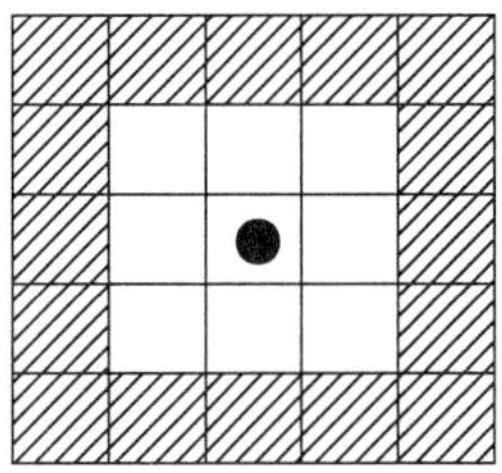

<2칸 이동 범위>

▶ 이동할 위치에 세균이 있거나 ①에서 선택한 세균 위치로부터 3칸 이상 떨어져 있는 경우에는 세균 이동 플레이어를 바꾼다.
(이동할 수 없는 경우 사용)

③ 다음과 같은 경우에는 게임을 종료한다.
- 어느 한 쪽의 세균수가 0인 경우(0인 세균 패)
- 세균으로 게임판이 모두 꽉 찬 경우(세균수로 승패 판정)

④ 게임을 다시 시작하려면 리셋 스위치를 누른다.

1.2 작품구성도 및 회로도

[그림 1-2]는 작품의 구성도를 보여주며, KUT-128 MCU 보드, 조작 스위치, 8×8 도트 매트릭스, 캐릭터 LCD, 스피커로 구성된다. 각 디바이스의 입출력 사용 포트는 [표 1-1], [표 1-2]와 같다. [그림 1-3]은 작품의 회로도를 보여주며, ULN2004A는 달링톤 TR이 포함된 IC이다.

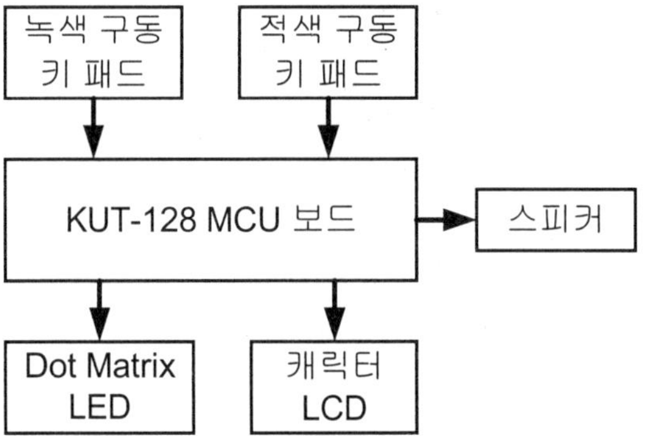

[그림 1-2] 작품 구성도

[표 1-1] 입력 디바이스와 사용 포트

입력 스위치	Player1(녹색)	Player2(적색)
커서 이동 조이스틱 스위치 (→ ← ↑ ↓)	PD0~PD3(INT0~INT3)	PE4~PE7(INT4~INT7)
세균 선택 Push Button 스위치	PD6(T1)	PD7(T2)

[표 1-2] 출력 디바이스와 사용 포트

출력 장치	기 능
8 x 8 LDM (Common Anode) 3 Color	세균전 게임 진행 출력 - PF0~PF7(Common Anode) - PA0~PA7(Green Cathode) - PC0~PC7(Red Cathode)
LCD	START, FINISH, PLAYER1,2(녹색, 적색) 세균수 출력 - PB0~PB7
스피커	게임 진행 소리 출력 - PG1
LED	순서 표시 - PD4(녹색), PD5(적색)

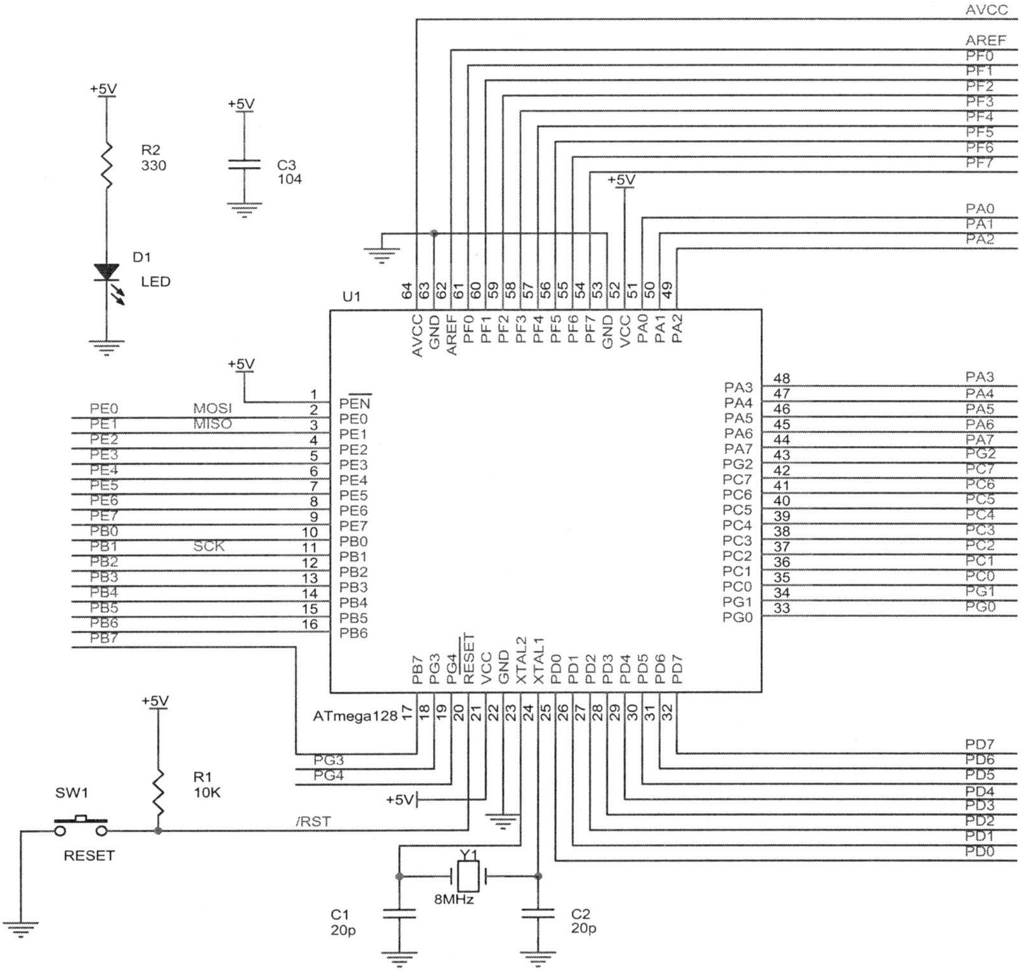

(a) KUT-128 MCU 보드 회로

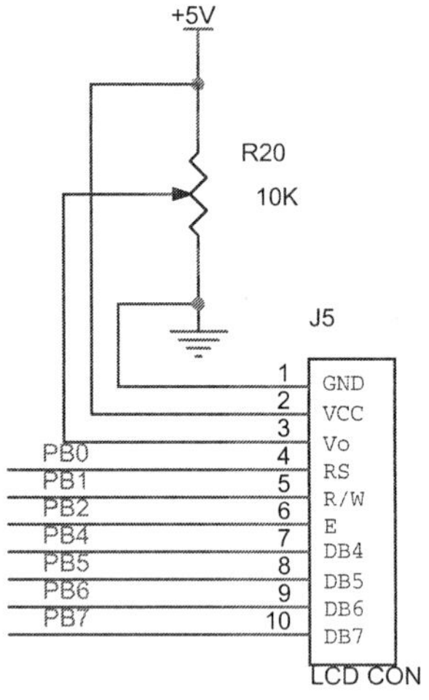

(b) 캐릭터 LCD 구동 회로

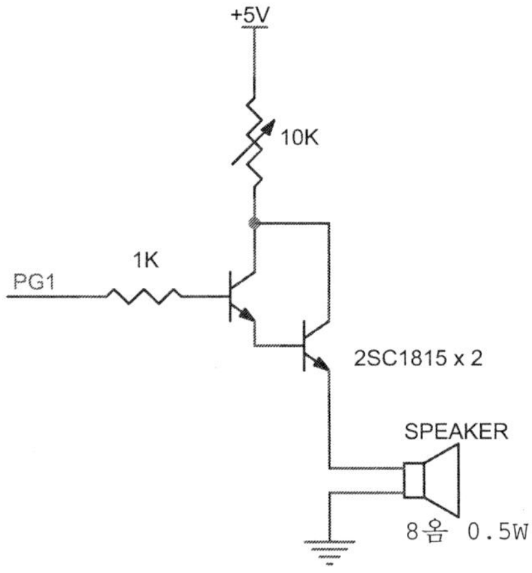

(c) 스피커 구동 회로

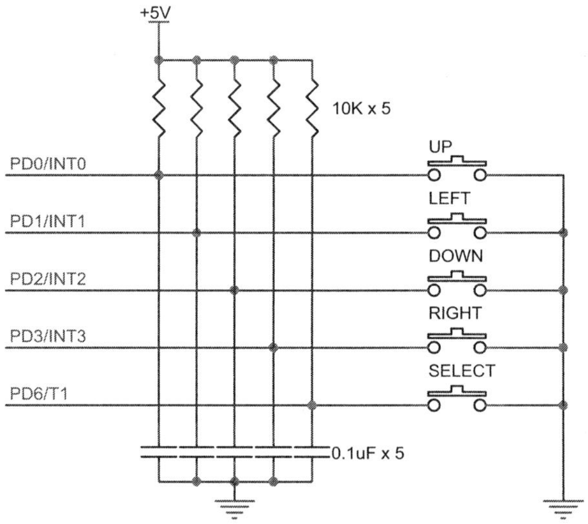

(d) 녹색 구동 키패드 회로

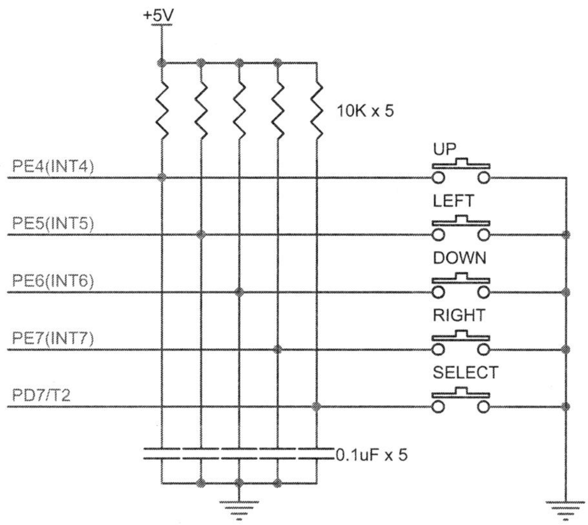

(e) 적색 구동 키 패드 회로

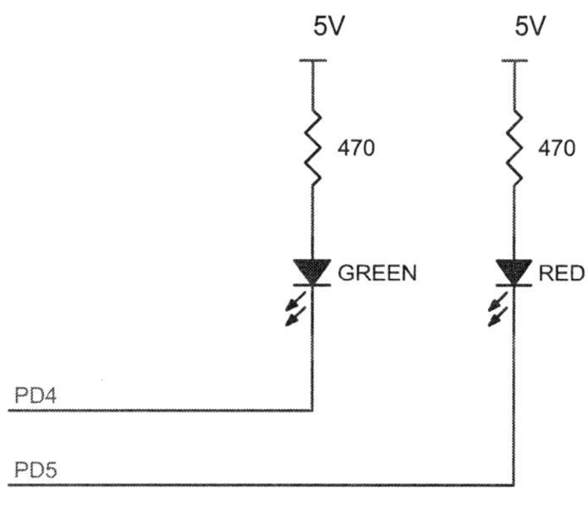

(f) 순서표시회로(녹색/적색)

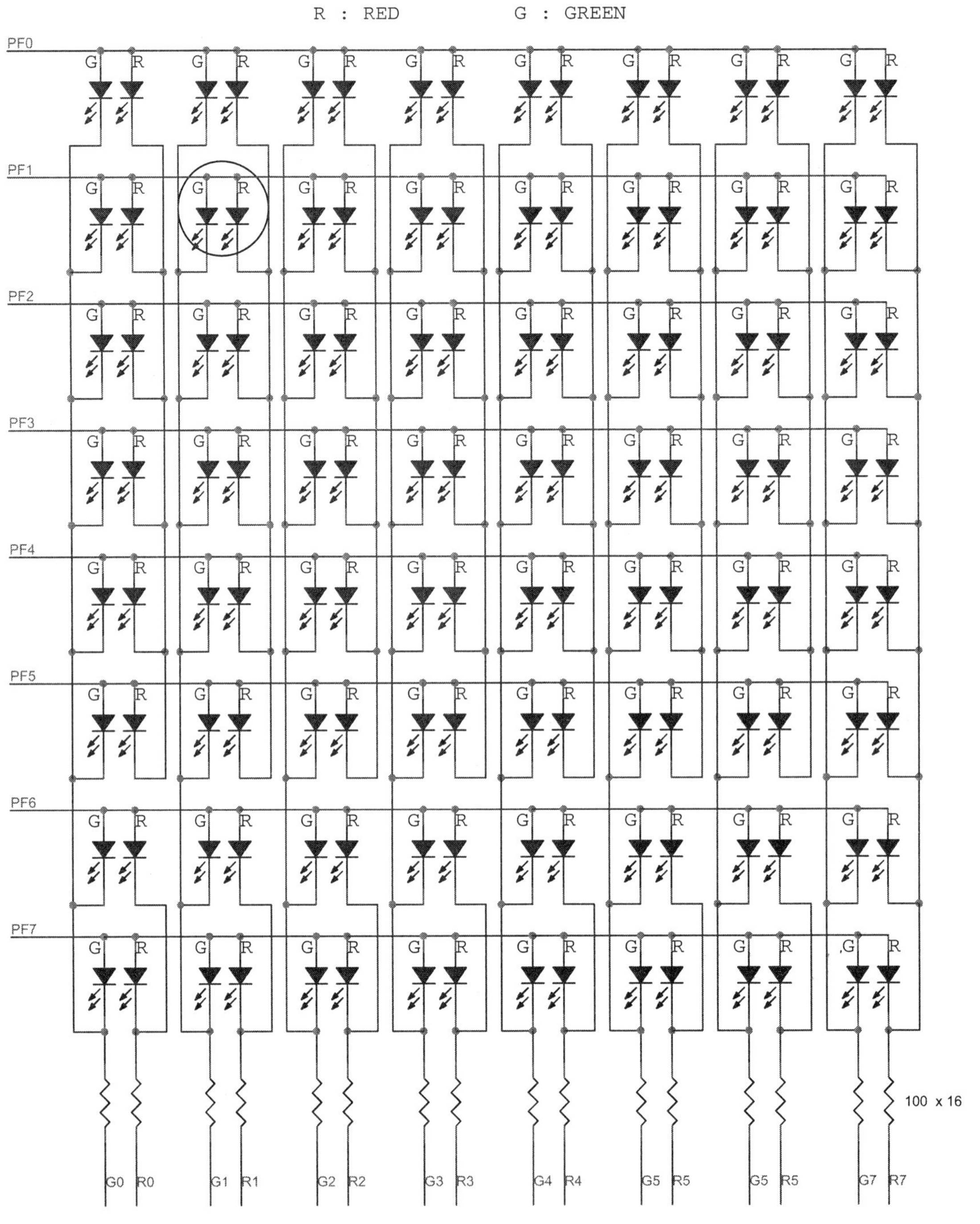
R : RED G : GREEN
PF0
PF1
PF2
PF3
PF4
PF5
PF6
PF7
G
R
100 x 16
G0 R0
G1 R1
G2 R2
G3 R3
G4 R4
G5 R5
G5 R5
G7 R7

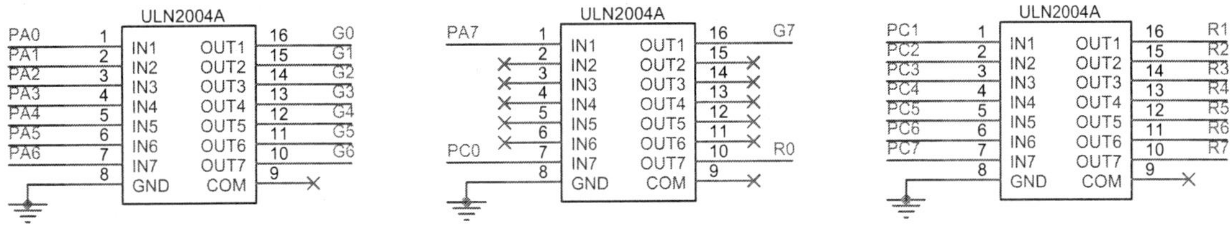

(g) LDM 구동회로

[그림 1-3] 회로도

<LDM 동작원리>

LDM의 구동은 [그림 1-4]와 같이 한 줄씩 출력하게 되며, 맨 좌측에는 최하위 비트, 맨 우측에는 최상위 비트가 출력된다.

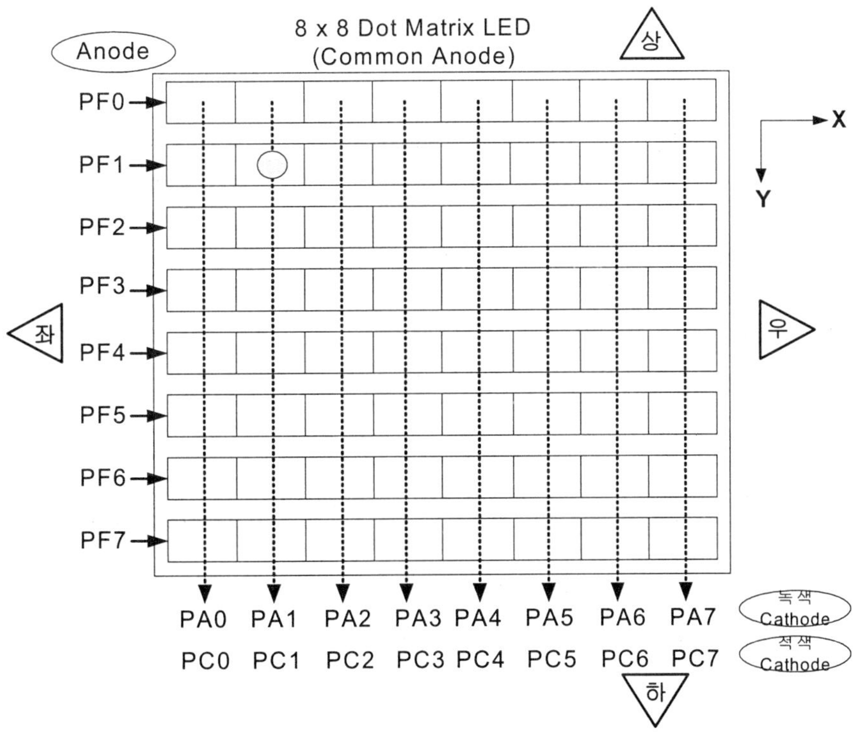

[그림 1-4] LDM 구동 방식

[그림 1-3]과 [그림 1-4]에서 두 번째 라인 두 번째 열에 있는 LED만을 on시키기 위해서는 다음과 같이 포트를 구동해야 한다. 우선, LED가 속해 있는 라인에 5V를 공급하기 위해 PF1 비트를 1로 하고, G를 on 하기 위해서는 G1의 입력단에 연결되어 있는 PA1

비트에 1을 출력한다. 반면에 R을 on 하기 위해서는 R1의 입력단에 연결되어 있는 PC1 비트를 1로 출력한다. 따라서, 원내의 LED를 on 시키기 위해서는 [표 1-3]과 같이 포트에 값을 출력해야 한다. [그림 1-5]는 대문자 'R'을 출력하기 위한 패턴값을 보여준다.

[표 1-3] 출력상태에 따른 포트 출력값

출력상태	PF 포트 출력	PA 포트 출력	PC 포트 출력
G만 on		00000010B	00000000B
R만 on	00000010B	00000000B	00000010B
G, R on(Orange)		00000010B	00000010B

0	0	1	1	1	0	0	0	=>	0x1C
0	0	1	0	0	1	0	0	->	0x24
0	0	1	0	0	1	0	0	=>	0x24
0	0	1	1	1	0	0	0	=>	0x1C
0	0	1	1	0	0	0	0	=>	0x0C
0	0	1	0	1	0	0	0	=>	0x14
0	0	1	0	0	1	0	0	=>	0x24
0	0	0	0	0	0	0	0	=>	0x00

==> {0x1C, 0x24, 0x24, 0x1C, 0x0C, 0x14, 0x24, 0x00}

[그림 1-5] 'R' 출력 패턴

<부품 리스트>

[표 1-4]는 사용된 부품을 보여주며, [그림 1-6]은 제작된 작품사진이다.

[표 1-4] 부품 리스트

부품명	규격	수량(개)
MCU 보드	KUT-128 MCU 보드	1
Dot Matrix LED	8x8 LDM(Common Anode)	1
스위치	조이스틱	2
스위치	Push Button	2
캐릭터 LCD	2라인 16열	1
저항	1KΩ	1
저항	10KΩ	10
저항	100Ω	16
콘덴서	세라믹 0.1uF	10
IC	ULN2004A	3
스피커	8W	1
트랜지스터	2SC1815	2
가변저항	10KΩ	2

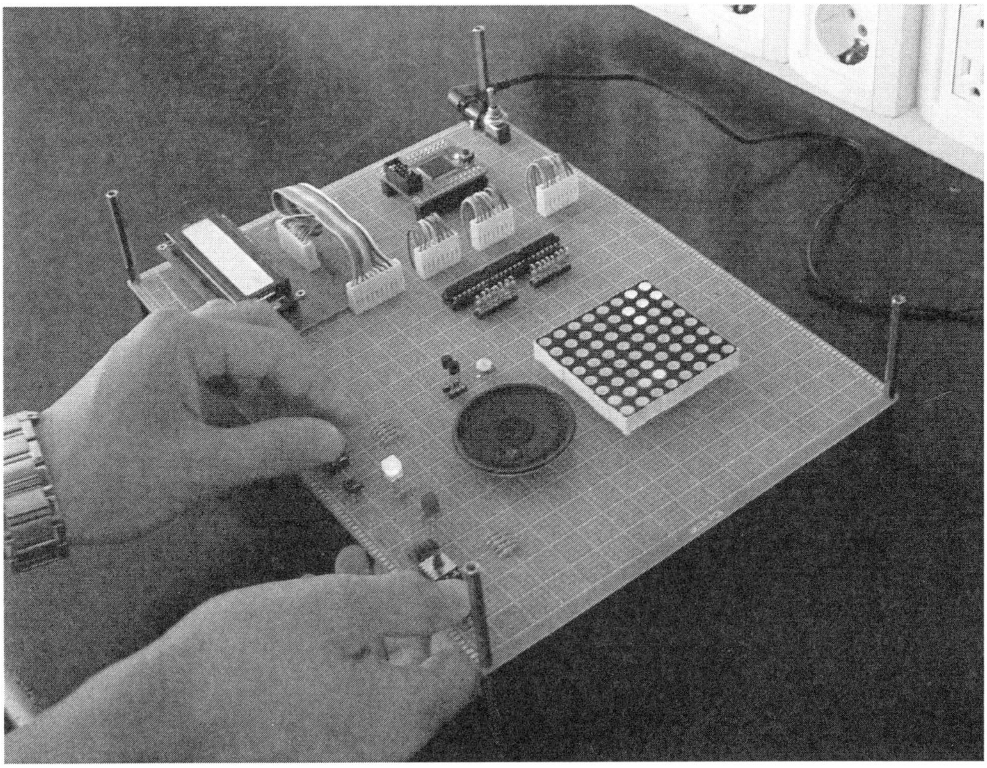

[그림 1-6] 작품 사진

1.3 주요 함수 동작 흐름도

[그림 1-7]은 작품에 사용된 주요 함수의 동작 흐름도를 보여준다.

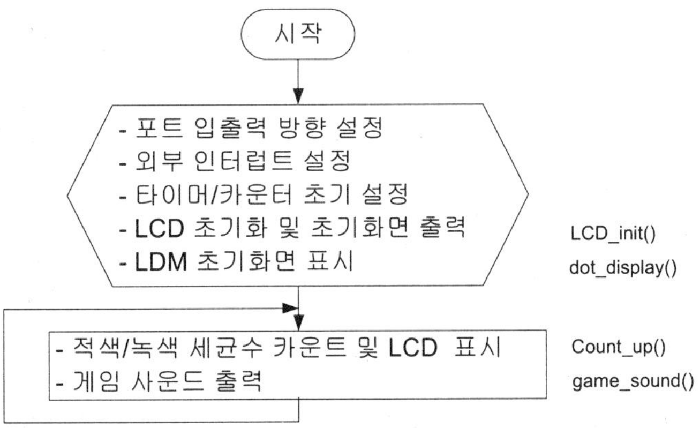

(a) main() 함수

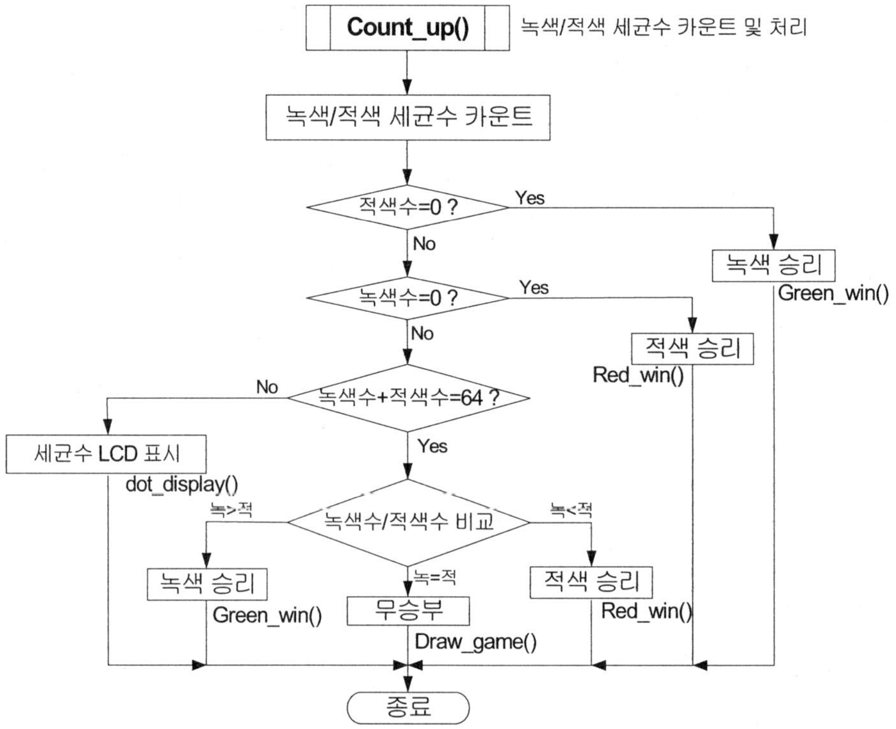

(b) Count_up() 함수

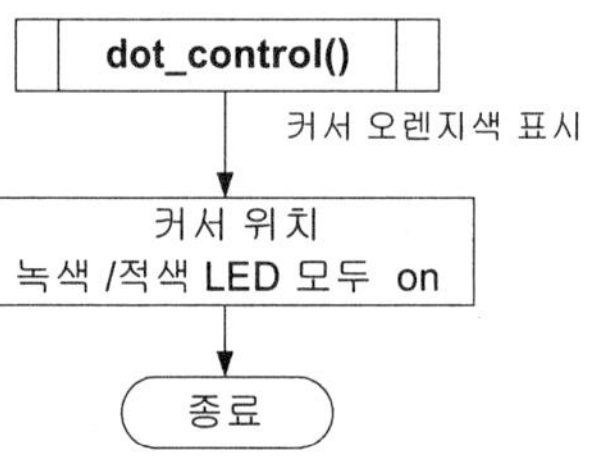

(c) dot_control() 함수

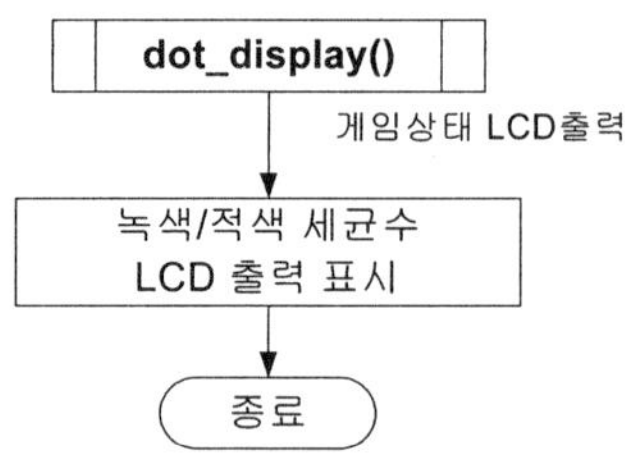

(d) dot_display() 함수

(e) Green_win() 함수

(f) Red_win() 함수

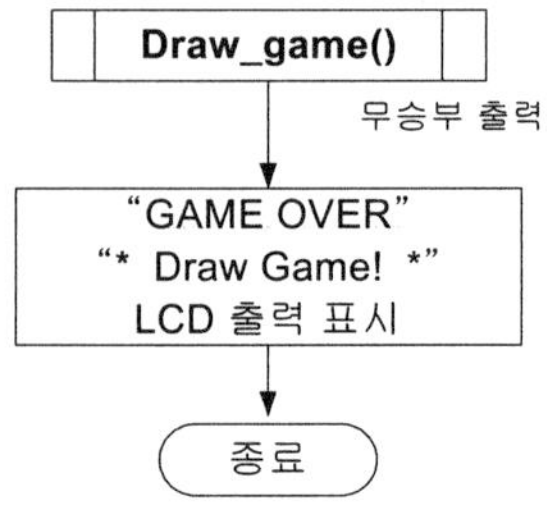

(g) Draw_game() 함수

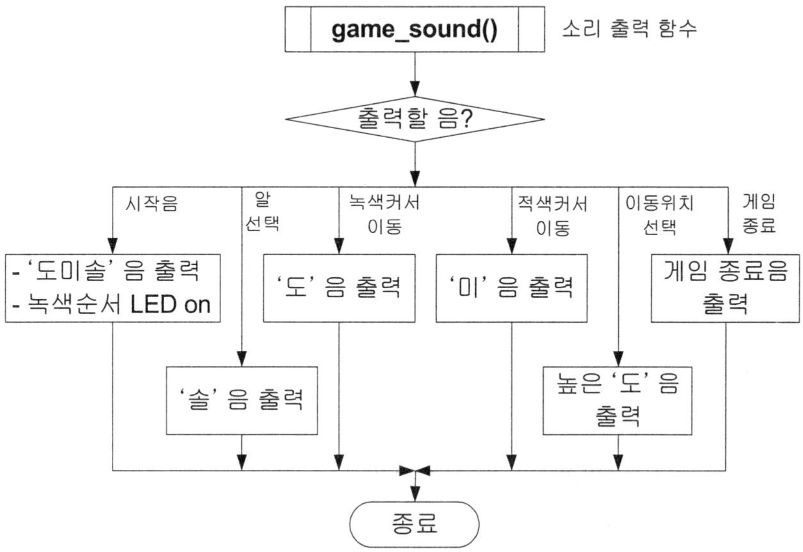

(h) game_sound() 함수

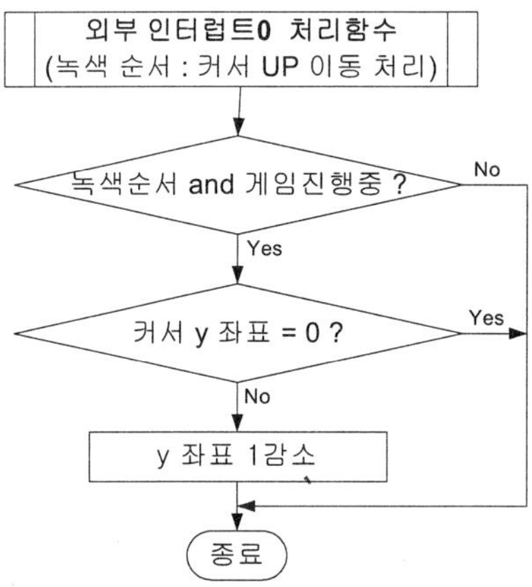

(i) 외부인터럽트0 처리함수

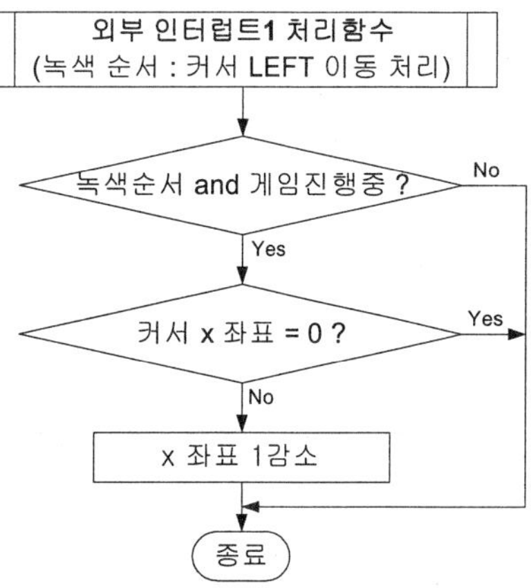

(j) 외부인터럽트1 처리함수

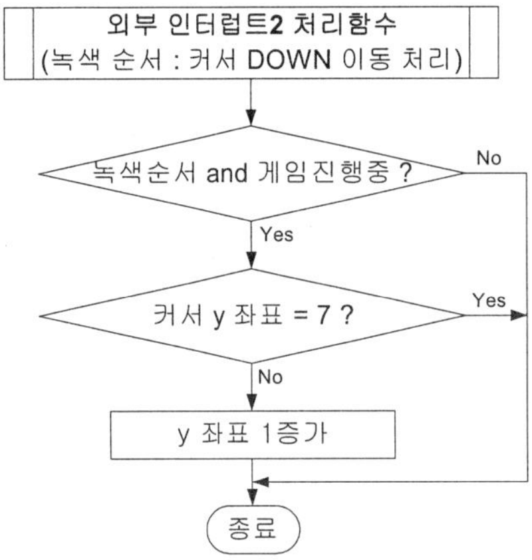

(k) 외부인터럽트2 처리함수

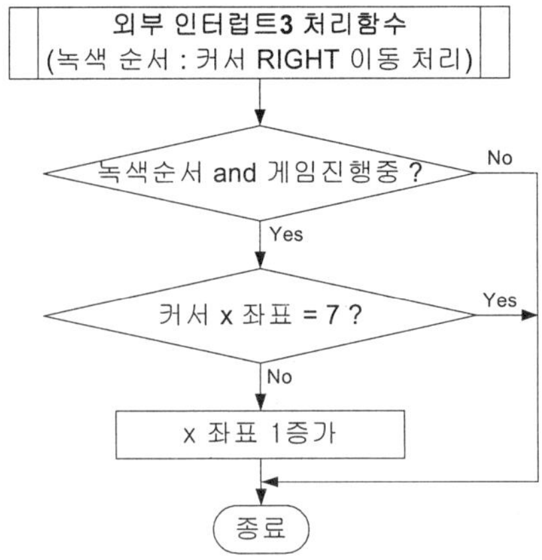

(l) 외부인터럽트3 처리함수

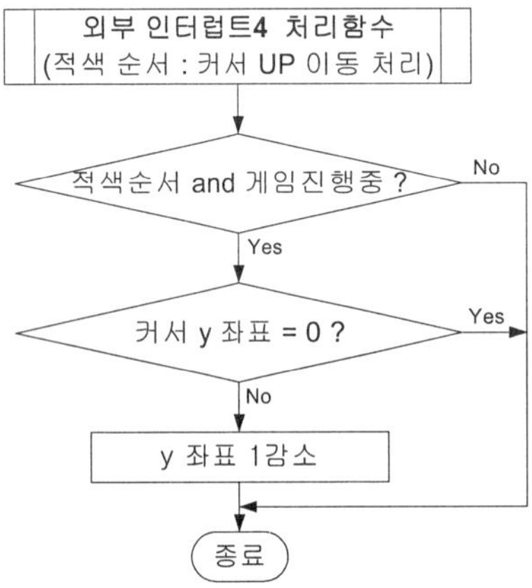

(m) 외부인터럽트4 처리함수

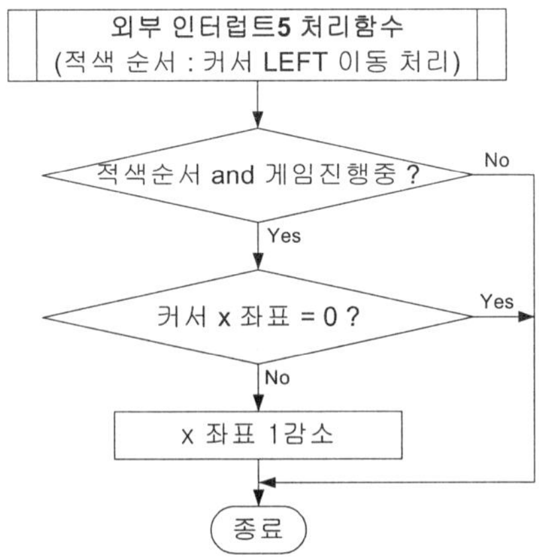

(n) 외부인터럽트5 처리함수

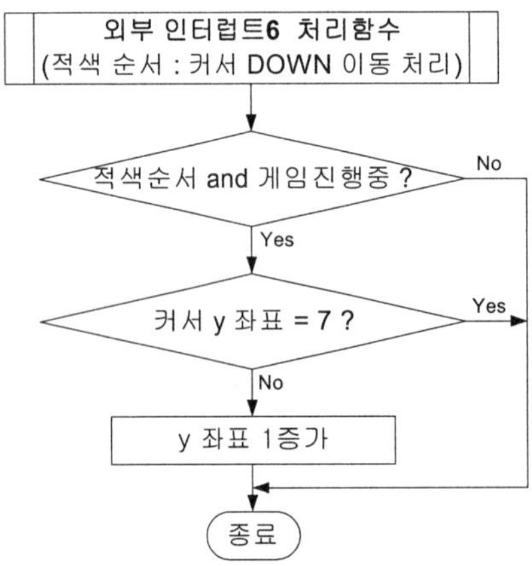

(o) 외부인터럽트6 처리함수

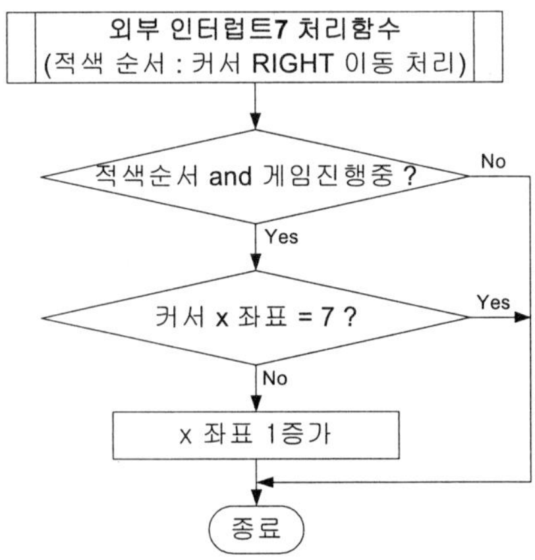

(p) 외부인터럽트7 처리함수

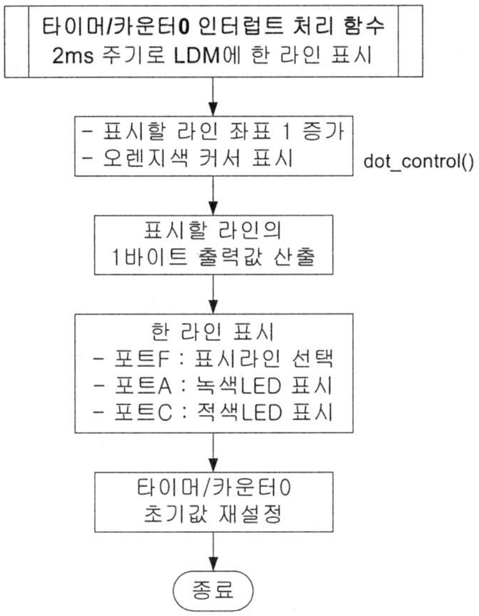

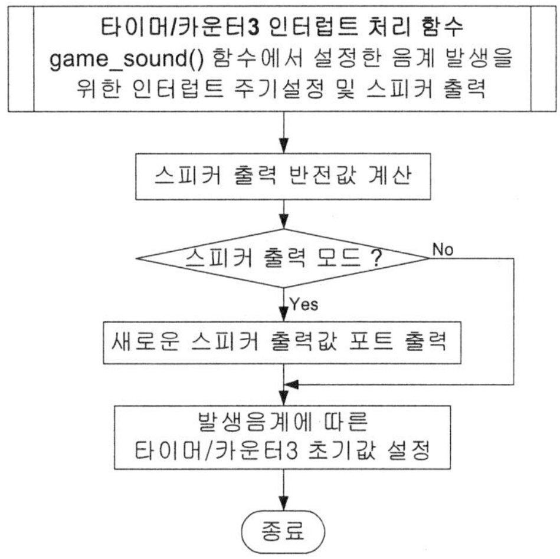

(q) 타이머/카운터0 인터럽트 처리함수 (r) 타이머/카운터3 인터럽트 처리함수

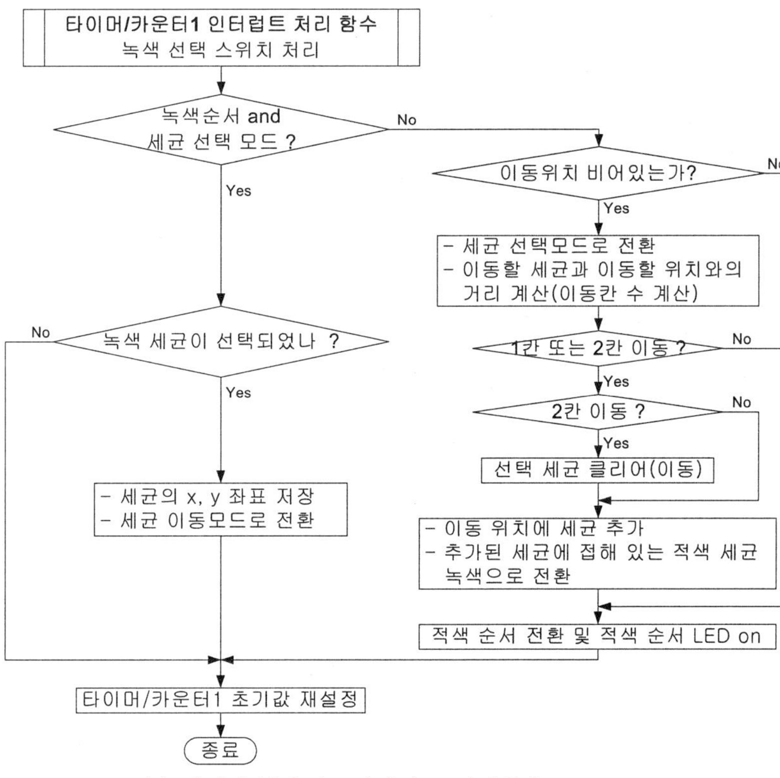

(s) 타이머/카운터1 인터럽트 처리함수

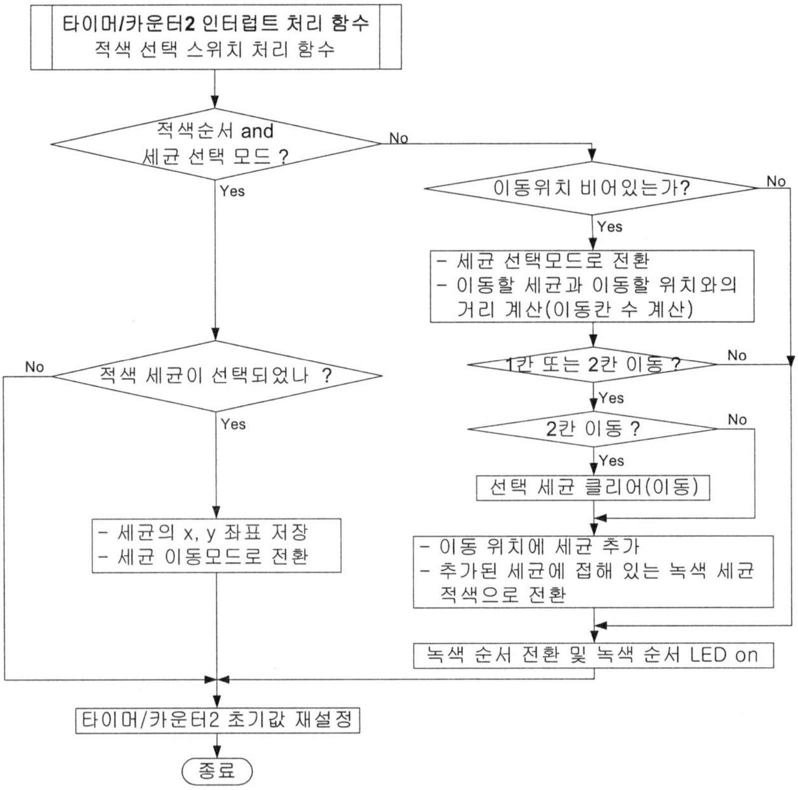

(t) 타이머/카운터2 인터럽트 처리함수

[그림 1-7] 주요 함수 동작 흐름도

1.4 프로그램 소스

```
/*****************************************/
/*      ngame.c  세균전 게임   */
/*       200.6  by 전명준       */
/*****************************************/

#include <mega128.h>
#include <delay.h>
#include <stdio.h>

#define FUNCSET          0x28    // Function Set(4비트, 5x7, 2라인)
#define ENTMODE          0x06    // Entry Mode Set(어드레스 자동 +1)
#define ALLCLR           0x01    // All Clear(클리어, 커서 홈)
#define HOME             0x02    // 1nd Line Move(커서 1행1열)
#define DISPON           0x0c    // Display On(LCD 표시 on)
#define LINE2            0xC0    // 2nd Line Move(커서 2행1열)

unsigned char     s = 1;              // 게임진행여부(1:진행, 2:종료)
unsigned char     enter = 1;          // 세균 놓을 순서(1:녹색, 0:적색)
unsigned char     dot_y = 0;          // 표시 라인 좌표(수직)
int      green = 4, red = 4;          // 녹색, 적색 초기 알 수

// 오렌지색 커서 표시 초기 위치값
int               y = 3;              // 수직방향
int               x = 3;              // 수평방향

// 스피커 출력
unsigned char     spk = 0;            // PG1 출력값
unsigned char     s_flag = 0;         // 출력할 음계값(도,레, ,,, 도)
unsigned char     sound_f = 1;        // 출력할 소리 선택 변수
unsigned char     spk_control = 0;    // 스피커 출력 여부(1:출력)

unsigned char     flag = 0;           // 선택스위치 입력상태(0:세균선택, 1:이동위치 선택)
int               l=0, m=0;           // 이동할 세균 x, y 좌표

// x, y 좌표에 대한 포트(A, C, F) 출력값
flash unsigned char bin_t[8] = {0x01, 0x02, 0x04, 0x08, 0x10, 0x20, 0x40, 0x80};

// dot_out 패턴 출력 배열 초기값 (0:black, 1:green, 2:red, 3:orange)
unsigned char dot_out[8][8] = {
                          {1, 1, 0, 0, 0, 0, 0, 0},
                          {1, 1, 0, 0, 0, 0, 0, 0},
                          {0, 0, 0, 0, 0, 0, 0, 0},
                          {0, 0, 0, 0, 0, 0, 0, 0},
                          {0, 0, 0, 0, 0, 0, 0, 0},
```

```
                                    {0, 0, 0, 0, 0, 0, 0, 0},
                                    {0, 0, 0, 0, 0, 0, 2, 2},
                                    {0, 0, 0, 0, 0, 0, 2, 2}
                                    };

// 사용함수
void dot_control(void);             // 오렌지색 커서 표시 함수
void dot_display(void);             // LCD 게임 진행 화면 출력 함수
void Green_win(void);               // LCD Green 승리 출력 함수
void Red_win(void);                 // LCD Red 승리 출력 함수
void Draw_game(void);               // 무승부
void Count_up(void);                // Green, Red dot 갯수 카운트 함수
void game_sound(void);              // sound 출력 함수
void LCD_init(void);                // LCD 초기화
void LCD_String1(char flash *);     // 고정 문자열 출력 함수
void LCD_String2(char str[]);       // 생성 문자열 출력 함수
void Busy(void);                    // LCD 출력을 위한 딜레이 함수
void Command(unsigned char);        // LCD 인스트럭션 쓰기 함수
void Data(unsigned char);           // LCD 데이터 쓰기 함수

// 메인 함수
void main(void)
{
        // 포트 입출력 방향 설정
        DDRF = 0xFF;                // 포트 F 출력 설정
        DDRA = 0xFF;                // 포트 A 출력 설정
        DDRC = 0xFF;                // 포트 C 출력 설정
        DDRG = 0x02;                // 포트 G PG1출력 설정
        DDRD = 0b00110000;          // 포트 D PD4, PD5 출력 설정

        // 외부 인터럽트 설정
        EIMSK = 0b11111111;         // 외부 인터럽트 all 인에이블
        EICRA = 0b10101010;         // 외부 인터럽트 0,1,2,3 : 하강 에지
        EICRB = 0b10101010;         // 외부 인터럽트 4,5,6,7 : 하강 에지

        // 타이머/카운터 인터럽트 설정
        TIMSK = 0b01000101;         // 타이머/카운터 0,1,2 오버플로우 인터럽트 인에이블
        ETIMSK = 0b00000100;        // 타이머/카운터 3 오버플로우 인터럽트 인에이블

        // 타이머/카운터0 초기설정(1/16us x 1024 x (256 - 224) = 2.048ms
        ASSR=0x00;                  // 타이머 모드
        TCCR0=0x07;                 // 프리스케일 = CK/1024
        TCNT0=0xE0;                 // 타이머/카운터0 레지스터 초기값

        // 타이머/카운터1 초기설정(녹색 선택 스위치 입력 처리)
        TCCR1A = 0x0;               // 카운터 모드, 외부 T1핀의 하강 에지 선택
        TCCR1B = 0x06;              // T1 하강 에지에서 카운팅
```

```
        TCCR1C = 0x0;
        TCNT1H = 0xFF;                  // TCNT1 초기값 설정
        TCNT1L = 0xFF;                  // 외부에서 1개의 클럭입력 -> 바로 인터럽트

        // 타이머/카운터2 초기설정(적색 선택 스위치 입력 처리)
        TCCR2 = 0x06;                   // 카운터 모드, T2 하강 에지에서 카운팅
        TCNT2 = 0xFF;                   // TCNT2 초기값 설정(1개 클럭입력 -> 인터럽트)

        // 타이머/카운터3 초기설정(인터럽트 주기에 따른 음계 발생)
        TCCR3A = 0x0;                   // 타이머 일반모드
        TCCR3B = 0x01;                  // 프리스케일 = CK/1
        TCCR3C = 0x0;
        TCNT3H = 0xFF;                  // TCNT3 초기값 설정
        TCNT3L = 0xFF;

        SREG = 0x80;                    // 전역 인터럽트 인에이블 비트 I 셋
        LCD_init();                     // LCD 초기화
        dot_display();                  // 게임 상태 LCD 출력

        while(1){
                Count_up();             // 게임상태 체크 LCD 출력
                game_sound();           // 효과음 발생
        }
}

// 게임 상태 LCD 화면 출력 함수
void dot_display(void)
{
        char dot_buf[16];

        Command(HOME);
        LCD_String1("*Welcome Spread*");          // 첫번째 라인에 출력
        sprintf(dot_buf," G:%2d  vs  R:%2d", green, red);
        Command(LINE2);
        LCD_String2(dot_buf);                     // 두번째 라인에 출력

}

// 녹색 승리 출력 함수
void Green_win(void)
{
        Command(HOME);
        LCD_String1("*  GAME OVER!  *");          // 첫번째 라인에 출력
        Command(LINE2);
        LCD_String1("*  GREEN WIN!! *");          // 두번째 라인에 출력

        s = 2;                          // 게임 종료
```

```
        PORTD = 0x30;                   // 녹색, 적색 순서 표시 LED ON
        sound_f = 4;                    // 종료 음악 선택
}

// 적색 승리 출력 함수
void Red_win(void)
{
        Command(HOME);
        LCD_String1("*  GAME OVER!  *");        // 첫번째 라인에 출력
        Command(LINE2);
        LCD_String1("*  RED WIN!!   *");        // 두번째 라인에 출력

        s = 2;                          // 게임 종료
        PORTD = 0x30;                   // 녹색, 적색 순서 표시 LED ON
        sound_f = 4;                    // 종료 음악 선택
}

// 무승부 출력 함수
void Draw_game(void)
{
        Command(HOME);
        LCD_String1("*  GAME OVER!  *");        // 첫번째 라인에 출력
        Command(LINE2);
        LCD_String1("*  Draw Game!  *");        // 두번째 라인에 출력

        s = 2;                          // 게임 종료
        PORTD = 0x30;                   // 녹색, 적색 순서 표시 LED ON
        sound_f = 4;                    // 종료 음악 선택
}

// 녹색, 적색 알 갯수 카운트 함수
void Count_up(void)
{
        char i, j;

        // 녹색/적색 세균수 카운트
        green = 0;
        red = 0;
        for(j = 0;j < 8;j++){
                for(i = 0;i < 8;i++){
                        if(dot_out[j][i] == 1) green++;
                        if(dot_out[j][i] == 2) red++;
                }
        }

        if( red == 0 ) Green_win();                     // 적색 개수 0 -> 녹색 승리
        else if( green == 0 ) Red_win();                // 녹색 개수 0 -> 적색 승리
```

```
        else if((green + red) == 64){                       // 더 놓을 자리 없을때
                if(green > red) Green_win();                // 녹색 승리
                else if(green < red) Red_win();             // 적색 승리
                else Draw_game();                           // 무승부
        }
        else dot_display();             // 게임 진행중 -> 현재 상태 표시
}

// LDM 오렌지색 커서 표시 함수
void dot_control(void)
{
         PORTF = bin_t[y];              // LDM 라인 선택
         PORTA = bin_t[x];              // 녹색 dot 선택
         PORTC = bin_t[x];              // 적색 dot 선택
         delay_us(100);
}

// sound 출력 함수
void game_sound(void)
{
        if(sound_f == 1){                           // 처음 시작 음
                spk_control = 1;                    // 스피커 출력 on
                s_flag=1;                           // 도
                delay_ms(250);
                s_flag=3;                           // 미
                delay_ms(250);
                s_flag=5;                           // 솔
                delay_ms(250);
                sound_f = 0;                        // sound 선택 리셋
                spk_control = 0;                    // 스피커 출력 off
                PORTD = 0x10;                       // 녹색 순서 LED ON
        }
        else if(sound_f == 2){                      // 녹색 커서 이동 음
                spk_control = 1;                    // 스피커 출력 on
                s_flag=1;                           // 도
                delay_ms(100);
                sound_f = 0;                        // sound 선택 리셋
                spk_control = 0;                    // 스피커 출력 off
         }
         else if(sound_f == 3){                     // 적색 커서 이동 음
                spk_control = 1;                    // 스피커 출력 on
                s_flag=3;                           // 미
                delay_ms(100);
                sound_f = 0;                        // sound 선택 리셋
                spk_control = 0;                    // 스피커 출력 off
        }
         else if(sound_f == 4){                     // 게임 종료 음
```

```
            spk_control = 1;            // 스피커 출력 on
            s_flag=3;                   // 미
            delay_ms(200);
            s_flag=2;                   // 레
            delay_ms(200);
            s_flag=3;                   // 미
            delay_ms(200);
            s_flag=2;                   // 레
            delay_ms(200);
            s_flag=3;                   // 미
            delay_ms(200);
            s_flag=7;                   // 시
            delay_ms(200);
            s_flag=2;                   // 레
            delay_ms(200);
            s_flag=1;                   // 도
            delay_ms(200);
            s_flag=6;                   // 라
            delay_ms(600);
            s_flag=1;                   // 도
            delay_ms(200);
            s_flag=3;                   // 미
            delay_ms(200);
            s_flag=6;                   // 라
            delay_ms(200);
            s_flag=7;                   // 시
            delay_ms(500);
            s_flag=3;                   // 미
            delay_ms(200);
            s_flag=5;                   // 솔
            delay_ms(200);
            s_flag=7;                   // 시
            delay_ms(200);
            s_flag=8;                   // 도
            delay_ms(500);
            sound_f = 0;                // sound 선택 리셋
            spk_control = 0;            // 스피커 출력 off
    }
    else if(sound_f == 5){              // 세균 선택 음(선택 스위치 첫번째 on 음)
            spk_control = 1;            // 스피커 출력 on
            s_flag=5;                   // 솔
            delay_ms(100);
            sound_f = 0;                // sound 선택 리셋
            spk_control = 0;            // 스피커 출력 off
    }
    else if(sound_f == 6){              // 이동 위치 선택 음(선택 스위치 두번째 on 음)
            spk_control = 1;            // 스피커 출력 on
```

```
                s_flag=8;                           // 높은 도
                delay_ms(100);
                sound_f = 0;                        // sound 선택 리셋
                spk_control = 0;                    // 스피커 출력 off
        }
}

// 타이머/카운터 오버플로우 0 서비스 루틴
// LDM 한 라인 dot_out 패턴 출력
// 인터럽트 발생 주기 1/16us * 1024분주 * (256-224) = 2,048us
interrupt [TIM0_OVF] void dot_on(void)
{
        unsigned char dot_x, gval = 0, rval = 0;

        dot_y++;                            // 표시 라인 1 증가
        dot_y = dot_y % 8;                  // 라인 번호 0-7

        dot_control();                                      // 커서 표시

        // dot_x 라인 출력값 추출
        for(dot_x = 0;dot_x < 8;dot_x++){
                if(dot_out[dot_y][7-dot_x] == 0){           // Blank
                        gval |= 0b00000000;
                        rval |= 0b00000000;
                }
                else if(dot_out[dot_y][7-dot_x] == 1){      // 녹색
                        gval |= 0b00000001;
                        rval |= 0b00000000;
                }
                else if(dot_out[dot_y][7-dot_x] == 2){      // 적색
                        gval |= 0b00000000;
                        rval |= 0b00000001;
                }
                else if(dot_out[dot_y][7-dot_x] == 3){      // 오렌지색(커서)
                        gval |= 0b00000001;
                        rval |= 0b00000001;
                }

                if(dot_x != 7){
                        gval <<= 1;
                        rval <<= 1;
                }
        }

        PORTF = bin_t[dot_y];               // 라인 선택
        PORTA = gval;                       // 녹색 표시
        PORTC = rval;                       // 적색 표시
```

```
        TCNT0 = 0xE0;                   // 타이머/카운터0 초기값 재설정
}


// 타이머/카운터 오버플로우 1 서비스 루틴
// 녹색 선택 스위치 처리 함수, 이동 및 세균 감염 처리
interrupt [TIM1_OVF] void dot_choice1(void)
{
        int             j, k, max_d;

        // 녹색세균을 선택하고 1칸 이동이나 2칸 이동시 조건 판단
        if(enter == 1 && flag == 0){    // 이동할 세균 선택 스위치 입력 처리
                if(dot_out[y][x] == 1){
                        l = y;                  // 이동할 세균 X 좌표
                        m = x;                  // 이동할 세균 Y 좌표
                        flag = 1;               // 이동할 세균 선택 완료
                        sound_f = 5;            // 세균 선택 음
                }
        }
        else if(enter == 1 && flag == 1) {      // 이동할 위치 선택 스위치 입력 처리
                sound_f=6;                      // 이동할 위치 선택 음

                if(dot_out[y][x] == 0){ // 이동할 위치가 비어 있는가 ?
                        j = l - y;
                        k = m - x;
                        if(j < 0) j = -j;
                        if(k < 0) k = -k;

                        // 이동할 세균과 이동할 위치의 거리 산출(수평 또는 수직 중 최대거리)
                        if(j >= k) max_d = j;
                        else max_d = k;

                        if(max_d == 1 || max_d == 2){  // 1칸 또는 2칸 이동
                                // 2칸 이동의 경우  먼저 세균 클리어
                                if(max_d == 2) dot_out[l][m] = 0;

                                dot_out[y][x] = 1;      // 새 위치에 녹색 세균 1개 셋


                                // 감염처리(증가된 세균에 접해 있는 적색 세균을 녹색으로)
                                for(j = y - 1;j < y + 2;j++){
                                        if(j < 0 || j > 7) continue;
                                        for(k = x - 1;k < x + 2;k++){
                                                if(k < 0 || k > 7) continue;
                                                // 감염처리
                                                if(dot_out[j][k] == 2) dot_out[j][k] = 1;
```

```
                                }
                        }
                }

            }
            flag = 0;                           // 두 번째 선택 스위치 입력 완료
            PORTD = 0x20;                       // 적색 순서 LED on
            enter = 0;                          // 적색 순서 전환
    }

    TCNT1H = 0xFF;                              // 초기값 재설정
    TCNT1L = 0xFF;
}


// 타이머/카운터 오버플로우 2 서비스 루틴
// 적색 선택 스위치 처리, 이동 및 세균 감염
interrupt [TIM2_OVF] void dot_choice2(void)
{
    int j, k, max_d;

    // 적색 세균을 선택하고 1칸 이동이나 2칸 이동시 조건 판단
    if(enter == 0 && flag == 0){                // 이동할 세균 선택 스위치 입력 처리
            if(dot_out[y][x] == 2){
                    l = y;                      // 이동할 세균 X 좌표
                    m = x;                      // 이동할 세균 Y 좌표
                    flag = 1;                   // 이동할 세균 선택 완료
                    sound_f = 5;                // 세균 선택 음
            }
    }
    else if(enter == 0 && flag == 1){           // 이동할 위치 선택 스위치 입력 처리
            sound_f = 6;                        // 이동할 위치 선택 음

            if(dot_out[y][x] == 0){             // 이동할 위치가 비어 있는가 ?
                    j = l - y;
                    k = m - x;
                    if(j < 0) j = -j;
                    if(k < 0) k = -k;

                    // 이동할 세균과 이동할 위치의 거리 산출(수평 또는 수직 중 최대거리)
                    if(j >= k) max_d = j;
                    else max_d = k;

                    if(max_d == 1 || max_d == 2){  // 1칸 또는 2칸 이동
                            // 2칸 이동 먼저 세균 클리어
                            if(max_d == 2) dot_out[l][m] = 0;
```

```
                                    dot_out[y][x] = 2;      // 새 위치에 적색 세균 1개 셋

                                    // 감염처리(증가된 세균에 접해 있는 녹색 세균을 적색으로)
                                    for(j = y - 1;j < y + 2;j++){
                                            if(j < 0 || j > 7) continue;
                                            for(k = x - 1;k < x + 2;k++){
                                                    if(k < 0 || k > 7) continue;

                                                    // 감염처리
                                                    if(dot_out[j][k] == 1) dot_out[j][k] = 2;
                                            }
                                    }
                            }
                    }
                    flag = 0;               // 두 번째 선택 스위치 입력
                    PORTD = 0x10;           // 녹색 순서 LED on
                    enter = 1;              // 녹색 순서 전환
            }

            TCNT2 = 0xFF;
}

// 타이머/카운터 오버플로우 3 서비스 루틴
// game_sound(void) 함수에서 발생한 조건에 따라 스피커에 음계 출력
interrupt [TIM3_OVF] void speaker(void)
{
            spk = spk ^ 0x02;                               // 구형파(on/off) 출력
            if(spk_control == 1) PORTG = spk;               // 스피커 출력 상태이면 출력

            if(s_flag==1){                                  // 5옥타브 도
                    TCNT3H = (34958 & 0xFF00) >> 8;
                    TCNT3L = 34958 & 0x0FF;
            }
            else if(s_flag==2){                             // 5옥타브 레
                    TCNT3H = (38294 & 0xFF00) >> 8;
                    TCNT3L = 38294 & 0x0FF;
            }
            else if(s_flag==3){                             // 5옥타브 미
                    TCNT3H = (41266 & 0xFF00) >> 8;
                    TCNT3L = 41266 & 0x0FF;
            }
            else if(s_flag==4){                             // 5옥타브 파
                    TCNT3H = (42828 & 0xFF00) >> 8;
                    TCNT3L = 42828 & 0x0FF;
            }
            else if(s_flag==5){                             // 5옥타브 솔
                    TCNT3H = (45128 & 0xFF00) >> 8;
```

```
            TCNT3L = 45128 & 0x0FF;
        }
        else if(s_flag==6){                                 // 5옥타브 라
            TCNT3H = (47355 & 0xFF00) >> 8;
            TCNT3L = 47355 & 0x0FF;
        }
        else if(s_flag==7){                                 // 5옥타브 시
            TCNT3H = (49338 & 0xFF00) >> 8;
            TCNT3L = 49338 & 0x0FF;
        }
        else if(s_flag==8){                                 // 6옥타브 도
            TCNT3H = (50247 & 0xFF00) >> 8;
            TCNT3L = 50247 & 0x0FF;
        }
}

// 녹색 이동 스위치 : "UP"
// 외부 인터럽트 요구 0 서비스 루틴
interrupt [EXT_INT0] void sw_0(void)
{
        if(s == 1 && enter == 1){
            if(y != 0) y--;                     // y 좌표 1감소
            sound_f = 2;                        // 녹색 커서 이동 음 발생
        }
}

// 녹색 이동 스위치 : "LEFT"
// 외부 인터럽트 요구 0 서비스 루틴
interrupt [EXT_INT1] void sw_1(void)
{
        if(s == 1 && enter == 1){
            if(x != 0) x--;                     // x 좌표 1감소
            sound_f = 2;                        // 녹색 커서 이동 음 발생
        }
}

// 녹색 이동 스위치 : "DOWN"
// 외부 인터럽트 요구 0 서비스 루틴
interrupt [EXT_INT2] void sw_2(void)
{
        if(s == 1 && enter == 1){
            if(y != 7) y++;                     // y 좌표 1증가
            sound_f = 2;                        // 녹색 커서 이동 음 발생
        }
}

// 녹색 이동 스위치 : "RIGHT"
```

```
// 외부 인터럽트 요구 3 서비스 루틴
interrupt [EXT_INT3] void sw_3(void)
{
        if(s == 1 && enter == 1){
                if(x != 7) x++;                  // x 좌표 1증가
                sound_f = 2;                     // 녹색 커서 이동 음 발생
        }
}

// 적색 이동 스위치 : "UP"
// 외부 인터럽트 요구 4 서비스 루틴
interrupt [EXT_INT4] void sw_4(void)
{
         if(s == 1 && enter == 0){
                if(y != 0)  y--;                 // y 좌표 1감소
                sound_f = 3;                     // 적색 커서 이동 음 발생
          }
}

// 적색 이동 스위치 : "LEFT"
// 외부 인터럽트 요구 5 서비스 루틴
interrupt [EXT_INT5] void sw_5(void)
{
        if(s == 1 && enter == 0){
                if(x != 0) x--;                  // x 좌표 1감소
                sound_f = 3;                     // 적색 커서 이동 음 발생
        }
}

// 적색 이동 스위치 : "DOWN"
// 외부 인터럽트 요구 6 서비스 루틴
interrupt [EXT_INT6] void sw_6(void)
{
        if(s == 1  && enter == 0){
                if(y != 7) y++;                  // y 좌표 1증가
                sound_f = 3;                     // 적색 커서 이동 음 발생
        }
}

// 적색 이동 스위치 : "RIGHT"
// 외부 인터럽트 요구 7 서비스 루틴
interrupt [EXT_INT7] void sw_7(void)
{
        if(s == 1 && enter == 0){
                if(x != 7) x++;                  // x 좌표 1증가
                sound_f = 3;                     // 적색 커서 이동 음 발생
        }
```

```
}

// LCD 초기화
void LCD_init(void)
{
        DDRB = 0xFF;                    // 포트 B 출력 설정
        PORTB &= 0xFB;                  // E = 0;

        delay_ms(15);
        Command(0x20);                  // 펑션셋
        delay_ms(5);
        Command(0x20);                  // 펑션셋
        delay_us(100);
        Command(0x20);                  // 펑션셋
        Command(FUNCSET);               // 펑션셋(4비트, 5x7, 2라인)
        Command(DISPON);                // 표시 on
        Command(ALLCLR);                // 클리어
        Command(ENTMODE);               // 커서 +1 자동증가
}

// 고정 문자열 출력 함수
void LCD_String1(char flash str[])
{
        char flash *pStr=0;

        pStr = str;
        while(*pStr) Data(*pStr++);     // 문자열 끝까지 출력
}

// 생성 문자열 출력 함수
void LCD_String2(char str[])
{
        while(*str) Data(*str++);       // 문자열 끝까지 출력
}

// 인스트럭션 쓰기 함수
void Command(unsigned char byte)
{
        Busy();

        // 인스트럭션 상위 바이트
        PORTB = (byte & 0xF0);          // 데이터
        PORTB &= 0xFE;                  // RS = 0(커맨드)
        PORTB &= 0xFD;                  // RW = 0
        delay_us(1);
        PORTB |= 0x04;                  // E = 1
        delay_us(1);
```

```
        PORTB &= 0xFB;                      // E = 0

        // 인스트럭션 하위 바이트
        PORTB = ((byte<<4) & 0xF0);         // 데이터
        PORTB &= 0xFE;                      // RS = 0(커맨드)
        PORTB &= 0xFD;                      // RW = 0
        delay_us(1);
        PORTB |= 0x04;                      // E = 1
        delay_us(1);
        PORTB &= 0xFB;                      // E = 0;
}

//데이터 쓰기 함수
void Data(unsigned char byte)
{
        Busy();

        // 데이터 상위 바이트
        PORTB = (byte & 0xF0);              // 데이터
        PORTB |= 0x01;                      // RS = 1(데이터)
        PORTB &= 0xFD;                      // RW = 0
        delay_us(1);
        PORTB |= 0x04;                      // E = 1
        delay_us(1);
        PORTB &= 0xFB;                      // E = 0

        // 데이터 하위 바이트
        PORTB = ((byte<<4) & 0xF0);         // 데이터
        PORTB |= 0x01;                      // RS = 1(데이터)
        PORTB &= 0xFD;                      // RW = 0
        delay_us(1);
        PORTB |= 0x04;                      // E = 1
        delay_us(1);
        PORTB &= 0xFB;                      // E = 0
}

// Busy Flag Check -> 일반적인 BF를 체크하는 것이 아니라
// 일정한 시간 지연을 이용한다.
void Busy(void)
{
        delay_ms(2);
}
////////////////////////////// END //////////////////////////////
```

Chapter 02

레이싱 게임(Racing Game)

2.1 동작 개요

스위치를 이용하여 자동차를 좌우로 움직이면서 도트매트릭스에 표시된 길과 장애물을 피하는 게임이다.

<동작 설명>

- 도트매트릭스에 "Ready" 가 표시되고, 시작 스위치를 누르면 게임이 시작된다.
- 자동차는 길, 장애물과 구분되어야 하므로 다른 색으로 표시한다.
- 자동차는 가장 아랫줄에서 왼쪽, 오른쪽으로만 움직이게 한다.
- 게임이 시작되면 스피커에서 시작 신호음 이후에 배경음악이 나온다.
- 길과 장애물이 계속 아래로 내려오며, 사용자는 스위치를 이용하여 자동차가 부딪치지 않도록 조종한다.
- 시작과 동시에 7-Segment에 시간이 표시되며, 자동차가 장애물에 부딪히면 시간이 정지하면서 게임이 종료된다.
- 시간이 지날수록 장애물의 움직이는 속도가 점점 빨라진다.
- 자동차가 장애물에 부딪히면 스피커에서 신호음이 나오면서 배경음악이 정지한다.
- 게임이 종료되면 종료 메시지가 나오고, 리셋 스위치를 누르면 다시 초기화면으로 돌아간다.

2.2 작품 구성도 및 회로도

[그림 2-1]은 작품 구성도를 보여주며, KUT-128 MCU 보드, 7-Segment, 도트매트릭스, 스피커로 구성된다.

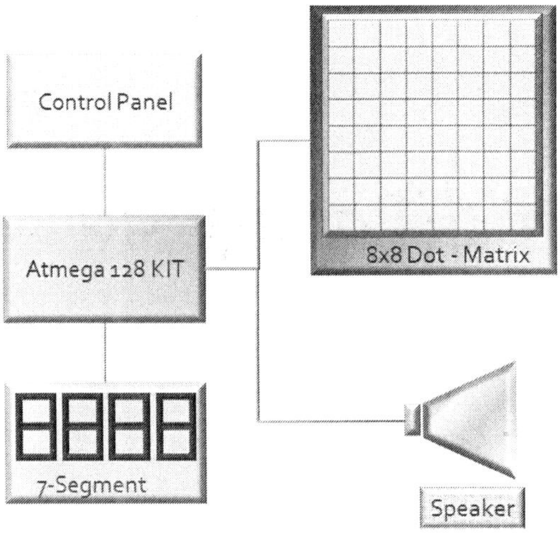

[그림 2-1] 작품 구성도

각 디바이스의 사용 입출력 포트는 [표 2-1], [표 2-2]와 같으며, [그림 2-2]는 작품의 회로도를 보여준다.

[표 2-1] 입력 디바이스와 사용 포트

입력 스위치	사용 포트
Start 스위치	PE4/INT4
Left 스위치	PE5/INT5
Right 스위치	PE6/INT6
Reset 스위치	PE7/INT7

[표 2-2] 출력 디바이스와 사용 포트

출력 장치	기 능
8 x 8 LDM (Common Anode) 3 Color	세균전 게임 진행 출력 - PA0~PA7(Common Anode) - PB0~PB7(Green cathode) - PC0~PC7(Red cathode)
7-Segment	경과 시간 표시(분, 초) - PD0~PD6
스피커	게임 진행 소리 출력 - PG0

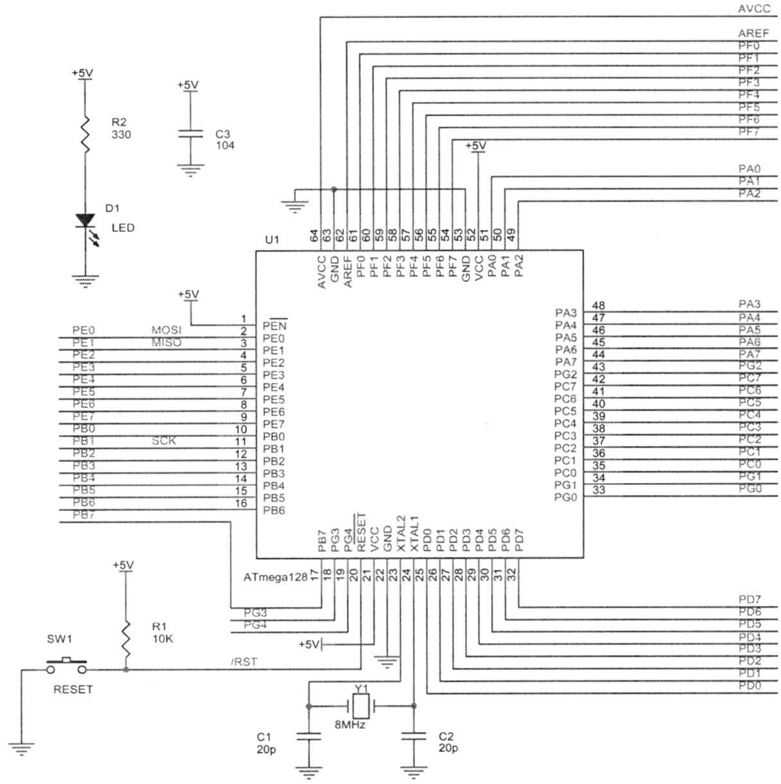

(a) KUT-128 MCU 보드 회로

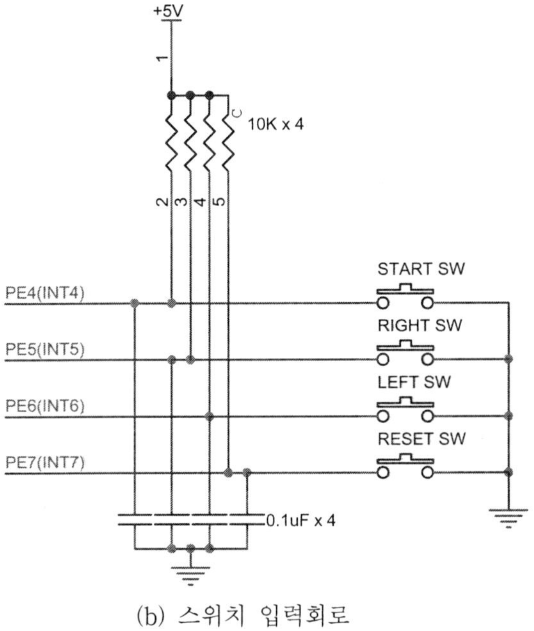

(b) 스위치 입력회로

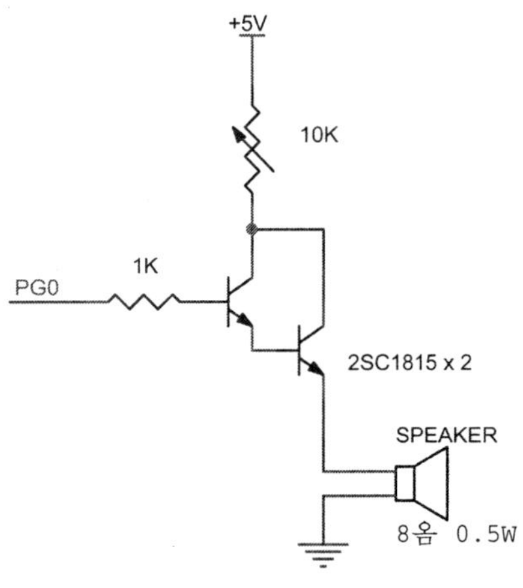

(c) 스피커 구동회로

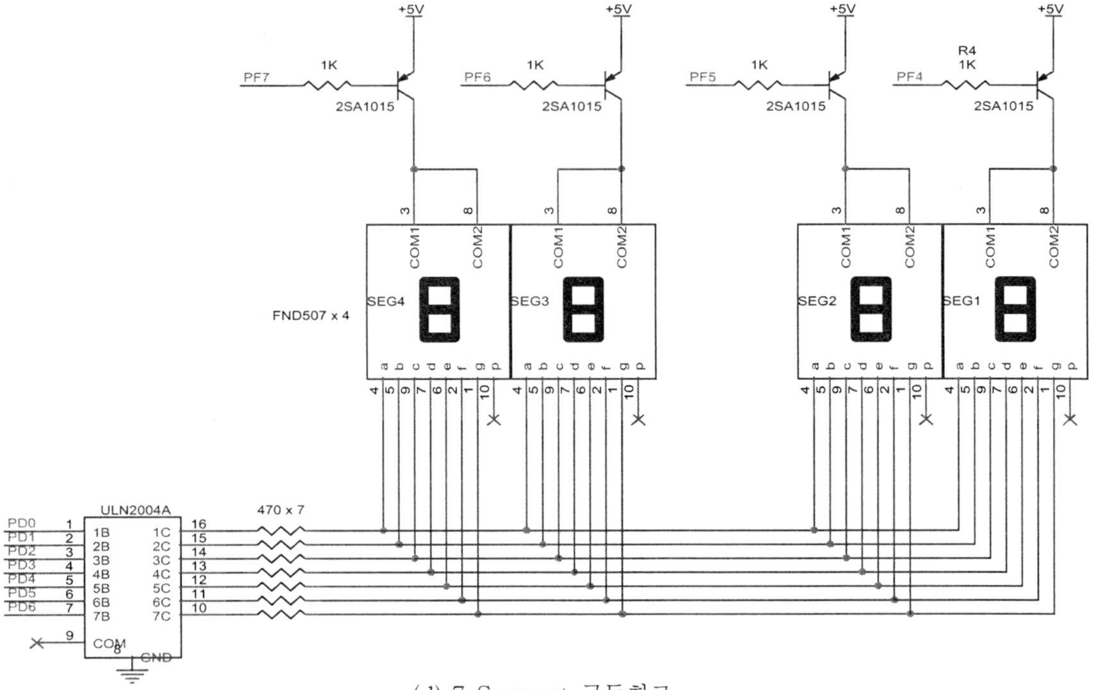

(d) 7-Segment 구동회로

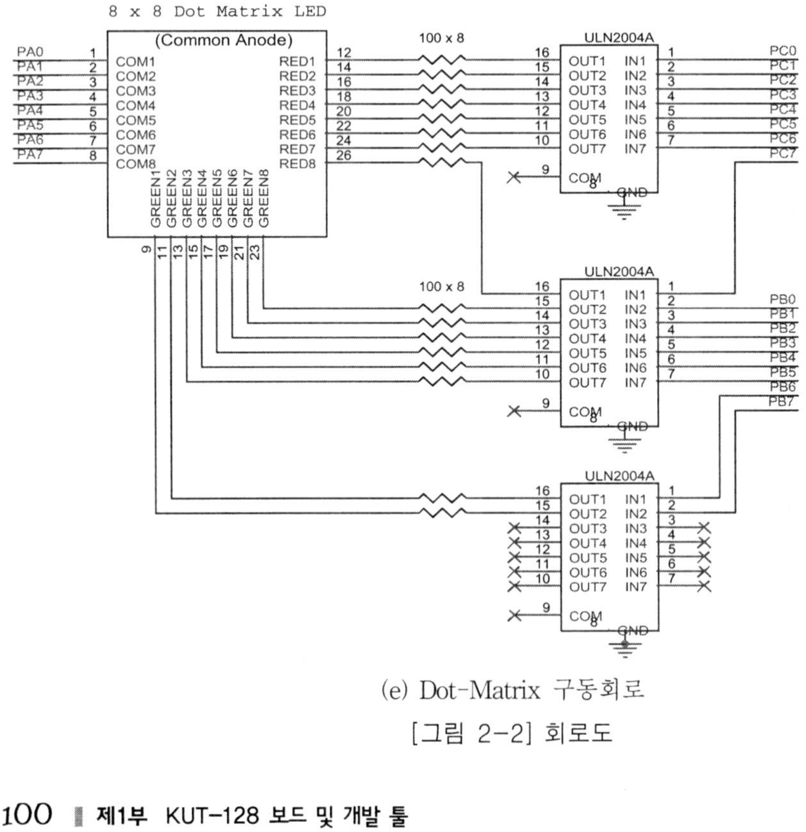

(e) Dot-Matrix 구동회로

[그림 2-2] 회로도

[표 2-3]은 사용된 부품 리스트이다.

[표 2-3] 부품 리스트

부품명	규격	수량(개)
MCU 보드	KUT-128 MCU 보드8x8	1
Dot Matrix LED 3 Color	CA-2088DHG (Common Anode)	1
스위치	Push Button	4
7-Segment	Common Anode(FND507)	4
저항	1KΩ	4
저항	10KΩ	4
저항	100Ω	16
콘덴서	세라믹 콘덴서 0.1uF	4
IC	ULN2004A	4
스피커	8W	1
트랜지스터	2SC1815	2
트랜지스터	2SA1015	4
가변저항	10KΩ	1

☞ 부품 자료

<Dot-Matrix CA-2088DHG Data sheet>

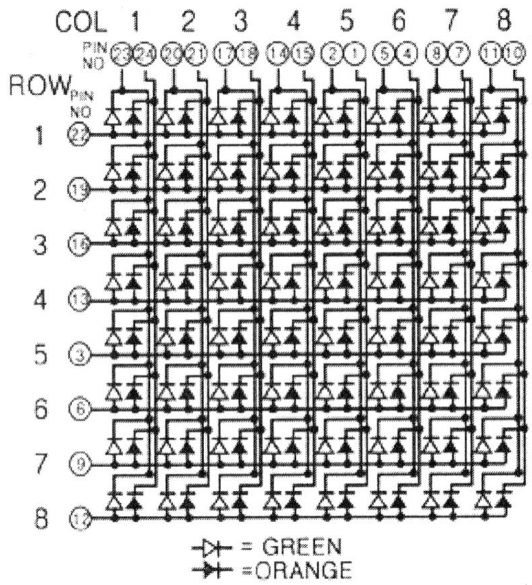

<ULN 2004 Data sheet>

PIN CONNECTION

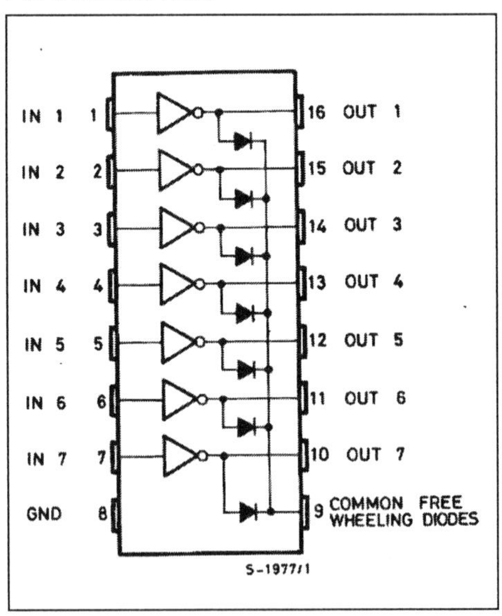

[그림 2-3] LDM과 ULN2004A 핀 배치

LDM 구동은 [그림 2-4]와 같이 수직라인 단위로 한 줄씩 출력하며, 맨 위에 최하위 비트, 맨 아래에 최상위 비트가 출력된다. [그림 2-5]는 대문자 "R"을 출력하기 위한 패턴값을 보여준다.

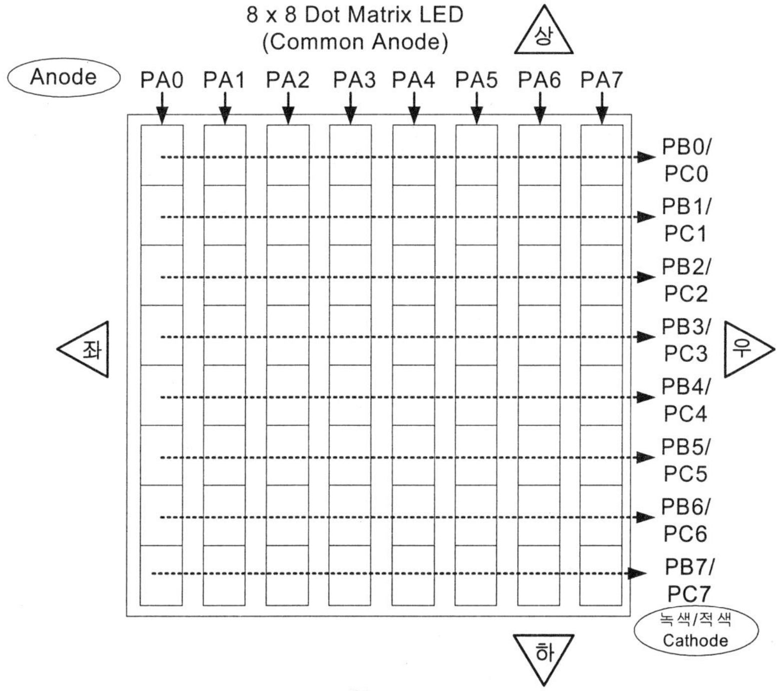

[그림 2-4] LDM 구동 방식

0	0	1	1	1	0	0	0
0	0	1	0	0	1	0	0
0	0	1	0	0	1	0	0
0	0	1	1	1	0	0	0
0	0	1	1	0	0	0	0
0	0	1	0	1	0	0	0
0	0	1	0	0	1	0	0
0	0	0	0	0	0	0	0
⇓	⇓	⇓	⇓	⇓	⇓	⇓	⇓
00	00	7F	19	29	46	00	00

==> 0x00, 0x00, 0x7F, 0x19, 0x29, 0x46, 0x00, 0x00

[그림 2-5] "R" 출력 패턴

2.3 주요 함수 동작 흐름도

[그림 2-6]은 작품에 사용된 주요 함수의 동작 흐름도를 보여준다.

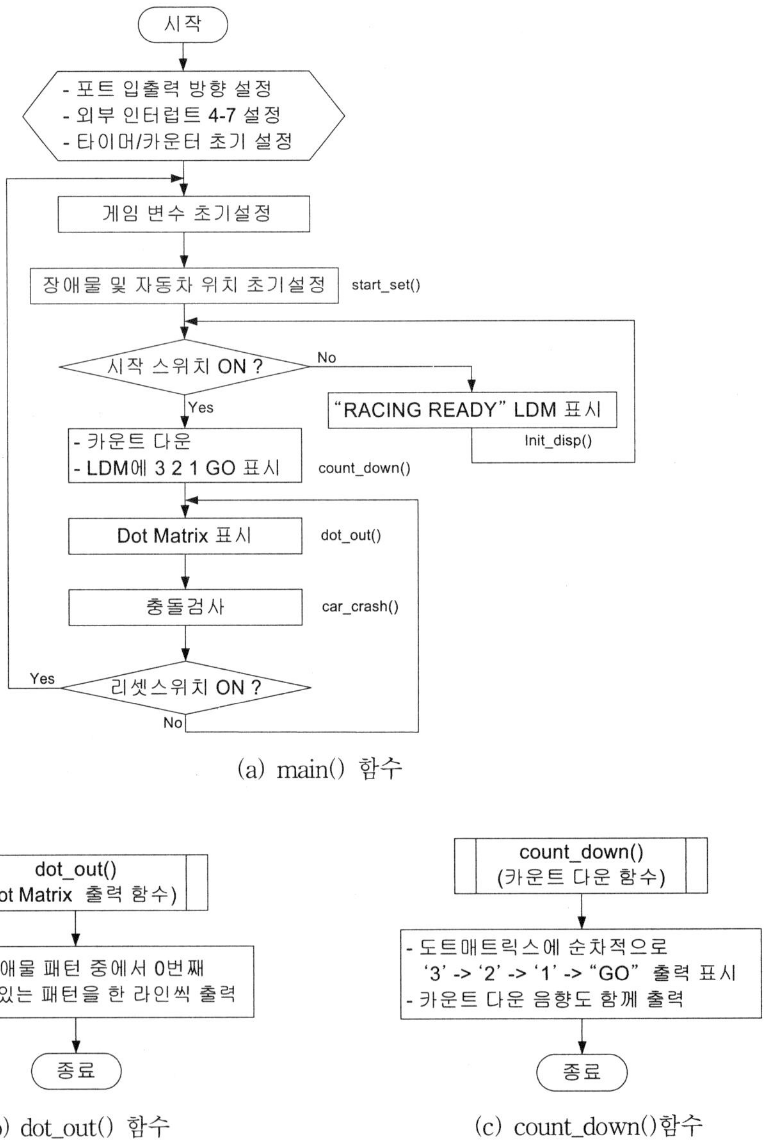

(a) main() 함수

(b) dot_out() 함수

(c) count_down()함수

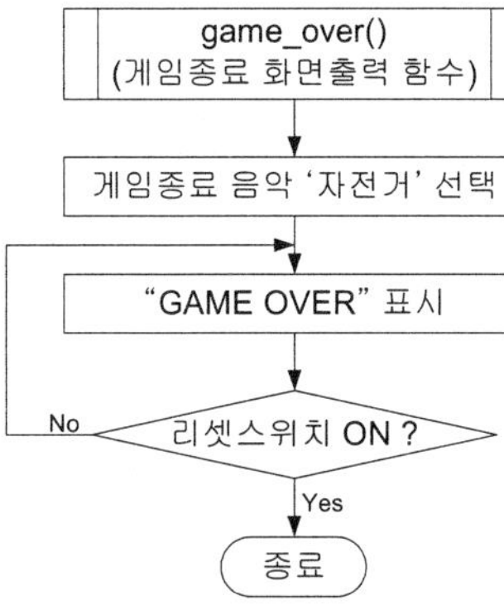

(d) game_over() 함수

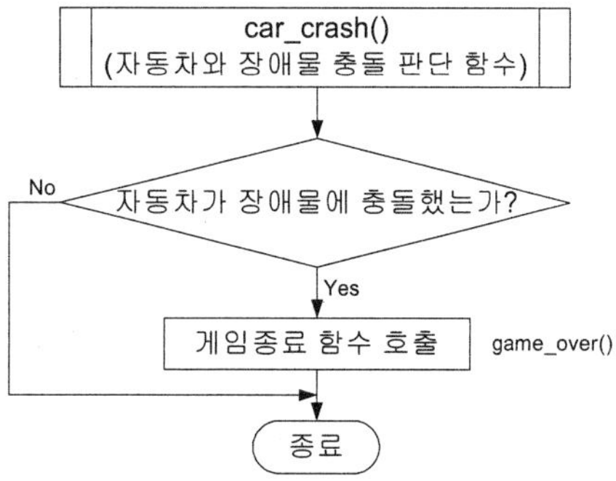

(e) car_crash() 함수

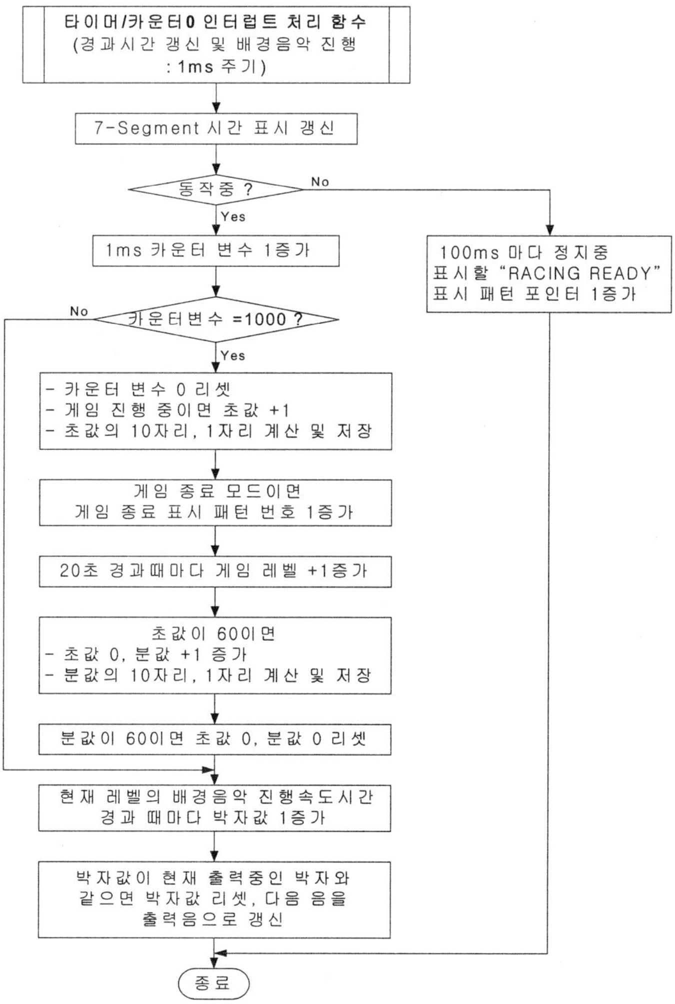

(f) 타이머/카운터0 인터럽트 처리함수

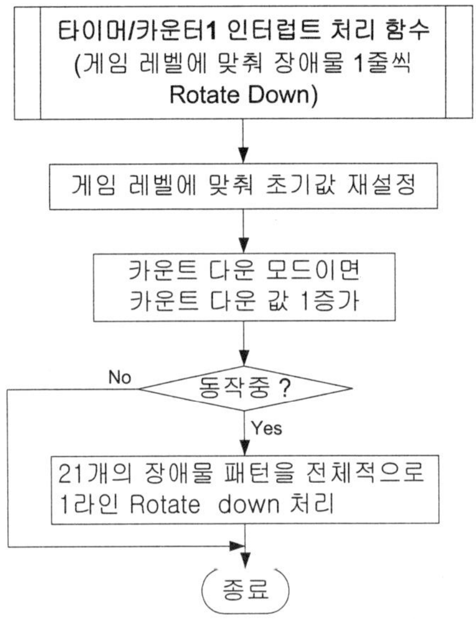

(g) 타이머/카운터1 인터럽트 처리함수

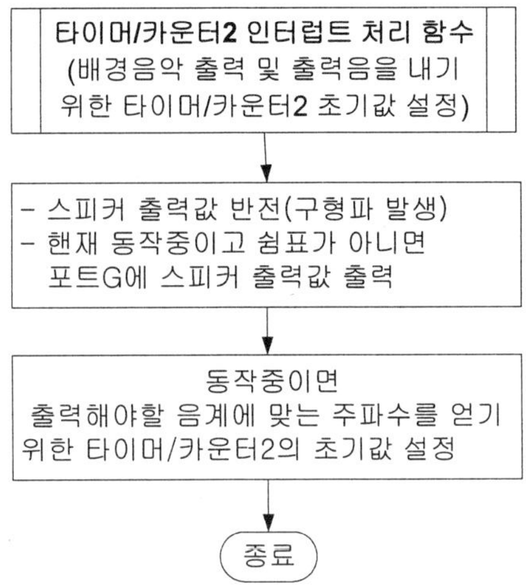

(h) 타이머/카운터2 인터럽트 처리함수

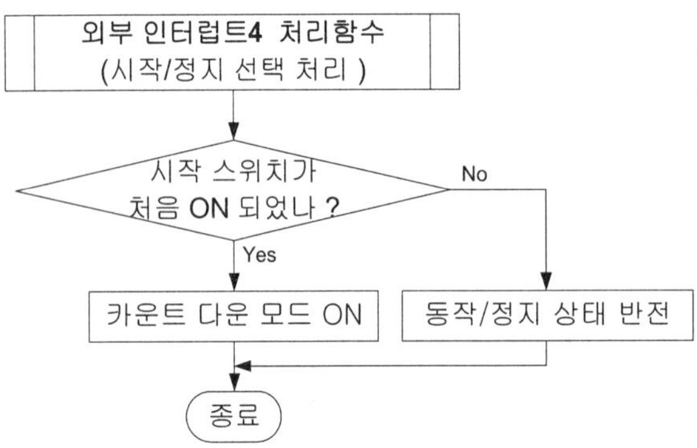

(i) 외부 인터럽트4 처리함수

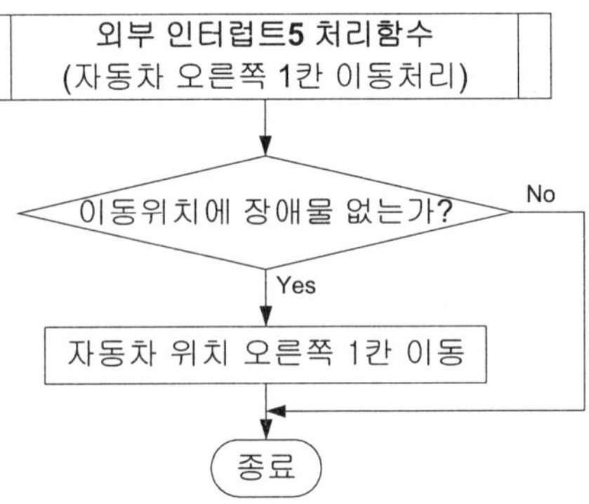

(j) 외부 인터럽트5 처리함수

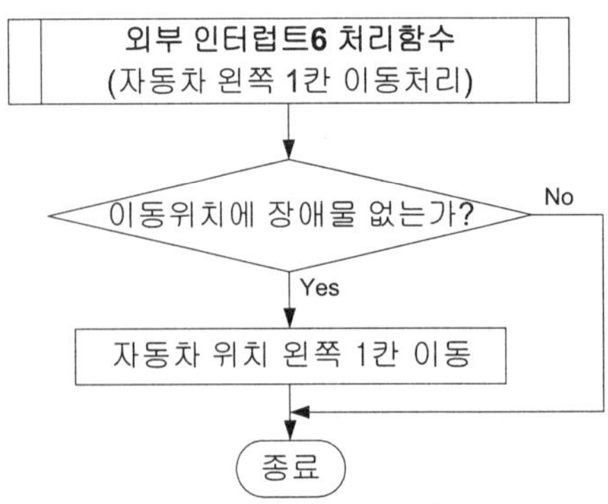

(k) 외부 인터럽트6 처리함수

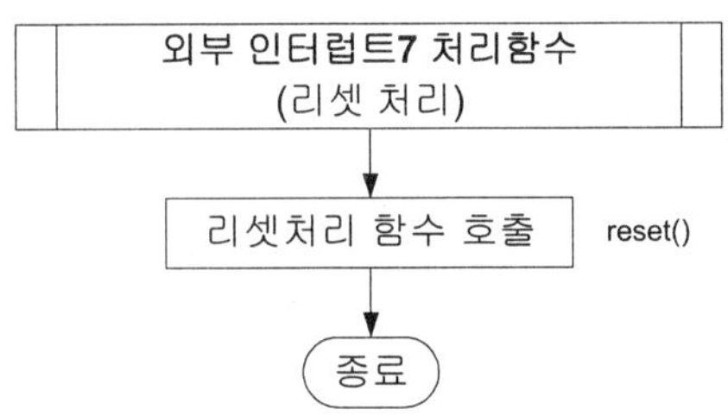

(l) 외부 인터럽트7 처리함수

[그림 2-6] 주요함수 처리 흐름도

2.4 작품사진

[그림 2-7]은 제작된 작품사진을 보여준다.

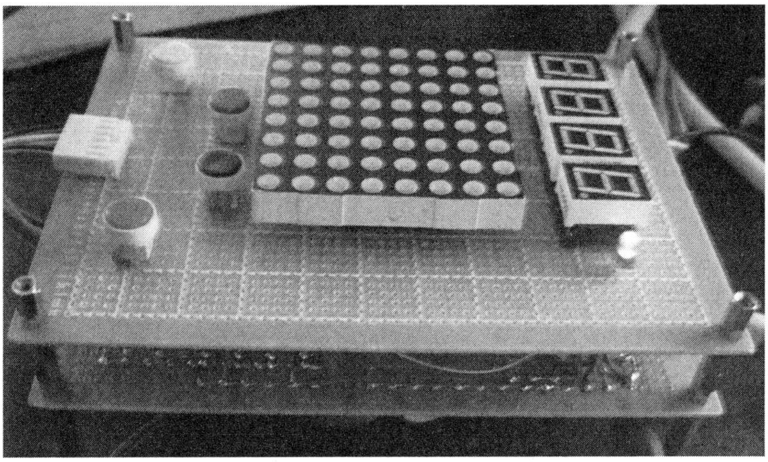

(a) 전체 외형

(b) 도트 매트릭스 및 7-Segment

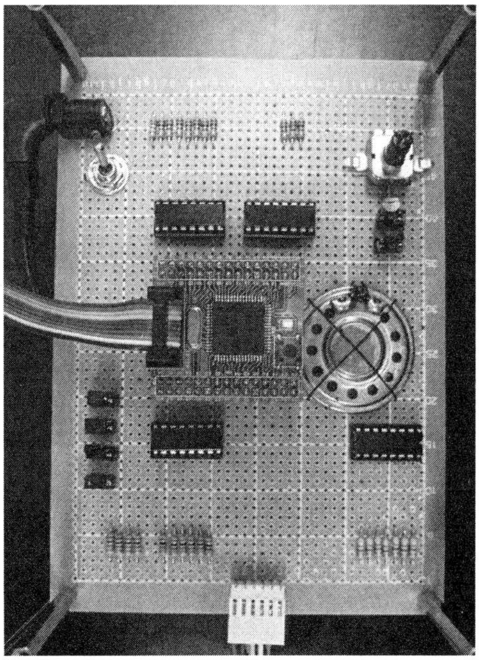

(c) MCU 및 스피커

[그림 2-7] 작품사진

2.5 프로그램 소스

<헤더파일>

```
/*******************************************/
/*  ndata.h    Racing 게임           */
/*      200.6  by 이재성             */
/*******************************************/
// Dot-Matrix Common 변수
flash unsigned char bin_t[8] = {0x01, 0x02, 0x04, 0x08, 0x10, 0x20, 0x40, 0x80};

// Segment 패턴
flash char seg_pat[10] = {0x3f, 0x06, 0x5b, 0x4f, 0x66, 0x6d, 0x7d, 0x07, 0x7f, 0x6f};

// 장애물(Dot-Matrix Green) 표시 배열
unsigned char pattern_b[21][8];

// 장애물(Dot-Matrix Green) 표시 초기값
flash unsigned char pattern_b_init[21][8] =
        {{0xFF, 0x00, 0x00, 0x00, 0x00, 0x00, 0x00, 0xFF},
         {0xFF, 0xFF, 0x00, 0x00, 0x00, 0x00, 0xFF, 0xFF},
         {0xFF, 0xFF, 0xEA, 0x40, 0x01, 0x15, 0xBF, 0xFF},
         {0xFF, 0xFF, 0x7D, 0x38, 0x90, 0xC6, 0xEF, 0xFF},
         {0xFF, 0xF9, 0xE1, 0xC0, 0x1C, 0x1E, 0xBF, 0xFF},
         {0xFF, 0xFF, 0xF3, 0x41, 0x0C, 0x1E, 0xFF, 0xFF},
         {0xFF, 0xFC, 0xF8, 0xF0, 0x03, 0x03, 0xF8, 0xFF},
         {0xFF, 0x60, 0x60, 0x00, 0x86, 0x86, 0x00, 0xFF},
         {0xFF, 0x0F, 0x07, 0xC1, 0xC0, 0x04, 0x0E, 0xFF},
         {0xFF, 0xE3, 0xC1, 0x80, 0x10, 0x38, 0x3F, 0xFF},
         {0xFF, 0xFF, 0xF1, 0x00, 0x0C, 0x0E, 0x9F, 0xFF},
         {0xFF, 0xDF, 0x8F, 0x04, 0x60, 0x71, 0xFB, 0xFF},
         {0xFF, 0x8F, 0x27, 0x73, 0xF9, 0xFC, 0xFE, 0xFF},
         {0xFF, 0xEF, 0xC7, 0x83, 0x01, 0x44, 0xEE, 0xFF},
         {0xFF, 0xF3, 0xE1, 0xCC, 0x9E, 0x3F, 0x7F, 0xFF},
         {0xFF, 0xEF, 0xC7, 0x92, 0x38, 0x79, 0xFD, 0xFF},
         {0xFF, 0xDF, 0x87, 0x32, 0x30, 0x84, 0xDD, 0xFF},
         {0xFF, 0xFF, 0xA0, 0x08, 0x4F, 0x61, 0xF8, 0xFF},
         {0xFF, 0xFF, 0x3F, 0x13, 0xC1, 0x84, 0x2E, 0xFF},
         {0xFF, 0xF7, 0xE3, 0xC8, 0x9F, 0x3F, 0x7F, 0xFF},
         {0xFF, 0xFF, 0x9D, 0x10, 0x80, 0xE2, 0xFF, 0xFF}};

// 자동차(Dot-Matrix Red) 표시 배열
unsigned char pattern_c[8];

// 자동차(Dot-Matrix Red( 표시 초기값(4열)
flash unsigned char pattern_c_init[8] = {0x00, 0x00, 0x00, 0x80, 0x00, 0x00, 0x00, 0x00};
```

```
// Dot-Matrix 초기화면 패턴(RACING READY)
flash unsigned char pattern_i[89] =
        {0x00, 0x00, 0x00, 0x00, 0x00, 0x00, 0x00, 0x00,
        0x00, 0x7F, 0x19, 0x29, 0x46,                       // R
        0x00, 0x7E, 0x09, 0x09, 0x7E,                       // A
        0x00, 0x3E, 0x41, 0x41, 0x22,                       // C
        0x00, 0x41, 0x7F, 0x41,                             // I
        0x00, 0x7E, 0x04, 0x08, 0x10, 0x20, 0x7E,           // N
        0x00, 0x3E, 0x41, 0x51, 0x32,                       // G
        0x00, 0x00, 0x00, 0x00, 0x00, 0x00, 0x00, 0x00,     // 공백
        0x00, 0x7F, 0x19, 0x29, 0x46,                       // R
        0x00, 0x7F, 0x49, 0x49, 0x49,                       // E
        0x00, 0x7E, 0x09, 0x09, 0x7E,                       // A
        0x00, 0x7F, 0x41, 0x41, 0x3E,                       // D
        0x00, 0x03, 0x04, 0x78, 0x04, 0x03,                 // Y
        0x00, 0xDF, 0xD1, 0x09, 0x07,                       // !
        0x00, 0x00, 0x00, 0x00, 0x00, 0x00, 0x00, 0x00};    // 공백

// Dot-Matrix 게임오버화면 패턴(GAME OVER)
flash unsigned char pattern_o[8][8] =
        {{0xFF, 0xC1, 0xBE, 0xBE, 0xBE, 0xAE, 0xCD, 0xFF},  // G
        {0xFF, 0x81, 0xF6, 0xF6, 0xF6, 0xF6, 0x81, 0xFF},   // A
        {0xFF, 0x80, 0xFD, 0xFB, 0xFB, 0xFD, 0x80, 0xFF},   // M
        {0xFF, 0x80, 0xB6, 0xB6, 0xB6, 0xB6, 0xB6, 0xFF},   // E
        {0xFF, 0xC1, 0xBE, 0xBE, 0xBE, 0xBE, 0xC1, 0xFF},   // O
        {0xFF, 0xE0, 0xDF, 0xBF, 0xBF, 0xDF, 0xE0, 0xFF},   // V
        {0xFF, 0x80, 0xB6, 0xB6, 0xB6, 0xB6, 0xB6, 0xFF},   // E
        {0xFF, 0x81, 0xF6, 0xF6, 0xE6, 0xD6, 0xB9, 0xFF}};  // R

// Dot-Matrix 카운트다운화면 패턴(3 2 1 GO)
flash unsigned char pattern_n[4][8] =
        {{0x00, 0x00, 0x44, 0x92, 0x92, 0x92, 0x6C, 0x00},  //3
        {0x00, 0x00, 0x84, 0xC2, 0xA2, 0x92, 0x8C, 0x00},   //2
        {0x00, 0x00, 0x88, 0x84, 0xFE, 0x80, 0x80, 0x00},   //1
        {0x3C, 0x42, 0x52, 0x34, 0x3C, 0x42, 0x42, 0x3C}};  //go

// 스피커 변수
unsigned char spk = 0;

// Dot-Matrix의 움직임
unsigned move;

// 음계 (도, 레, 미, 파, 솔, 라, 시, 도, 무음, 파#)
flash unsigned char scale[10] = {137, 150, 161, 167, 176, 185, 193, 196, 0xff, 172};

// 배경음악 박자 (꼬마자동차 붕붕)
flash unsigned char sound_len[328] =
```

```
        {5, 1, 5, 1, 5, 1, 5, 1,                          // 8
        3, 1, 3, 1, 3, 1, 3, 1, 3, 1, 3, 1, 5, 1,         // 14
        3, 1, 7, 1, 3, 1, 3, 1, 3, 1, 3, 1,               // 12
        5, 1, 5, 1, 5, 1, 5, 1,                           // 8

        5, 1, 5, 1, 5, 1, 5, 1,                           // 8
        3, 1, 3, 1, 3, 1, 3, 1, 3, 1, 3, 1, 5, 1,         // 14
        3, 1, 3, 1, 3, 1, 3, 1, 3, 1, 3, 1, 3, 1, 3, 1,   // 14
        15, 1, 5, 1,                                      // 4

        5, 1, 3, 1, 3, 1, 5, 1, 5, 1,                     // 10
        3, 1, 3, 1, 3, 1, 13, 1,                          // 8
        5, 1, 5, 1, 5, 1, 5, 1,                           // 8
        3, 1, 3, 1, 3, 1, 13, 1,                          // 8

        5, 1, 5, 1, 5, 1, 5, 1,                           // 8
        3, 1, 7, 1, 5, 1, 5, 1,                           // 8
        35, 1, 5, 1,                                      // 4

        3, 1, 3, 1, 3, 1, 3, 1, 3, 1, 3, 1, 3, 1, 3, 1,   // 16
        3, 1, 3, 1, 3, 1, 3, 1, 5, 1, 5, 1,               // 12
        3, 1, 3, 1, 3, 1, 3, 1, 3, 1, 3, 1, 3, 1, 3, 1,   // 16
        3, 1, 3, 1, 3, 1, 3, 1, 5, 1, 5, 1,               // 12

        3, 1, 3, 1, 3, 1, 13, 1,                          // 8
        3, 1, 3, 1, 3, 1, 13, 1,                          // 8
        3, 1, 3, 1, 3, 1, 3, 1, 3, 1, 3, 1, 3, 1, 3, 1,   // 16
        3, 1, 3, 1, 3, 1, 3, 1, 5, 1, 5, 1,               // 12

        3, 1, 5, 1, 3, 1, 3, 1, 5, 1, 3, 1,               // 12
        3, 1, 3, 1, 3, 1, 3, 1, 5, 1, 5, 1,               // 12
        3, 1, 5, 1, 3, 1, 3, 1, 5, 1, 3, 1,               // 12
        3, 1, 3, 1, 3, 1, 3, 1, 5, 1, 5, 1,               // 12

        3, 1, 7, 1, 3, 1, 5, 1, 3, 1,                     // 10
        5, 1, 5, 1, 5, 1, 5, 1,                           // 8
        3, 1, 5, 1, 3, 1, 3, 1, 3, 1, 3, 1, 3, 1,         // 14
        10, 1, 5, 1, 5, 1, 5, 1, 20, 1};                  // 10

// 카운트다운 효과음 박자
flash unsigned char sound_len1[8] = {5, 5, 5, 5, 5, 5, 5, 20};

// 게임오버 배경음악 박자 (비행기)
flash unsigned char sound_len2[107] =
        {10, 3, 1, 3, 1, 5, 1,                            // 6
        3, 1, 3, 1, 5, 1,                                 // 6
        3, 1, 3, 1, 3, 1, 3, 1, 7, 1, 3, 1,               // 12
```

```
        3, 1, 3, 1, 3, 1, 3, 1,                      // 8
        3, 1, 3, 1, 3, 1, 3, 1,                      // 8
        3, 1, 3, 1, 3, 1, 3, 1, 7, 1, 8, 1,          // 12

        3, 1, 3, 1, 3, 1, 3, 1,                      // 8
        3, 1, 3, 1, 5, 1,                            // 6
        2, 1, 1, 1, 3, 1, 3, 1, 7, 1, 8, 1,          // 12

        3, 1, 3, 1, 3, 1, 3, 1,                      // 8
        3, 1, 3, 1, 3, 1, 3, 1,                      // 8
        3, 1, 3, 1, 3, 1, 3, 1, 7, 1, 8, 1};         // 12

// 배경음악 음계 (꼬마자동차 붕붕)
flash unsigned char sound[328] =
                {0, 8, 1, 8, 2, 8, 8, 8,
                4, 8, 4, 8, 4, 8, 3, 8, 2, 8, 1, 8, 2, 8,
                1, 8, 1, 8, 5, 8, 5, 8, 5, 8, 5, 8,
                4, 8, 9, 8, 4, 8, 8, 8,

                0, 8, 1, 8, 2, 8, 8, 8,
                4, 8, 4, 8, 4, 8, 3, 8, 2, 8, 1, 8, 2, 8,
                1, 8, 1, 8, 1, 8, 1, 8, 3, 8, 3, 8, 2, 8, 1, 8,
                0, 8, 8, 8,

                8, 8, 5, 8, 5, 8, 3, 8, 0, 8,
                4, 8, 4, 8, 5, 8, 4, 8,
                8, 8, 5, 8, 3, 8, 0, 8,
                4, 8, 4, 8, 5, 8, 4, 8,

                8, 8, 2, 8, 2, 8, 4, 8,
                3, 8, 3, 8, 2, 8, 1, 8,
                0, 8, 8, 8,

                2, 8, 2, 8, 2, 8, 1, 8, 2, 8, 2, 8, 2, 8, 5, 8,
                4, 8, 4, 8, 4, 8, 9, 8, 4, 8, 8, 8,
                5, 8, 5, 8, 5, 8, 4, 8, 5, 8, 5, 8, 5, 8, 7, 8,
                6, 8, 6, 8, 6, 8, 5, 8, 6, 8, 8, 8,

                7, 8, 7, 8, 6, 8, 5, 8,
                6, 8, 6, 8, 5, 8, 4, 8,
                8, 8, 5, 8, 5, 8, 5, 8, 2, 8, 2, 8, 2, 8, 2, 8,
                1, 8, 1, 8, 1, 8, 5, 8, 4, 8, 8, 8,

                2, 8, 2, 8, 1, 8, 2, 8, 2, 8, 4, 8,
                2, 8, 2, 8, 2, 8, 1, 8, 0, 8, 8, 8,
                2, 8, 2, 8, 1, 8, 2, 8, 2, 8, 4, 8,
```

```
                        5, 8, 5, 8, 5, 8, 5, 8, 5, 8, 8, 8,

                        4, 8, 7, 8, 6, 8, 6, 8, 6, 8,
                        5, 8, 5, 8, 5, 8, 8, 8,
                        4, 8, 7, 8, 5, 8, 4, 8, 3, 8, 2, 8, 1, 8,
                        0, 8, 8, 8, 7, 8, 7, 8, 8, 8};

// 카운트다운 효과음 음계
flash unsigned char sound1[8] = {8, 3, 8, 3, 8, 3, 8, 7};

// 게임오버 효과음 음계
flash unsigned char sound2[107] =
                        {8, 2, 8, 4, 8, 4, 8,
                        2, 8, 4, 8, 4, 8,
                        5, 8, 5, 8, 5, 8, 5, 8, 5, 8, 8, 8,

                        4, 8, 4, 8, 4, 8, 4, 8,
                        3, 8, 3, 8, 3, 8, 3, 8,
                        2, 8, 2, 8, 2, 8, 2, 8, 2, 8, 8, 8,

                        2, 8, 4, 8, 4, 8, 4, 8,
                        2, 8, 4, 8, 4, 8,
                        5, 8, 5, 8, 2, 8, 2, 8, 4, 8, 8, 8,

                        3, 8, 3, 8, 3, 8, 3, 8,
                        2, 8, 2, 8, 2, 8, 2, 8,
                        1, 8, 1, 8, 4, 8, 4, 8, 0, 8, 8, 8};

// 장애물과 배경음악의 속도변화를 위한 TCNT값
flash unsigned int TCNT_NUM[6] = {50000, 54000, 58000, 62000, 58000, 54000};

// 장애물과 배경음악의 속도변화 크기
flash unsigned int num[6] = {100, 70, 40, 30, 40, 70};

// Segment의 데이터값을 타이머/카운터0에서 출력하기 위한 변수
int time[4] = {0, 0, 0, 0};

// Segment 스위칭을 위한 변수
flash unsigned char seg_com[4] = {0b01110000, 0b10110000, 0b11010000, 0b11100000};

int ctrl = 0;                   // 게임을 시작하기 위한 제어변수
long cnt = 0;                   // 타이머/카운터0의 시간을 맞추기 위한 변수

int s = 1;                      // 음계 선택 변수
unsigned int level = 0;         // 장애물과 배경음악의 속도변화 변수
int snd_ctl;                    // 소리 On/Off 변수
int snd_num = -1;               // 소리 선택을 위한 변수
```

```
int count = -1;                  // 속도조절을 위한 변수

int over_ctrl = 0;               // game_over 함수 제어변수
int over_pat = 0;                // game_over 화면의 패턴 선택 변수

int init_mov = 0;                // 초기 화면을 움직이기 위한 변수
int init_mov_cnt = 0;            // 초기 화면 패턴 컨트롤 변수
int location = 3;                // 자동차 위치 변수

int count_j = 0;                 // 카운트다운 패턴 제어 변수
int countdown_ctrl = 0;          // 카운트다운 패턴 변화 변수

int seg_ctrl;                    // segment 출력 제어 변수
char min = 0, sec = 0;           // 분, 초

int rst = 0;                     // reset을 위한 변수
int rst_con = 0;                 // reset 제어 변수

void dot_out(void);        // Dot-Matrix 출력 함수
void count_down(void);     // 카운트다운 출력 함수
void init_disp(void);      // 초기화면 출력 함수
void game_over(void);      // Game-Over 화면 출력 함수
void car_crash(void);      // 자동차와 장애물의 충돌 판단 함수
void reset(void);          // Reset 함수
void start_set(void);      // 게임 시작 파라미터 초기설정
```

<소스파일>

```
/*******************************************/
/*  nracing.c    Racing 게임           */
/*       200.6  by 이재성              */
/*******************************************/
#include <mega128.h>
#include <delay.h>
#include "ndata.h"

void main(void)
{
        // Dot-Matrix 포트 출력 설정
        DDRA = 0xFF;                // 라인 선택(수직 라인)
        DDRB = 0xFF;                // Green LED
        DDRC = 0xFF;                // Red LED

        // 7-Segment 포트 출력 설정
        DDRD = 0xFF;                // 표시 값 출력
        DDRF = 0b11110000;          // 7-Segment ON/OFF 제어

        // 외부 인터럽트 4-7 초기설정
        EIMSK = 0b11110000;         // 외부 인터럽트 4-7 인에이블
        EICRB = 0b10101010;         // 외부 인터럽트 4-7 하강에지

        // 타이머/카운터 인터럽트 설정
        TIMSK = 0x45;               // 타이머/카운터 0, 1, 2 인에이블

        // 타이머/카운터0 설정
        // 1/16us x 64 x (256 - 6) = 1ms
        TCCR0 = 0x04;               // 타이머/카운터 0 프리스케일 = CK/64
        TCNT0 = 0x06;               // 타이머/카운터 0 레지스터 초기값

        // 타이머/카운터1 설정
        TCCR1A = 0x00;              // 일반모드
        TCCR1B = 0x05;              // 타이머/카운터 1 프리스케일 = CK/1024
        TCNT1 = 0xFFFF;             // 타이머/카운터 1 레지스터 초기값

        // 타이머/카운터 2 설정
        TCCR2 = 0x04;               // 타이머/카운터 2 프리스케일 = CK/256
        TCNT2 = 0xFF;               // 타이머/카운터 2 레지스터 초기값

        SREG = 0x80;                // 전역 인터럽트 인에이블 비트 I 셋

        while(1){
                ctrl = 0;           // 시작/정지(1:시작, 0:정지)
                s = 1;
                level = 0;          // 레벨 초기값
```

```
			count = -1;			// 배경음악 play 위치

			over_ctrl = 0;			// 게임종료 제어변수 off
			over_pat = 0;			// 게임종료 Pattern 출력 초기 위치

			snd_num = -1;			// Sound off

			init_mov = 0;			// 게임시작점 표시위치(100ms마다 1씩증가)
			init_mov_cnt = 0;		// 100ms 측정변수(1ms마다 증가)

			location = 3;			// 자동차 초기 수평위치 (맨아래)

			count_j = 0;			// 카운트 다운 초기값
			countdown_ctrl = 0;		// 시작/정지 제어비트(0:정지, 1:시작)

			cnt = 0;			// 시간 측정변수(1ms마다 증가)
			sec = 0;			// 초값
			min = 0;			// 분값

			rst = 0;			// 리셋 변수(1:리셋)
			start_set();			// 게임 시작 파라미터 초기설정

			// RACING READY 왼쪽으로 쉬프트시키면서 표시?
			while(!count_j) init_disp();

			ctrl = 1;			// 시작
			snd_num = 0;			// 사운드 출력(카운트다운)
			count_down();			// 카운트 다운 3.2.1
			snd_num = 1;			// 꼬마 자동차 사운드
			s = 0;

			// 게임 동작 표시 및 충돌 검사 반복 처리
			do{
				if(sound[s] == 8) snd_ctl = 0;  // 쉼표 스피커 출력 off
				else snd_ctl = 1;

				dot_out();		// Dot-Matrix 출력
				car_crash();		// 차가 부딪혔을 때
			} while(!rst);
		}
}

// Reset 함수
void reset(void)
{
	rst = 1;		// 리셋 비트 셋
	start_set();		// 게임 시작 파라미터 초기설정
```

```
}

// 게임 시작 파라미터 초기설정
void start_set(void)
{
        int i, j;

        for(j = 0; j < 21; j++){
                for(i = 0; i < 8; i++){
                        pattern_b[j][i] = pattern_b_init[j][i];   // 장애물 초기설정
                        pattern_c[i] = pattern_c_init[i];         // 자동차 초기위치
                        delay_us(300);
                }
        }
        for(j = 0; j < 4; j++)  time[j] = 0;                      // 경과 시간 리셋
}

// Game-Over 화면 출력 함수
void game_over(void)
{
        int i;

        snd_num = 2;                    // 게임 오버 자전거 선택?
        over_ctrl = 1;                  // 게임오버 플래그 셋
        s = 0;                          // 처음부터 연주

        do{
                if(sound2[s] == 8) snd_ctl = 0;
                else snd_ctl = 1;

                // Game Over 표시
                for(i = 0; i < 8; i++){
                        PORTA = bin_t[i];                               // 출력 열 선택
                        PORTB = pattern_o[over_pat][i];                 // 녹색 배경 표시
                        PORTC = pattern_o[over_pat][i] ^ 0xFF;          // 적색 반전 표시
                        delay_ms(1);
                }
        } while(!rst);
}

// 자동차와 장애물의 충돌 판단 함수
void car_crash(void)
{
        move = pattern_b[0][location] >> 7;
        if(move) game_over();
}
```

```
// 초기화면 출력 함수
void init_disp(void)
{
        int i;

        // RACING READY 표시
        for(i = 0; i < 8; i++){
                PORTA = bin_t[i];                          // 출력열 선택
                PORTC = pattern_i[i + init_mov];           // Red
                PORTB = 0x0;                               // Green
                delay_ms(1);
        }
}

// 카운트다운 출력 함수
void count_down(void)
{
        int i;

        // 카운트 다운 3, 2, 1, GO 표시
        count_j = 0;
        do{
                if(sound1[s] == 8) snd_ctl = 0;           // 쉼표 출력 off
                else snd_ctl = 1;

                for(i = 0; i < 8; i++){
                        PORTA = bin_t[i];
                        switch(count_j){
                                case 0:
                                        PORTB = pattern_n[count_j][i];        // 3
                                        PORTC = 0x0;
                                        break;
                                case 1:
                                        PORTB = pattern_n[count_j][i];        // 2
                                        PORTC = pattern_n[count_j][i];
                                        break;
                                case 2:
                                        PORTB = 0x0;
                                        PORTC = pattern_n[count_j][i];        // 1
                                        break;
                                case 3:
                                        PORTB = 0x0;
                                        PORTC = pattern_n[count_j][i];        // GO
                                        break;
                                default: break;
                        }
                        delay_ms(1);
```

```
            }
        } while(count_j < 4);
}

// Dot_Matrix 출력 함수
void dot_out(void)
{
        int i;

        for(i = 0; i < 8; i++){
                PORTA = bin_t[i];               // 출력 열 선택
                PORTB = pattern_b[0][i];        // 녹색 출력
                PORTC = pattern_c[i];           // 적색 출력
                delay_us(300);
        }
}

// 타이머/카운터 0 (Segment 시간 및 소리의 길이) : 1ms 주기
interrupt [TIM0_OVF] void timer0_int(void)
{
        seg_ctrl = (seg_ctrl + 1) % 4;
        PORTD = 0x0;
        PORTF = seg_com[seg_ctrl];
        PORTD = seg_pat[time[seg_ctrl]];

        if(ctrl){       // 동작중
                cnt++;                          // 1ms 카운트 변수 +1
                if(cnt >= 1000){                // 1000ms(1s) 체크
                        cnt = 0;
                        if(snd_num == 1) {      // 동작 모드
                                sec++;
                                if((sec % 20) == 0){    // 20초마다 게임레벨 변경
                                        level = (level + 1) % 6;
                                }
                        }
                        time[0] = sec % 10;
                        time[1] = sec / 10;
                        if(over_ctrl)   over_pat = (over_pat + 1) % 8;  // 게임종료

                        if(sec >= 60){
                                sec = 0;
                                min++;
                                time[2] = min % 10;
                                time[3] = min / 10;
                                if(min >= 60){
                                        sec = 0;
                                        min = 0;
```

```
                        }
                }
        }

        // 소리 박자
        if(!(cnt % num[level])) count++;  // 배경음악 진행속도 조절

        switch(snd_num){
                case 0:
                        if(count >= sound_len1[s]){ // 카운트 다운
                                count = 0;
                                s = (s + 1) % 8;
                        }
                        break;
                case 1:
                        if(count >= sound_len[s]){  // 꼬마자동차
                                dot_out();
                                count = 0;
                                s = (s + 1) % 328;
                        }
                        break;
                case 2:
                        if(count >= sound_len2[s]){  // 자전거
                                count = 0;
                                s = (s + 1) % 107;
                        }
                        break;
                default:
                        break;
        }
    }
    else{   // 정지중
        // 초기화면 Dot-Matrix 패턴 이동 속도
        init_mov_cnt++;

        if(!(init_mov_cnt % 100)){          // 100ms마다 1증가
                init_mov_cnt = 0;
                init_mov = (init_mov + 1) % 81;
        }
    }
}

// 타이머/카운터 1 (Dot-Matrix 패턴 변화 -> 게임화면)
interrupt [TIM1_OVF] void timer1_int(void)
{
        int i, j;
```

```
        TCNT1 = TCNT_NUM[level];                    // 속도 조절(6단계)

        if(countdown_ctrl) count_j++;               // 시작이면 1씩 증가

        // 장애물 한 줄 Scroll Down
        if(ctrl){
                for(j = 0; j < 21; j++){
                        for(i = 0; i < 8; i++){
                                move = pattern_b[j][i] & 0x80;
                                pattern_b[j][i] = pattern_b[j][i] << 1;
                                if(move){
                                        if(!j) pattern_b[20][i] |= 0x01;
                                        else pattern_b[j - 1][i] |= 0x01;
                                }
                        }
                }
        }
}

// 타이머/카운터 2 (소리 주파수 출력)
interrupt [TIM2_OVF] void timer2_int(void)

{
        spk = spk ^ 0x01;   // 스피커 출력 반전(구형파 출력)

        if(ctrl && snd_ctl) PORTG = spk;   // 동작중이면
        else PORTG = 0xFF;

        if(ctrl) {
                switch(snd_num){
                        case 0 : TCNT2 = scale[sound1[s]];        break;
                        case 1 : TCNT2 = scale[sound[s]];         break;
                        case 2 : TCNT2 = scale[sound2[s]];        break;
                        default : break;
                }
        }
}

// Start Switch(시작/정지)
interrupt [EXT_INT4] void external_int4(void)
{
        if(!count_j) countdown_ctrl = 1;            // 처음 시작
        else{   // 동작 중 시작/정지 토글
                if(ctrl) ctrl = 0;          // 정지
                else ctrl = 1;              // 시작
        }
}
```

```
// 오른쪽으로 이동
interrupt [EXT_INT5] void ext_int5(void)
{
        if(ctrl){
                if(location != 7){
                        move = pattern_b[0][location + 1] >> 7;
                        if(!move){
                                location++;
                                pattern_c[location] = 0x80;
                                pattern_c[location - 1] = 0x00;
                        }
                }
        }
}

// 왼쪽으로 이동
interrupt [EXT_INT6] void ext_int6(void)
{
        if(ctrl){
                if(location){
                        move = pattern_b[0][location - 1] >> 7;
                        if(!move){
                                location--;
                                pattern_c[location] = 0x80;
                                pattern_c[location + 1] = 0x00;
                        }
                }
        }
}

// Reset Switch
interrupt [EXT_INT7] void ext_int7(void)
{
        reset();
}
```

Chapter 03

오셀로

3.1 동작 개요

오셀로(Othello)는 보드 게임의 한 종류이며, 두 명이 가로 세로 8칸의 오셀로 판 위에서 색깔이 다른 돌을 번갈아 놓으며 진행한다.

▸ 처음에 판 가운데에 사각형으로 엇갈리게 배치된 돌 4개를 놓고 시작한다.

▸ 돌은 반드시 상대방 돌을 양쪽에서 포위하여 잡을 수 있는 곳에 놓아야 한다.

예를 들어 ○●●●● 의 위치에서 오른쪽 끝에 흰색 돌을 하나 놓게 되면

○●●●●○ -> ○○○○○○로 바뀌게 된다. 이는 동, 서, 남, 북, 대각선 8방향에 모두 적용된다.

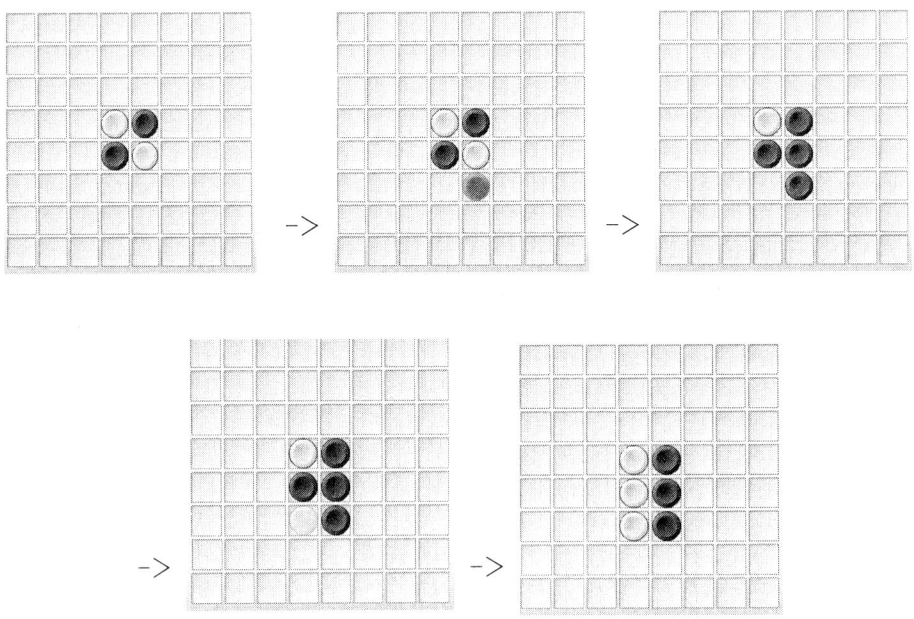

[그림 3-1] 오셀로 게임판

- 돌을 놓을 곳이 없는 경우에는 차례가 상대방에게 넘어가게 된다.
- 양쪽 모두 더 이상 돌을 놓을 수 없게 되면 (보통의 경우 판이 가득 차면) 게임이 끝나게 된다.
- 상대방의 돌을 판에서 전부 없애거나 게임이 끝났을 때 남은 돌의 개수를 세어 돌의 개수가 많은 쪽의 플레이어가 승리하게 된다.

3.2 작품 구성도 및 회로도

[그림 3-2]는 작품 구성도를 보여주며, KUT-128 MCU 보드, 도트매트릭스, 조이스틱 스위치, LCD, 스피커로 구성된다. [표 3-1], [표 3-2]는 각 디바이스의 사용 입출력 포트를 보여준다.

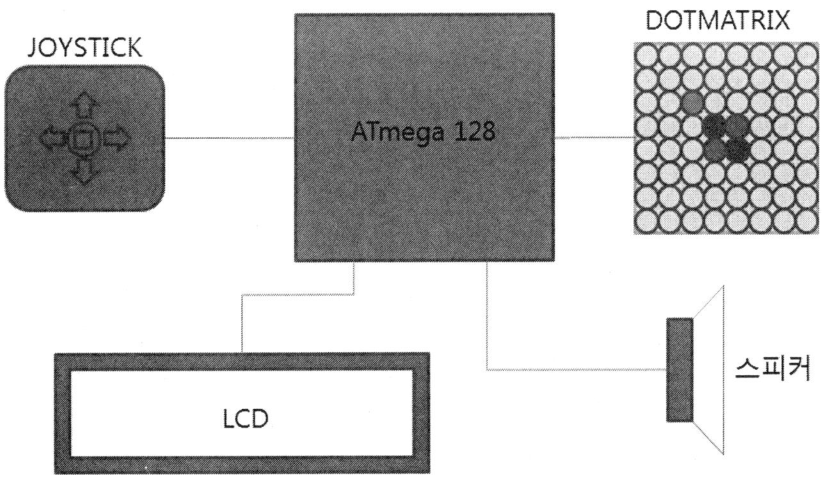

[그림 3-2] 작품 구성도

[표 3-1] 입력 디바이스와 사용 포트

소형 조이스틱 Tact 스위치	Player1(녹색)	Player2(적색)
커서 이동 조이스틱 스위치 (→ ← ↑ ↓)	PD0~PD3(INT0~INT3)	PE4~PE7(INT4~INT7)
Push Button 스위치	PD6(T1)	PD7(T2)

[표 3-2] 출력 디바이스와 사용 포트

출력 장치	기 능
8 x 8 LDM (Common Cathode)	게임 진행 출력 - PB0～PB7(Common Cathode)) - PA0～PA7(Green Anode) - PC0～PC7(Red Anode)
LCD	게임 상황 및 순서 출력 - PF0～PF7
스피커	효과음 및 게임 종료 음악 출력 - PG4

[그림 3-3]은 회로도를 보여주며, [표 3-3]은 부품리스트이다.

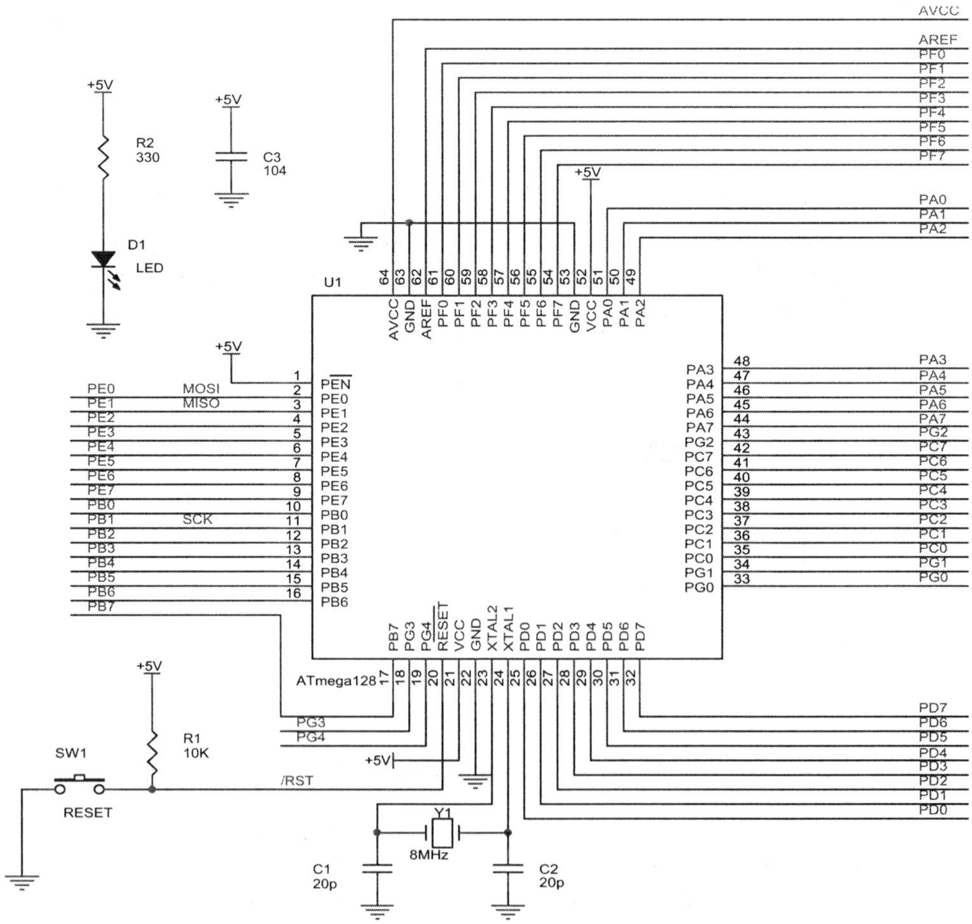

(a) KUT-128 MCU 보드 회로

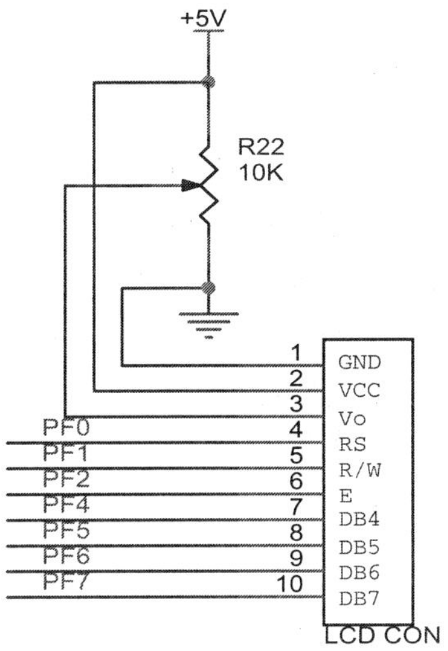

(b) 캐릭터 LCD 구동 회로

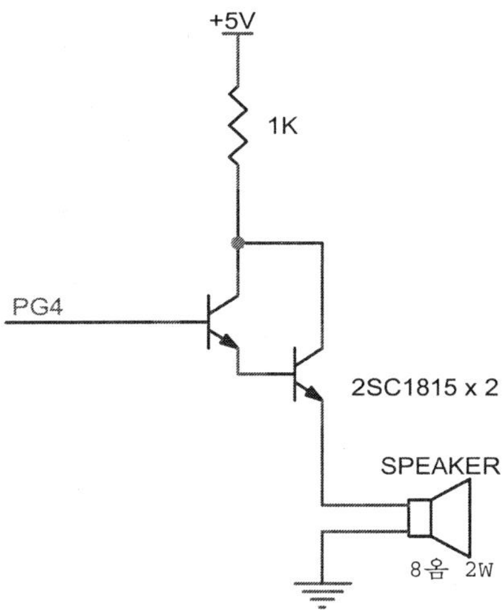

(c) 캐릭터 LCD 구동 회로

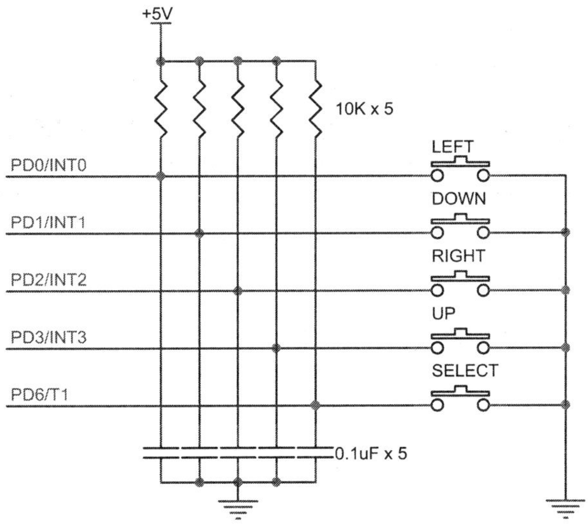

(d) 녹색 구동패드 구동 회로

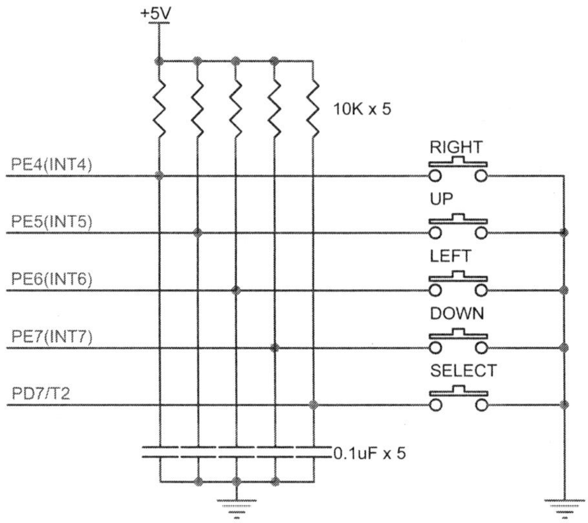

(e) 적색 구동패드 회로

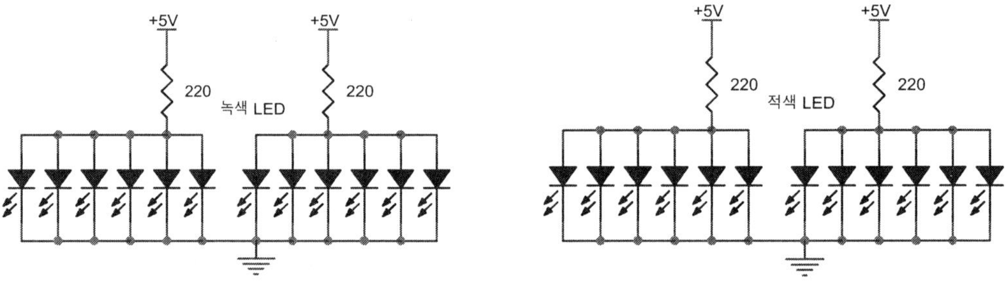

(f) 플레이어 위치 표시회로(녹색/적색)

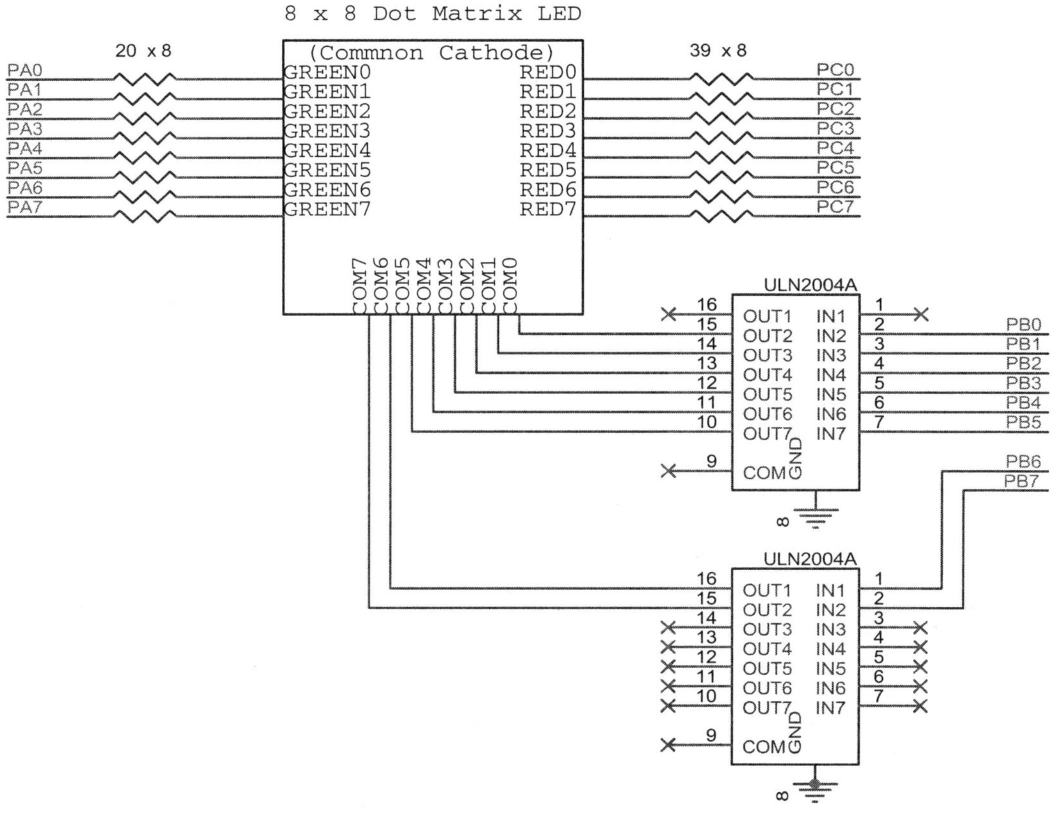

(g) 도트매트릭스 구동회로

[그림 3-3] 회로도

[표 3-3] 부품 리스트

부품명	규격	수량
MCU 보드	KUT-128 MCU 보드	1
캐릭터 LCD	2행 x 16열	1
Dot Matrix LED 3 Color	8x8 LDM(Common Cathode)	1
IC	ULN2004	2
가변저항	10KΩ	1
조이스틱 스위치	상하좌우	2
Tact스위치	Push Button	2
저항	1KΩ	1
저항	20Ω	8
저항	39Ω	8
저항	220Ω	4
저항	10K	10
트랜지스터	2SC1815	2
세라믹 콘덴서	0.1uF	8
스피커	8Ω 2W	1
LED	적색(12개 R 표시, 1개 전원 on 표시)	13
LED	녹색(G 표시)	12

작품에서 LDM의 배치는 [그림 3-4]와 같으며, 수직라인 단위로 한 줄씩 출력 표시된다. 여기서, 세 번째 라인 세 번째 열에 있는 LED만을 on시키기 위해서는 다음과 같이 포트를 구동해야 한다. 우선, LED가 속해 있는 수직 라인에 5V를 공급하기 위해 PB2 비트를 1로 하고, Greeen을 on 하기 위해서는 PA5 비트에 1을 출력한다. 반면에 R을 on 하기 위해서는 PC5 비트를 1로 출력한다. 따라서, 원내의 LED를 on 시키기 위해서는 [표 3-4]와 같이 포트에 값을 출력해야 한다. 그리고, [그림 3-5]는 문자 '오'를 출력하기 위한 패턴값을 보여준다.

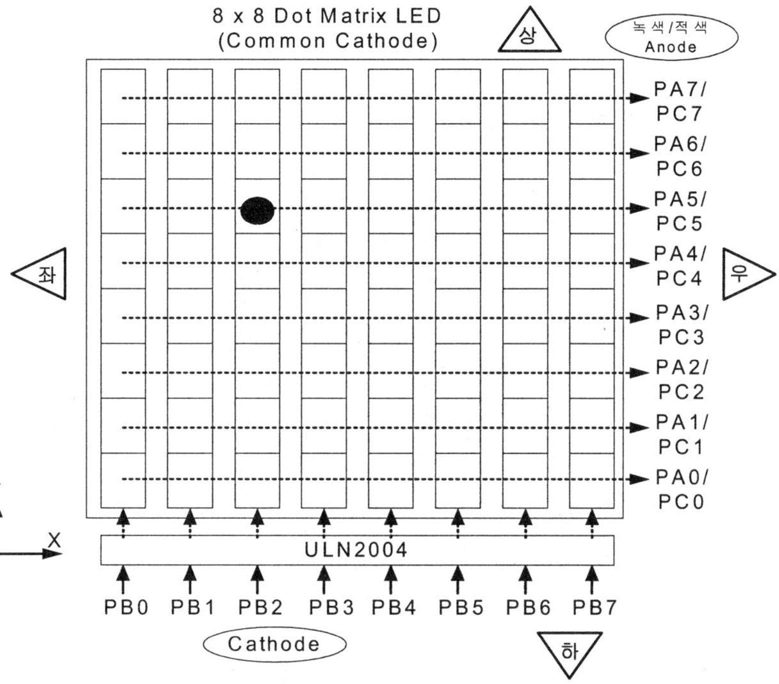

[그림 3-4] LDM 배치도

[표 3-4] 출력상태에 따른 포트 출력값

출력상태	PB 포트 출력	PA 포트 출력	PC 포트 출력
G만 on	00000100B	00100000B	00000000B
R만 on		00000000B	00100000B
G, R on(Orange)		00100000B	00100000B

0	0	0	0	0	0	0	0
0	0	0	1	1	1	0	0
0	0	1	0	0	0	1	0
0	0	1	0	0	0	1	0
0	0	0	1	1	1	0	0
0	0	0	0	1	0	0	0
0	1	1	1	1	1	1	1
0	0	0	0	0	0	0	0
⇓	⇓	⇓	⇓	⇓	⇓	⇓	⇓
00	02	32	4A	4E	4A	32	02

==> 0x00, 0x02, 0x32, 0x4A, 0x4E, 0x4A, 0x32, 0x02

[그림 3-5] '오' 문자 패턴 예

[그림 3-6]은 제작된 작품의 윗면과 아랫면을 보여준다.

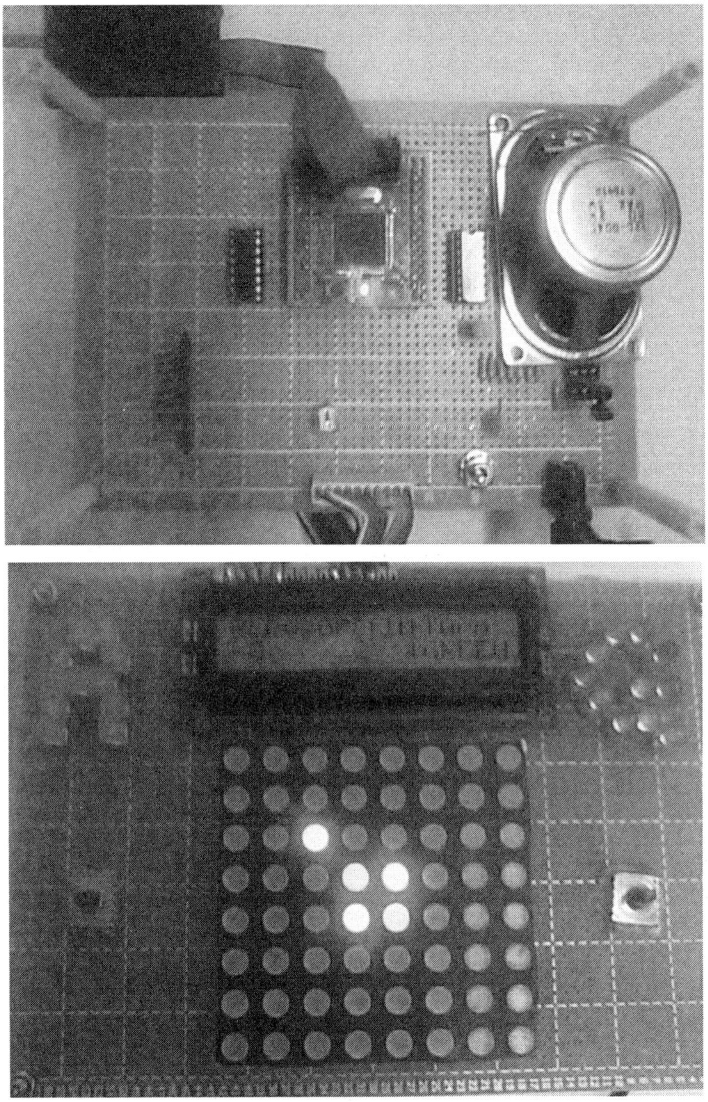

[그림 3-6] 작품사진

3.3 주요 함수 동작 흐름도

[그림 3-7]은 주요 함수의 동작 흐름도를 보여준다.

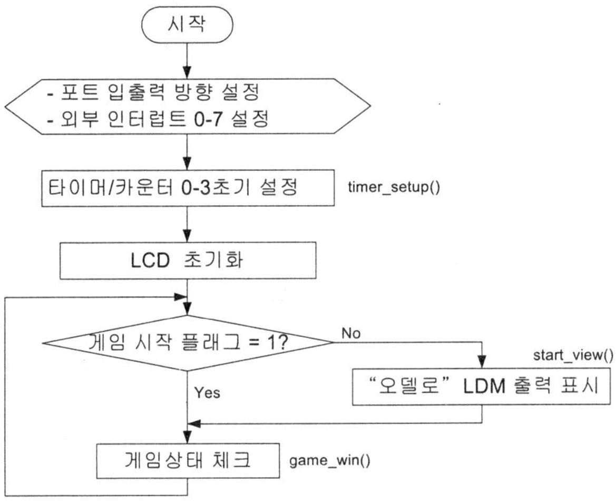

(a) main() 함수

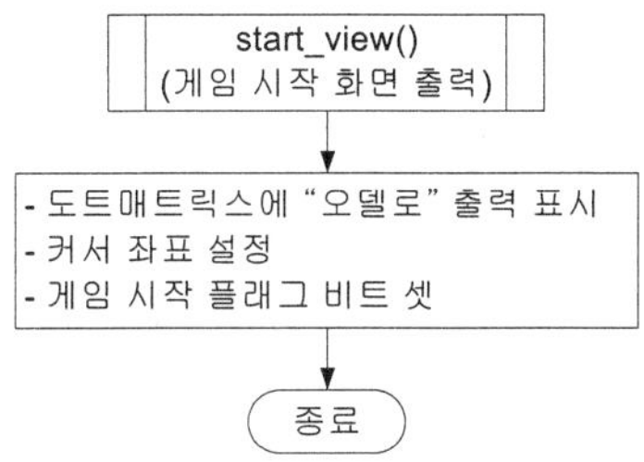

(b) start_view() 함수

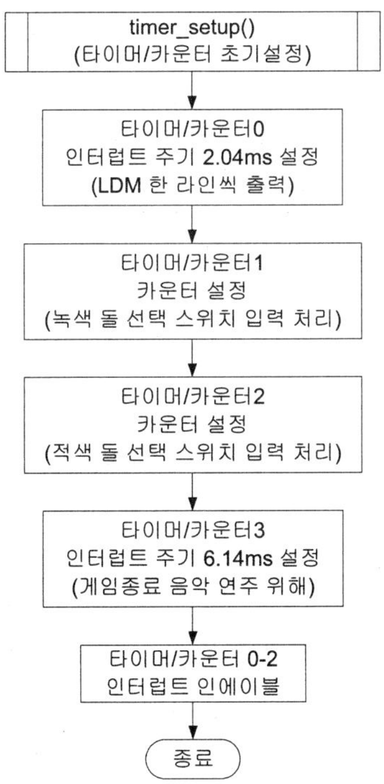

(c) time_setup() 함수

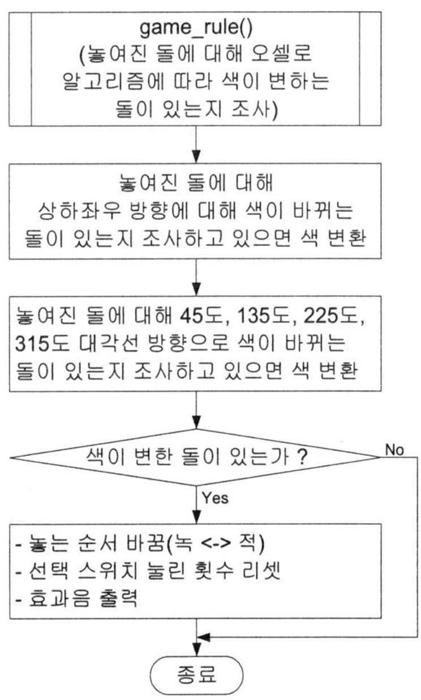

(d) game_rule() 함수

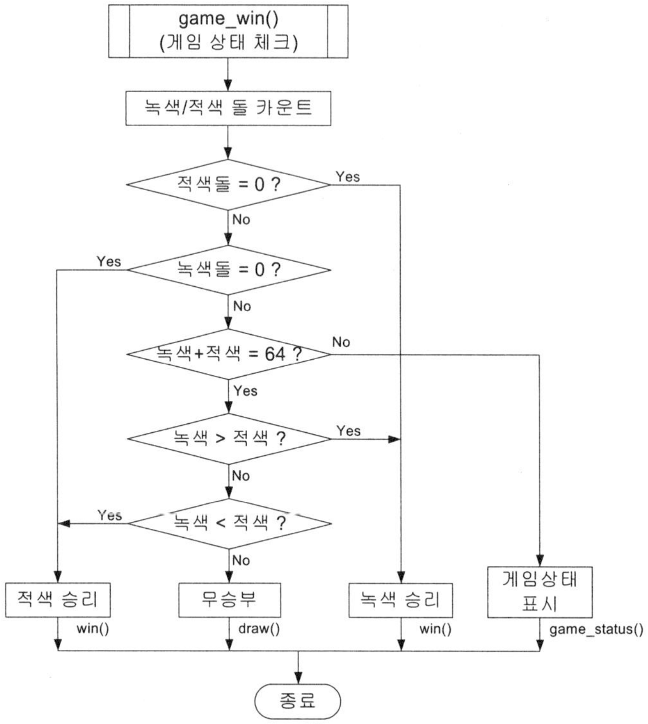

(e) game_win() 함수

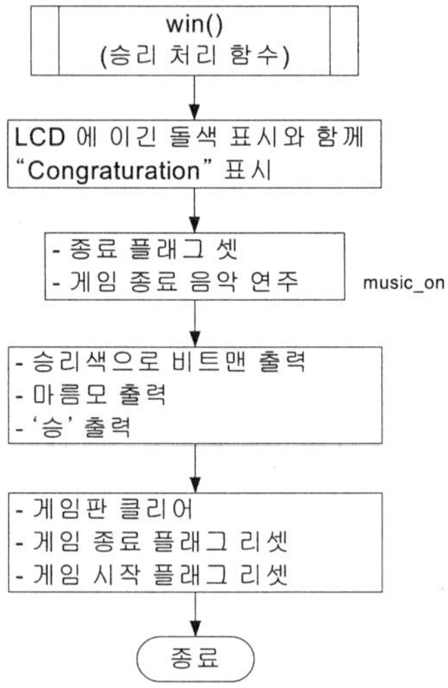

(f) win() 함수

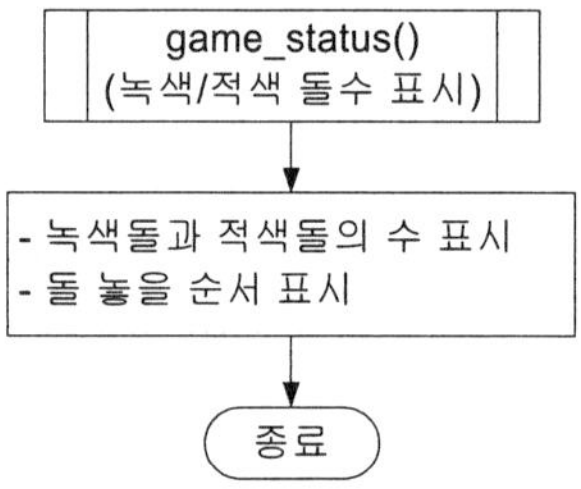

(g) game_status() 함수

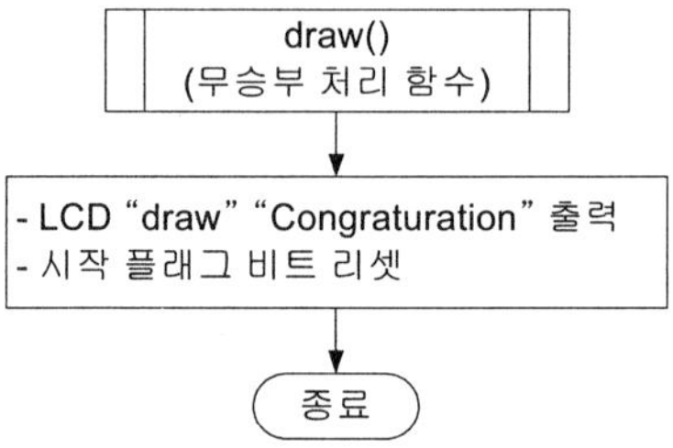

(h) draw() 함수

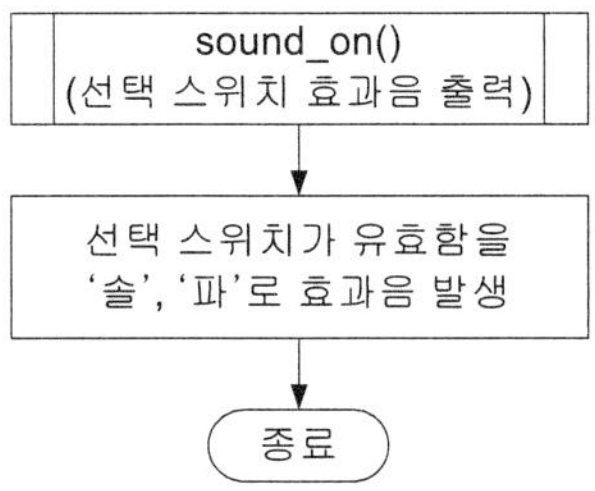

(i) sound_on() 함수

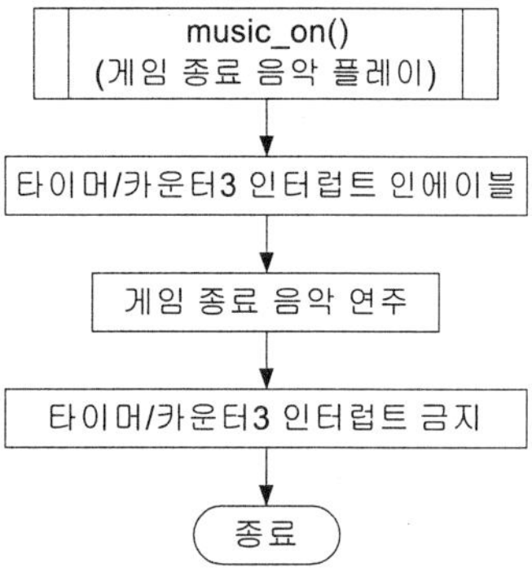

(j) music_on() 함수

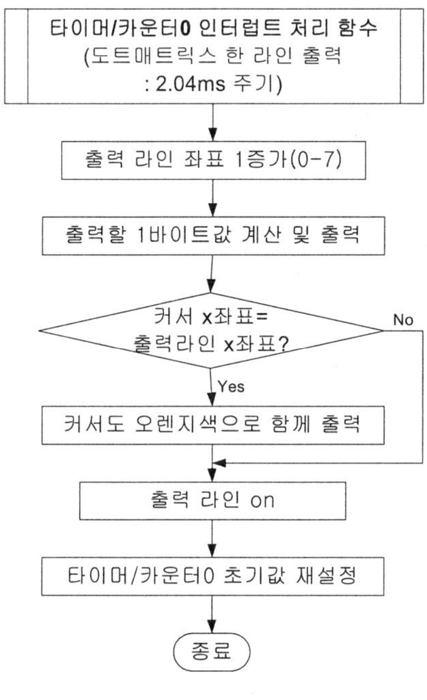

(k) 타이머/카운터0 인터럽트 함수

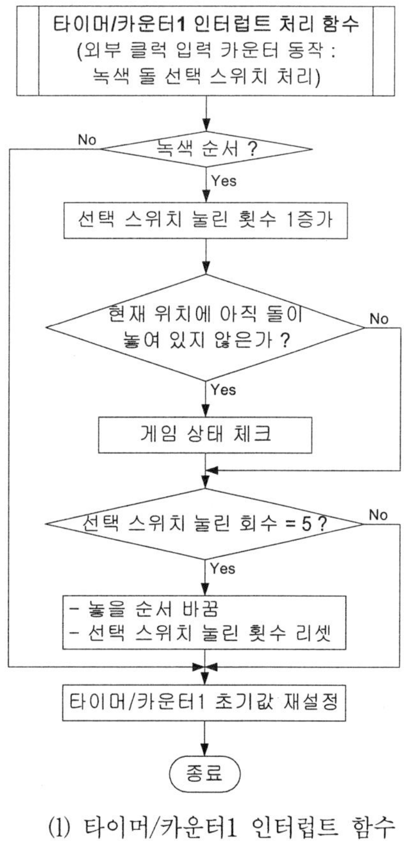

(l) 타이머/카운터1 인터럽트 함수

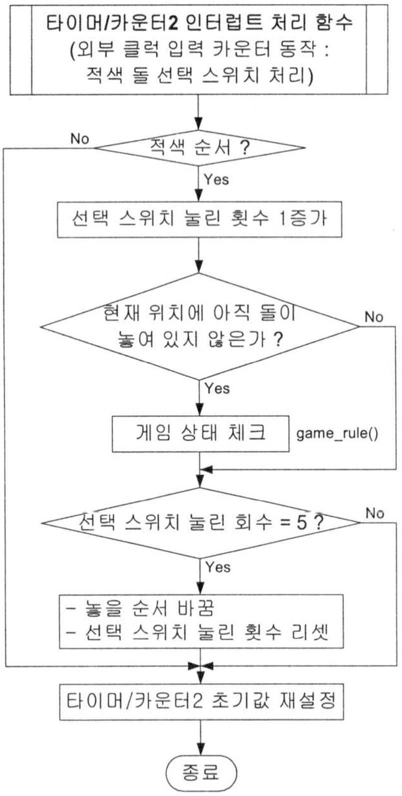

(m) 타이머/카운터2 인터럽트 함수

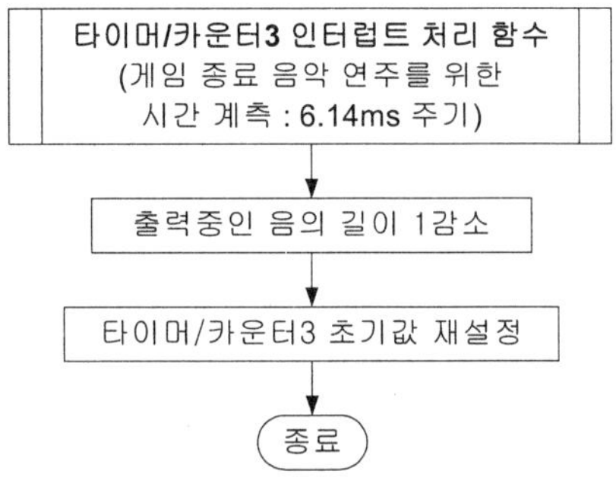

(n) 타이머/카운터3 인터럽트 함수

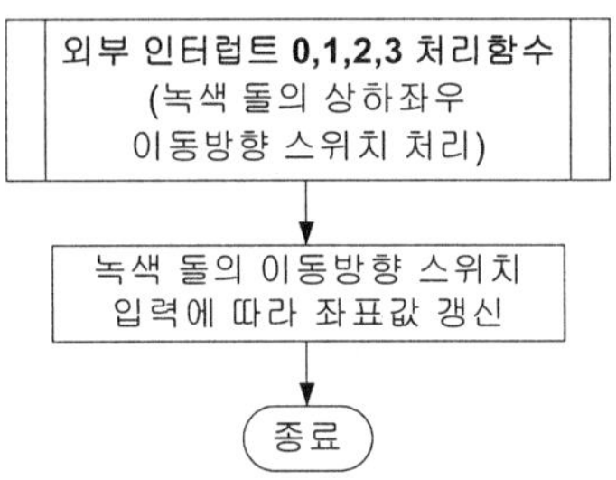

(o) 외부 인터럽트0-3 처리 함수

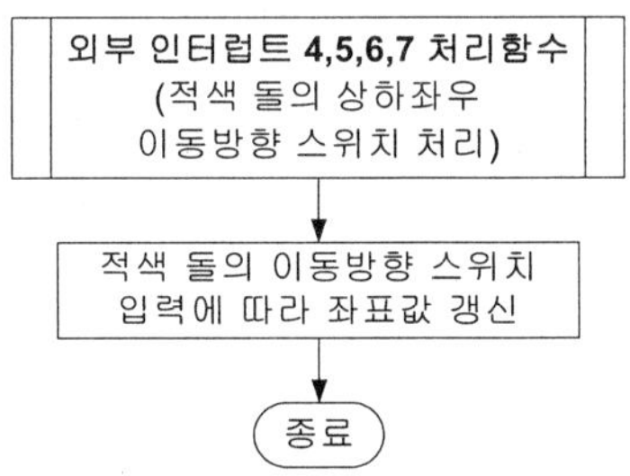

(p) 외부 인터럽트4-7 처리 함수

[그림 3-7] 주요 함수 동작 흐름도

3.4 동작설명

① 전원을 인가하면

- R과 G모양으로 만든 LED에 불이 들어온다. (플레이어 자리 표시)

- LCD에 "WELCOME TO OTHELLO WORLD" 문자열 출력
- 도트매트릭스에 "오델로" 문자열이 출력되는 동안
  LCD에 "KUT ELECTRONICS Prof.SHIN byLSH"
  "NOW START GAME HAVE FUN TIME" 문자열 출력

② 8×8 도트매트릭스 가운데에 대각선으로 녹색과 빨간색의 돌이 서로 교차되어 놓여지고, 커서를 표시하는 주황색 도트가 기본 배치된 돌의 왼쪽 위 방향에 놓여진다. 커서를 표시하는 주황색 도트는 계속 깜빡이며 자리를 표시한다.

LCD에는

```
REDvsGREEN|Turn
 2       2  |GREEN
```

가 표시되어, 오셀로 게임의 상황을 표시해 준다. RED와 GREEN 밑에 있는 숫자는 각 돌의 개수를 나타내며, Turn밑에는 플레이어의 차례를 표시해준다.

③ - 최초 게임은 녹색 플레이어로부터 시작되며, 오셀로 게임룰에 따라 8방향을 검사해서 상대편의 돌을 내 돌로 바꿀 수 있는 자리가 아니면 판에 돌을 놓을 수 없다.(돌이 놓인 곳에도 새로운 돌을 놓을 수 없다.)
- 상대편의 돌을 바꿀 수 있는 경우가 없다면 자리 선택키를 다섯 번 누름으로써 상대편에게 차례를 넘길 수 있다.
- 상대편의 돌을 현재 플레이어의 색깔로 바꿀 때마다 "삐"하는 효과음을 출력 한다.
- 게임은 오셀로 게임 룰에 따른다.

④ 게임 승리 조건
- 한 플레이어의 돌이 판에서 전부 없어지면 게임이 종료된다.
- 게임판이 꽉 찼을 경우 각 플레이어의 돌의 개수를 세어 더 많은 돌을 가진 플레이어가 승리하게 된다.

⑤ 게임이 종료되면
- 승리한 플레이어가 LCD에 표시된다.
  ex) "GREEN WIN CONGRATULATION"
- 승리 후 LCD 출력과 함께 음악이 재생되고, 그 동안 판의 상황은 유지된다.
- 음악이 꺼지면 도트매트릭스에 승리한 플레이어의 색과 같은 색의 비트맨이 움직이고, 움직임이 끝나면 승리한 색깔의 돌과 "승" 글자가 출력된다.
- 위 상황이 모두 출력되면 게임은 다시 초기상태로 돌아간다.

3.5 프로그램 소스

```
/********************************************/
/*  nothello.c : 오셀로 게임          */
/*  2008. 6 by 이선호                  */
/********************************************/

#include <mega128.h>
#include <delay.h>
#include <stdio.h>

#define FUNCSET     0x28    // Function Set
#define ENTMODE     0x06    // Entry Mode Set
#define ALLCLR      0x01    // All Clear
#define DISPON      0x0c    // Display On
#define LINE2       0xC0    // 2nd Line Move
#define HOME        0x02    // Cursor home

// 효과음과 종료음악을 내기 위한 펄스 주기값
#define DO_         3822
#define MI_         3214
#define SO_         2551
#define SI_         2145
#define DO          1803
#define FA          1431
#define SO          1203

// LCD 관련 함수
void    LCD_init(void);                 // LCD 초기설정
void    LCD_String1(char flash *);      // 고정 문자열 LCD 출력
void    LCD_String2(char *);            // 생성 문자열 LCD 출력
void    Busy(void);                     // 딜레이 함수
void    Command(unsigned char);         // LCD 커맨드 출력
void    Data(unsigned char);            // LCD 데이터 출력

// 게임 관련 함수
void    start_view(void);       // 초기 도트매트릭스 출력("오델로"문자 출력)
void    win(int);               // 승리 처리 함수
void    game_win(void);         // 각 돌의 개수 계산 및 게임 승리조건 판단
void    draw(void);             // 비겼을 때의 출력 함수
void    game_status(void);      // 현재 각 돌의 개수를 LCD에 출력하는 함수
void    game_rule(int);         // 인수로 주어진 색이 놓였을 때의 오셀로 룰에
                                // 따른 알고리즘 검사
void    sound_on(void);         // 돌이 판에 놓였을 때의 효과음 출력
void    music_on(void);         // 게임이 끝난 후 나오는 음악 출력
void    timer_setup(void);      // 타이머/카운터 초기설정
```

```
char    x, y;                  // 타이머/카운터0으로 도트매트릭스 행,열 좌표값
int     a, b;                  // 커서의 이동 및 좌표정보(x,y 변수로 값이 들어감)
int     blk = 0;               // 커서 깜빡이게 하기 위한 변수
int     start = 0;             // 게임 시작 상태 변수?
int     end = 0;               // 게임종료 상태 변수
int     tone, time;            // 음악 출력시 각 음의 정보
int     change = 0;            // 돌 놓는 순서(0 : 녹색, 1 : 적색)
int     turn_pass = 0;         // 선택 스위치 입력수(순서 변경을 위해)
int     red, green;            // 녹색/적색 돌의 수

// 종료 음악 음계 및 음의 길이값
int flash tone_table[15] = {DO_, MI_, SO_, MI_, SO_, SI_, SO_, SI_, DO, SI_, DO, FA, DO, FA,
SO};
int flash time_table[15] = {8, 8, 8, 8, 8, 8, 8, 8, 8, 8, 8, 8, 8, 8, 48};

// 좌표에 따른 도트 매트릭스 출력값
char flash pos_bit[8] = {0B00000001, 0B00000010, 0B00000100, 0B00001000,
                         0B00010000, 0B00100000, 0B01000000, 0B10000000};

// 오셀로 판 초기값(0 : blank , 1 : green, 2 : red)
unsigned char dot_view[8][8] = {{0, 0, 0, 0, 0 ,0, 0, 0},
                                {0, 0, 0, 0, 0 ,0, 0, 0},
                                {0, 0, 0, 0, 0 ,0, 0, 0},
                                {0, 0, 0, 0, 0 ,0, 0, 0},
                                {0, 0, 0, 0, 0 ,0, 0, 0},
                                {0, 0, 0, 0, 0 ,0, 0, 0},
                                {0, 0, 0, 0, 0 ,0, 0, 0},
                                {0, 0, 0, 0, 0 ,0, 0, 0}};


void main(void)
{
        // 포트 입출력 설정
        DDRA = 0xFF;           // 포트 A 출력설정(도트매트릭스 green)
        DDRB = 0xFF;           // 포트 B 출력설정(도트매트릭스 com)
        DDRC = 0xFF;           // 포트 C 출력설정(도트매트릭스 red)
        DDRG = 0xFF;           // 포트 D 출력설정(스피커 출력)

        // 외부 인터럽트 초기설정(커서 이동을 위한 스위치 연결)
        EICRA = 0b10101010;    // 외부인터럽트 0,1,2,3 : 하강에지
        EICRB = 0b10101010;    // 외부인터럽트 4,5,6,7 : 하강에지
        EIMSK = 0xFF;          // 외부 인터럽트0~7 인에이블

        timer_setup();         // 타이머/카운터 초기설정

        LCD_init();                          // LCD 초기설정
        LCD_String1("  WELCOME  TO   ");     // LCD 첫번째 라인에 출력
```

```
        Command(LINE2);
        LCD_String1(" OTHELLO  WORLD ");    // LCD 두번째 라인에 출력

        while(1){
                if(start == 0){             // 게임 시작할 때 한번만 실행시키기 위한 변수
                        start_view();       // "오델로" 문자 출력
                }
                game_win();                 // 각 돌의 개수를 세고, 게임승리조건 판단
        }
}

// 타이머/카운터 초기설정
void timer_setup(void)
{
        // 타이머/카운터0 초기설정
        ASSR=0x00;                  // 타이머/카운터0 타이머 모드
        TCCR0=0x07;                 // 일반모드, 1024분주
        TCNT0=0xE0;                 // 주기 = 1/16us X 1024분주 X (256 - 224) = 2048us

        // 타이머/카운터1 초기설정(녹색 선택 스위치 입력 처리)
        TCCR1A = 0;                 // 타이머/카운터1 일반모드
        TCCR1B = 0x06;              // T1핀을 통해 입력되는 카운터 모드(하강에지)
        TCCR1C = 0;
        TCNT1 = 0xFFFF;             // 타미어카운터1 초기값 설정(0xFFFF)
                                    // T1핀이 한번 눌리면 인터럽트 발생(0xFFFF -> 0x0000)

        // 타이머/카운터2 초기설정(적색 선택 스위치 입력 처리)
        TCCR2 = 0b00000110;         // T2핀을 통해 입력되는 카운터 일반모드(하강에지)
        TCNT2 = 0xFF;               // 초기값 0xFF(T2핀이 한번만 눌리면 인터럽트 발생)

        // 타이머/카운터3 초기설정(게임종료 음악 연주를 위한 타이머)
        TCCR3A = 0;                 // 타이머/카운터3 일반모드
        TCCR3B = 0x05;              // 1024분주
        TCCR3C = 0;
        TCNT3H = (65440 >> 8) & 0x0FF;
        TCNT3L = 65540 & 0x0FF;     // 1/16us x 1024 x (65536 - 65440) = 6.14ms

        // 타이머/카운터 인터럽트 설정
        TIMSK = 0b01000101;         // 타/카 0,1,2 오버플로우 인터럽트 인에이블
        ETIMSK = 0;                 // 타/카3 인터럽트 금지
        SREG = 0x80;                // 전역 인터럽트 인에이블 비트 셋
}

// 초기 화면 출력
void start_view(void)
{
        int     i, j;
```

```
// "오" 문자 출력
dot_view[5][6] = 1;
dot_view[4][6] = 1;
dot_view[3][6] = 1;
dot_view[2][5] = 1;
dot_view[2][4] = 1;
dot_view[3][3] = 1;
dot_view[4][3] = 1;
dot_view[5][3] = 1;
dot_view[6][4] = 1;
dot_view[6][5] = 1;
dot_view[4][2] = 1;
dot_view[7][1] = 1;
dot_view[6][1] = 1;
dot_view[5][1] = 1;
dot_view[4][1] = 1;
dot_view[3][1] = 1;
dot_view[2][1] = 1;
dot_view[1][1] = 1;
delay_ms(2000);

Command(HOME);
LCD_String1("KUT Electronic.");          // LCD 첫번째 라인에 출력
Command(LINE2);
LCD_String1("Prof.SHIN, byLSH");         // LCD 두번째 라인에 출력

//클리어
for(i=0;i<8;i++){
        for(j=0;j<8;j++) dot_view[i][j] = 0;
}
delay_us(1);

// "델" 문자 출력
dot_view[1][7] = 2;
dot_view[2][7] = 2;
dot_view[3][7] = 2;
dot_view[5][7] = 2;
dot_view[1][6] = 2;
dot_view[1][5] = 2;
dot_view[4][6] = 2;
dot_view[5][6] = 2;
dot_view[2][5] = 2;
dot_view[3][5] = 2;
dot_view[5][5] = 2;
dot_view[2][4] = 2;
dot_view[3][4] = 2;
```

```
dot_view[4][4] = 2;
dot_view[5][4] = 2;
dot_view[5][3] = 2;
dot_view[5][2] = 2;
dot_view[4][2] = 2;
dot_view[3][2] = 2;
dot_view[2][2] = 2;
dot_view[2][1] = 2;
dot_view[2][0] = 2;
dot_view[3][0] = 2;
dot_view[4][0] = 2;
dot_view[5][0] = 2;
dot_view[6][7] = 2;
dot_view[6][6] = 2;
dot_view[6][5] = 2;
delay_ms(2000);

for(i = 0;i < 8;i++){
        for(j = 0;j < 8;j++) dot_view[i][j] = 0;
}
delay_us(1);

Command(HOME);
LCD_String1(" NOW START GAME ");     // LCD 첫번째 라인에 출력
Command(LINE2);
LCD_String1(" HAVE A FUN TIME");     // LCD 두번째 라인에 출력

// '로'문자 출력
dot_view[1][7] = 3;
dot_view[2][7] = 3;
dot_view[3][7] = 3;
dot_view[4][7] = 3;
dot_view[5][7] = 3;
dot_view[5][6] = 3;
dot_view[5][5] = 3;
dot_view[4][5] = 3;
dot_view[3][5] = 3;
dot_view[2][5] = 3;
dot_view[1][5] = 3;
dot_view[1][4] = 3;
dot_view[1][3] = 3;
dot_view[2][3] = 3;
dot_view[3][3] = 3;
dot_view[4][3] = 3;
dot_view[5][3] = 3;
dot_view[3][2] = 3;
dot_view[3][1] = 3;
```

```
		dot_view[1][0] = 3;
		dot_view[2][0] = 3;
		dot_view[3][0] = 3;
		dot_view[4][0] = 3;
		dot_view[5][0] = 3;
		delay_ms(2000);

		// 게임판 클리어
		for(i = 0;i < 8;i++){
			for(j = 0;j < 8;j++) dot_view[i][j] = 0;
		}
		delay_us(1);

		//오셀로 기본 게임판 출력
		dot_view[3][4] = 1;
		dot_view[4][3] = 1;
		dot_view[3][3] = 2;
		dot_view[4][4] = 2;

		start = 1;			// 게임 시작 상태값 셋?

		a = 2;			// 초기 커서의 x 좌표값
		b = 5;			// 초기 커서의 y 좌표값
}

// 게임 상태 체크
void game_win(void)
{
		int	i, j;

		green = 0;
		red = 0;

		// 녹색/빨강색 알수 카운트
		for(i = 0;i < 8;i++){
			for(j = 0;j < 8;j++){
				if(dot_view[i][j] == 1) green++;
				else if(dot_view[i][j] == 2) red++;
			}
		}

		if(red == 0) win(1);				// 적색 돌이 하나도 없을 경우 녹색 승리
		else if(green == 0) win(2);			// 녹색 돌이 하나도 없을 경우 적색 승리
		else if((red + green) == 64){		// 판이 꽉 찼을 경우
			if(red > green) win(2);		// 적색이 녹색보다 많으면 적색 승리
			else if(green > red) win(1);	// 녹색이 적색보다 많으면 녹색 승리
			else if(red == green) draw();	// 개수가 같을 경우는 비김.
```

```
        }
        else game_status();    // 게임종료상황이 아닐 경우 게임상황 출력 함수 호출
}

// 게임상태 표시(녹색/적색 돌의 수 표시)
void game_status(void)
{
        char    dot_buf[16];

        // LCD 첫번째 라인에 출력
        Command(HOME);
        LCD_String1("REDvsGREEN|Turn ");

        // 적색과 녹색 돌의 개수를 두 번째 줄에 출력
        Command(LINE2);
        if(change == 0){  // 녹색 순서
                sprintf(dot_buf,"%2d    %2d  |GREEN", red, green);
                LCD_String2(dot_buf);
        }
        else {              // 적색 순서
                sprintf(dot_buf,"%2d    %2d  |RED  ", red, green);
                LCD_String2(dot_buf);
        }
}

// 승리 처리함수, 녹색승리 val = 1, 적색 승리 val = 2
void win(int val)
{
        int     i, j;

        // LCD 첫번째 라인에 승리 색 출력
        Command(HOME);

        if(val == 1) LCD_String1("    GREEN WIN    ");    // 녹색 승리
        else LCD_String1("     RED WIN     ");

        // LCD 두번째 라인에 출력
        Command(LINE2);
        LCD_String1(" CONGRATULATION ");

        music_on();               // 게임 종료 음악 플레이
        end = 1;                  // 게임 종료 플래그 비트 셋

        // 게임판 클리어?
        for(i = 0;i < 8;i++){
                for(j = 0;j < 8;j++) dot_view[i][j] = 0;
        }
```

```
delay_us(1);

// 승리 색으로 비트맨 출력
for(i=0;i<2;i++){
        dot_view[2][1] = val;
        dot_view[2][2] = val;
        dot_view[5][1] = val;
        dot_view[5][2] = val;
        dot_view[3][4] = val;
        dot_view[4][4] = val;
        dot_view[3][5] = val;
        dot_view[4][5] = val;
        dot_view[3][3] = val;
        dot_view[4][3] = val;
        dot_view[2][5] = val;
        dot_view[5][5] = val;
        dot_view[2][6] = 0;
        dot_view[2][7] = 0;
        dot_view[3][6] = 0;
        dot_view[3][7] = 0;
        dot_view[0][1] = 0;
        dot_view[1][1] = 0;
        dot_view[1][3] = 0;
        dot_view[1][4] = 0;
        dot_view[6][6] = 0;
        dot_view[5][7] = 0;
        dot_view[4][6] = val;
        dot_view[4][7] = val;
        dot_view[5][6] = val;
        dot_view[5][7] = val;
        dot_view[1][6] = val;
        dot_view[0][6] = val;
        dot_view[1][0] = val;
        dot_view[2][0] = val;
        dot_view[5][0] = val;
        dot_view[6][0] = val;
        dot_view[7][0] = val;
        dot_view[6][4] = val;
        dot_view[6][3] = val;
        delay_ms(300);

        dot_view[0][6] = 0;
        dot_view[0][7] = val;
        dot_view[5][0] = 0;
        dot_view[6][0] = 0;
        dot_view[6][1] = val;
        dot_view[7][1] = val;
```

```
dot_view[7][0] = 0;
delay_ms(300);

dot_view[0][7] = 0;
dot_view[1][7] = val;
delay_ms(300);

dot_view[1][7] = 0;
dot_view[2][7] = val;
delay_ms(300);

dot_view[2][7] = 0;
dot_view[4][6] = 0;
dot_view[4][7] = 0;
dot_view[5][6] = 0;
dot_view[5][7] = 0;
dot_view[6][3] = 0;
dot_view[6][4] = 0;
dot_view[6][1] = 0;
dot_view[7][1] = 0;
dot_view[1][0] = 0;
dot_view[2][0] = 0;
dot_view[1][6] = 0;
dot_view[2][6] = val;
dot_view[2][7] = val;
dot_view[3][6] = val;
dot_view[3][7] = val;
dot_view[0][1] = val;
dot_view[1][1] = val;
dot_view[5][0] = val;
dot_view[6][0] = val;
dot_view[6][6] = val;
dot_view[6][7] = val;
dot_view[1][3] = val;
dot_view[1][4] = val;
delay_ms(300);

dot_view[6][7] = 0;
dot_view[5][7] = val;
delay_ms(300);

dot_view[5][7] = 0;
dot_view[6][7] = val;
delay_ms(300);

dot_view[6][7] = 0;
dot_view[5][7] = val;
```

```
        delay_ms(300);
}

// 마름모 출력
for(i=0;i<8;i++){
        for(j=0;j<8;j++) dot_view[i][j] = val;
}

dot_view[0][7] = 0;
dot_view[0][6] = 0;
dot_view[1][7] = 0;
dot_view[0][5] = 0;
dot_view[1][6] = 0;
dot_view[2][7] = 0;
dot_view[0][0] = 0;
dot_view[0][1] = 0;
dot_view[0][2] = 0;
dot_view[1][0] = 0;
dot_view[1][1] = 0;
dot_view[2][0] = 0;
dot_view[7][0] = 0;
dot_view[7][1] = 0;
dot_view[7][2] = 0;
dot_view[6][0] = 0;
dot_view[6][1] = 0;
dot_view[5][0] = 0;
dot_view[7][7] = 0;
dot_view[7][6] = 0;
dot_view[7][5] = 0;
dot_view[6][7] = 0;
dot_view[6][6] = 0;
dot_view[5][7] = 0;
delay_ms(1000);

// '승' 출력
for(i=0;i<8;i++){
        for(j=0;j<8;j++) dot_view[i][j] = 0;
}

for(i=0;i<8;i++) dot_view[i][3] = val;

dot_view[1][5] = val;
dot_view[2][6] = val;
dot_view[3][7] = val;
dot_view[4][7] = val;
dot_view[5][6] = val;
dot_view[6][5] = val;
```

```
		dot_view[1][1] = val;
		dot_view[2][2] = val;
		dot_view[3][2] = val;
		dot_view[4][2] = val;
		dot_view[5][2] = val;
		dot_view[6][1] = val;
		dot_view[2][0] = val;
		dot_view[3][0] = val;
		dot_view[4][0] = val;
		dot_view[5][0] = val;
		delay_ms(2500);

		// 게임판 클리어
		for(i = 0;i < 8;i++){
			for(j = 0;j < 8;j++) dot_view[i][j] = 0;
		}

		end = 0;			// 게임 종료 플래그 비트 리셋
		start = 0;			// 초기화면 표시부터 다시 시작
}

// 무승부 처리
void draw(void)
{
		Command(HOME);
		LCD_String1("      draw       ");		// LCD 첫번째 라인에 출력
		Command(LINE2);
		LCD_String1(" congraturation ");		// LCD 두번째 라인에 출력
		start = 0;
}

// 인수로 주어진 col색의 돌일 경우
// 8방향에 대해 오셀로 알고리즘에 따라
// 색이 변할 돌이 있는지 판단
void game_rule(int col)
{
		int	i, j, aa, bb, aaaa, cross, col1, m, n;

		aa = a;
		bb = b;
		aaaa = 0;			// 색이 변화하는 돌이 있는지 여부(1 : 색 변하는 돌 있음) ?

		if(col == 1) col1 = 2;		// 녹색 돌이 놓인 경우 상대 색
		else col1 = 1;			// 적색 돌이 놓인 경우 상대 색

		// 수직 윗방향의 돌들을 판단
		for(i = bb + 1;i < 7;i++) {
```

```
        if(dot_view[aa][i] == col1){                    // 돌이 col1 색이면
            if(dot_view[aa][i + 1] == col){             // 다음 돌이 col 색이면
                // col색 돌 전까지의 돌을 모두 col 로 바꾼다.
                for(j = bb;j < i + 1;j++) dot_view[aa][j] = col;

                aaaa = 1;    // 다음 차례로 넘기기 위한 변수
                break;
            }
        }
        else break;
}

// 수평 오른쪽 방향의 돌들을 판단
for(i = aa + 1;i < 7;i++){
        if(dot_view[i][bb] == col1){                    // 돌이 col1색이면
            if(dot_view[i + 1][bb] == col){             // 다음 돌이 col색이면
                // col색 돌전까지의 돌을 모두 col 로 바꾼다.
                for(j = aa;j < i + 1;j++) dot_view[j][bb] = col;

                aaaa = 1;    // 다음 차례로 넘기기 위한 변수
                break;
            }
        }
        else break;
}

// 수직 아래쪽 방향의 돌을 판단
for(i = bb - 1;i > 0;i--){
        if(dot_view[aa][i] == col1){                    // 돌이 col1 색이면
            if(dot_view[aa][i - 1] == col){             // 다음 돌이 col 색이면
                // col색 돌 전까지의 돌을 모두 col 로 바꾼다.
                for(j = bb;j > i - 1;j--) dot_view[aa][j] = col;

                aaaa = 1;    // 다음 차례로 넘기기 위한 변수
                break;
            }
        }
        else break;
}

// 수평 왼쪽 방향의 돌을 판단
for(i = aa - 1;i > 0;i--){
        if(dot_view[i][bb] == col1){                    // 돌이 col1색이면
            if(dot_view[i - 1][bb] == col){             // 다음 돌이 col색이면
                // col색 돌 전까지의 돌을 모두 col 로 바꾼다.
                for(j = aa;j > i - 1;j--) dot_view[j][bb] = col;
```

```
                    aaaa = 1;     // 다음 차례로 넘기기 위한 변수
                    break;
                }
            }
            else break;
    }

    // 오른쪽 위 방향의 돌을 판단(45도 대각선 방향 : y = x + cross)
    cross = bb - aa;
    for(i = aa + 1;i < 7;i++){
            j = i + cross;
            if(j > 6) break;

            if(dot_view[i][j] == col1){                  // 돌이 col1색이면
                if(dot_view[i+1][j+1] == col){           // 다음 돌이 col색이면
                    // col색 돌 전까지의 돌을 모두 col 로 바꾼다.
                    for(m = aa;m < i + 1;m++){
                        n = m + cross;
                        dot_view[m][n] = col;
                    }
                    aaaa = 1;     // 다음 차례로 넘기기 위한 변수
                    break;
                }
            }
            else break;
    }

    // 오른쪽 아래방향의 돌 판단(-45도 대각선 방향 : y = -x + cross)
    cross = bb + aa;
    for(i = aa + 1;i < 7;i++){
            j = cross - i;
            if(j < 1) break;

            if(dot_view[i][j] == col1){                  // 돌이 col1색이면
                if(dot_view[i + 1][j - 1] == col){       // 다음 돌이 col색이면
                    // col색 돌 전까지의 돌을 모두 col 로 바꾼다.
                    for(m = aa;m < i + 1;m++) {
                        n = cross - m;
                        dot_view[m][n] = col;
                    }
                    aaaa = 1;     // 다음 차례로 넘기기 위한 변수
                    break;
                }
            }
            else break;
    }
```

```
// 왼쪽 아래방향의 돌 판단(215도 방향 : y = x + cross)
cross = bb - aa;
for(i = aa - 1;i > 0;i--){
        j = i + cross;
        if(j < 1) break;

        if(dot_view[i][j] == col1){                     // 돌이 col1색이면
                if(dot_view[i - 1][j - 1] == col){      // 다음 돌이 col색이면
                        // col색 돌 전까지의 돌을 모두 col 로 바꾼다.
                        for(m = aa;m > i - 1;m--){
                                n = m + cross;
                                dot_view[m][n] = col;
                        }
                        aaaa = 1;    // 다음 차례로 넘기기 위한 변수
                        break;
                }
        }
        else break;
}

// 왼쪽 위 방향 돌 판단(135도 대각선 방향 : y = -x + cross)
cross = bb + aa;
for(i = aa - 1;i > 0;i--){
        j = cross - i;
        if(j > 6) break;

        if(dot_view[i][j] == col1){                     // 돌이 col1색이면
                if(dot_view[i-1][j+1] == col){          // 다음 돌이 col색이면
                        // col색 돌 전까지의 돌을 모두 col 로 바꾼다.
                        for(m = aa;m > i - 1;m--){
                                n = cross - m;
                                dot_view[m][n] = col;
                        }
                        aaaa = 1;    // 다음 차례로 넘기기 위한 변수
                        break;
                }
        }
        else break;
}

if(aaaa == 1){
        // 변동 사항이 있으면 순서 바꿈
        if(col == 1) change = 1;
        else change = 0;

        turn_pass = 0;
```

```
                sound_on(); // 돌이 놓였을 경우 효과음 출력
        }
}

// 효과음 출력
void sound_on(void)
{
        int     buf, k;

        tone = SO;                      // 솔
        for(k = 0;k < 10;k++){          // 음 출력
                PORTG = 0xFF;
                buf = tone;
                while(buf--);

                PORTG = 0;
                buf = tone;
                while(buf--);
        }

        tone = FA;                      // 파
        for(k=0;k<10;k++){              // 음 출력
                PORTG = 0xFF;
                buf = tone;
                while(buf--);

                PORTG = 0;
                buf = tone;
                while(buf--);
        }
}


// 게임종료 음악 출력(타이머/카운터1 이용)
void music_on(void)
{
        int     buf, k;

        ETIMSK = 0B00000100;                    // 타/카3 오버플로우 인터럽트 인에이블

        for(k = 0;k < 15;k++){
                tone = tone_table[k];
                time = time_table[k];
                delay_ms(50);

                while(time){
                        PORTG = 0xFF;           // 스피커 출력 on
```

```
                buf = tone;
                while(buf--);

                PORTG = 0;              // 스피커 출력 off
                buf = tone;
                while(buf--);
            }
        }

        ETIMSK = 0;                     // 타/카3 오버플로우 인터럽트 금지
}

// 도트매트릭스에 값을 출력
interrupt [TIM0_OVF] void DOT_ON(void)
{
        PORTA = 0;                      // 녹색
        PORTC = 0;                      // 적색
        PORTB = 0;                      // Common Cathode

        x++;                            // 한 개의 라인씩 출력
        x %= 8;                         // 0 - 7

        for(y = 0; y < 8; y++){
            if(dot_view[x][y] == 0){                    // 좌표의 배열값이 0이면
                PORTA |= 0b00000000;                    //모두 끈다
                PORTC |= 0b00000000;
            }
            else if(dot_view[x][y] == 1){               // 좌표의 배열값이 1이면
                PORTA |= 0b10000000;                    // 녹색만 on(포트A)
                PORTC |= 0b00000000;
            }
            else if(dot_view[x][y] == 2){               // 좌표의 배열값이 2이면
                PORTA |= 0b00000000;
                PORTC |= 0b10000000;                    // 적색만 on(포트C)
            }
            else if(dot_view[x][y] == 3){               // 좌표의 배열값이 3이면
                PORTA |= 0b10000000;                    // 모두 on을 해서 주황색으로
                                                        // 보이게 한다

                PORTC |= 0b10000000;
            }
            if(y != 7){
                PORTA = PORTA >> 1;  // 한행씩 쉬프트
                PORTC = PORTC >> 1;
            }
        }

        if(a == x){      // 커서 출력
```

```
                if(blk == 0 && start != 0 && end == 0){
                        PORTC |= pos_bit[b];    // 적색 출력
                        PORTA |= pos_bit[b];    // 녹색 출력
                }
                blk = (blk + 1) % 10;
        }
        PORTB = pos_bit[x];             //  출력 열 선택

        TCNT0=0xE0;                     // 초기값 재설정
}

// 녹색 돌 선택 처리 함수
interrupt [TIM1_OVF] void select_green(void)
{
        if(change == 0){ // 녹색의 차례이면
                turn_pass++;

                if(dot_view[a][b] == 0) game_rule(1);

                if(turn_pass == 5){             // 순서 넘김 변수가 5회 눌려 5가 되면
                        change = 1;             // 적색으로 순서 넘김
                        turn_pass = 0;          // 순서 넘김 변수 초기화
                }
        }
        TCNT1 = 0xFFFF;                         // 초기값 재설정
}

// 적색 돌 선택 처리 함수
interrupt [TIM2_OVF] void select_red(void)
{
        if(change == 1){
                turn_pass++;
                if(dot_view[a][b] == 0) game_rule(2);

                if(turn_pass == 5){             // 턴넘김 변수가 5회 눌려 5가 되면
                        change = 1;             // 적색으로 순서 넘김
                        turn_pass = 0;          // 턴넘김변수 초기화
                }
        }
        TCNT2 = 0xFF;
}

// 게임종료 음악 연주를 위한 타이머 함수
interrupt [TIM3_OVF] void gameover_play(void)
{
        time--;
```

```
        TCNT3H = (65440 >> 8) & 0x0FF;
        TCNT3L = 65540 & 0x0FF;              // 1/16us x 1024 x (65536 - 65440) = 6.14ms
}

// 녹색 커서 왼쪽 이동 스위치 처리 함수(x 좌표 1감소)
interrupt [EXT_INT0] void green_move_left(void)
{
        if(change == 0 && a != 0) a--;
}

// 녹색 커서 아래 이동 스위치 처리 함수(y 좌표 1감소)
interrupt [EXT_INT1] void green_move_down(void)
{
        if(change == 0 && b != 0) b--;
}

// 녹색 커서 오른쪽 이동 스위치 처리 함수(x 좌표 1증가)
interrupt [EXT_INT2] void green_move_right(void)
{
        if(change == 0 && a != 7) a++;
}

// 녹색 커서 위 이동 스위치 처리 함수(y 좌표 1증가)
interrupt [EXT_INT3] void green_move_up(void)
{
        if(change == 0 && b != 7) b++;
}

// 적색 커서 오른쪽 이동 스위치 처리 함수(x 좌표 1증가)
interrupt [EXT_INT4] void red_move_right(void)
{
        if(change == 1 && a != 7) a++;
}

// 적색 커서 위 이동 스위치 처리 함수(y좌표 1증가)
interrupt [EXT_INT5] void red_move_up(void)
{
        if(change == 1 && b != 7) b++;
}

// 적색 커서 왼쪽 이동 스위치 처리 함수(x 좌표 1감소)
interrupt [EXT_INT6] void red_move_left(void)
{
        if(change == 1 && a != 0) a--;
}

// 적색 커서 아래 이동 스위치 처리 함수(y 좌표 1감소)
```

```
interrupt [EXT_INT7] void red_move_down(void)
{
        if(change == 1 && b != 0) b--;
}

// LCD 초기화
void LCD_init(void)
{
        DDRF = 0xFF;                    // 포트 F 출력 설정
        PORTF &= 0xFB;                  // E = 0;

        delay_ms(15);
        Command(0x20);
        delay_ms(5);
        Command(0x20);
        delay_us(100);
        Command(0x20);
        Command(FUNCSET);
        Command(DISPON);
        Command(ALLCLR);
        Command(ENTMODE);
}

// 문자열 출력 함수
void LCD_String1(char flash str[])
{
        char flash *pStr=0;

        pStr = str;
        while(*pStr) Data(*pStr++);
}

void LCD_String2(char str[])
{
        while(*str) Data(*str++);
}

// 인스트럭션 쓰기 함수
void Command(unsigned char byte)
{
        Busy();

        // 인스트럭션 상위 바이트
        PORTF = (byte & 0xF0);          // 데이터
        PORTF &= 0xFE;                  // RS = 0;
        PORTF &= 0xFD;                  // RW = 0;
        delay_us(1);
```

```
        PORTF |= 0x04;                          // E = 1;
        delay_us(1);
        PORTF &= 0xFB;                          // E = 0;

        // 인스트럭션 하위 바이트
        PORTF = ((byte<<4) & 0xF0);             // 데이터
        PORTF &= 0xFE;                          // RS = 0;
        PORTF &= 0xFD;                          // RW = 0;
        delay_us(1);
        PORTF |= 0x04;                          // E = 1;
        delay_us(1);
        PORTF &= 0xFB;                          // E = 0;
}

// 데이터 쓰기 함수
void Data(unsigned char byte)
{
        Busy();

        // 데이터 상위 바이트
        PORTF = (byte & 0xF0);                  // 데이터
        PORTF |= 0x01;                          // RS = 1;
        PORTF &= 0xFD;                          // RW = 0;
        delay_us(1);
        PORTF |= 0x04;                          // E = 1;
        delay_us(1);
        PORTF &= 0xFB;                          // E = 0;

        // 데이터 하위 바이트
        PORTF = ((byte<<4) & 0xF0);             // 데이터
        PORTF |= 0x01;                          // RS = 1;
        PORTF &= 0xFD;                          // RW = 0;
        delay_us(1);
        PORTF |= 0x04;                          // E = 1;
        delay_us(1);
        PORTF &= 0xFB;                          // E = 0;
}

// Busy Flag Check -> 일반적인 BF를 체크하는 것이 아니라
// 일정한 시간 지연을 이용한다.
void Busy(void)
{
        delay_ms(2);
}
```

Chapter 04

LED를 밝혀라

4.1 작품개요

[그림 4-1]은 오락실 게임의 하나인 '탄트-R' 안에 있는 PC 미니게임이다. 처음 시작은 6×6의 네모난 판이 나오고 몇 개의 바위가 판에 박혀있고 개구리가 오른쪽 아래에 대기하고 있다. 개구리는 전후좌우 한 칸씩 움직일 수 있으며, 자리를 이동하면 이동한 바닥판이 뒤집힌다. 움직였던 바닥으로는 다시 갈 수 있지만 그렇게 되면 바닥이 원래 분홍색으로 다시 뒤집힌다. 개구리가 바위를 피해 전체 바닥의 판을 뒤집으면 이 미니 게임이 끝난다.

'탄트-R'을 하면 다른 미니게임도 나오며, 여러 미니게임을 클리어 해 나가다 보면 난이도가 높아진다. 이 게임도 나중에 가면 바위도 많아지면서 개구리가 클리어 할 수 있는 이동방향의 개수가 줄어들고 시간까지 짧아져서 매우 어려워진다.

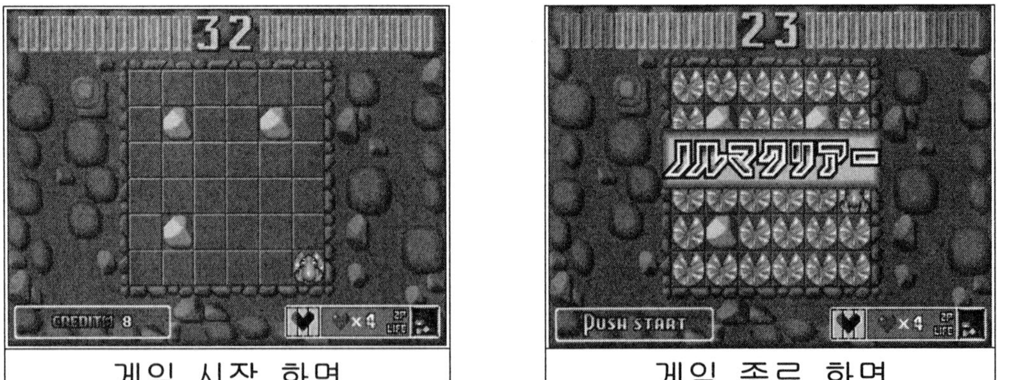

게임 시작 화면 | 게임 종료 화면

[그림 4-1] PC 미니 게임

<동작 개요>

반짝이는 LED를 전후좌우 방향키를 이용하여 움직이면서 다른 색깔의 LED를 피해 꺼져 있는 모든 LED를 밝히면 클리어 된다. 제한시간을 두고, 클리어 할 때마다 난이도가 높아져서 게임의 흥미를 높이고 긴장감을 갖게 한다. 게임 모드는 6×6, 8×8 두 가지 모드로 Easy와 Normal 을 선택할 수 있다. Easy 모드에서 3번 클리어를 하면 자동으로 Normal 모드로 넘어간다.

<작품 표시>

게임은 3색 LED 도트 매트릭스를 이용하여 진행된다. 그 외에는 KUT-128 인터페이스 보드에 있는 7-segment를 이용해서 남은 시간을 표시해 주고 LCD에 현재의 게임 상황을 표시해준다.

<게임 화면>

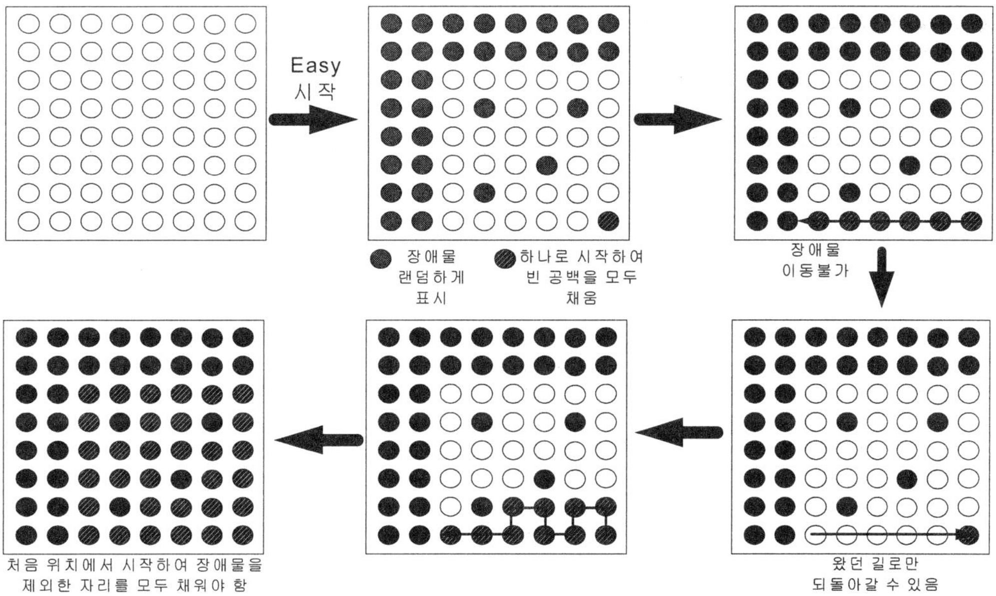

[그림 4-2] 게임 개요

4.2 작품 구성도 및 회로도

[그림 4-3]은 작품 구성도를 보여주며, KUT-128 MCU 보드, KUT-128 인터페이스 보드, 캐릭터 LCD, 도트매트릭스(LDM), 스위치로 구성된다. [표 4-1]은 사용 디바이스의 기능 및 사용포트를 보여준다.

[그림 4-3] 작품 구성도

[표 4-1] 입출력 인터페이스

입출력	디바이스	기능	사용포트
입력	푸쉬버튼 스위치	LED 상하좌우 이동	PG1-PG4
		시작/정지	PE4(INT4)
출력	캐릭터 LCD	게임 상황 표시	PD0-PD7
	7-Segment	횟수/시간 표시	PF4-PF7(구동 세그먼트 선택) PB0-PB6(a,b,c,d,e,f 단자 연결)
	Dot Matrix (Common Anode)	게임판	PA0-PA7(라인 선택:Common Anode) PC0-PC7(Common Cathode 출력) PG0(녹색/적색 LED 선택)

[그림 4-4]는 회로도를 보여주며, [표 4-2]는 사용된 부품 리스트이다.

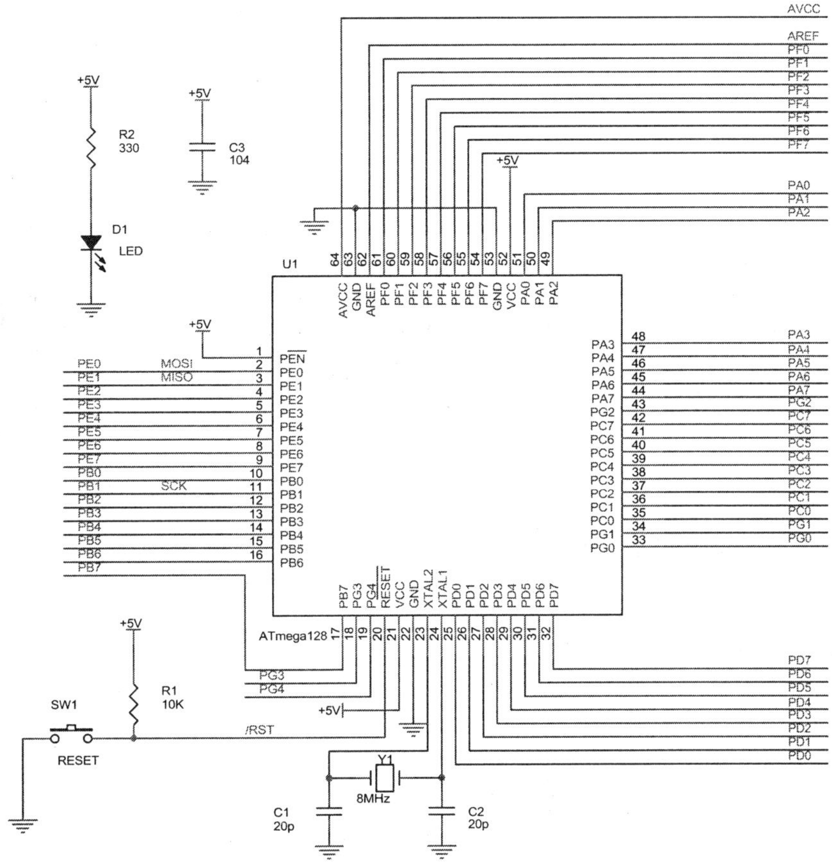

(a) KUT-128 MCU 보드 회로

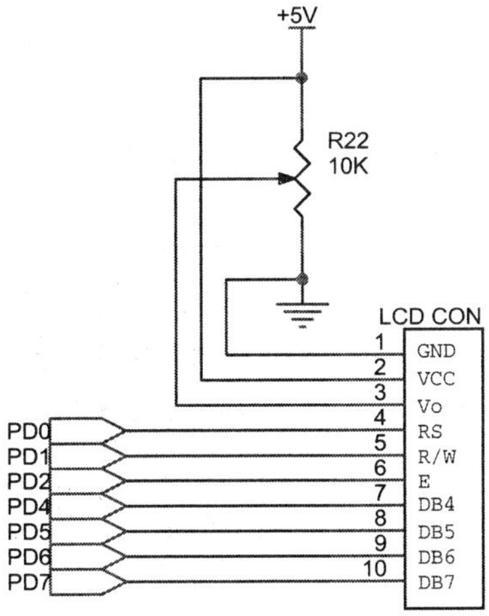

(b) 인터페이스 보드 LCD 커넥터

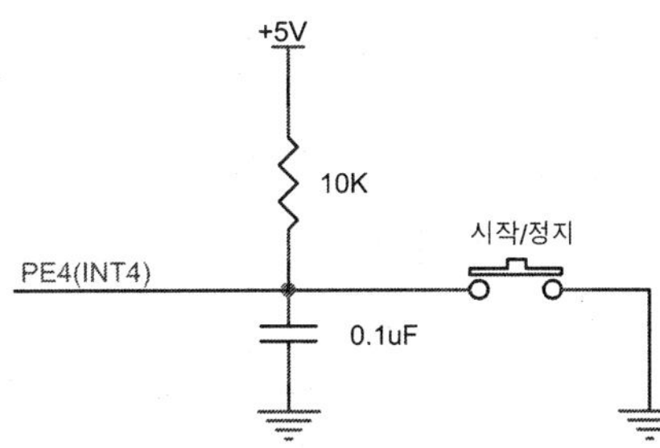

(c) 인터페이스 보드 외부인터럽트 회로

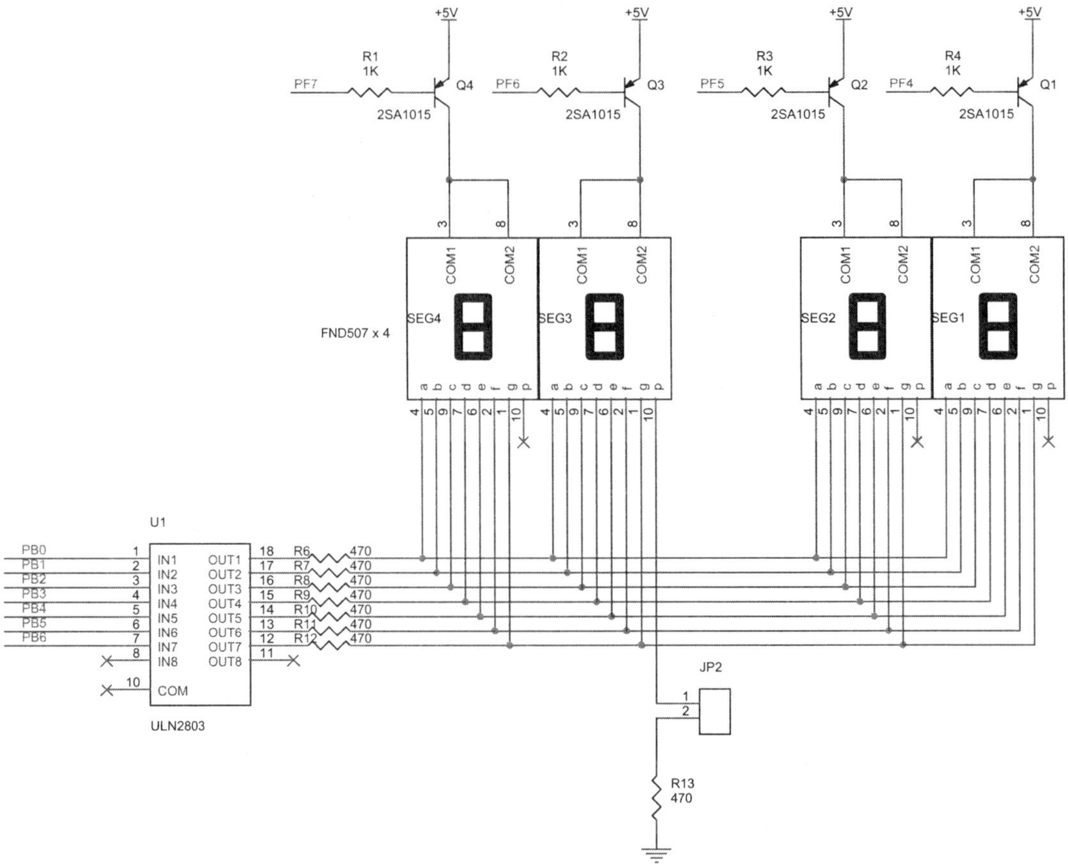

(d) 인터페이스 보드 7-Segment 구동회로

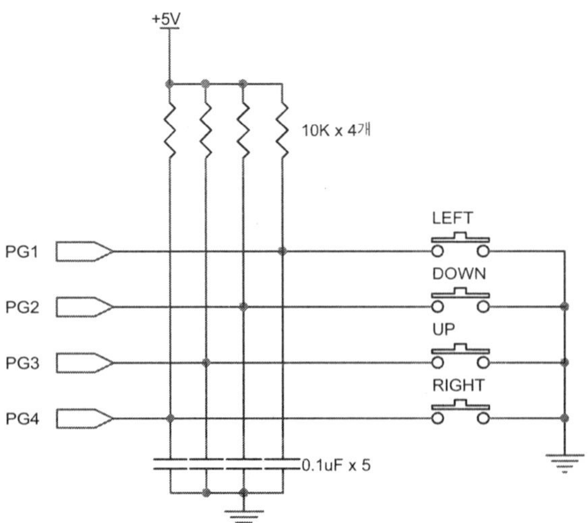

(e) 상하좌우 이동 스위치 회로

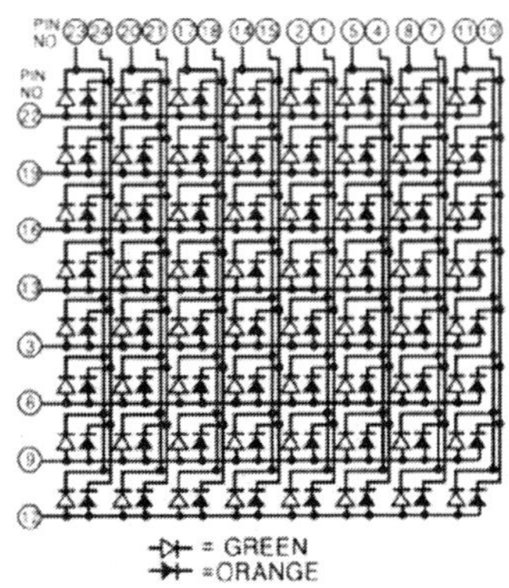

(f) Dot Matrix LED(HS-S2338A)

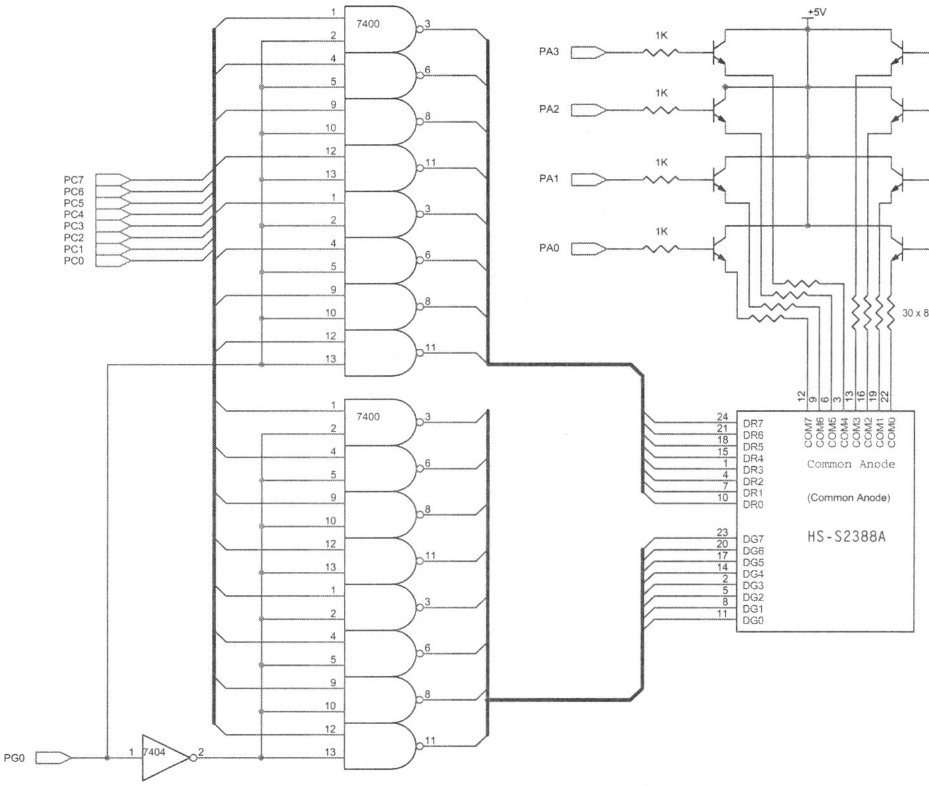

(g) Dot Matrix LED 구동회로

[그림 4-4] 회로도

[표 4-2] 부품 리스트

부 품	부 품 명	개수
128 MUC 보드	KUT-128 MCU 보드	1
인터페이스	KUT-128 인터페이스 보드	1
도트매트릭스	3색 LED Dot Matrix (Common Anode)	1
LCD	캐릭터 LCD 2행 x 16열	1
스위치	push SW	5
만능기판	28 × 62	2
IC	7400	4
	7404	1
트랜지스터	2SC1815	8
저항	1kΩ	8
	30Ω	8
	10KΩ	4

[그림 4-5]는 제작된 작품의 전체 외관과 LDM을 보여준다.

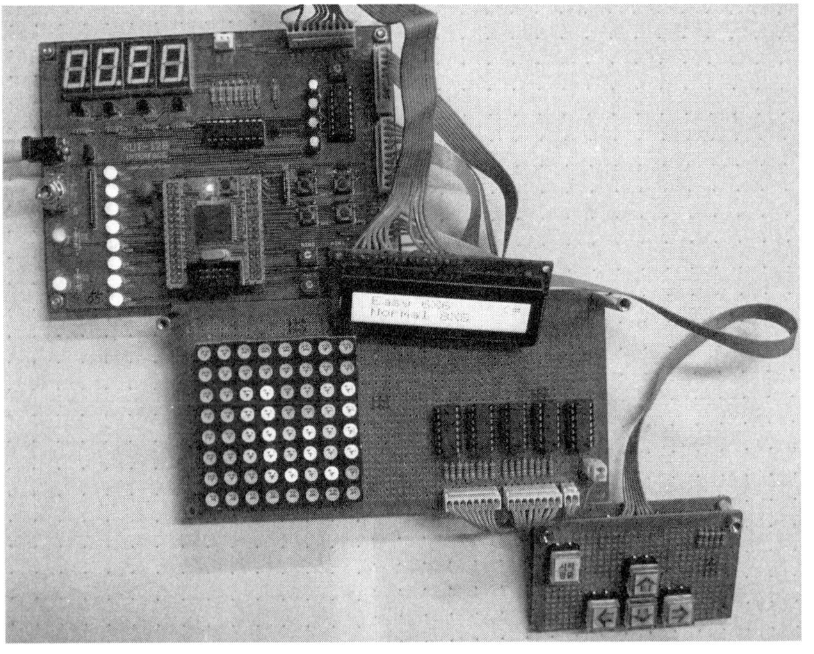

(a) 전체 외관 사진

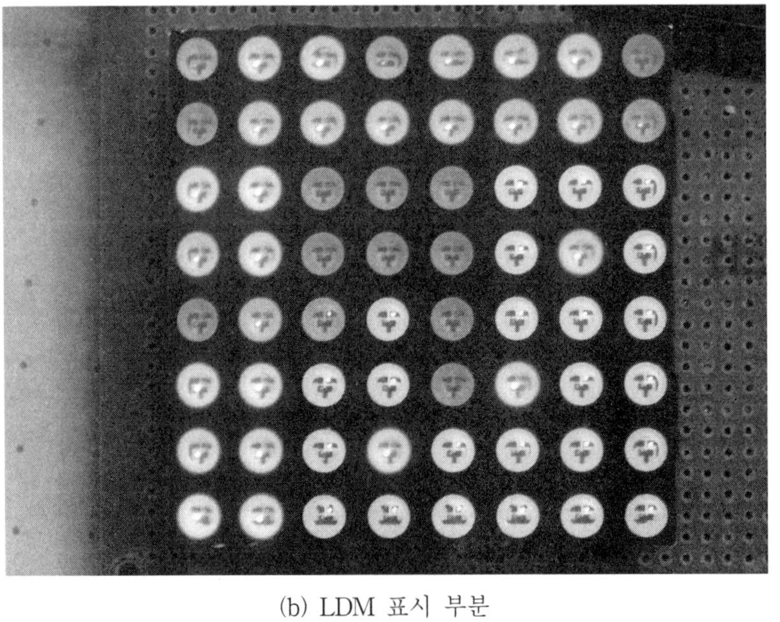

(b) LDM 표시 부분

[그림 4-5] 작품사진

4.3 작품 내용

<LCD/7-Segment/Dot Matrix 동작 요약>

작품의 전체 동작은 [그림 4-6]과 같이 이루어지며, 게임은 Easy 모드 또는 Normal 모드로부터 시작된다. 이 두 개의 모드는 각각 3개의 레벨로 이루어지며, 각 레벨은 블록을 8줄 클리어하면 레벨이 올라가게 된다. Easy 모드에서는 3레벨을 모두 클리어하면 Normal 모드로 전환되며, Normal 모드에서는 3레벨을 모두 클리어하면 “승리” 표시와 함께 게임이 종료하게 된다. 게임이 도중에 종료하는 경우에는 ”패“ 가 표시된 후 대기화면 상태가 된다.

[그림 4-7]은 전체 동작에서 LCD 및 7-Segment에 출력되는 상태를 보여준다.

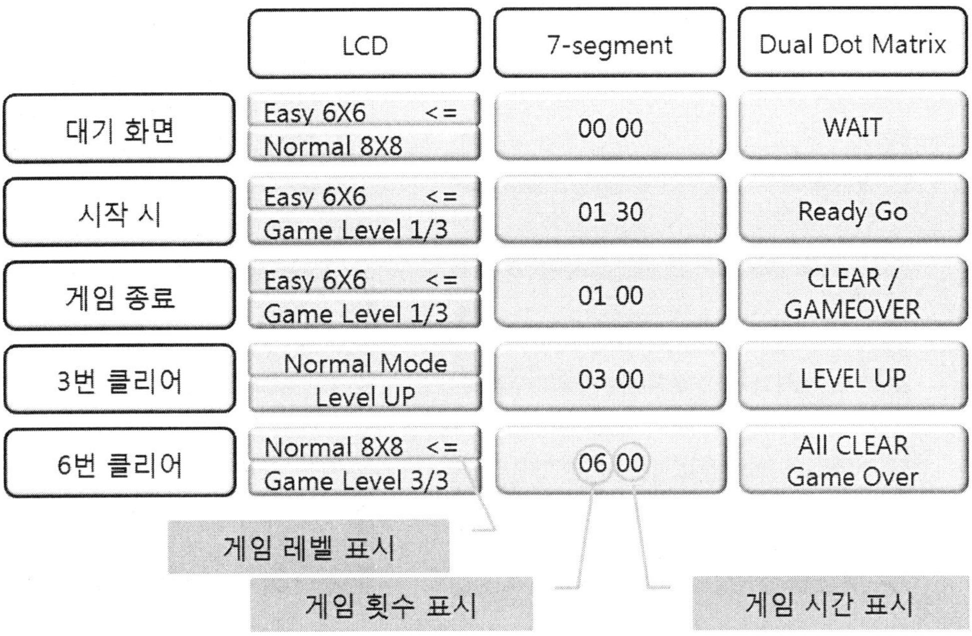

[그림 4-6] 동작 요약

<대기 할 때 LCD>

<대기 할 때 segment>

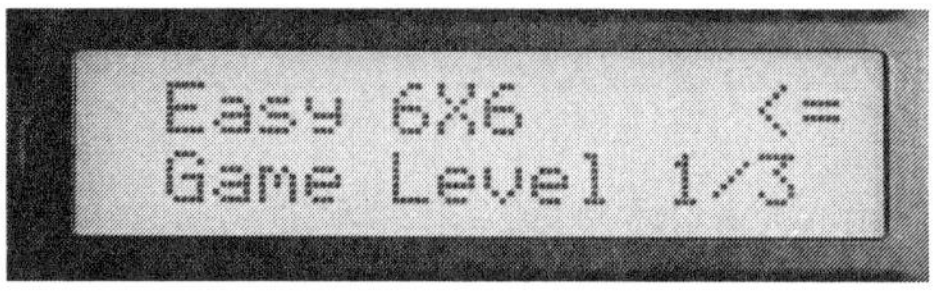

<easy모드 시작 LCD>

<난이도 1일 때 segment>

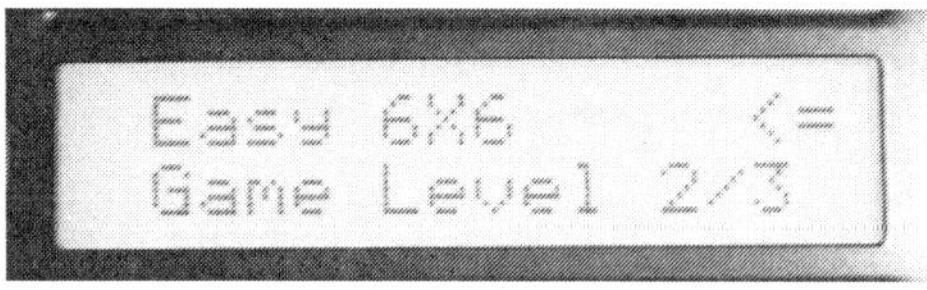

<난이도 2일 때 LCD>

<난이도 2일 때 segment>

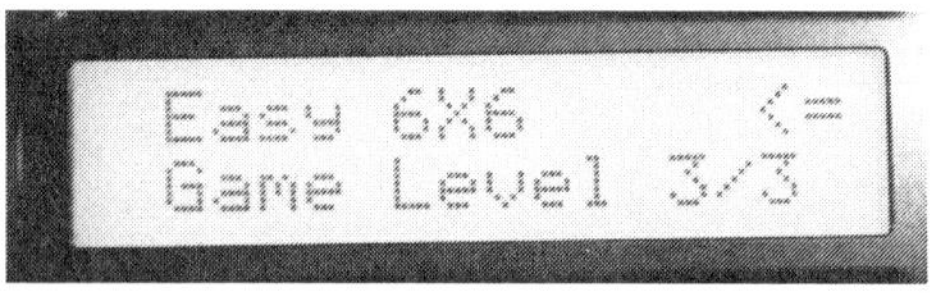

<난이도 3일 때 LCD>

<난이도 3일 때 segment>

<normal mode로 level up할 때 LCD>

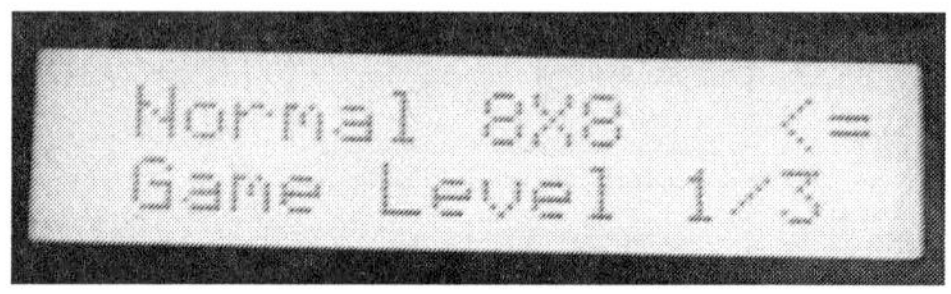

<normal모드 시작 LCD>

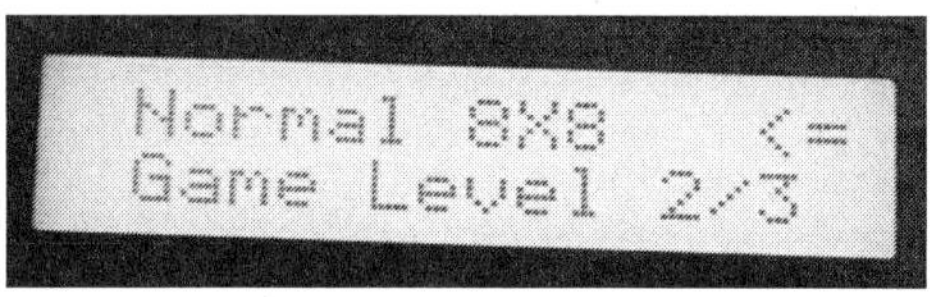

<난이도 2일 때 LCD>

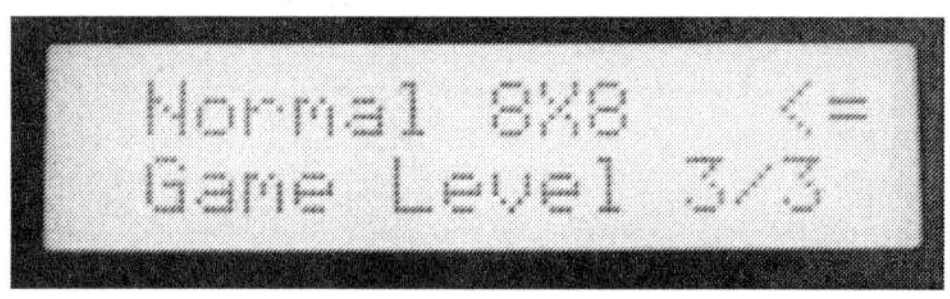

<난이도 3 일 때 LCD>

[그림 4-7] LCD 및 7-Segment 표시

<도트매트릭스 출력 문자 패턴>

[그림 4-8]은 게임에 사용되는 LDM 표시 문자들의 패턴을 보여준다.

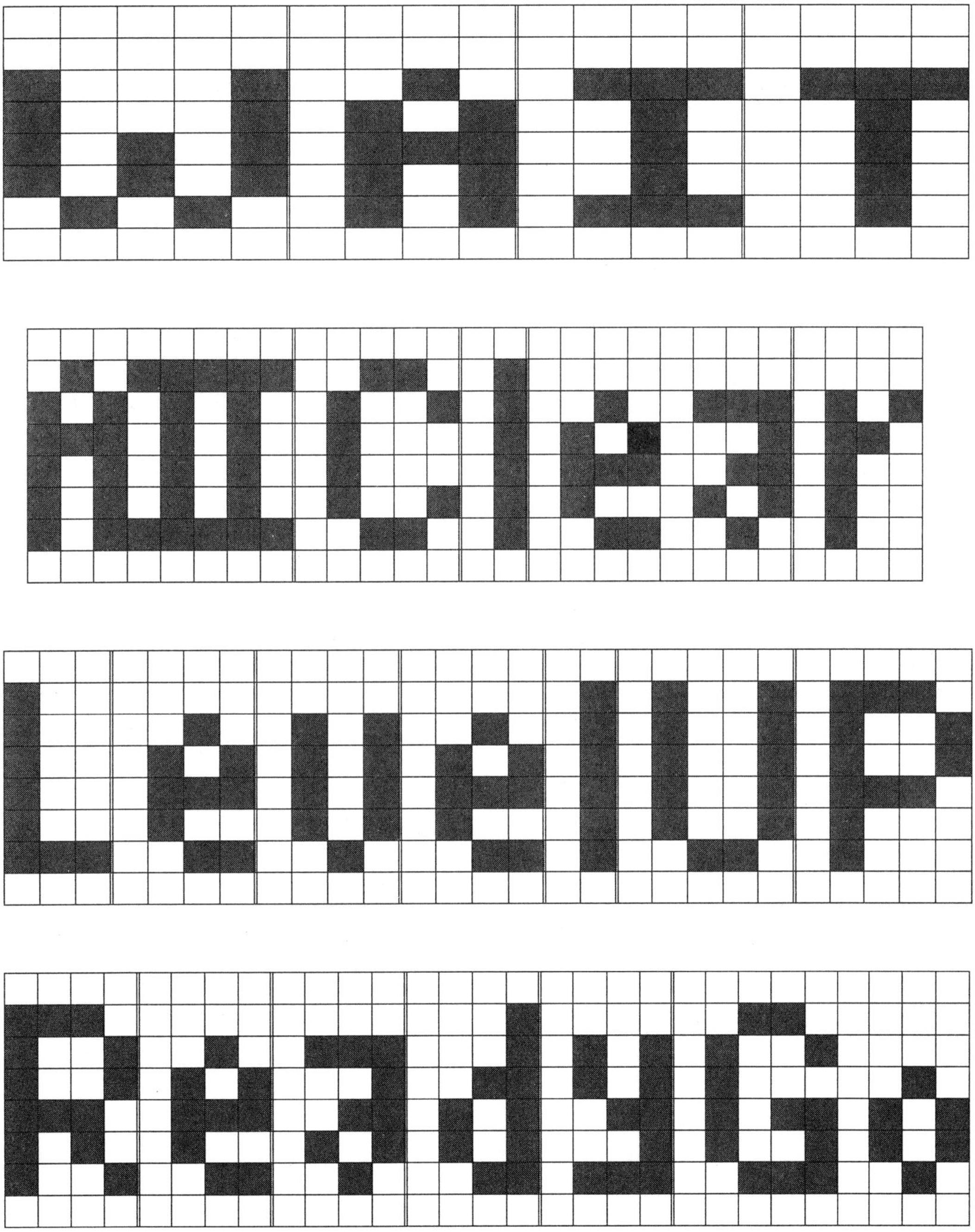

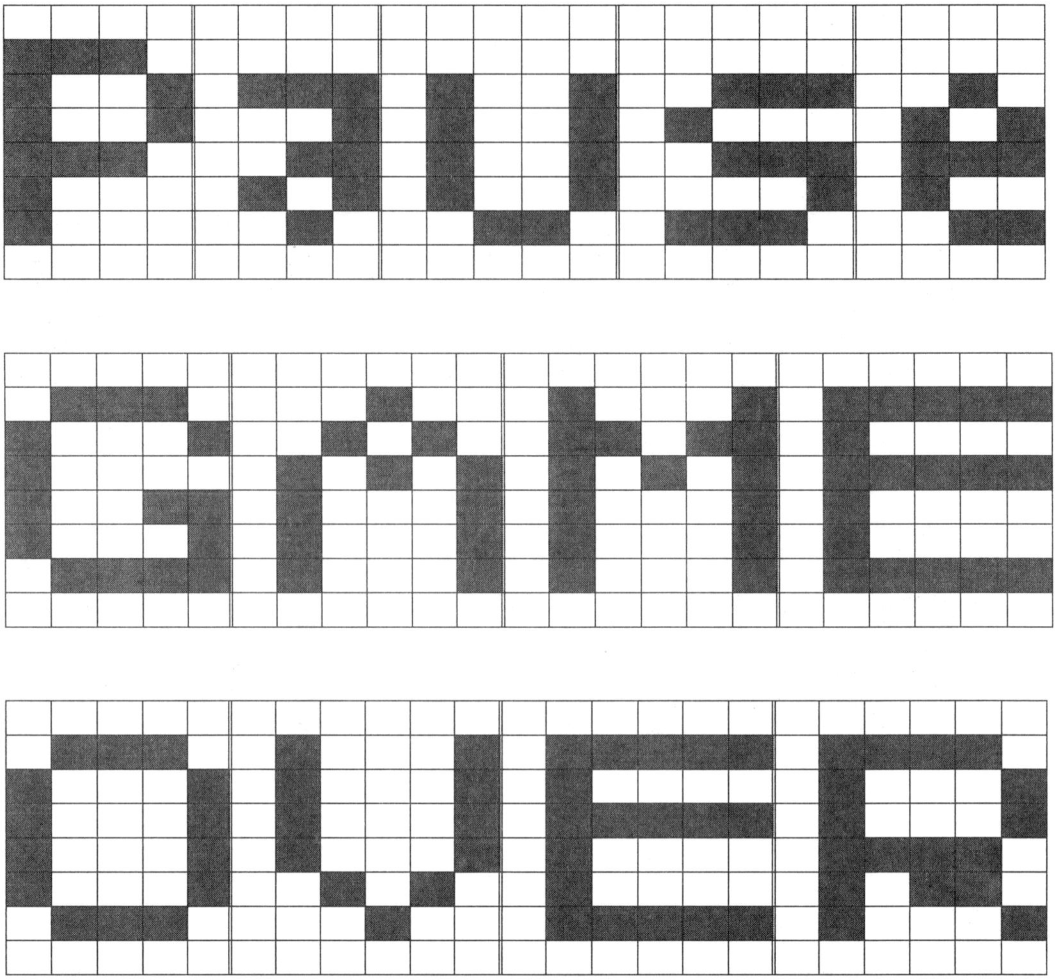

[그림 4-8] LDM 출력 문자 패턴

<25가지 장애물 패턴>

[그림 4-9]는 작품에서 사용되는 25가지 장애물 패턴을 보여주며, 패턴은 6×6의 크기를 갖는다. 한 번의 게임동안 최대 6번 레벨 업을 할 수 있는데 그 때마다 다른 장애물 패턴이 25개 패턴 중에서 랜덤하게 하나씩 선택되어 게임판에 놓이게 된다.

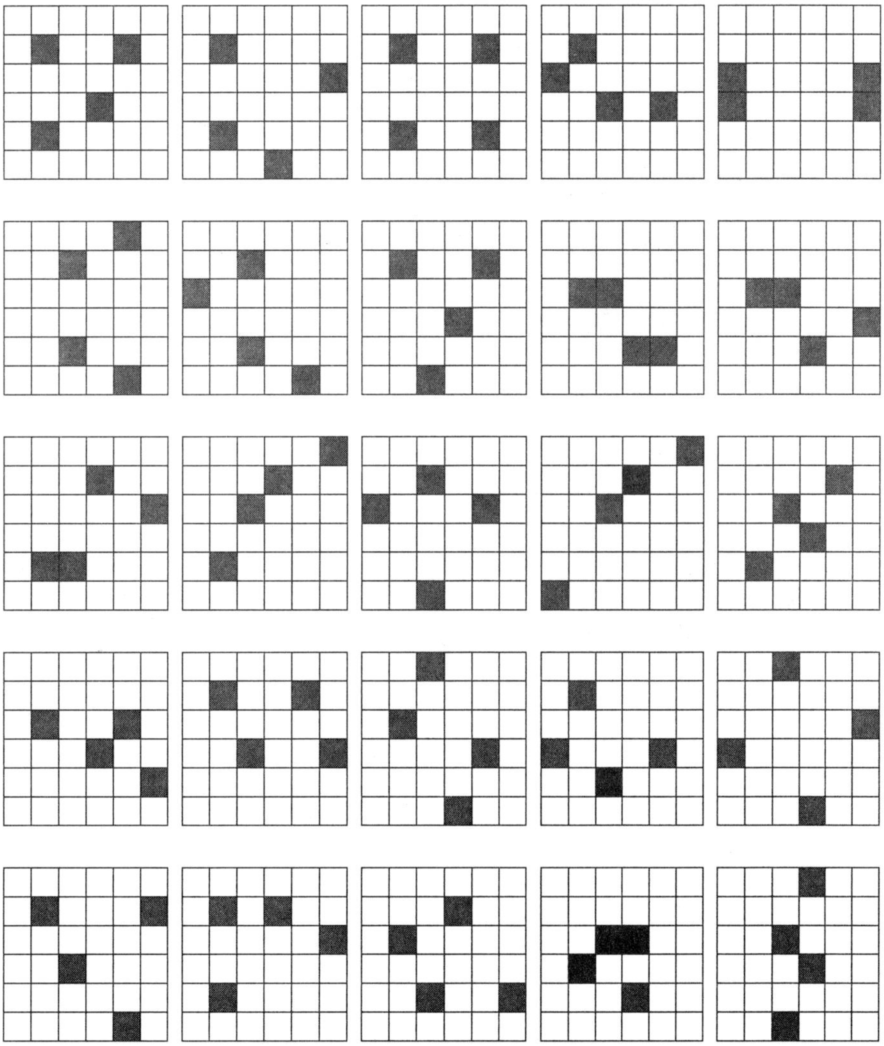

[그림 4-9] 25가지 장애물 패턴

<게임판 생성>

[그림 4-10]은 게임판의 생성과정을 보여준다. 6×6의 Easy 모드에서는 선택된 장애물 패턴이 그대로 게임판에 들어가며, 8×8의 Normal 모드에서는 내부 가운데 부분에 6×6의 패턴이 들어가게 된다.

[그림 4-11]은 작품에서 사용하는 좌표계를 보여주며, 수직좌표는 0~7의 값을, 수평좌표는 0x01~0x80의 값을 갖는다.

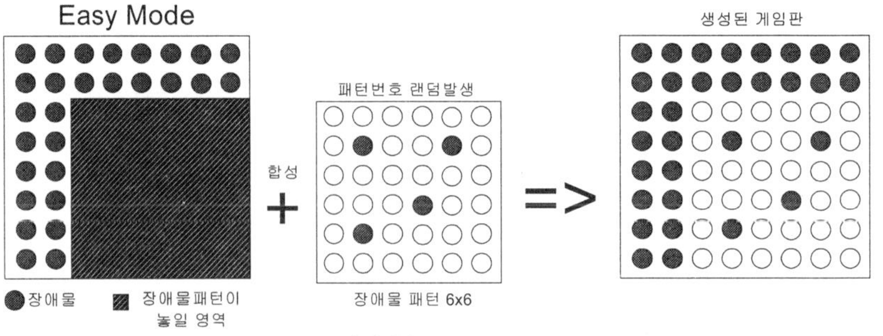

(a) Easy 모드

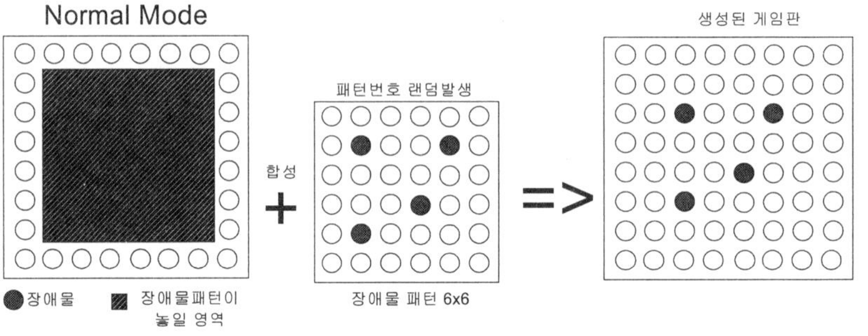

(b) Normal 모드

[그림 4-10] 게임판 생성 과정

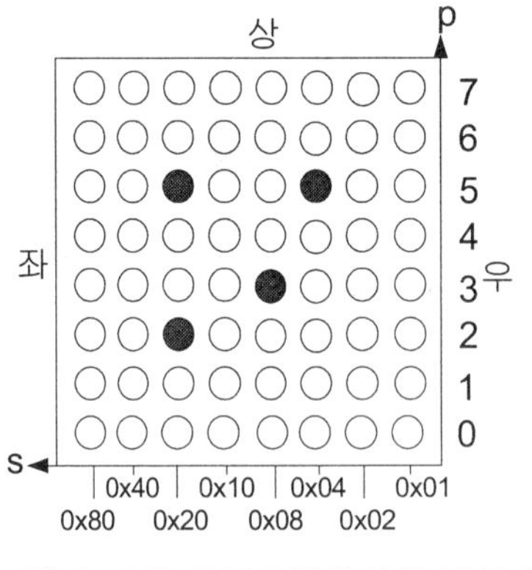

[그림 4-11] 프로그램에서의 좌표계

4.4 주요 함수 동작 흐름도

[그림 4-12]는 주요 함수의 동작 흐름도를 보여준다.

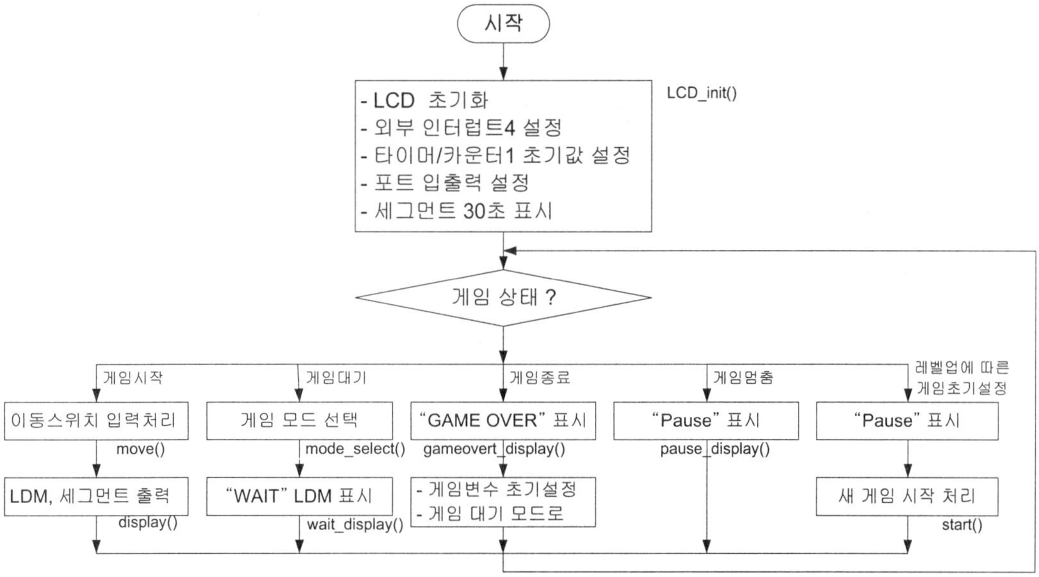

(a) main() 함수

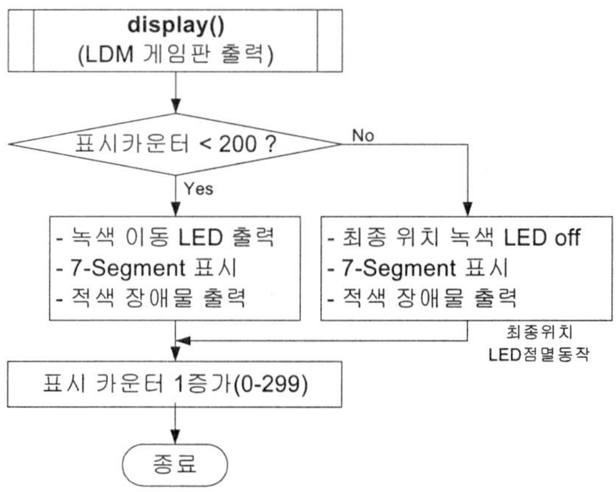

(b) display() 함수

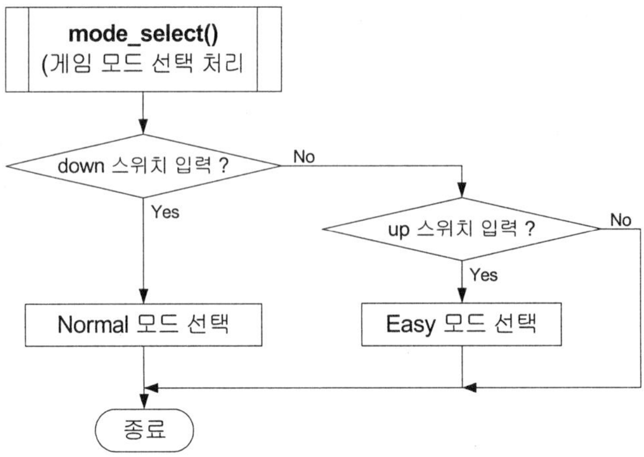

(c) mode_select() 함수

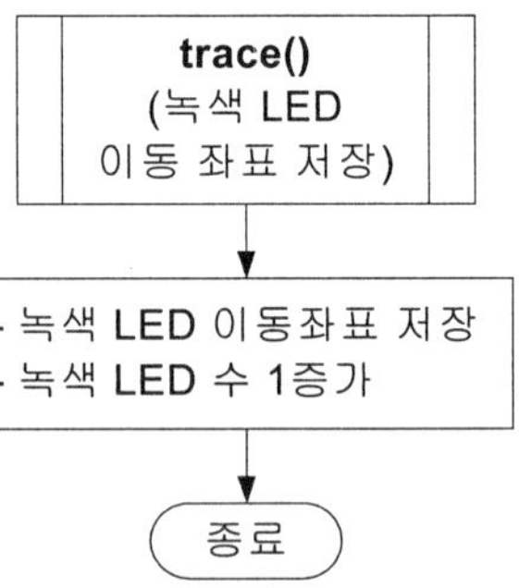

(d) trace() 함수

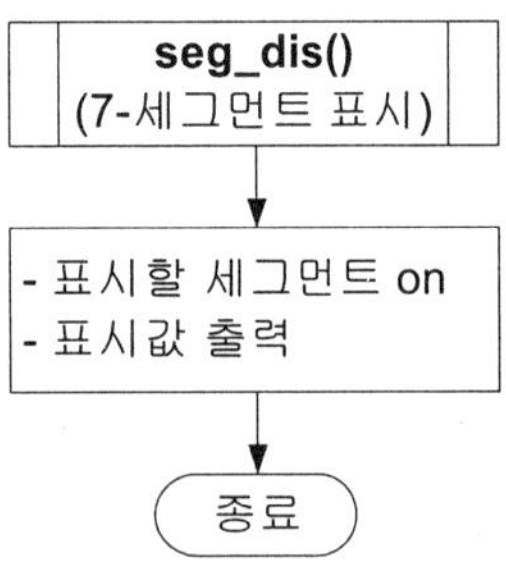

(e) seg_dis() 함수

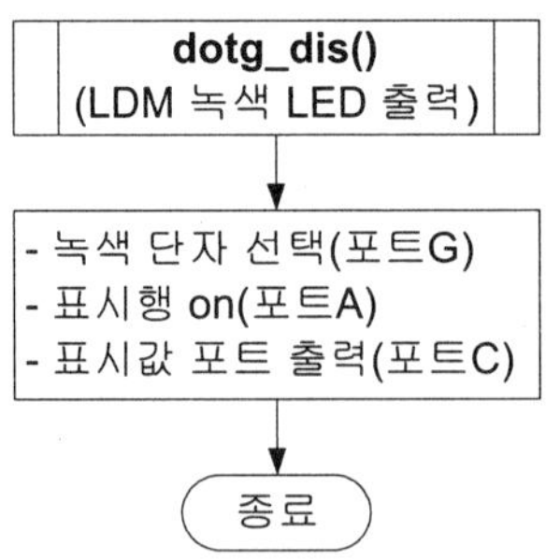

(f) dotg_dis() 함수

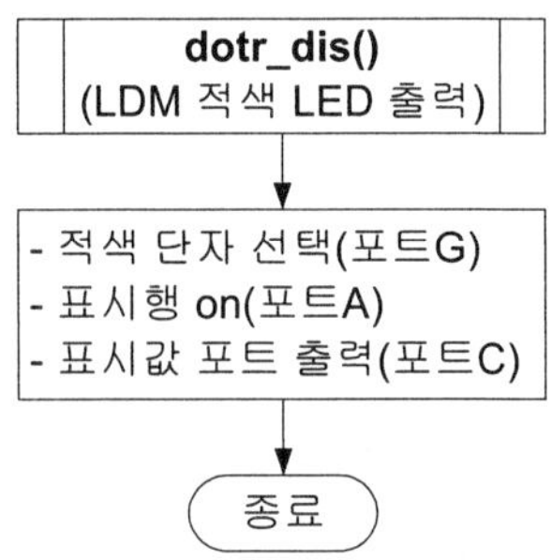

(g) dotr_dis()함수

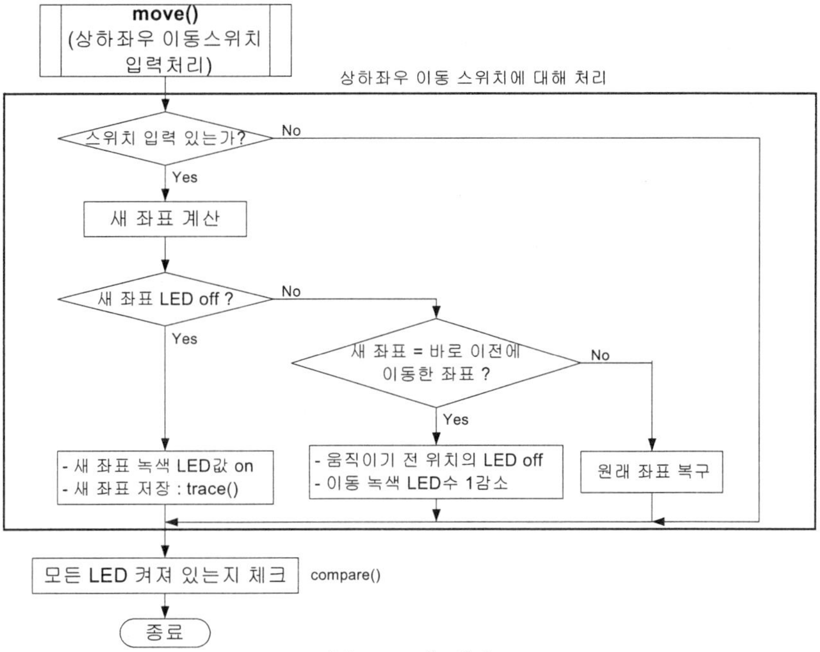

(h) move() 함수

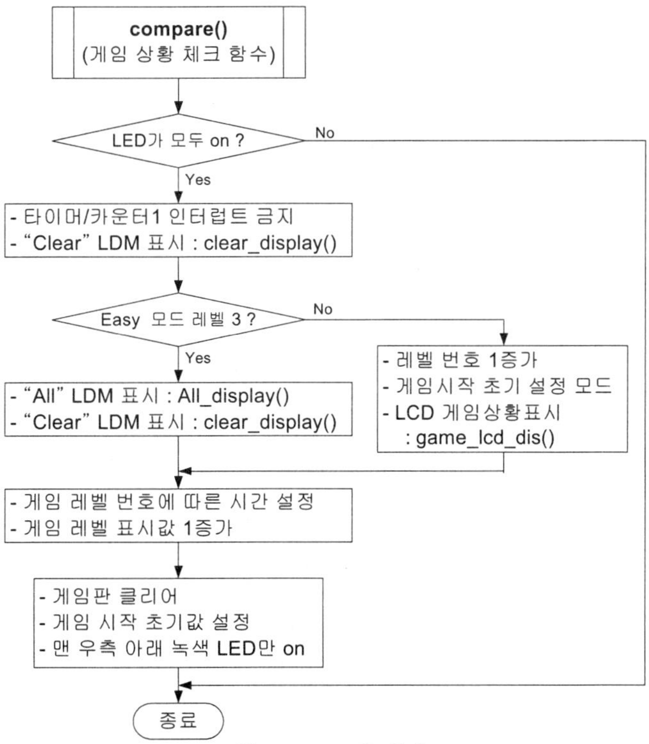

(i) compare() 함수

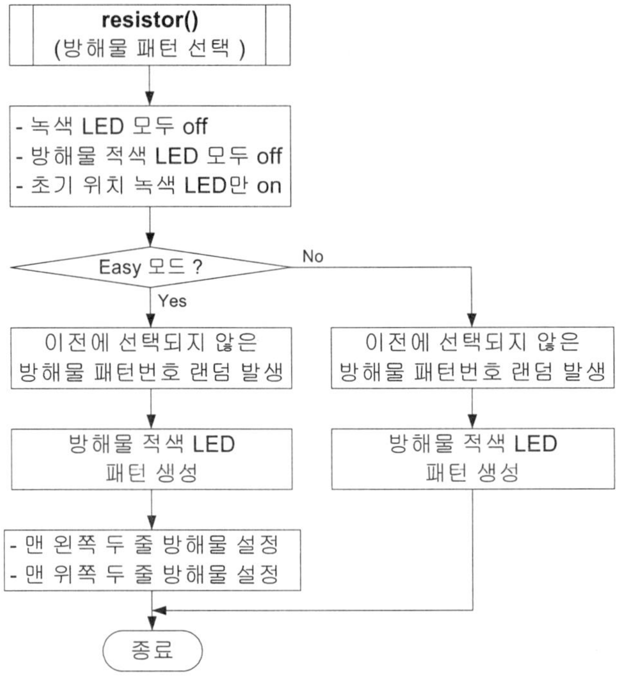

(j) resistor() 함수

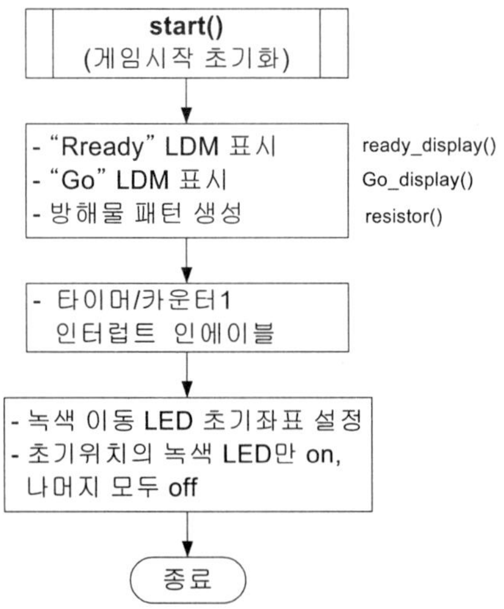

(k) start() 함수

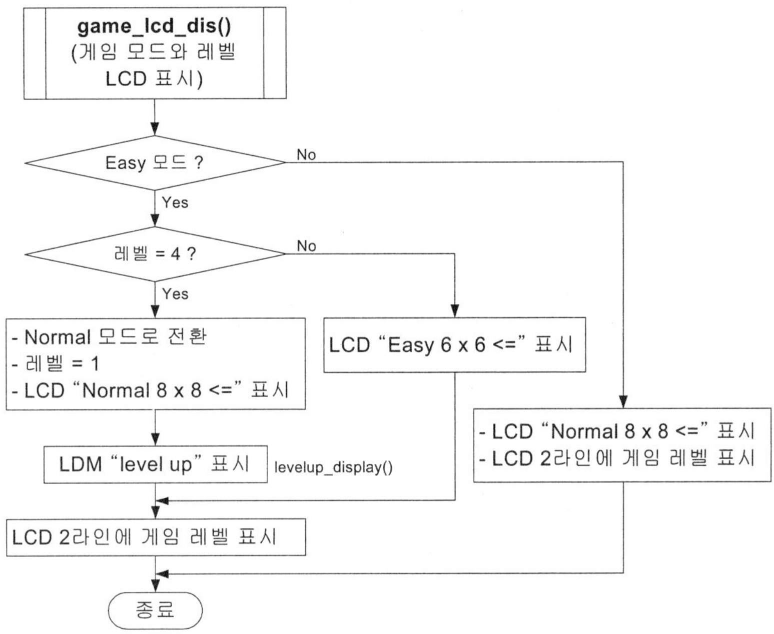

(l) game_lcd_dis() 함수

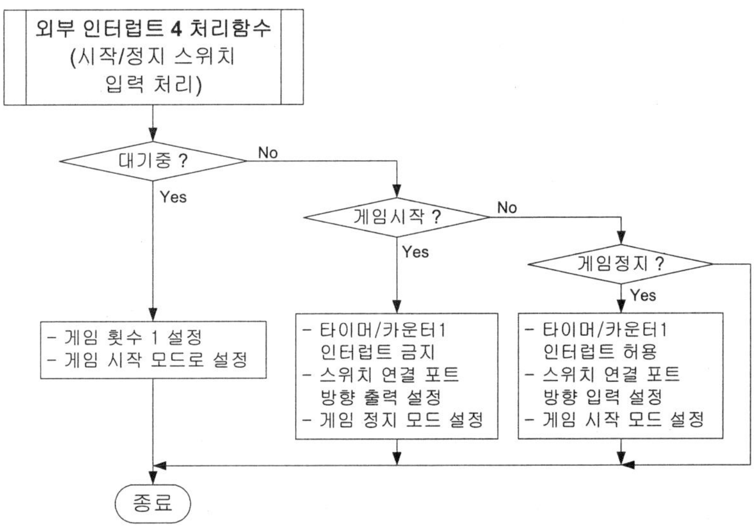

(m) 외부 인터럽트4 처리함수

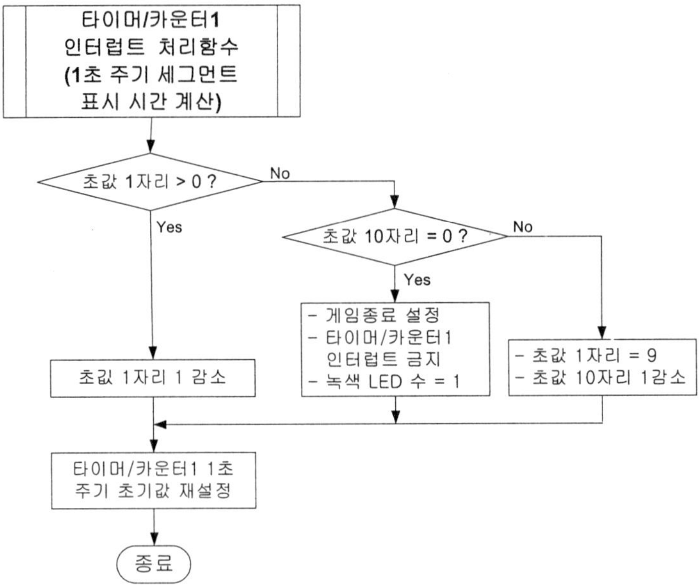

(n) 타이머/카운터1 인터럽트 처리함수

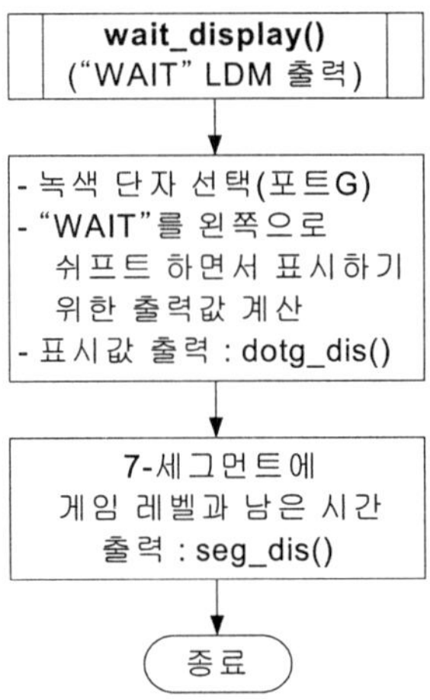

(o) wait_display() 함수

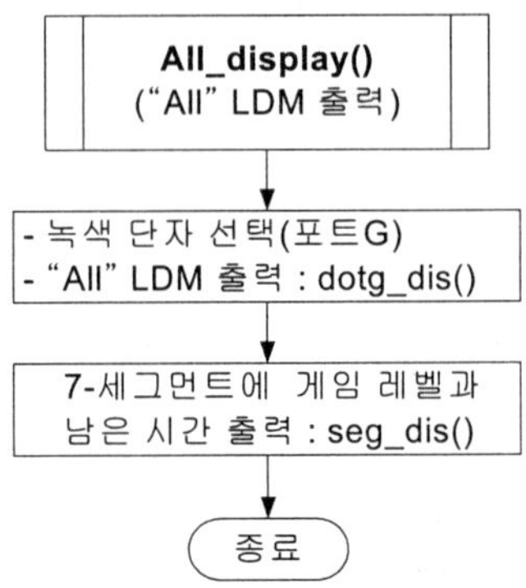

(p) All_display() 함수

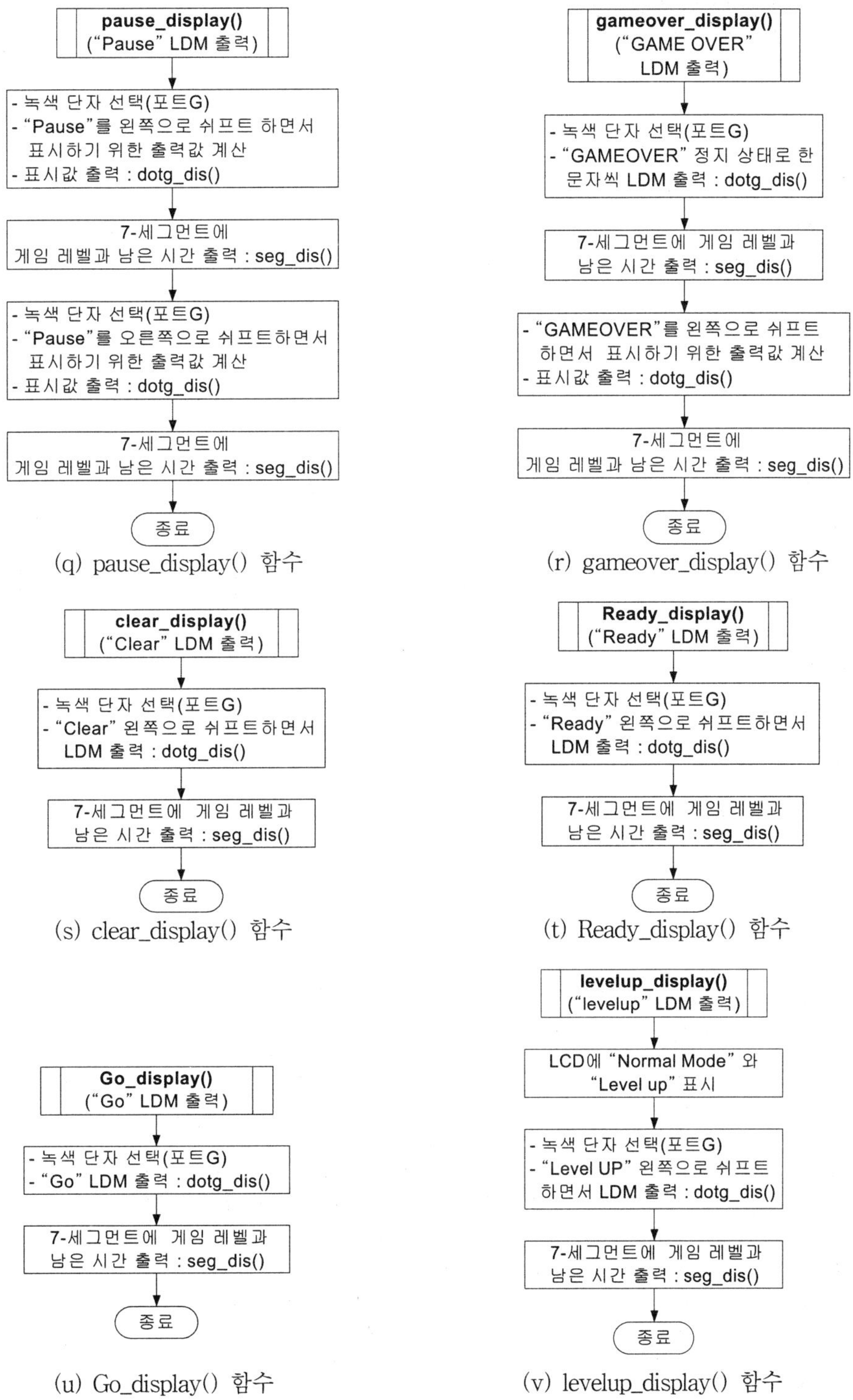

[그림 4-13] 주요 함수 동작 흐름도

4.5 프로그램 소스

```
/******************************************/
/*  nfinal.c : LED를 밝혀라          */
/*  2008. 6 by   김영조              */
/******************************************/

#include <mega128.h>
#include <delay.h>
#include <stdlib.h>

// LCD 표시 관련 심볼 및 관련함수
#define FUNCSET          0x28          // Function Set
#define ENTMODE          0x06          // Entry Mode Set
#define ALLCLR           0x01          // All Clear
#define DISPON           0x0c          // Display On
#define DISPOFF          0x08          // Display Off

#define LINE2            0xC0          // 2nd Line Move
#define HOME             0x02          // Cursor Home
#define RSHIFT           0x1C          // Display Right Shift

unsigned char dat[8] = {0x01,0,0,0,0,0,0,0};     // LDM Green led 출력 변수
unsigned char dat1[8] = {0};                    // LDM Red led 출력 변수

//LDM 열 제어 변수
unsigned char spa[8] = {0x01, 0x02, 0x04, 0x08, 0x10, 0x20, 0x40, 0x80};

//LDM 표시 단어(영문 패턴)
unsigned char w_dis[8] = {0, 0x0a, 0x15, 0x15, 0x11, 0x11, 0, 0};      // 'W'
unsigned char A_dis[8] = {0, 0x05, 0x05, 0x07, 0x05, 0x02, 0, 0};      // 'A'
unsigned char i_dis[8] = {0, 0x07, 0x02, 0x02, 0x02, 0x07, 0, 0};      // 'I'
unsigned char t_dis[8] = {0, 0x02, 0x02, 0x02, 0x02, 0x07, 0, 0};      // 'T'
unsigned char g_dis[8] = {0, 0x0f, 0x11, 0x13, 0x10, 0x11, 0x0e, 0};   // 'g'
unsigned char Ar_dis[8] = {0, 0x11, 0x11, 0x11, 0x15, 0x0a, 0x04, 0};  // 'a'
unsigned char m_dis[8] = {0, 0x11, 0x11, 0x11, 0x15, 0x1b, 0x11, 0};   // 'm'
unsigned char Er_dis[8] = {0, 0x1f, 0x10, 0x10, 0x1f, 0x10, 0x1f, 0};  // 'E'
unsigned char o_dis[8] = {0, 0x0e, 0x11, 0x11, 0x11, 0x11, 0x0e, 0};   // 'O'
unsigned char Vr_dis[8] = {0, 0x04, 0x0a, 0x11, 0x11, 0x11, 0x11, 0};  // 'V'
unsigned char rr_dis[8] = {0, 0x11, 0x16, 0x1e, 0x11, 0x11, 0x1e, 0};  // 'r'
unsigned char c_dis[8] = {0, 0x06, 0x09, 0x08, 0x08, 0x09, 0x06, 0};   // 'C'
unsigned char l_dis[8] = {0, 0x01, 0x01, 0x01, 0x01, 0x01, 0x01, 0};   // 'l'
unsigned char e_dis[8] = {0, 0x03, 0x04, 0x07, 0x05, 0x02, 0, 0};      // 'e'
unsigned char as_dis[8] = {0, 0x02, 0x05, 0x03, 0x01, 0x07, 0, 0};     // 'a'
unsigned char rs_dis[8] = {0, 0x04, 0x04, 0x04, 0x06, 0x05, 0, 0};     // 'r'
unsigned char Lr_dis[8] = {0, 0x07, 0x04, 0x04, 0x04, 0x04, 0x04, 0};  // 'L'
```

```
unsigned char v_dis[8] = {0, 0x02, 0x05, 0x05, 0x05, 0x05, 0, 0};        // 'v'
unsigned char Ur_dis[8] = {0, 0x06, 0x09, 0x09, 0x09, 0x09, 0x09, 0};    // 'U'
unsigned char Pr_dis[8] = {0, 0x08, 0x08, 0x0e, 0x09, 0x09, 0x0e, 0};    // 'P'
unsigned char R_dis[8] = {0, 0x09, 0x0a, 0x0e, 0x09, 0x09, 0x0e, 0};     // 'R'
unsigned char d_dis[8] = {0, 0x03, 0x05, 0x05, 0x03, 0x01, 0x01, 0};     // 'd'
unsigned char y_dis[8] = {0, 0x07, 0x01, 0x03, 0x05, 0x05, 0, 0};        // 'y'
unsigned char Go_dis[8] = {0, 0x72, 0x95, 0xb5, 0x82, 0x90, 0x60, 0};    // 'Go'
unsigned char u_dis[8] = {0, 0x06, 0x09, 0x09, 0x09, 0x09, 0, 0};        // 'u'
unsigned char s_dis[8] = {0, 0x0e, 0x01, 0x07, 0x08, 0x07, 0, 0};        // 's'
unsigned char All_dis[8] = {0, 0xbf, 0xaa, 0xaa, 0xea, 0xaa, 0x5f, 0};   // 'All'

// 방해물 25개 패턴값
unsigned char game_pat[25][4] = {{0x10, 0x04, 0x10, 0x02},
                                 {0x04, 0x10, 0x01, 0x10},
                                 {0x10, 0x02, 0x10, 0x02},
                                 {0x08, 0x02, 0x20, 0x10},
                                 {0x20, 0x01, 0x20, 0x01},        // 5
                                 {0x02, 0x08, 0x08, 0x02},
                                 {0x02, 0x08, 0x20, 0x08},
                                 {0x08, 0x04, 0x10, 0x02},
                                 {0x04, 0x02, 0x10, 0x08},
                                 {0x04, 0x01, 0x10, 0x08},        // 10
                                 {0x10, 0x08, 0x01, 0x04},
                                 {0x10, 0x08, 0x04, 0x01},
                                 {0x08, 0x20, 0x02, 0x08},
                                 {0x20, 0x08, 0x04, 0x01},
                                 {0x10, 0x04, 0x08, 0x02},        // 15
                                 {0x01, 0x04, 0x10, 0x02},
                                 {0x08, 0x01, 0x10, 0x02},
                                 {0x04, 0x02, 0x10, 0x08},
                                 {0x08, 0x20, 0x02, 0x10},
                                 {0x04, 0x20, 0x01, 0x08},        // 20
                                 {0x02, 0x08, 0x10, 0x01},
                                 {0x10, 0x01, 0x10, 0x04},
                                 {0x08, 0x01, 0x10, 0x04},
                                 {0x04, 0x10, 0x08, 0x04},
                                 {0x08, 0x04, 0x08, 0x04}};       // 25

// 25개 방해물 패턴 출력 행
unsigned char game_spa[25][4] = {{1, 2, 4, 4},
                                 {0, 1, 3, 4},
                                 {1, 1, 4, 4},
                                 {2, 2, 3, 4},
                                 {2, 2, 3, 3},                    // 5
                                 {0, 1, 4, 5},
                                 {0, 1, 3, 4},
                                 {0, 2, 4, 4},
```

```
                    {1, 1, 3, 3},
                    {1, 2, 3, 3},                      // 10
                    {1, 1, 3, 4},
                    {1, 3, 4, 5},
                    {0, 3, 3, 4},
                    {0, 3, 4, 5},
                    {1, 2, 3, 4},                      // 15
                    {1, 2, 3, 3},
                    {2, 2, 4, 4},
                    {0, 2, 3, 5},
                    {1, 2, 2, 4},
                    {0, 2, 3, 5},                      // 20
                    {0, 2, 4, 4},
                    {1, 3, 4, 4},
                    {1, 1, 3, 4},
                    {1, 2, 3, 3},
                    {0, 2, 3, 5}};                     // 25

unsigned char oldkey, key;          // sw 입력 판별 변수
int     s = 0x01;            // 이동 수평 좌표값(0x80, 0x40, 0x20, 0x10, 0x08, 0x04, 0x02, 0x01)
int     p = 0;                      // 이동 수직 좌표값(0-7)
int     dottrace[64] = {0};         // 이동  수평 좌표값 기억 배열
int     dotspa[64] = {0};           // 이동 수직 좌표값 기억 배열
int     dotcnt = 1;                 // led 이동 횟수(개수) 기억 변수
                                    // led 기억 배열과 함께 써준다.
int     cnt = 0;                    // display()함수에서 사용 되는 변수
                                    // 최종 led 가 깜박이도록 하기 위해 사용한다
int     com = 1;                    // main 함수에서 동작되는 모드 제어 변수
int     level = 0;                  // 게임 모드 조절 변수(0:Easy Mode, 1:Normal Mode)
int     level_cnt = 0;              // 게임 횟수 표시 변수
int     select_game_pat[6] = {26, 26, 26, 26, 26, 26};    //선택된 패턴 기억 배열 초기값

// 7-segment 출력 패턴
unsigned char seg_pat[10] = {0x3f, 0x06, 0x5b, 0x4f, 0x66, 0x6d, 0x7d, 0x07, 0x7f, 0x6f};
unsigned char seg_spa[4] = {0xe0, 0xd0, 0xb0, 0x70};      // 구동 7-Segment 선택 출력값

unsigned char fin = 0;              // "Pause" 출력 제어 변수(0 : 출력,  1 : 출력 X)
unsigned char wait_dis_cnt = 0;     // wait 표시 카운터 변수
unsigned char wait_cnt = 0;         // lcd 출력 할 때 wait 출력 카운터 변수
unsigned char lcd_del_sel = 0;      // lcd 출력 할 때 딜레이 선택 변수
                                    // 0-> segment 출력, 1 -> segment + LDM 출력
int seg_dat[4] = {0};               // segment 출력 데이터 저장 변수

// LCD 관련함수
void LCD_init(void);                // LCD 초기화
void LCD_String(char flash *);      // 고정 문자열 출력
```

```
void Busy(void);                    // 시간 딜레이 함수
void Command(unsigned char);        // LCD 커맨드 출력
void Data(unsigned char);           // LCD 데이터 출력

// 게임 관련 함수
void move(void);                    // sw를 입력받아 dotmatrix led 움직임 판별 함수
void mode_select(void);             // sw를 입력받아 게임 모드를 선택하는 함수
void trace(void);                   // led움직임을 기억하는 함수
void resistor(void);                // 방해물 패턴을 선택하는 함수
void compare(void);                 // 모든 led가 켜졌는지 비교하는 함수
void display(void);                 // dotmatrix를 출력하는 함수
void start(void);                   // 게임 시작할 때 초기화 하는 함수
void game_lcd_dis(void);            // 게임을 진행 상황을 lcd에 표시 하는 함수

// dot-matrix display 함수
void seg_dis(unsigned char);        // 7-세그먼트 표시 함수
void dotg_dis(unsigned char);       // 녹색 LED 출력 함수
void dotr_dis(unsigned char);       // 적색 LED 출력 함수
void wait_display(void);            // "WAIT" 표시?
void pause_display(void);           // "Pause" 표시
void gameover_display(void);        // "GAMEOVER" 표시 함수
void All_display(void);             // "All" 표시 함수
void clear_display(void);           // "Clear" 표시 함수
void levelup_display(void);         // "levelUP" 표시 함수
void ready_display(void);           // "Ready" 표시 함수
void Go_display(void);              // "Go" 표시 함수

void main(void)
{
        unsigned char i;

        LCD_init();                 // lcd 초기설정

        Command(HOME);
        LCD_String(" Easy 6X6     <=");
        Command(LINE2);
        LCD_String(" Normal 8X8     ");

        // 외부 인터럽트 초기값 설정
        EICRB = 0x02;               // 인터럽트 4 하강 에지 설정
        EIMSK = 0b00010000;         // 인터럽트 4 enable

        // 타이머/카운터1 초기값 설정
        TIMSK = 0x00;               // TOIE1 = 1;
        TCCR1A = 0x00;              // 일반 모드
        TCCR1B = 0x05;              // 프리스케일 = CK / 1024
        TCCR1C = 0x00;
```

```
TCNT1 = 49911;                // 1/16us x 1024 x (65536 - 49911)= 1sec

SREG = 0x80;                  // 전체 인터럽트 enable

// 포트 입출력 설정
DDRF = 0xf0;                  // 포트 F 4~7 출력 설정 (7-segment)
DDRB = 0xff;                  // 포트 B 출력 설정(segment data)
DDRA = 0xff;                  // 포트 A 출력 설정(LDM 행 선택)
DDRC = 0xff;                  // 포트 C 출력 설정(LDM 행 표시값 출력)

DDRG = 0x01;                  // 포트 G 출력 설정(LDM led 색 선택, PG0=0/1 : 녹색/적색)
PORTG = 0x00;                 // 녹색 선택

// segment 초기값(30초 표시)
seg_dat[1] = 3;
seg_dat[0] = 0;

// LDM 이동 초기위치 저장(1행 맨 우측)
dottrace[0] = s;
dotspa[0] = p;

oldkey = PING & 0b00011110;                 // 이동 스위치 읽기

// com 값에 따른 모드 변경
while(1) {
        if(com == 0){                       // 게임 시작
                key = PING & 0b00011110;
                if(oldkey != key) move();   // 이동 sw 입력 판별

                display();                  // LDM, 7-Segment 출력
                oldkey = key;               // 현재 스위치값 백업
        }
        else if(com == 1){                  // 게임 시작 대기
                lcd_del_sel = 1;

                key = PING & 0b00011110;
                if(oldkey != key) mode_select(); // 모드 선택

                wait_display();             // LDM "wait" 표시
                rand();                     // rand() 함수 실행
                oldkey = key;               // 현재 스위치값 백업

                wait_cnt += 1;              // LDM 출력 속도 조절

                if(wait_cnt == 80){
                        wait_dis_cnt += 1;
                        wait_cnt = 0;
```

```
                }
            }
            else if(com == 2){          // 게임 종료
                gameover_display();  // "game over" 표시

                // 변수 초기설정
                for(i=0; i<=5; i++){
                    select_game_pat[i] = 26;
                }

                // 7-Segment 30초 표시
                seg_dat[3] = 0;
                seg_dat[2] = 0;
                seg_dat[1] = 3;
                seg_dat[0] = 0;


                // 캐릭터 LCD 모드 표시
                Command(HOME);
                LCD_String(" Easy 6X6       <=");
                Command(LINE2);
                LCD_String(" Normal 8X8       ");
                com = 1;
            }
            else if(com == 3){          // 멈춤 표시
                pause_display();
            }
            else if(com == 4){          // 게임 시작 초기 설정(레벨 업)
                start();
                com = 0;
            }
        }
}

// 게임 시작 후 LDM 출력 함수
void display(void)
{
        unsigned char i;

        if(cnt < 200){                                      // 2/3 led on
            // 녹색 이동 LED 출력
            PORTG = 0x00;                                   // 녹색 선택
            for(i = 0;i <= 7;i++) dotg_dis(i);

            for(i = 0;i <= 3;i++) seg_dis(i);   // 7-Segment 표시

            // 적색 장애물 출력
```

```
                PORTG = 0x01;                           // 적색 선택
                for(i = 0;i <= 7; i++) dotr_dis(i);

                for(i = 0;i <= 3;i++) seg_dis(i);       // 7-Segment 표시
        }
        else if(cnt >= 200){                            // 1/3 led off
                // 녹색 이동 LED
                PORTG = 0x00;                           // 녹색 선택
                for(i = 0;i <= 7; i++){
                        if(p == i){                     // 최종 led 판별 후
                                PORTA = spa[i];         // 최종 led 행 선택
                                PORTC = dat[i] ^ s;     // 최종 led off
                                delay_us(100);

                                PORTA = spa[i];         // 최종 led 행 선택
                                PORTC = 0;              // 모두 off
                                delay_us(10);
                        }
                        else dotg_dis(i);       // 출력행이 최종 LED행이 아니면 그대로 출력
                }

                for(i = 0;i <= 3;i++) seg_dis(i);       // 7-Segment 표시

                // 장애물 led(red led) 출력
                PORTG = 0x01;                           // 적색 선택
                for(i = 0;i <= 7; i++) dotr_dis(i);     // 방해물 출력

                for(i = 0;i <= 3;i++) seg_dis(i);       // 7-Segment 표시
        }

        cnt += 1;
        if(cnt == 300) cnt = 0;
}


// 상하좌우 이동 SW 입력 체크 후 이동
void move(void)
{
        if((oldkey == 0x1e) && (key == 0b00011100)){                    // left(PG1)
                if(s != 0b10000000){            // 맨 왼쪽이 아니면
                        s = s << 1;             // 왼쪽으로 한 칸 이동

                        if(((dat[p] & s) || (dat1[p] & s)) == 0){
                                // 이동할 자리에 led 가 꺼져있으면
                                dat[p] = dat[p] ^ s;    // 이동 위치 녹색 LED on
                                trace();                // 이동 위치 좌표 저장
                        }
```

```
                else{                   // 켜져있으면
                        if((dotspa[dotcnt - 2] == p) && (dottrace[dotcnt - 2] == s)){
                              // 바로 이전에 움직였던 자리였으면 되돌아감
                              dat[p] = dat[p] ^ (s >> 1);  // 현재 위치의 LED off
                              dotcnt -= 1;                 // 이동 LED 수 1감소
                        }
                        else s = s >> 1;  // 바로 전에 움직인 자리 아니면 자리 유지
                }
        }
}
else if((oldkey == 0x1e) && (key == 0b00011010)){     // down(PG2)
        if(p != 0){             // 맨 아래행이 아니면
                p -= 1;                 // 한 행 아래로 이동

                if(((dat[p] & s) || (dat1[p] & s)) == 0){
                        // 이동할 자리에 led 가 꺼져있으면
                        dat[p] = dat[p] ^ s;  // 이동 위치 녹색 LED on
                        trace();              // 이동 위치 좌표 저장
                }
                else {                  // 켜져있으면
                        if((dotspa[dotcnt - 2] == p) && (dottrace[dotcnt - 2] == s)){
                        // 바로 이전에 움직였던 자리였으면
                              dat[p + 1] = dat[p + 1] ^ s; // 현재 위치 LED off
                              dotcnt -= 1;             // 이동 LED 수 1감소
                        }
                        else  p += 1;      // 바로 전에 움직인 자리 아니면 자리 유지
                }
        }
}
else if((oldkey == 0x1e) && (key == 0b00010110)){     // up(PG3)
        if(p != 8){                                   // 맨 위행이 아니면
                p += 1;                               // 한 행 위로 이동

                if(((dat[p] & s) || (dat1[p] & s)) == 0){
                        // 이동할 자리에 led 가 꺼져있으면
                        dat[p] = dat[p] ^ s;  // 이동 위치 녹색 LED on
                        trace();              // 이동 위치 좌표 저장
                }
                else{                         // 켜져 있으면
                        if((dotspa[dotcnt - 2] == p) && (dottrace[dotcnt - 2] == s)){
                              // 바로 이전에 움직였던 자리였으면
                              dat[p - 1] = dat[p - 1] ^ s;  // 현 위치의 LED off
                              dotcnt -= 1;                  // 이동 LED 수 1감소
                        }
                        else p -= 1; // 바로 전에 움직인 자리 아니면 자리 유지
                }
        }
```

```
	}
	else if((oldkey == 0x1e) && (key == 0b00001110)){	// right(PG4)
		if(s != 0x01){				// 오른쪽 끝이 아니면
			s = s >> 1;			// 한 칸 오른쪽 이동

			if(((dat[p] & s) || (dat1[p] & s)) == 0){
				// 이동할 자리에 led 가 꺼져있으면
				dat[p] = dat[p] ^ s;	// 이동 위치 녹색 LED on
				trace();		// 이동 위치 좌표 저장
			}
			else{	// 켜져있으면
				if((dotspa[dotcnt-2] == p) && (dottrace[dotcnt-2] == s)){
					// 바로 이전에 움직였던 자리였으면
					dat[p] = dat[p] ^ (s << 1);	// 현 위치의 LED off
					dotcnt -= 1;			// 이동 LED 수 1감소
				}
				else s = s << 1;	// 바로 전에 움직인 자리 이니면 자리 유지
			}
		}
	}

	compare();		// 이동 후 모든 led 켜졌는지 비교
}

// UP/DOWN SW 입력 받아 게임 모드 Easy 또는 Normal을 선택한다.
void mode_select(void)
{
	if((oldkey == 0x1e) && (key == 0b00011010)){		// down(PG2)
		level = 1;					// normal mode 선택
		Command(HOME);
		LCD_String(" Easy 6X6      ");
		Command(LINE2);
		LCD_String(" Normal 8X8   <=");
	}
	else if((oldkey == 0x1e) && (key == 0b00010110)){	// up(PG3)
		level = 0;					// easy mode 선택
		Command(HOME);
		LCD_String(" Easy 6X6     <=");
		Command(LINE2);
		LCD_String(" Normal 8X8     ");
	}
}

// 최종 led 기억 함수
// led 기억 배열에 저장
void trace(void)
{
```

```
        dotspa[dotcnt] = p;              // 수직 좌표 저장
        dottrace[dotcnt] = s;            // 수평 좌표 저장
        dotcnt += 1;                     // LED 수 1증가
}

// 방해물 패턴 선택 함수
void resistor(void)
{
        unsigned char a, compare;

        for(a = 0;a <= 7;a++){           // LDM의 모든 LED off
                dat1[a] = 0;
                dat[a] = 0;
        }

        dat[0] = 0x01;                   // Green led 초기 자리
        if(level == 0){         // EASY LEVEL
                compare = rand() % 25;          // 0~24까지의 수 중 무작위 선택
                while(1){
                        // 이전에 선택 되었는지 확인하고 선택되지 않았으면 저장
                        if(compare != select_game_pat[0] && compare != select_game_pat[1]
                           && compare != select_game_pat[2]){
                                select_game_pat[level_cnt - 1] = compare;
                                break;
                        }
                        else compare = rand() % 25;      // 선택이 되었었으면 재 선택
                }

                // 장애물 패턴 생성
                for(a = 0; a <= 3; a++){
                        dat1[game_spa[compare][a]] =
                                dat1[game_spa[compare][a]] ^ game_pat[compare][a];
                }

                // 방해물 6 X 6 외의 RED led on
                for(a = 0;a <= 5;a++) dat1[a] = dat1[a] | 0xc0;  // 맨 왼쪽 두 줄
                                                                    방해물 설정
                dat1[6] = dat1[7] = 0xff;        // 맨 위쪽 두 줄 방해물 설정
        }
        else if(level == 1){             // NORMAL LEVEL
                compare = rand() % 25;          // 0~24까지의 수 중 무작위 선택
                while(1){
                        // 이전에 선택되었는지 확인하고 선택되지 않았으면 저장
                        if(compare != select_game_pat[0] && compare != select_game_pat[1]
                          && compare != select_game_pat[2] &&
                          compare != select_game_pat[3] && compare != select_game_pat[4]
                          && compare != select_game_pat[5]){
```

```
                    select_game_pat[level_cnt + 2] = compare;
                    break;
                }
                else compare = rand() % 25;      // 선택이 되었으면 재선택
            }

            // 방애물 패턴 생성
            for(a = 0; a <= 3; a++){
                dat1[game_spa[compare][a] + 1] = dat1[game_spa[compare][a] + 1] ^
                    (unsigned char)(game_pat[compare][a] << 1);
            }
        }
}

//게임 상황 체크 함수
void compare(void)
{
        unsigned char i, sum = 0xff;

        for(i = 0; i <= 7; i++){
            sum = sum & (dat[i] | dat1[i]);  // 전체 led 켜졌는지 확인
        }

        if(sum == 0xff){                     // 모두 켜진 경우
            cnt = 0;
            for(i=0; i<=100; i++) display();   // 모두 켜져있는 상태에서 100번 반복 출력

            TIMSK = 0x00;                    // 타이머/카운터1 인터럽트 금지
            clear_display();                 // LDM에 "clear" 표시

            if(level == 1 && level_cnt == 3){       // normal 모드 3번째 게임 clear
                All_display();                      // "All" 표시
                clear_display();                    // "clear" 표시
                com = 2;                 // 게임 종료
            }
            else{
                level_cnt += 1;          // level 횟수 1 증가
                com = 4; // main 게임 시작 초기 설정 모드
                game_lcd_dis();          // lcd 게임 상황 표시
            }

            // segment 게임 상황 표시
            // 게임 횟수에 따른 시간 설정
            if(level_cnt == 1){     //  30초 설정
                seg_dat[0] = 0;
                seg_dat[1] = 3;
            }
```

```
            else if(level_cnt == 2){            // 25초 설정
                    seg_dat[0] = 5;
                    seg_dat[1] = 2;
            }
            else if(level_cnt == 3){            // 20초 설정
                    seg_dat[0] = 0;
                    seg_dat[1] = 2;
            }

            // 7-Segment 표시 게임 레벨값 1증가
            seg_dat[2] += 1;
            if(seg_dat[2] == 10){
                    seg_dat[2] = 0;
                    seg_dat[3] = 1;
            }

            // 게임판 클리어
            for(i = 0; I <= 7; i++){
                    dat[i] = 0;
                    dat1[i] = 0;
            }

            // 게임 초기값 설정
            dat[0] = 0x01;                      // LED 표시 초기값?
            p = 0;                              // 수직 좌표 초기값(맨 아래)
            s = 0x01;                           // 수평 좌표 초기값(맨 우측)
            dotcnt = 1;                         // 이동 LED 개수 초기값
        }
}

// 시작 초기화 함수
void start(void)
{
        unsigned char i;

        ready_display();                        // "ready" 표시
        Go_display();                           // "Go" 표시
        resistor();                             // 방해물 선택 및 게임판 생성

        TIMSK = 0x04;                           // 타이머/카운터1 인터럽트 인에이블
        p = 0;                                  // 이동 LED 초기 수직 좌표(맨아래)
        s = 0x01;                               // 이동 LED 초기 수평 좌표(맨 오른쪽)
        wait_dis_cnt =0;                        // wait 표시 카운트 변수 초기화

        for(i = 0; I <= 7; i++) dat[i] = 0;     // 전체 Green led off
        dat[0] = 0x01;                          // 이동 LED 위치 녹색 LED on
}
```

```
// 게임 모드와 레벨 LCD 표시 함수
void game_lcd_dis(void)
{
        Command(HOME);
        if(level == 0){                                   // easy 모드일때
                if(level_cnt == 4){                       // 게임횟수 4로 증가했을 때
                        level = 1;                        // 게임 normal 모드 변경
                        level_cnt = 1;                    // 게임횟수 <- 1
                        levelup_display();                // "level up" LDM 표시
                        Command(HOME);
                        LCD_String(" Normal 8X8    <="); //lcd level 표시 변경
                }
                else {          // 게임 횟수 3이하로 증가했을 때
                        LCD_String(" Easy 6X6        <=");
                }
                Command(LINE2);
                LCD_String(" Game Level ");
                Data(level_cnt + '0');                    // 게임 횟수 표시
                LCD_String("/3 ");
        }
        else if(level == 1){                              // normal 모드 일때
                LCD_String(" Normal 8X8    <=");
                Command(LINE2);
                LCD_String(" Game Level ");
                Data(level_cnt + '0');
                LCD_String("/3 ");
        }
}

// 외부 인터럽트 4(대기 -> 시작, 시작 -> 정지 변환 모드 스위치 입력 처리)
interrupt [EXT_INT4] void start_phase(void)
{
        if(com == 1){                                     // 대기 -> 시작
                lcd_del_sel = 0;                          // lcd 딜레이 선택 변수
                seg_dat[2] = 1;                           // 게임 횟수 표시(segment) 초기화
                level_cnt = 1;                            // 게임 횟수(lcd / 프로그램) 초기화
                game_lcd_dis();                           // lcd 표시
                com = 0;                                  // main 게임 시작 모드
                start();                                  // 게임 초기화
        }
        else if(com == 0){                                // 시작 -> 정지
                TIMSK = TIMSK ^ 0x04;                     // 카운터/타이머 정지
                DDRG = DDRG ^ 0x1e;                       // sw 입력 정지
                com = 3;                                  // main 모드 변경(pause 표시 모드)
                fin = 0;                                  // pause 모드 종료 변수(display.h) 0으로
        }
        else if(com == 3){                                // 정지 -> 시작
```

```
                TIMSK = TIMSK ^ 0x04;          // 카운터/타이머 시작
                DDRG = DDRG ^ 0x1e;            // sw 입력 시작
                com = 0;                       // main 게임 모드
                fin = 1;                       // pause 모드 종료 변수
        }
}

//타이머/카운터1 (1/16us x 1024 x (65536- 49911) = 1sec)
interrupt [TIM1_OVF] void timer1(void)
{
        if(seg_dat[0] > 0){                    // 초 1단위 > 0 이면
                seg_dat[0] -= 1;               // 초값 1감소
        }
        else {                                 // 초 1단위 0이면
                if(seg_dat[1] == 0) {          // 초 10단위 0이면
                        com = 2;               // 게임 종료(gameover) 모드
                        TIMSK = 0x00;          // 타이머/카운터1 인터럽트 금지
                        dotcnt = 1;            // 이동 led 개수 1 초기화
                }
                else {                         // 초 10단위 0이 아니면
                        seg_dat[0] = 9;        // 초 1단위 <- 9
                        seg_dat[1] -= 1;       // 초 10단위 1감소
                }
        }
        TCNT1 = 49911;                         // 타이머/카운터1 1초 초기값 설정
}

// 7-세그먼트 출력 함수
void seg_dis(unsigned char i)
{
        PORTF = seg_spa[i];                    // i번째 세그먼트 on
        PORTB = seg_pat[seg_dat[i]];           // 표시값 출력
        delay_us(100);
        PORTB = 0;                             // 표시 off
        delay_us(10);
}

// LDM Green led 출력 함수
void dotg_dis(unsigned char i)
{
        PORTG = 0x00;                          // 녹색
        PORTA = spa[i];                        // i번째행 on
        PORTC = dat[i];                        // LED 표시값 출력
        seg_dis(i % 4);
        delay_us(100);
        PORTC = 0;                             // LED 표시값 off
        delay_us(10);
```

```
}

// LDM Red led 출력 함수
void dotr_dis(unsigned char i)
{
        PORTG = 0x01;                              // 적색 출력

        PORTA = spa[i];                            // i번째행 on
        PORTC = dat1[i];                           // LED 표시값 출력
        seg_dis(i % 4);
        delay_us(100);
        PORTC = 0;                                 // LED 표시값 off
        delay_us(10);
}

// LDM "WAIT" 표시 함수
void wait_display(void)
{
        int i;

        PORTG = 0x00;                              // 녹색 출력

        if(wait_dis_cnt <= 5){
                for(i = 0; i <= 7; i++){
                        dat[i] = w_dis[i] >> (5 - wait_dis_cnt);
                        dotg_dis(i);
                }
        }
        else if(wait_dis_cnt > 5 && wait_dis_cnt <= 9){
                for(i = 0; i<= 7; i++){
                        dat[i] = w_dis[i] << (wait_dis_cnt - 5) |
                                        A_dis[i] >> (9 - wait_dis_cnt);
                                        dotg_dis(i); // LDM 출력
                }
        }
        else if(wait_dis_cnt > 9 && wait_dis_cnt <= 13){
                for(i = 0; i <= 7; i++){
                        dat[i] = w_dis[i] << (wait_dis_cnt - 5) |
                                        A_dis[i] << (wait_dis_cnt - 9);
                        dat[i] = dat[i] | i_dis[i] >> (13 - wait_dis_cnt);
                                        dotg_dis(i); // LDM 출력
                }
        }
        else if(wait_dis_cnt > 13 && wait_dis_cnt <= 17){
                for(i = 0; I <= 7; i++){
                        dat[i] = A_dis[i] << (wait_dis_cnt - 9) | i_dis[i] << (wait_dis_cnt-13);
                        dat[i] = dat[i] | t_dis[i] >> (17-wait_dis_cnt);
```

```
                                dotg_dis(i); // LDM 출력
                }
        }
        else if(wait_dis_cnt > 17 && wait_dis_cnt <= 24){
                for(i = 0; I <= 7; i++){
                        dat[i] = i_dis[i] << (wait_dis_cnt-13) | t_dis[i] << (wait_dis_cnt-17);
                        dotg_dis(i);            // LDM 출력
                }
        }
        else wait_dis_cnt =0;

        for(i = 0;i <= 3;i++) seg_dis(i);   // 7-세그먼트 출력
}

// LDM "Pause" 표시 함수
void pause_display(void)
{
        int cnt, i, x, output;

        PORTG = 0x00;                   // 녹색 출력


        for(x = 0; x <= 15; x++){
                for(cnt = 0; cnt <= 80; cnt++){
                        if(x <= 5 && fin == 0){
                                for(i = 0; i <= 7; i++){
                                        PORTA = spa[i];
                                        output = Pr_dis[i] << (4 + x);|
                                        output = output | as_dis[i] << x;
                                        output = output | u_dis[i] >> (5 - x);
                                        PORTC = output;
                                        delay_us(100);
                                        PORTC = 0;

                                        delay_us(10);
                                }
                        }
                        else if(x > 5 && x <= 10 && fin == 0){
                                for(i = 0; i <= 7; i++){
                                                PORTA = spa[i];
                                        output = as_dis[i] << x;
                                        output = output | u_dis[i] << (x - 5);
                                        output = output | s_dis[i] >> (10 - x);
                                        PORTC = output;
                                                delay_us(100);
                                        PORTC = 0;
                                        delay_us(10);
```

```
                }
            }
            else if(x > 10 && x <= 14 && fin == 0){
                for(i = 0; i <= 7; i++){
                    PORTA = spa[i];
                    output = u_dis[i] << (x - 5) | s_dis[i] << (x - 10);
                    output = ouput | e_dis[i] >> (14 - x);
                    PORTC = output;
                    delay_us(100);
                    PORTC = 0;

                    delay_us(10);
                }
            }
            else if(fin == 0){
                for(i = 0; i <= 7; i++){
                    PORTA = spa[i];
                    output = s_dis[i] << 4 | e_dis[i];
                    PORTC = output;
                    delay_us(100);
                    PORTC = 0;
                    delay_us(10);
                }
            }
            else if(fin != 0) break;                // 일시정지가 아니면

            for(i = 0;i <= 3;i++) seg_dis(i);
        }
    }

    for(x = 14; x >= 0; x--){
        for(cnt = 0; cnt <= 80; cnt++){
            if(x > 10 && x <= 14 && fin == 0){
                for(i = 0; i <= 7; i++){
                    PORTA = spa[i];
                    output = u_dis[i] << (x - 5) | s_dis[i] << (x - 10);
                    output = output | e_dis[i] >> (14 - x);
                    PORTC = output;
                    delay_us(100);
                    PORTC = 0;
                    delay_us(10);
                }
            }
            else if(x > 5 && x <= 10 && fin == 0){
                for(i = 0; i <= 7; i++){
                    PORTA = spa[i];
                    output = as_dis[i] << x | u_dis[i] << (x - 5);
```

```
                                                output = output | s_dis[i] >> (10 - x);
                                                PORTC = output;
                                                delay_us(100);
                                                PORTC = 0;
                                                delay_us(10);
                                        }
                                }
                                 else if(x <= 5 && fin == 0){
                                        for(i = 0; i <= 7; i++){
                                                PORTA = spa[i];
                                                output = Pr_dis[i] << (4+x) | as_dis[i] << x;
                                                output = output | u_dis[i] >> (5 - x);
                                                PORTC = output;
                                                delay_us(100);
                                                PORTC = 0;
                                                delay_us(10);
                                        }
                                }
                                else if(fin != 0) break;          // 일시정지가 아니면

                                for(i = 0;i <= 3;i++) seg_dis(i);
                        }
                }
}

// LDM "GAMEOVER" 표시 함수
void gameover_display(void)
{
        int cnt, i, x, y;

        PORTG = 0x00;                   // 녹색 출력

        for(i = 0; i <= 7; i++){
                for(cnt = 0; cnt <= 100; cnt++){
                        for(x = 0; x <= 7; x++){
                                if(i == 0){
                                        dat[x] = g_dis[x] << 1;
                                        dotg_dis(x);
                                }
                                else if(i == 1){
                                        dat[x] = Ar_dis[x] << 1;
                                        dotg_dis(x);
                                }
                                else if(i == 2){
                                        dat[x] = m_dis[x] << 1;
                                        dotg_dis(x);
                                }
```

```
                        else if(i == 3){
                                dat[x] = Er_dis[x] << 1;
                                dotg_dis(x);
                        }
                        else if(i == 4){
                                dat[x] = o_dis[x] << 1;
                                dotg_dis(x);
                        }
                        else if(i == 5){
                                dat[x] = Vr_dis[x] << 1;
                                dotg_dis(x);
                        }
                        else if(i == 6){
                                dat[x] = Er_dis[x] << 1;
                                dotg_dis(x);
                        }
                        else if(i == 7){
                                dat[x] = rr_dis[x] << 1;
                                dotg_dis(x);
                        }
                }
                for(y = 0;y <= 3;y++) seg_dis(y);
        }

        for(cnt = 0; cnt <= 25; cnt++){
                for(x = 0; x <= 7; x++){
                        dat[x] = 0;
                        dotg_dis(x);
                }
                for(y = 0;y <= 3;y++) seg_dis(y);
        }
}

for(x = 0; x <= 58; x++){
        for(cnt = 0; cnt <= 80; cnt++){
                if(x <= 6){
                        for(i = 0; i <= 7; i++){
                                dat[i] = g_dis[i] >> (6 - x);
                                dotg_dis(i);
                        }
                }
                else if(x > 6 && x <= 12){
                        for(i = 0; i <= 7; i++){
                                dat[i] = g_dis[i] << (x - 6);
                                dat[i] = dat[i] | Ar_dis[i] >> (12 - x);
                                dotg_dis(i);
                        }
```

```
}
else if(x > 12 && x <= 18){
        for(i = 0; i <= 7; i++){
                dat[i] = g_dis[i] << (x - 6);
                dat[i] = dat[i] | Ar_dis[i] << (x - 12);
                dat[i] = dat[i] | m_dis[i] >> (18 - x);
                dotg_dis(i);
        }
}
else if(x > 18 && x <= 24){
        for(i = 0; i <= 7; i++){
                dat[i] = Ar_dis[i] << (x - 12) | m_dis[i] << (x-18);
                dat[i] = dat[i] | Er_dis[i] >> (24 - x);
                dotg_dis(i);
        }
}
else if(x > 24 && x <= 30){
        for(i = 0; i <= 7; i++){
                dat[i] =m_dis[i] << (x-18) | Er_dis[i] << (x - 24);
                dat[i] = dat[i] | o_dis[i] >> (30 - x);
                dotg_dis(i);
        }
}
else if(x > 30 && x <= 36){
        for(i = 0; i <= 7; i++){
                dat[i] = Er_dis[i] << (x - 24);
                dat[i] = dat[i] | o_dis[i] << (x - 30);
                dat[i] = dat[i] | Vr_dis[i] >> (36 - x);
                dotg_dis(i);
        }
}
else if(x > 36 && x <= 42){
        for(i = 0; i <= 7; i++){
                dat[i] = o_dis[i] << (x - 30);
                dat[i] = dat[i] | Vr_dis[i] << (x - 36);
                dat[i] = dat[i] | Er_dis[i] >> (42 - x);
                dotg_dis(i);
        }
}
else if(x > 42 && x <= 48){
        for(i = 0; i <= 7; i++){
                dat[i] = Vr_dis[i] << (x-36) | Er_dis[i] << (x-42);
                dat[i] = dat[i] | rr_dis[i] >> (48 - x);
                dotg_dis(i);
        }
}
else if(x > 48 && x <= 62){
```

```
                        for(i = 0; i <= 7; i++){
                                dat[i] =Er_dis[i] << (x - 42);
                                dat[i] = dat[i] | rr_dis[i] << (x - 48);
                                dotg_dis(i);
                        }
                }
                else break;

                for(i = 0;i <= 3;i++) seg_dis(i);
            }
        }
}

// LDM "All" 표시 함수
void All_display(void)
{
        int cnt, i, x;

        PORTG = 0x00;                   // 녹색 출력

        for(x = 0; x <= 1;x++){
                for(cnt = 0; cnt <= 200; cnt ++){
                        for(i = 0; i <= 7; i++){
                                dat[i] = All_dis[i];
                                dotg_dis(i);
                        }
                        for(i = 0;i <= 3;i++) seg_dis(i);
                }

                for(cnt = 0; cnt <= 70; cnt++){
                        for(i = 0; i <= 7; i++){
                                dat[i] = 0;
                                dotg_dis(i);
                        }
                        for(i = 0;i <= 3;i++) seg_dis(i);
                }
        }
}

// LDM "Clear" 표시 함수
void clear_display(void)
{
        int cnt, i, x;

        PORTG = 0x00;                   // 녹색 출력

        for(x = 0; x <= 26; x++){
```

```
	for(cnt = 0; cnt <= 70; cnt++){
		if(x <= 5){
			for(i = 0; i <= 7; i++){
				dat[i] = c_dis[i] >> (5 - x);
				dotg_dis(i);
			}
		}
		else if(x > 5 && x <= 7){
			for(i = 0; i <= 7; i++){
				dat[i] = c_dis[i] << (x - 5) | l_dis[i] >> (7 - x);
				dotg_dis(i);
			}
		}
		else if(x > 7 && x <= 11){
			for(i = 0; i <= 7; i++){
				dat[i] = c_dis[i] << (x - 5) | l_dis[i] << (x - 7);
				dat[i] = dat[i] | e_dis[i] >> (11 - x);
				dotg_dis(i);
			}
		}
		else if(x > 11 && x <= 15){
			for(i = 0; i <= 7; i++){
				dat[i] =l_dis[i] << (x - 7) | e_dis[i] << (x - 11);
				dat[i] = dat[i] | as_dis[i] >> (15 - x);
				dotg_dis(i);
			}
		}
		else if(x > 15 && x <= 19){
			for(i = 0; i <= 7; i++){
				dat[i] =l_dis[i] << (x - 7) | e_dis[i] << (x - 11);
				dat[i] = dat[i] | as_dis[i] << (x - 15);
				dat[i] = dat[i] | rs_dis[i] >> (19 - x);
				dotg_dis(i);
			}
		}
		else if(x > 19 && x <= 26){
			for(i = 0; i <= 7; i++){
				dat[i] =e_dis[i] << (x - 11) | as_dis[i] << (x - 15);
				dat[i] = dat[i] | rs_dis[i] << (x - 19);
				dotg_dis(i);
			}
		}
		else break;

		for(i = 0;i <= 3;i++) seg_dis(i);
	}
}
```

```
}

// LDM "Ready" 표시 함수
void ready_display(void)
{
        int cnt, i, x;

        PORTG = 0x00;                  // 녹색 출력

        for(x = 0; x <= 29; x++){
                for(cnt = 0; cnt <= 60; cnt++){
                        if(x <= 5){
                                for(i = 0; i <= 7; i++){
                                        dat[i] = R_dis[i] >> (5 - x);
                                        dotg_dis(i);
                                }
                        }
                        else if(x > 5 && x <= 9){
                                for(i = 0; i <= 7; i++){
                                        dat[i] = R_dis[i] << (x - 5) | e_dis[i] >> (9 - x);
                                        dotg_dis(i);
                                }
                        }
                        else if(x > 9 && x <= 13){
                                for(i = 0; i <= 7; i++){
                                        dat[i] = R_dis[i] << (x - 5) | e_dis[i] << (x - 9);
                                        dat[i] = dat[i] | as_dis[i] >> (13 - x);
                                        dotg_dis(i);
                                }
                        }
                        else if(x > 13 && x <= 17){
                                for(i = 0; i <= 7; i++){
                                        dat[i] = e_dis[i] << (x - 9) | as_dis[i] << (x - 13);
                                        dat[i] = dat[i] | d_dis[i] >> (17 - x);
                                        dotg_dis(i);
                                }
                        }
                        else if(x > 17 && x <= 21){
                                for(i = 0; i <= 7; i++){
                                        dat[i] = e_dis[i] << (x - 9) | as_dis[i] << (x - 13);
                                        dat[i] = dat[i] | d_dis[i] << (x - 17);
                                        dat[i] = dat[i] | y_dis[i] >> (21 - x);
                                        dotg_dis(i);
                                }
                        }
                        else if(x > 21 && x <= 29){
                                for(i = 0; i <= 7; i++){
```

```
                                        dat[i] =as_dis[i] << (x - 13) | d_dis[i] << (x - 17);
                                        dat[i] = dat[i]  | y_dis[i] << (x - 21);
                                        dotg_dis(i);
                                }
                        }
                        else break;

                        for(i = 0;i <= 3;i++) seg_dis(i);
                }
        }
}

// LDM "Go" 표시 함수
void Go_display(void)
{
        int cnt, x,i;

        PORTG = 0x00;                   // 녹색 출력

        for(cnt = 0; cnt <= 200; cnt++){
                for(x = 0; x <= 7; x++){
                        dat[x] = 0;
                        dotg_dis(x);
                }
                for(i = 0;i <= 3;i++) seg_dis(i);
        }

        for(cnt = 0; cnt <= 400; cnt++){
                for(x = 0; x <= 7; x++){
                        dat[x] = Go_dis[x];
                        dotg_dis(x);
                }
                for(i = 0;i <= 3;i++) seg_dis(i);
        }

        for(cnt = 0; cnt <= 50; cnt++){
                for(x = 0; x <= 7; x++){
                        dat[x] = 0;
                        dotg_dis(x);
                }
                for(i = 0;i <= 3;i++) seg_dis(i);
        }
}

// LDM level up 표시 함수
void levelup_display(void)
{
```

```
int cnt, i, x;

PORTG = 0x00;                    // 녹색 출력

Command(HOME);
LCD_String("    Normal Mode    ");
Command(LINE2);
LCD_String("    Lelvel up      ");

for(x = 0; x <= 37; x++){
        for(cnt = 0; cnt <= 60; cnt++){
                if(x <= 4){
                        for(i = 0; i <= 7; i++){
                                dat[i] = Lr_dis[i] >> (4 - x);
                                dotg_dis(i);
                        }
                }
                else if(x > 4 && x <= 8){
                        for(i = 0; i <= 7; i++){
                                dat[i] = Lr_dis[i] << (x - 4) | e_dis[i] >> (8 - x);
                                dotg_dis(i);
                        }
                }
                else if(x > 8 && x <= 12){
                        for(i = 0; i <= 7; i++){
                                dat[i] = Lr_dis[i] << (x - 4) | e_dis[i] << (x - 8);
                                dat[i] = dat[i] | v_dis[i] >> (12 - x);
                                dotg_dis(i);
                        }
                }
                else if(x > 12 && x <= 16){
                        for(i = 0; i <= 7; i++){
                                dat[i] = e_dis[i] << (x - 8) | v_dis[i] << (x - 12);
                                dat[i] = dat[i] | e_dis[i] >> (16 - x);
                                dotg_dis(i);
                        }
                }
                else if(x > 16 && x <= 18){
                        for(i = 0; i <= 7; i++){
                                dat[i] = e_dis[i] << (x - 8) | v_dis[i] << (x - 12);
                                dat[i] = dat[i] | e_dis[i] << (x - 16);
                                dat[i] = dat[i] | l_dis[i] >> (18 - x);
                                dotg_dis(i);
                        }
                }
                else if(x > 18 && x <= 20){
                        for(i = 0; i <= 7; i++){
```

```
                        dat[i] =v_dis[i] << (x - 12) | e_dis[i] << (x - 16);
                        dat[i] = dat[i] | l_dis[i] << (x - 18);
                        dotg_dis(i);
                    }
                }
                else if(x > 20 && x <= 25){
                    for(i = 0; i <= 7; i++){
                        dat[i] = e_dis[i] << (x - 16) | l_dis[i] << (x - 18);
                        dat[i] = dat[i] | Ur_dis[i] >> (25 - x);
                        dotg_dis(i);
                    }
                }
                else if(x > 25 && x <= 30){
                    for(i = 0; i <= 7; i++){
                        dat[i] = Ur_dis[i] << (x - 25);
                        dat[i] = dat[i] | Pr_dis[i] >> (30 - x);
                        dotg_dis(i);
                    }
                }
                else if(x > 30 && x <= 37){
                    for(i = 0; i <= 7; i++){
                        dat[i] = Ur_dis[i] << (x - 25);
                        dat[i] = dat[i] | Pr_dis[i] << (x - 30);
                        dotg_dis(i);
                    }
                }
                else  break;

                for(i = 0;i <= 3;i++) seg_dis(i);
            }
        }
}

// LCD 초기화
void LCD_init(void)
{
        DDRD = 0xFF;                        // 포트 D 출력 설정
        PORTD &= 0xFB;                      // E = 0;

        delay_ms(15);
        Command(0x20);
        delay_ms(5);
        Command(0x20);
        delay_us(100);
        Command(0x20);
        Command(FUNCSET);                   // 펑션 셋(4비트 구동)
        Command(DISPON);                    // 표시 on
```

```
        Command(ALLCLR);                        // 화면 클리어
        Command(ENTMODE);                       // 엔트릴 모드(커서 +1)
}

// 고정 문자열 출력 함수
void LCD_String(char flash str[])
{
        char flash *pStr=0;

        pStr = str;
        while(*pStr) Data(*pStr++);
}

// 인스트럭션 쓰기 함수
void Command(unsigned char byte)
{
        Busy();

        // 인스트럭션 상위 바이트
        PORTD = (byte & 0xF0);                  // 데이터
        PORTD &= 0xFE;                          // RS = 0;
        PORTD &= 0xFD;                          // RW = 0;
        delay_us(1);
        PORTD |= 0x04;                          // E = 1;
        delay_us(1);
        PORTD &= 0xFB;                          // E = 0;

        // 인스트럭션 하위 바이트
        PORTD = ((byte<<4) & 0xF0);  // 데이터
        PORTD &= 0xFE;                          // RS = 0;
        PORTD &= 0xFD;                          // RW = 0;
        delay_us(1);
        PORTD |= 0x04;                          // E = 1;
        delay_us(1);
        PORTD &= 0xFB;                          // E = 0;
}

//데이터 쓰기 함수
void Data(unsigned char byte)
{
        Busy();

        // 데이터 상위 바이트
        PORTD = (byte & 0xF0);                  // 데이터
        PORTD |= 0x01;                          // RS = 1;
        PORTD &= 0xFD;                          // RW = 0;
        delay_us(1);
        PORTD |= 0x04;                          // E = 1;
```

```
        delay_us(1);
        PORTD &= 0xFB;                          // E = 0;

        // 데이터 하위 바이트
        PORTD = ((byte<<4) & 0xF0);             // 데이터
        PORTD |= 0x01;                          // RS = 1;
        PORTD &= 0xFD;                          // RW = 0;
        delay_us(1);
        PORTD |= 0x04;                          // E = 1;
        delay_us(1);
        PORTD &= 0xFB;                          // E = 0;
}

// Busy Flag Check -> 일반적인 BF를 체크하는 것이 아니라
// 일정한 시간 지연을 이용한다.
void Busy(void)
{
        unsigned char i;

        if(lcd_del_sel == 0){
                for(i = 0; I <= 19; i++) seg_dis(i % 4);
        }
        else if(lcd_del_sel == 1){
                for(i = 0; I <= 1; i++){
                        wait_cnt += 1;
                        if(wait_cnt == 80){
                                wait_dis_cnt += 1;
                                wait_cnt = 0;
                        }
                        wait_display();
                }
        }
}
```

Chapter 05

지렁이 게임

지렁이(WORM) 게임은 [그림 5-1]과 같이 게임 화면상에 지렁이 마디 몸체와 먹이가 표시되고, 지렁이를 상하좌우로 움직여 먹이를 먹어가는 게임이다. 이때 지렁이는 끊임없이 움직이며, 조작 스위치는 단지 이동 방향만을 제어하게 된다. 또한 먹이를 먹게 되면 마디가 하나씩 증가되고, 지렁이의 머리가 벽이나 자기 몸에 부딪히게 되면 게임이 종료하게 된다.

이 작품에서는 이와 같이 동작하는 지렁이 게임을 도트매트릭스를 이용하여 구현하였다.

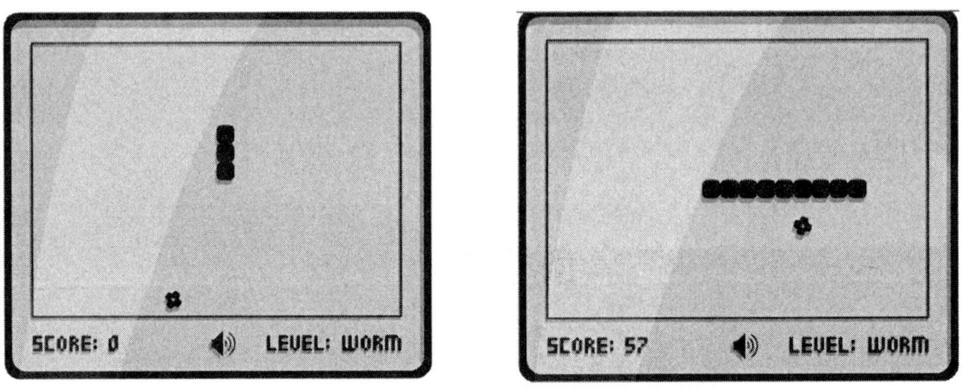

[그림 5-1] 지렁이 게임 화면

5.1 동작내용

■ 게임목표

LDM에 표시되는 지렁이를 조작 스위치로 움직여가면서 랜덤하게 생성되는 먹이를 먹어 지렁이의 몸 길이를 최대한 길게 하는 것이 게임의 목표이다.

■ 동작순서

① 전원 인가 후 시작 스위치가 on이면 프로그램 작동 시작
② LDM에 최초의 지렁이(3마디) 및 먹이를 생성
③ 조작 스위치 상하좌우를 이용하여 지렁이를 움직임
④ 지렁이를 움직여 랜덤으로 생성되는 먹이(1개의 LED)를 머리 부분이 닿게 하여 먹음
⑤ 먹이를 먹으면 지렁이의 몸 길이를 한 마디 늘림
⑥ 이동 중 자신의 몸에 머리가 닿거나 외곽벽에 닿으면 지렁이가 죽게 되어 게임 종료

5.2 작품 구성도 및 회로도

[그림 5-2]는 작품 구성도를 보여주며, KUT-128 MCU 보드, KUT-128 인터페이스 보드, 스위치, 도트매트릭스로 구성된다. [표 5-1]은 각 디바이스에 연결되는 포트와 기능을 나타낸다. [그림 5-3]은 회로도이며, [표 5-2]는 사용된 부품 리스트를 보여준다. [그림 5-4]는 작품사진의 외관과 도트매트릭스를 보여준다.

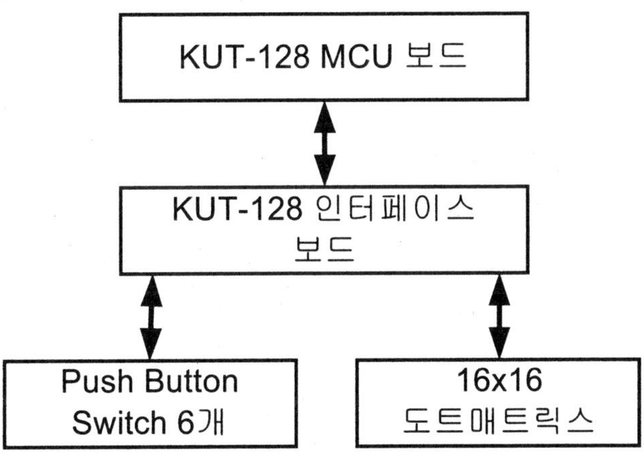

[그림 5-2] 작품 구성도

[표 5-1] 입출력 인터페이스

입출력	디바이스	기능	사용포트
입력	푸시 버튼 스위치	LED 상하좌우 이동	PC0-PC3
		시작	PC5
출력	7-세그먼트	지렁이 마디 길이 표시	PF4-PF7(구동 세그먼트 선택) PB0-PB6(a,b,c,d,e,f 단자 연결)
	도트매트릭스 (16 x 16)	게임판	PA0-PA4(도트매트릭스제어신호) PG0-PG3(출력라인 선택)

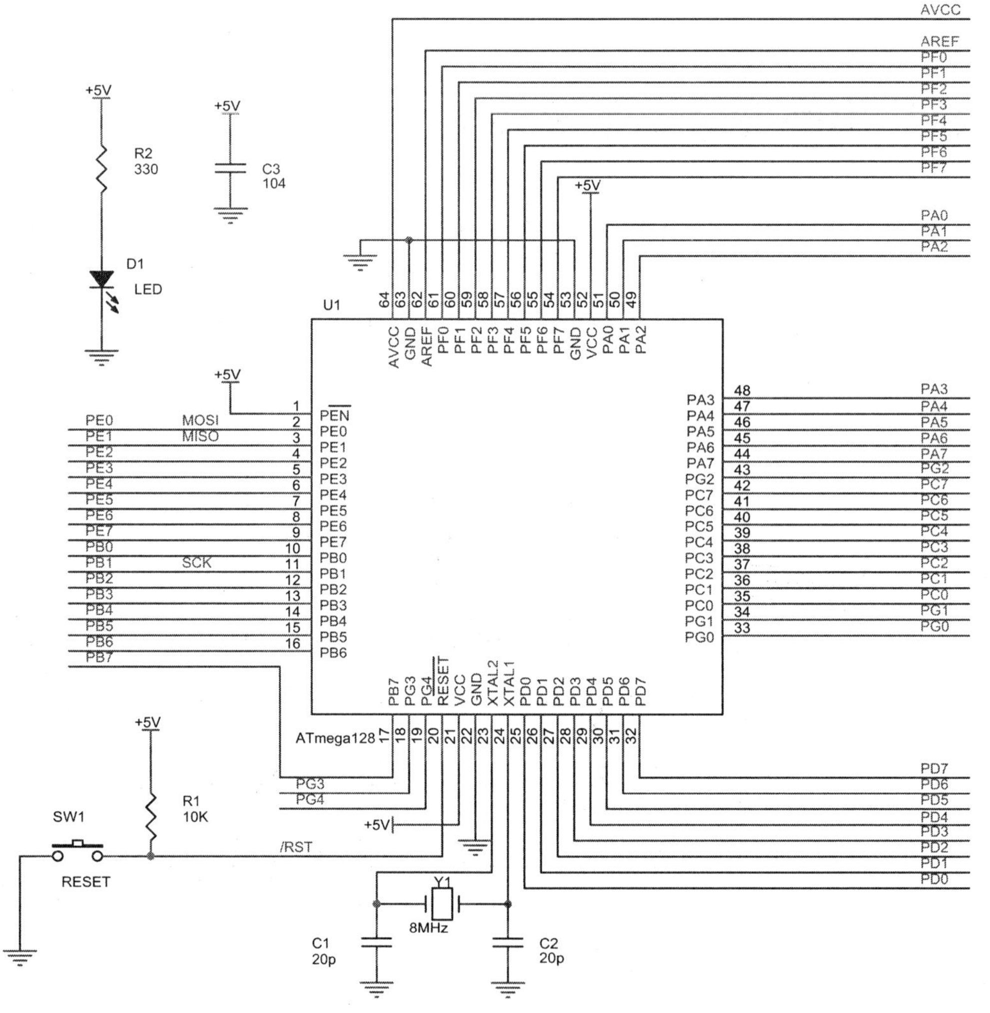

(a) KUT-128 MCU 보드 회로

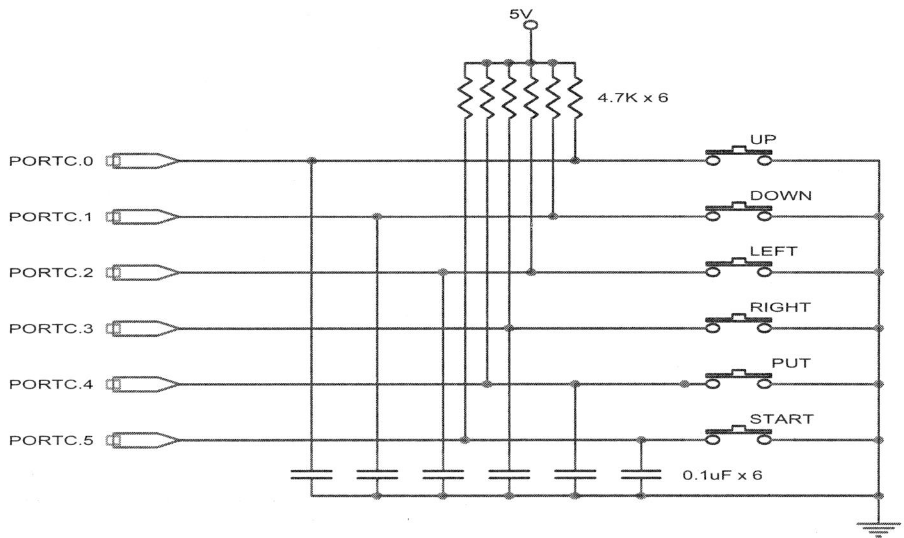

(b) KUT-128 인터페이스 보드와 스위치 연결 회로도

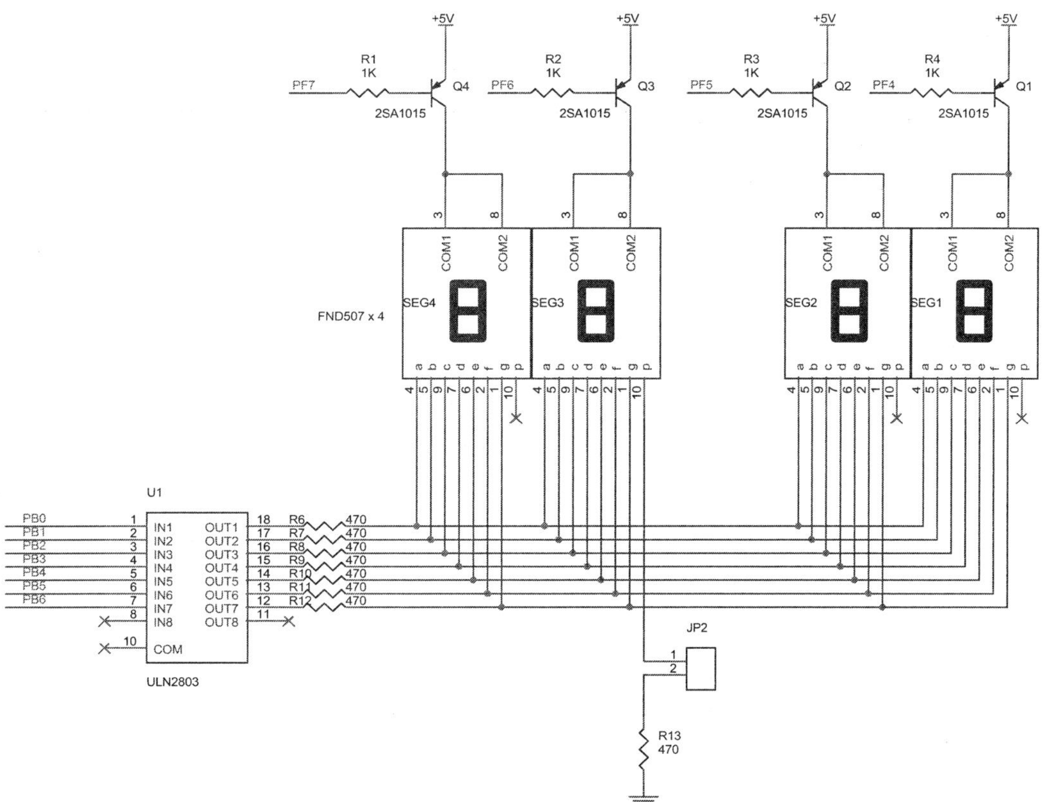

(c) 인터페이스 보드 7-Segment 구동회로

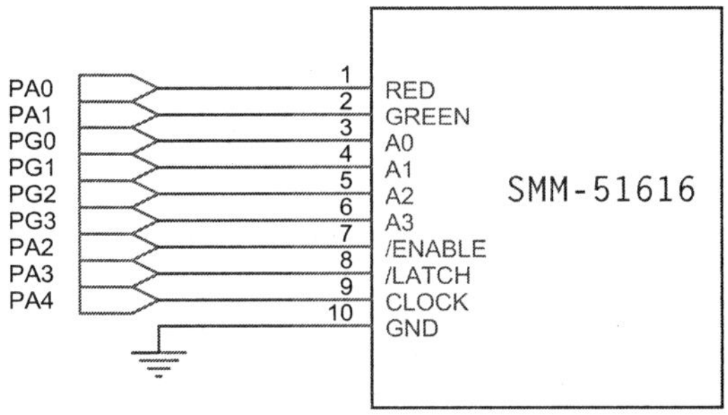

(d) KUT-128 인터페이스 보드와 Dot Matrix LED와의 연결 회로도

[그림 5-3] 회로도

[표 5-2] 부품 리스트

부품명	규격	수량
MCU 보드	KUT-128 MCU 보드	1
인터페이스 보드	KUT-128 인터페이스 보드	1
Dot Matrix LED(16 x 16)	SMM-51616	1
저항	4.7kΩ	6
Push Button 스위치	소형	6
세라믹 콘덴서	0.1uF	6

[그림 5-4] 작품 사진

5.3 알고리즘

<지렁이 마디 좌표 저장법>

각 마디의 좌표가 저장된 상태에서 지렁이가 움직이면 [그림 5-5]와 같이 먼저 위치에서 꼬리좌표를 저장한 배열에 새로운 머리의 좌표가 저장되며, 이러한 과정이 반복된다. 그리고, 먹이를 먹게 되면 길이가 하나 증가되며, 꼬리부분 좌표가 배열 앞부분에 저장되도록 정렬하여 다시 저장된다.

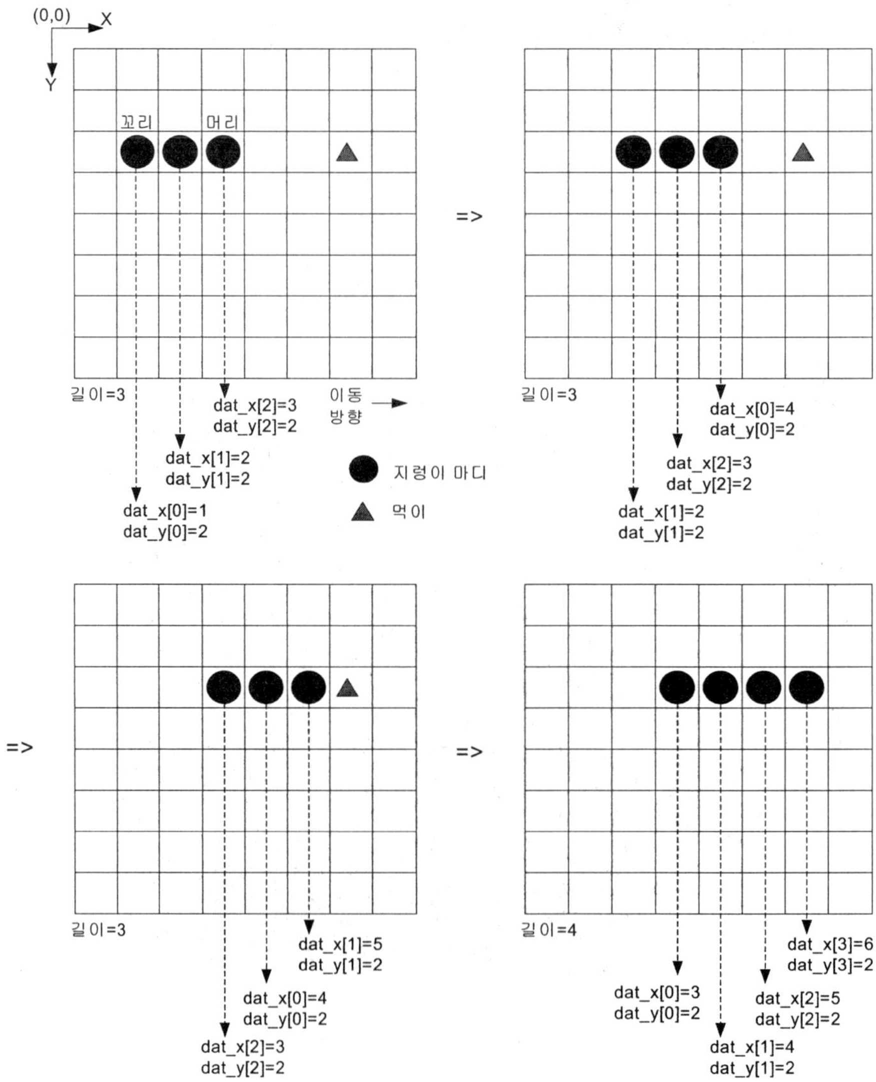

[그림 5-5] 지렁이 마디 좌표 저장법

<게임 종료>

① 머리 부분이 이동하면서 벽을 넘어선 경우

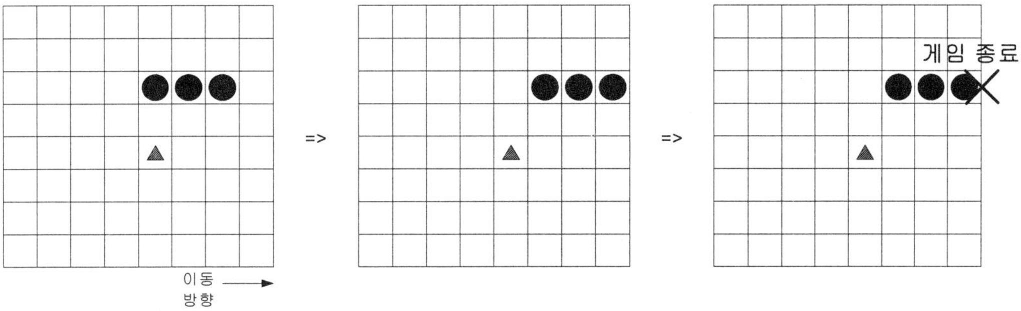

[그림 5-6] 게임 종료 1

② 머리 부분이 몸의 일부에 부딪힌 경우
(머리의 새로운 좌표에서 LED가 on인 경우)

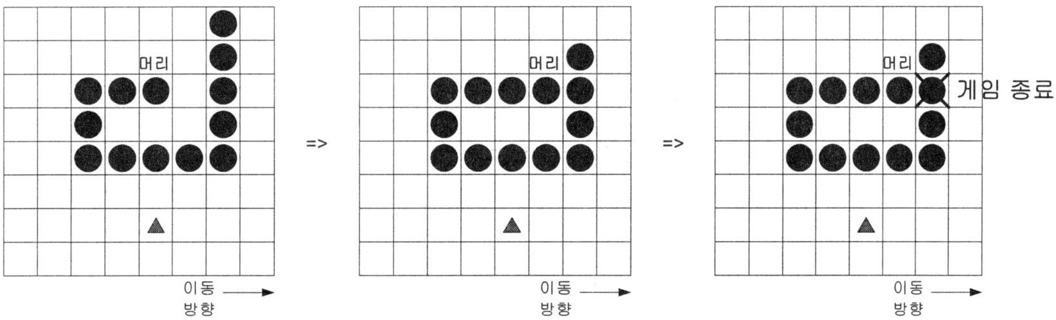

[그림 5-7] 게임 종료 2

5.4 주요 함수 동작 흐름도

[그림 5-8]은 작품에 사용된 주요 함수의 동작 흐름도를 보여준다.

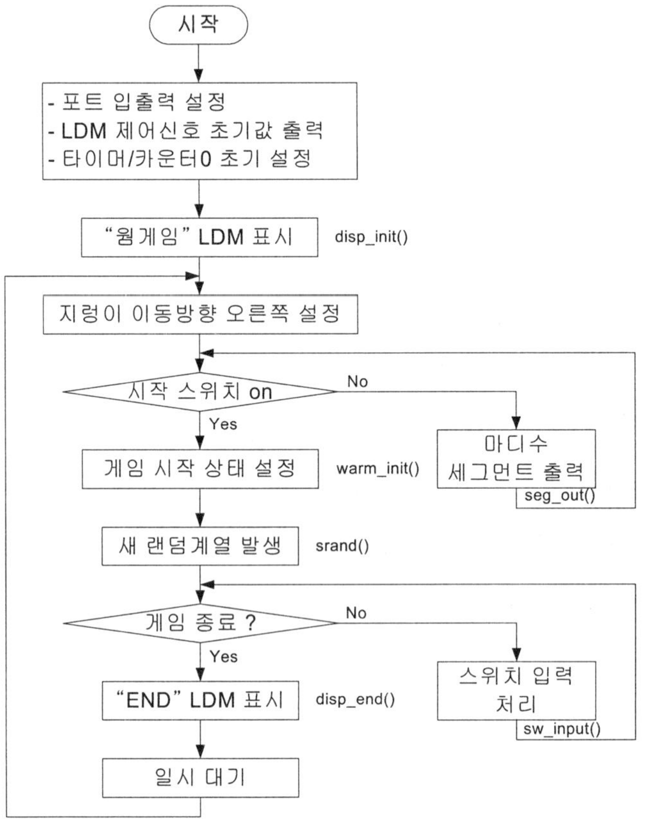

(a) main() 함수

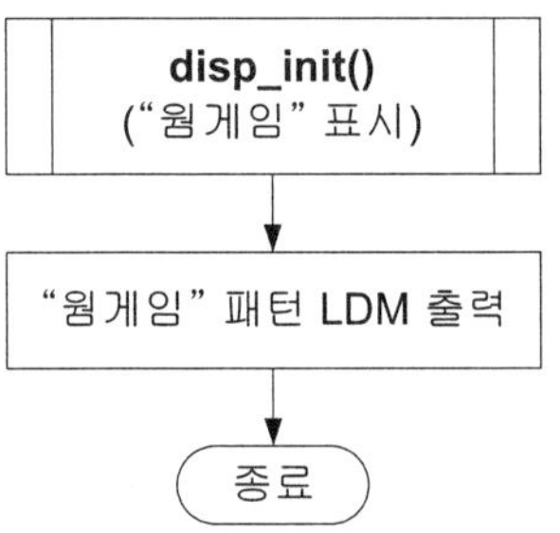

(b) disp_init() 함수

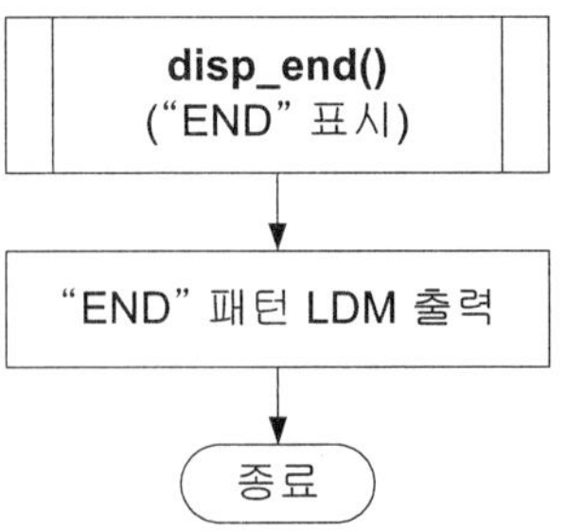

(c) disp_end() 함수

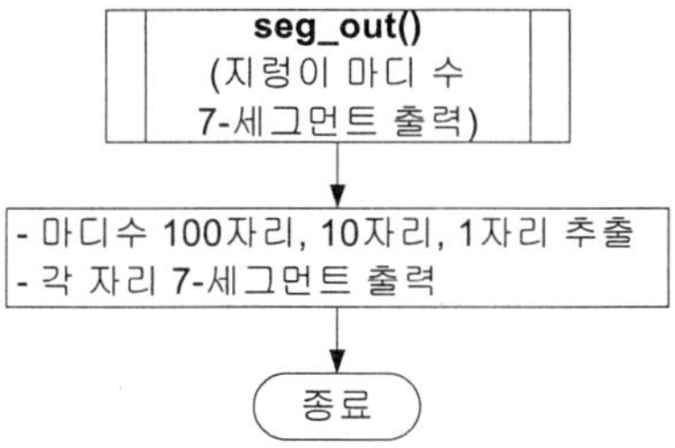

(d) seg_out() 함수

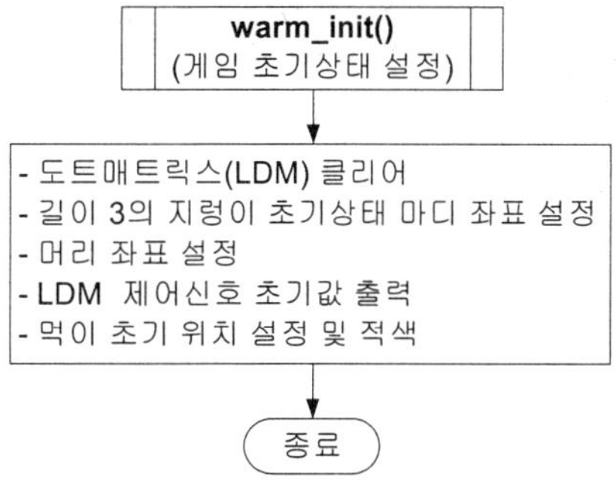

(e) warm_init() 함수

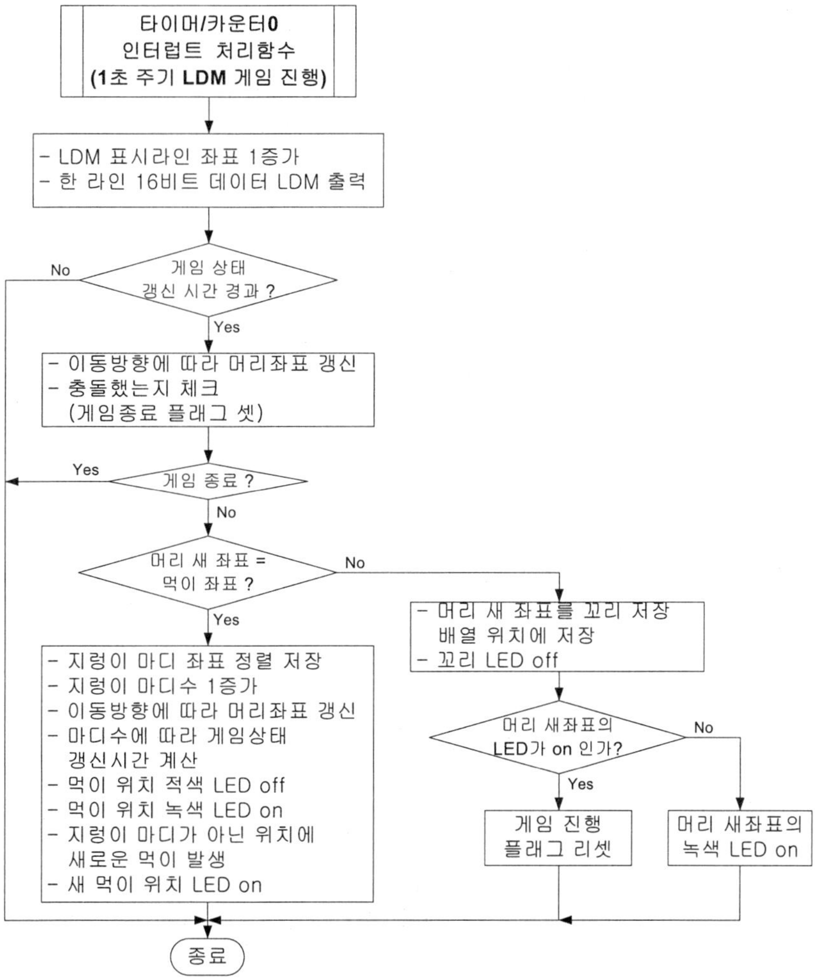

(f) 타이머/카운터0 인터럽트 처리함수

[그림 5-8] 주요 함수 동작 흐름도

5.5 프로그램 소스

```
/*******************************************/
/*  nwarm.c : 지렁이 게임               */
/*  2008. 6 by 고광현                   */
/*******************************************/
// warm.c

#include   <mega128.h>
#include   <stdlib.h>
#include   <delay.h>

#define   SIZE           16                 // 오목판(LDM) 사이즈

#dcfinc   LINE_ADDR      PORTG              // Linc Addrcss
#define   RED            PORTA.0            // Red LED Data
#define   GREEN          PORTA.1            // Green LED Data
#define   ENABLE         PORTA.2            // Output Enable
#define   LATCH          PORTA.3            // Latch
#define   CLOCK          PORTA.4            // Clock

#define   UP_SW          PINC.0             // Up 이동 스위치
#define   DOWN_SW        PINC.1             // Down 이동 스위치
#define   LEFT_SW        PINC.2             // Left 이동 스위치
#define   RIGHT_SW       PINC.3             // Right 이동 스위치
#define   PUT_SW         PINC.4             // Put 스위치(사용 안함)
#define   START_SW       PINC.5             // Start 스위치

#define UP               1                  // 지렁이 움직이는 방향 위
#define DOWN             2                  // 지렁이 움직이는 방향 아래
#define LEFT             3                  // 지렁이 움직이는 방향 왼쪽
#define RIGHT            4                  // 지렁이 움직이는 방향 오른쪽

// 사용 변수
int      dot_i = 0;                // 타이머 오버플로우(1ms) 인터럽트 함수에서
                                   // 다음에 표시할 라인 번호
int      h_x, h_y;                 // 머리 x, y 좌표
int      o_x, o_y;                 // 먹이 x, y 좌표
char     dir;                      // 지렁이 이동 방향
int      tcnt = 0;
int      length = 0;               // 지렁이 마디 수
int      kk;                       // 꼬리 배열 번호(새로운 머리 좌표 저장할 배연 번호)
int      lent_time, st = 0;

char     dot_red[SIZE][SIZE];      // LDM 제어신호에서  사용할 R성분
char     dot_green[SIZE][SIZE];    // LDM 제어신호에서  사용할 G성분
```

```
char            w_x[256], w_y[256];          // 마디 좌표 저장 배열 변수
char            buf_x[256], buf_y[256];      // 마디 좌표 일시 저장 작업 배열 변수

// 7-세그먼트 숫자 출력 패턴
char flash seg_pat[10] = {0x3f, 0x06, 0x5b, 0x4f, 0x66, 0x6d, 0x7d, 0x07, 0x7f, 0x6f};

char flash  w_init[3][2] = {{0, 0}, {1, 0}, {2, 0}};   // 지렁이 시작 마디 좌표

char flash sijak[16][16] ={                    // "웜게임" 문자 패턴
        {0, 0, 0, 0, 0, 0, 0, 0, 0, 0, 0, 0, 0, 0, 0},
        {0, 0, 1, 1, 0, 0, 0, 1, 0, 1, 1, 1, 0, 1, 0, 1},
        {0, 1, 0, 0, 1, 0, 0, 1, 0, 0, 0, 1, 0, 1, 0, 1},
        {0, 1, 0, 0, 1, 0, 0, 1, 0, 0, 0, 1, 0, 1, 0, 1},
        {0, 0, 1, 1, 0, 0, 0, 1, 0, 0, 0, 1, 1, 1, 0, 1},
        {0, 0, 0, 0, 0, 0, 0, 1, 0, 0, 1, 0, 0, 1, 0, 1},
        {0, 1, 1, 1, 1, 1, 0, 1, 0, 0, 1, 0, 0, 1, 0, 1},
        {0, 0, 0, 1, 0, 0, 0, 1, 0, 1, 0, 0, 0, 1, 0, 1},
        {0, 0, 0, 1, 0, 1, 1, 1, 0, 0, 0, 0, 0, 0, 0, 0},
        {0, 0, 0, 1, 0, 0, 0, 1, 0, 0, 1, 1, 1, 0, 0, 1},
        {0, 0, 0, 0, 0, 0, 0, 1, 0, 1, 0, 0, 0, 1, 0, 1},
        {0, 1, 1, 1, 1, 1, 1, 1, 0, 1, 0, 0, 0, 1, 0, 1},
        {0, 1, 0, 0, 0, 0, 0, 1, 0, 0, 1, 1, 1, 0, 0, 1},
        {0, 1, 0, 0, 0, 0, 0, 1, 0, 1, 1, 1, 1, 1, 1, 1},
        {0, 1, 0, 0, 0, 0, 0, 1, 0, 1, 0, 0, 0, 0, 0, 1},
        {0, 1, 1, 1, 1, 1, 1, 1, 0, 1, 1, 1, 1, 1, 1, 1}};


char flash end[16][16] ={                      // "END" 문자 패턴
        {0, 0, 0, 0, 0, 0, 0, 0, 0, 0, 0, 0, 0, 0, 0, 0},
        {1, 1, 1, 1, 0, 1, 0, 0, 0, 1, 0, 1, 1, 1, 0, 0},
        {1, 0, 0, 0, 0, 1, 1, 0, 0, 1, 0, 1, 0, 0, 1, 0},
        {1, 0, 0, 0, 0, 1, 1, 0, 0, 1, 0, 1, 0, 0, 1, 0},
        {1, 0, 0, 0, 0, 1, 1, 0, 0, 1, 0, 1, 0, 0, 1, 0},
        {1, 0, 0, 0, 0, 1, 1, 0, 0, 1, 0, 1, 0, 0, 1, 0},
        {1, 0, 0, 0, 0, 1, 0, 1, 0, 1, 0, 1, 0, 0, 1, 0},
        {1, 1, 1, 1, 0, 1, 0, 1, 0, 1, 0, 1, 0, 0, 1, 0},
        {1, 0, 0, 0, 0, 1, 0, 1, 0, 1, 0, 1, 0, 0, 1, 0},
        {1, 0, 0, 0, 0, 1, 0, 1, 0, 1, 0, 1, 0, 0, 1, 0},
        {1, 0, 0, 0, 0, 1, 0, 0, 1, 1, 0, 1, 0, 0, 1, 0},
        {1, 0, 0, 0, 0, 1, 0, 0, 1, 1, 0, 1, 0, 0, 1, 0},
        {1, 0, 0, 0, 0, 1, 0, 0, 1, 1, 0, 1, 0, 0, 1, 0},
        {1, 0, 0, 0, 0, 1, 0, 0, 1, 1, 0, 1, 0, 0, 1, 0},
        {1, 1, 1, 1, 0, 1, 0, 0, 0, 1, 0, 1, 1, 1, 0, 0},
        {0, 0, 0, 0, 0, 0, 0, 0, 0, 0, 0, 0, 0, 0, 0, 0}};

void    warm_init(void);                      // 오목 시작을 위한 초기설정
void    sw_input(void);                       // 스위치 입력 처리
void    seg_out(void);                        // 7-Segment 출력
```

```
void            disp_init(void);              // "웜게임" 출력(오렌지색)
void            disp_end(void);               // "END" 출력

void main(void)
{
        int     i;

        DDRA = 0x1F;               // 포트A 출력 설정(LDM  제어핀)
        DDRG = 0x1F;               // 포트G 출력설정(LDM 어드레스 A0-A3)
        DDRC = 0x00;               // 포트C 입력 설정 (스위치)
        DDRB = 0xFF;               // 포트B 출력 설정(패턴값 출력)
        DDRF = 0xFF;               // 포트F 출력 설정(구동 7-Segment 선택)

        PORTA = 0b00001100;        // Enable High
        PORTG = 0x0F;              // A0-A3 = 1111
        PORTA = 0b00001000;        // Enable Low

        ASSR = 0x00;               // 타이머/카운터0 타이머 모드
        TCCR0 = 0x04;              // 일반모드, 프리스케일 = CK/64
        TCNT0 = 0x00;              // 타이머/카운터0 레지스터 초기값
        TIMSK = 0x01;              // TOIE0 = 1, 타이머/카운터0 인터럽트 인에이블
        SREG = 0x80;               // 전역 인터럽트 인에이블 비트 I 셋

        while(1){
                disp_init();                          // 시작을 위한 초기설정

                dir = RIGHT;                          // 지렁이 이동방향 오른쪽 설정
                while(START_SW) seg_out();            // 시작 스위치가 눌려질 때까지 대기

                warm_init();                          // 지렁이 게임 시작 상태 설정
                st = 1;                               // 게임 진행
                srand(TCNT0);                         // TCNT0값 랜덤 seed값으로 이용

                while(st) sw_input();                 // 스위치 입력 체크

                disp_end();                           // "END" 표시
                for(i = 0;i < 30000;i++) seg_out();   // 일시 대기
        }
}

// LDM "웜게임" 출력 표시
void disp_init(void)
{
        int     i, j;

        // 도트매트릭스 클리어
        for(j = 0;j < SIZE;j++){
                for(i = 0;i < SIZE;i++){
```

```
                        dot_green[j][i] = sijak[j][i];
                        dot_red[j][i] = sijak[j][i];
                }
        }
}

// LDM "END" 출력 표시
void disp_end(void)
{
        int         i, j;

        // 도트매트릭스 클리어
        for(j = 0;j < SIZE;j++){
                for(i = 0;i < SIZE;i++)  dot_red[j][i] = end[j][i];
        }
}

// 게임 초시 상태 설정
void warm_init(void)
{
        int         i, j, x, y;

        // 도트매트릭스 클리어
        for(j = 0;j < SIZE;j++){
                for(i = 0;i < SIZE;i++){
                        dot_green[j][i] = 0;
                        dot_red[j][i] = 0;
                }
        }

        // 지렁이 초기 상태의 마디 좌표 설정(길이 3)
        for(i = 0;i < 3;i++){
                x = w_init[i][0];
                y = w_init[i][1];
                w_x[i] = x;             // 마디 x좌표
                w_y[i] = y;             // 마디 y좌표

                dot_green[y][x] = 1;    // 녹색 LED on(지렁이 몸체)
        }
        h_x = w_init[2][0];             // 머리 x 좌표
        h_y = w_init[2][1];             // 머리 y 좌표

        length = 3;                     // 길이 3
        kk = 0;                         // 꼬리 배열 번호

        dot_i = 0;                              // 타이머 인터럽트 함수에서 표시할 라인 초기 번호
        o_x = 12;                               // 초기 먹이 위치
        o_y = 12;
```

```
        LINE_ADDR = 0;                          // 표시할 라인 초기 어드레스 = 0
        RED = 0;                                // Red LED off
        GREEN = 0;                              // Green LED off
        LATCH = 1;                              // Latch high
        ENABLE = 0;                             // Output Enable low
        CLOCK = 0;                              // Clock low

        dot_red[o_y][o_x] = 1;                  // 먹이 적색 표시
        lent_time = 500 - length * 5;           // 게임 진행 속도 딜레이 계산
}

// 지렁이 마디 수 7-세그먼트 표시
void seg_out()
{
        int     n100, n10, n1, buf;

        n100 = length / 100;            // 100자리 추출
        buf = length % 100;             // 100으로 나눈 나머지

        n10 = buf / 10;                 // 10자리 추출
        n1 = buf % 10;                  // 1자리 추출

        PORTF = 0b11100000;             // 1자리 세그먼트 ON
        PORTB = seg_pat[n1];            // 1자리 출력
        delay_us(50);

        PORTF = 0b11010000;             // 10자리 세그먼트 ON
        PORTB = seg_pat[n10];           // 10자리 출력
        delay_us(50);

        PORTF = 0b10110000;             // 100자리 세그먼트 ON
        PORTB = seg_pat[n100];          // 100자리 출력
        delay_us(50);
}

// 스위치 입력 처리
void sw_input()
{
        seg_out();      // 지렁이 마디수 출력

        if(dir != DOWN && UP_SW == 0) dir = UP;                 // 이동 방향 위로
        else if(dir != UP && DOWN_SW == 0) dir = DOWN;          // 아래 이동 스위치
        else if(dir != RIGHT && LEFT_SW == 0) dir = LEFT;       // 왼쪽 이동 스위치
        else if(dir != LEFT && RIGHT_SW == 0) dir = RIGHT;      // 오른쪽 이동 스위치
}

// 타이머/카운터0 (256 - 0) * 64 / 16 us = 1.024ms
```

```
interrupt [TIM0_OVF] void timer0_ovf_isr(void)
{
        int     bx, by, i, di;

        dot_i = (dot_i + 1) % SIZE;              // LDM 표시라인 1증가
        tcnt++;                                  // 게임 진행속도 조절 카운터

        for(di = 0;di < SIZE;di++){              // 한 라인 데이터 출력
                RED = dot_red[dot_i][di];        // 적색 먹이 데이터
                GREEN = dot_green[dot_i][di];    // 녹색 먹이 데이터
                CLOCK = 1;                       // 클럭 ON
                delay_us(1);
                CLOCK = 0;                       // 클럭 OFF
                delay_us(1);
        }

        delay_us(1);
        ENABLE = 1;                    // Enable 비트 셋
        LATCH = 0;
        delay_us(1);
        LATCH = 1;
        LINE_ADDR = dot_i;             // 출력 라인 설정
        delay_us(1);
        ENABLE = 0;                    // 인에이블 비트 리셋

        // 게임 진행속도에 맞춰 지렁이 이동방행으로 1칸 이동 처리
        if(tcnt >= lent_time & st == 1){
                tcnt = 0;

                if(dir == UP) {                          // 이동방향 = 위 ?
                        if(h_y > 0) h_y--;               // 머리 Y좌표 1감소
                        else st = 0;                     // 윗쪽 벽 충돌 게임종료
                }
                else if(dir == DOWN){                    // 이동방향 = 아래 ?
                        if(h_y < 15) h_y++;              // 머리 Y좌표 1증가
                        else st = 0;                     // 아래쪽 벽 충돌 게임종료
                }
                else if(dir == LEFT){                    // 이동방향 = 왼쪽 ?
                        if(h_x > 0) h_x--;               // 머리 X좌표 1감소
                        else st = 0;                     // 왼쪽 벽 충돌 게임종료
                }
                else {                                   // 이동방향 = 오른쪽 ?
                        if(h_x < 15) h_x++;              // 머리 X좌표 1감소
                        else st = 0;                     // 오른쪽 벽 충돌 게임종료
                }

                if(st == 0) return;              // 게임종료
```

```
                if(o_x == h_x && o_y == h_y){ // 먹이좌표 = 새로운 머리좌표
                        // 지렁이 마디 좌표 재정렬 저장
                        for(i = 0;i < length;i++){
                                buf_x[i] = w_x[kk];
                                buf_y[i] = w_y[kk];
                                kk = (kk + 1) % length;
                        }
                        for(i = 0;i < length;i++){
                                w_x[i] = buf_x[i];
                                w_y[i] = buf_y[i];
                        }
                        w_x[length] = h_x;                // 머리부분 좌표
                        w_y[length] = h_y;
                        kk = 0;                           // 꼬리부분 배열 번호

                        length = length + 1;              // 길이 1증가
                        if(length < 50) lent_time = 500 - length * 5;  // 길이에 따라 점점 빠르게

                        dot_red[o_y][o_x] = 0;            // 현재 먹이 제거
                        dot_green[h_y][h_x] = 1;          // 먹이 부분 추가

                        // 새 먹이 발생
                        while(1){
                                o_x = rand() % 16;
                                o_y = rand() % 16;
                                if(dot_green[o_y][o_x] != 0) continue;  // 지렁이 없는 위치에 생성
                                dot_red[o_y][o_x] = 1;
                                break;
                        }
                }
                else {          // 지렁이 단순 이동(먹이 먹지 않은 이동)
                        bx = w_x[kk];                     // 꼬리 좌표 백업
                        by = w_y[kk];

                        w_x[kk] = h_x;                    // 현재의 머리좌표 kk번째 배열에 저장
                        w_y[kk] = h_y;
                        dot_green[by][bx] = 0;            // 현재 꼬리부분 클리어
                        kk= (kk + 1) % length;            // 새로운 꼬리부분 배열 번호 갱신

                        if(dot_green[h_y][h_x] == 1) st = 0; // 몸부분과 충돌 체크
                        else dot_green[h_y][h_x] = 1;     // 새 머리 부분 추가
                }
        }
}
```

Chapter 06

테트리스

이 장에서는 도트매트릭스를 이용하여 1인 또는 2인이 즐길 수 있는 테트리스 게임을 소개한다.

테트리스(Tetris)는 1985년 모스크바 아카데미 연구원이었던 알렉세이 파지트노프(Alexey Pajitnov)에 의해 처음 만들어진 블록 낙하형 퍼즐게임이며, 오랜 시간이 지난 지금도 사랑받고 있는 게임이기도 하다.

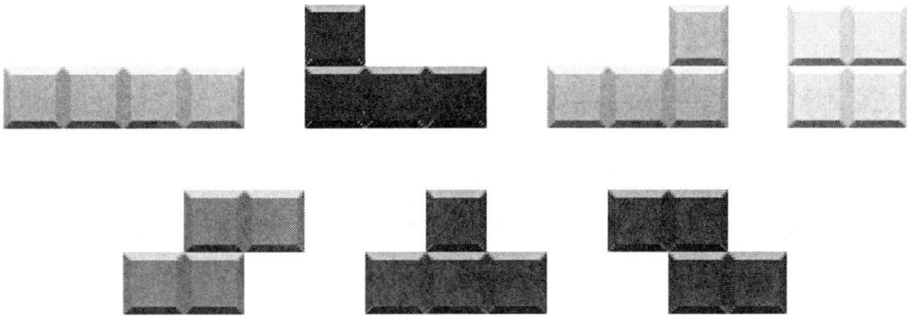

[그림 6-1] 테트리스에 사용되는 블록

테트리스에 사용되는 블록은 [그림 6-1]과 같이 7개이며, 이 게임의 목표는 무작위로 위에서 떨어지는 블록들을 움직이고 90도씩 회전시켜 수평선을 빈틈없이 채우는 것이다. 이러한 수평선이 만들어질 때 이 수평선은 지워지며 그 위의 블록이 아래로 내려오게 된다. 게임이 진행될수록 블록은 더 빨리 떨어지며, 블록이 꼭대기까지 가득 채워져 더 들어갈 공간이 없게 되면 게임이 끝나게 된다.

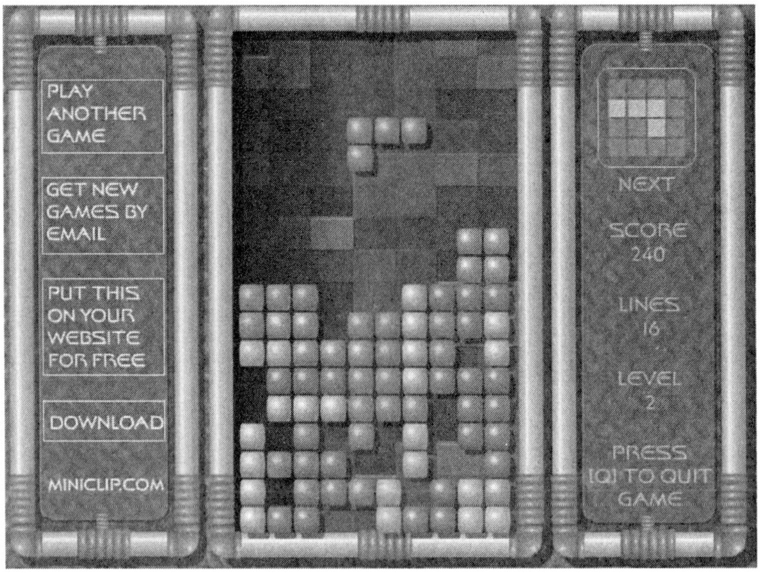

[그림 6-2] PC에서 테트리스 게임 화면

6.1 동작개요

작품은 [그림 6-3], [그림 6-4]와 같이 두 개의 도트매트릭스(LDM)를 이용하여 1인 또는 2인이 게임을 할 수 있다. 게임판은 그림에서와 같이 맨 좌측, 맨 아래, 12번째 라인을 블록이 움직이는 경계로 하며, 우측 4라인에는 다음에 나올 블록과 게임 스테이지 번호를 출력한다. 스위치는 블록 회전, 좌/우 이동, 한 줄 내리기, 바닥에 닿을 때까지 내리기를 수행하도록 플레이어마다 5개의 스위치를 사용한다.

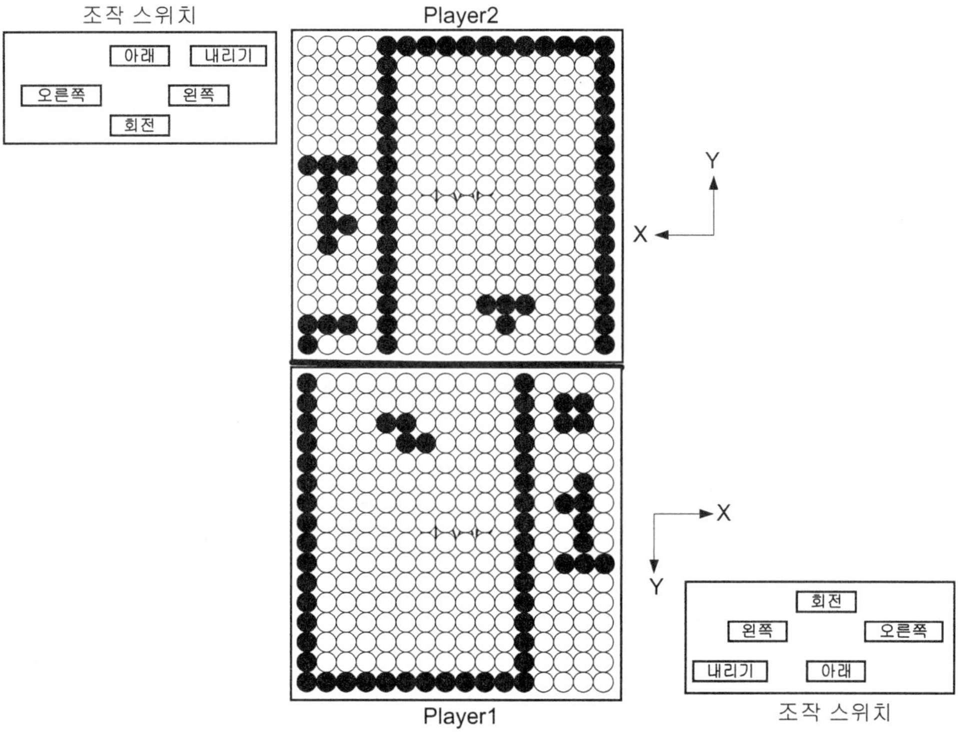

[그림 6-3] 테트리스 게임판

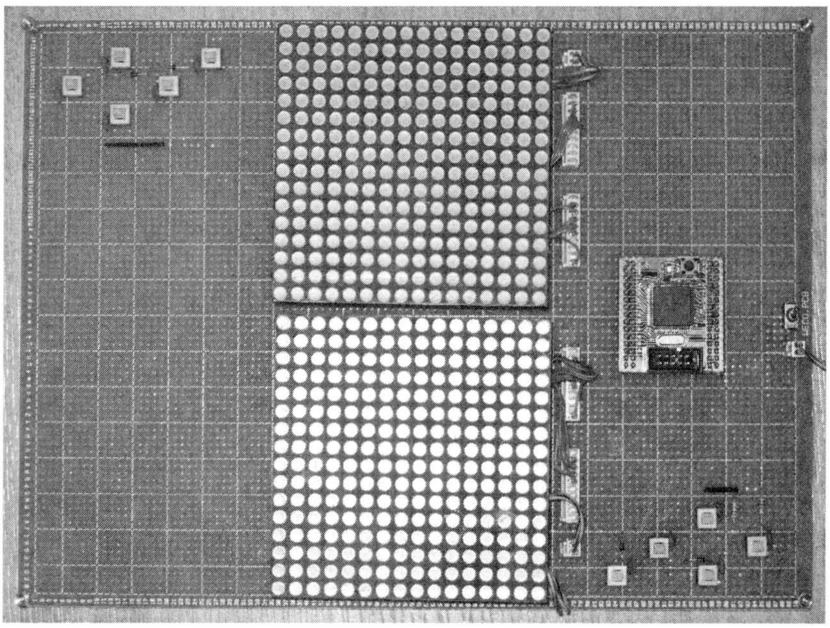

[그림 6-4] 작품 사진

6.1.1 1인용 게임

최초 대기상태에서 Player1의 내림(한 줄 이동, 바닥까지 내리기 스위치) 스위치를 누르면 게임이 시작되며, Player2의 LDM은 동작하지 않는다.

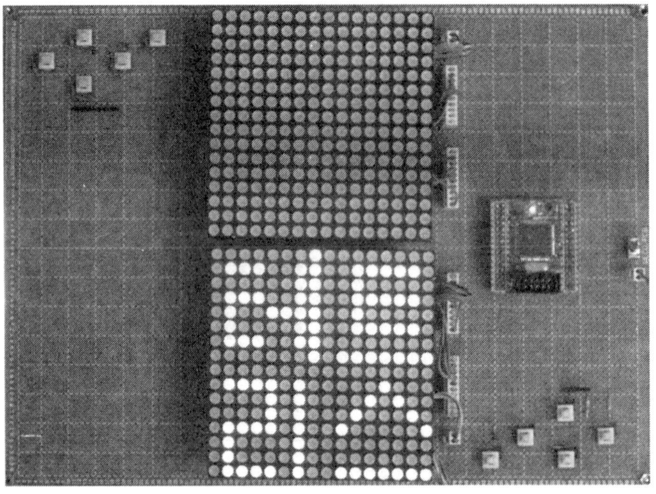

[그림 6-5] 1인용 대기화면

〈스테이지 기능〉

- 스테이지 1부터 스테이지 3까지 단계별로 게임이 진행된다.
- 각 스테이지마다 8줄을 클리어하면 다음 스테이지로 이동한다.
- 각 단계가 올라갈 때마다 블록의 내려오는 속도가 증가하고, 스테이지 2와 스테이지 3에는 아래 부분에 기본 블록이 깔려진다.

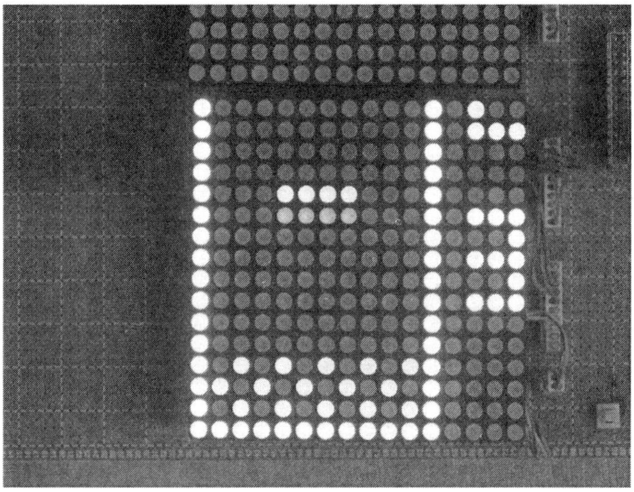

[그림 6-6] 테트리스 게임판

<클리어 시킨 라인수 표시>

LDM 오른쪽에 표시된 스테이지 번호 밑에 라인을 클리어 할 때마다 LED가 하나씩 추가로 on되어 표시된다.

[그림 6-7] 클리어 시킨 라인수 표시

<게임에 졌을 때와 이겼을 때>

스테이지3에서 8라인을 클리어하면 승리하게 되며, LDM에는 '승리'가 표시된다. 그러나, 게임도중에 끝나는 경우에는 '패'라고 표시된다.

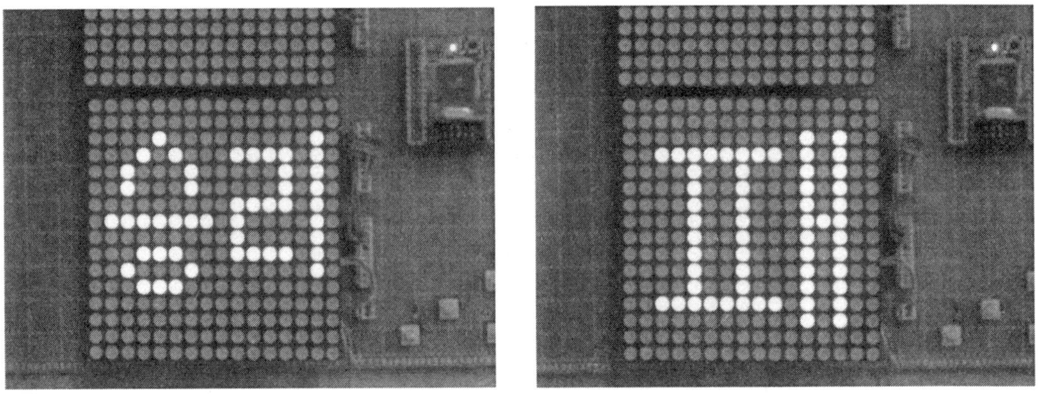

[그림 6-8] 게임 종료 패턴 출력

6.1.2 2인용 게임

최초 대기상태에서 Player1의 내림 버튼을 누르면 게임이 시작된다.

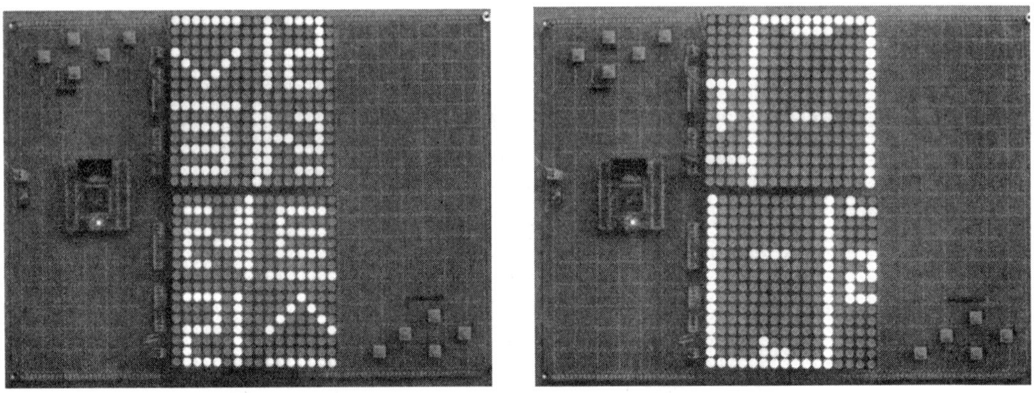

[그림 6-9] 2인용 테트리스 게임

<공격 기능>

두 사람이 같이 하는 대전 게임이므로 상대방을 공격할 수 있어야 하며, 라인을 제거할 때마다 상대방에게 공격이 가해진다. 공격은 2줄 이상 클리어 한 경우 상대방의 게임화면을 (클리어 한 라인수-1)만큼 위로 올리며, 추가되는 맨 아랫줄에는 미리 정해진 패턴이 채워진다.

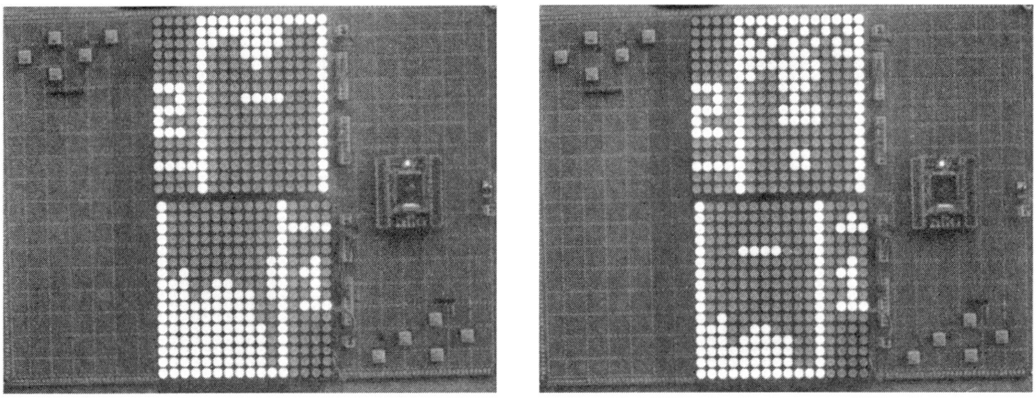

[그림 6-10] 2인용에서 공격 전후 장면(4라인 클리어 3라인 추가)

<게임에 졌을 때와 이겼을 때>

이긴 쪽에는 '승리'가 표시되고, 패한 쪽에는 '패'라고 표시된다.

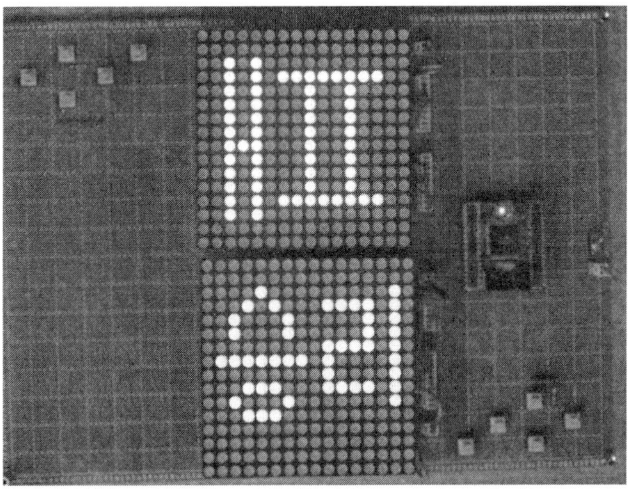

[그림 6-11] 게임 종료에서의 표시화면

<블록의 모양 및 저장>

이 작품에서는 [그림 6-12]와 같이 7개의 기본 블록을 사용하며, 각 블록을 90도씩 회전시킨 데이터를 4×4 크기의 배열에 저장한다. 배열명은 block을 사용했고, 4차원 배열을 이용하여 각 데이터를 저장한다.

block[블록번호][회전번호][수직좌표][수평좌표]

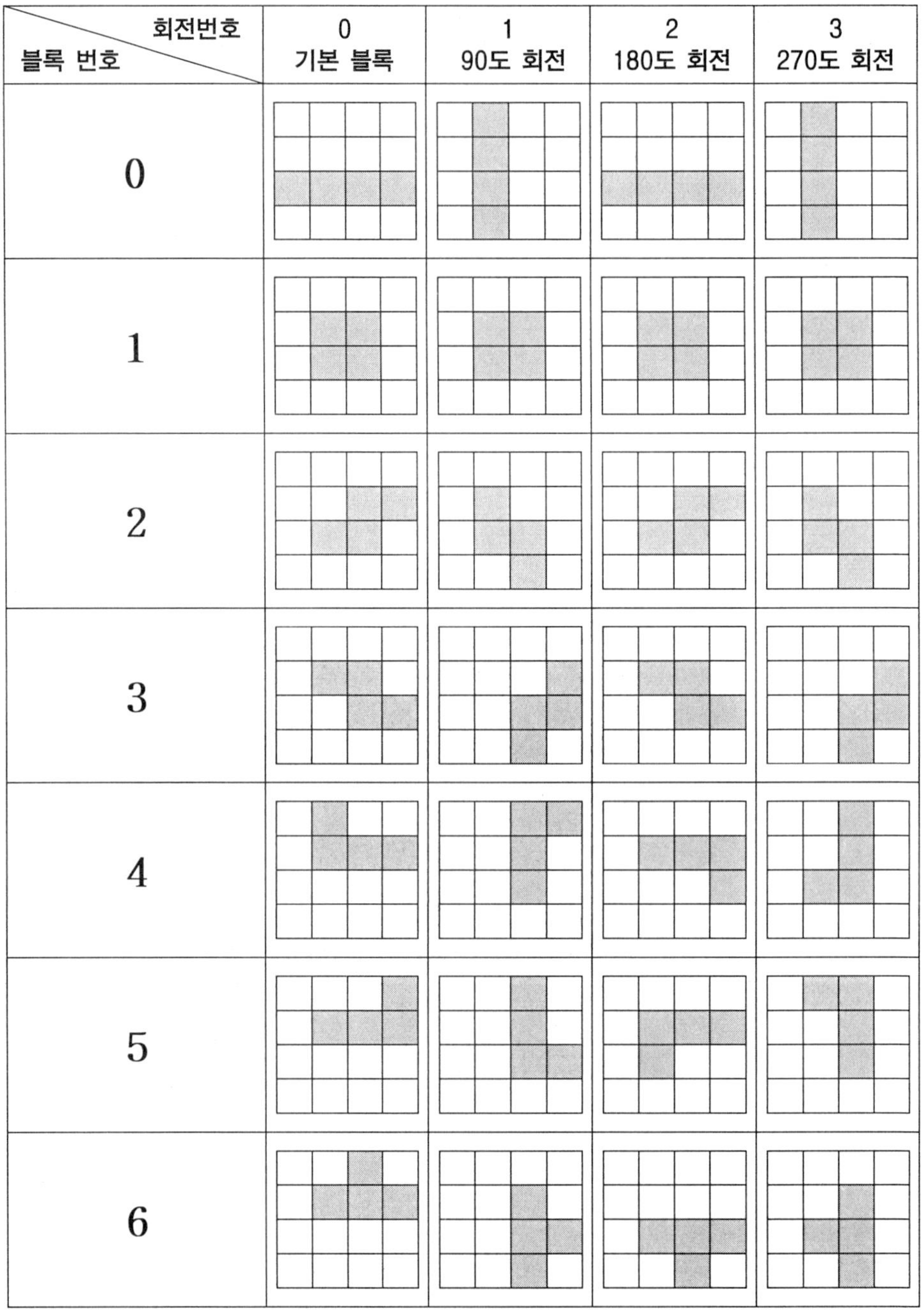

[그림 6-12] 기본 블록과 회전 블록

6.2 작품 구성 및 회로도

[그림 6-13]은 작품 구성도를 보여주며, KUT-128 MCU 보드, 스위치, 도트매트릭스로 구성된다. [표 6-1]은 각 디바이스에 사용되는 포트와 기능을 보여준다. [그림 6-14]는 회로도를 보여주며, [표 6-2]는 사용된 부품 리스트이다.

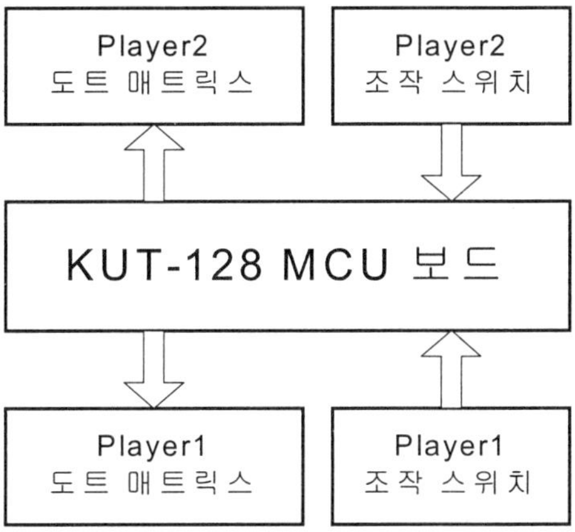

[그림 6-13] 작품 구성 블록도

[표 6-1] 입출력 인터페이스

입출력	디바이스	기능	사용포트
입력	푸시 버튼 스위치	Player1 조작 스위치	PE0, PE1 PE4-PE7(INT4-INT7)
	푸시 버튼 스위치	Player2 조작 스위치	PD0-PD3(INT0-INT3) PD4, PD5
출력	도트매트릭스 (16 x 16)	Player1 게임판	PA0-PA4(도트매트릭스제어신호) PG0-PG3(출력라인 선택)
	도트매트릭스 (16 x 16)	Player2 게임판	PB0-PB4(도트매트릭스제어신호) PF0-PF3(출력라인 선택)

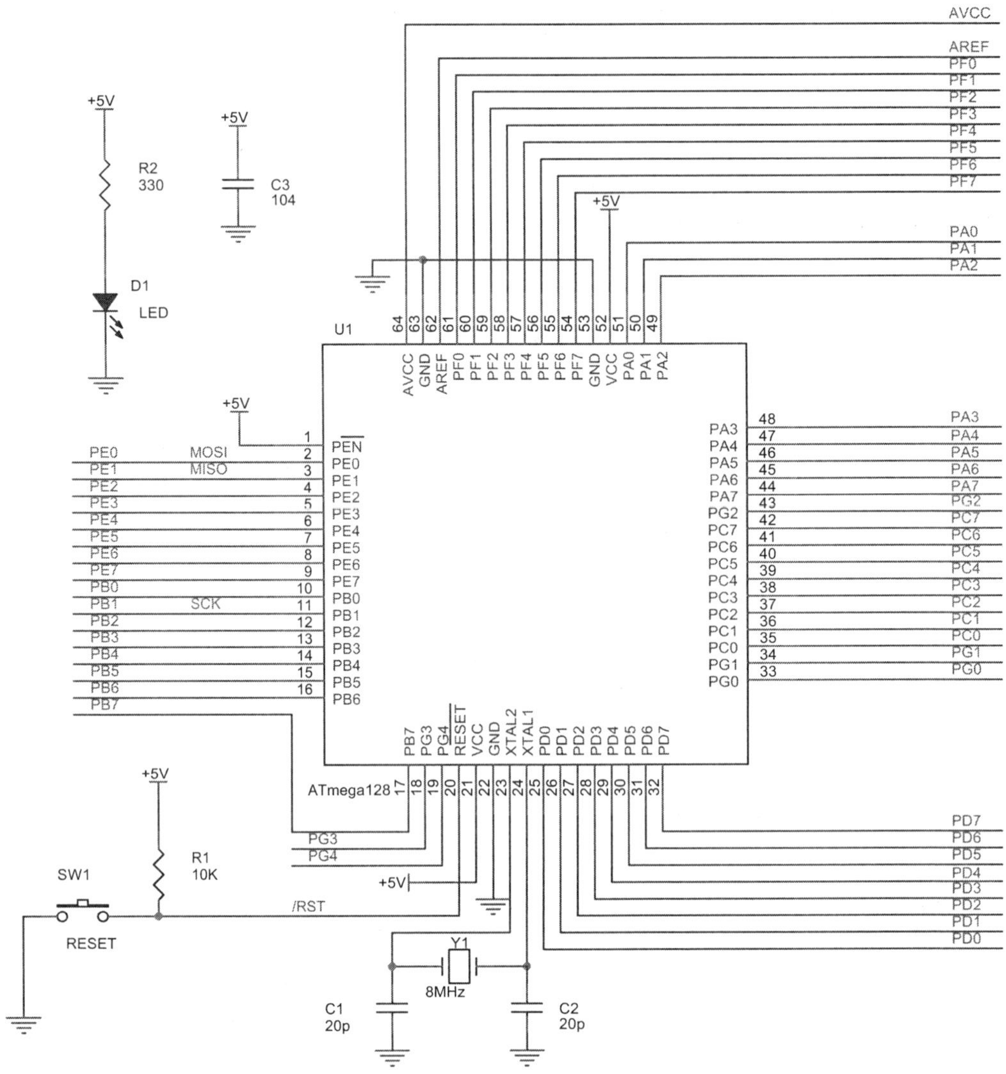

(a) KUT-128 MCU 보드

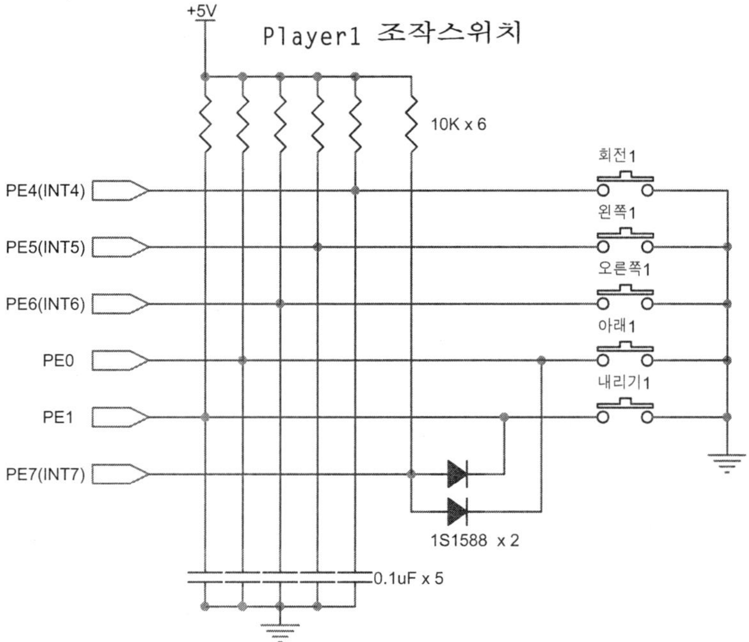

(b) Player1 조작 스위치 회로도

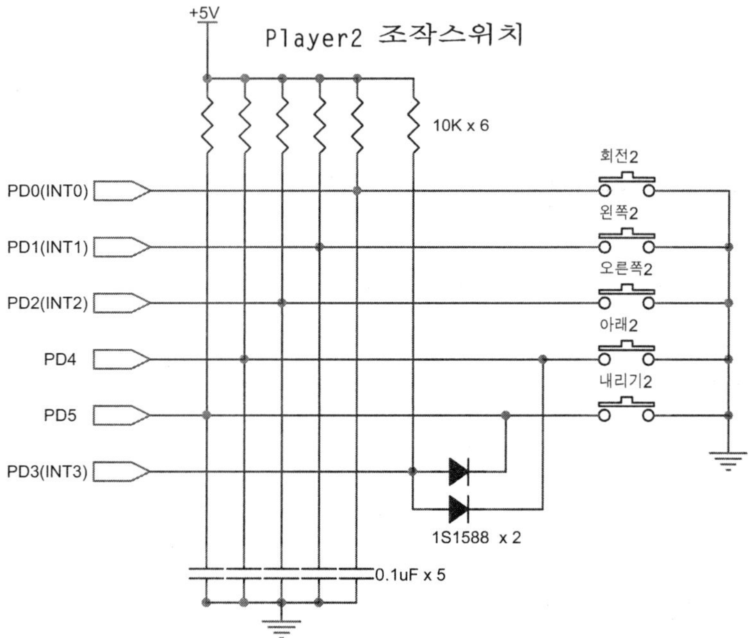

(c) Player2 조작 스위치 회로도

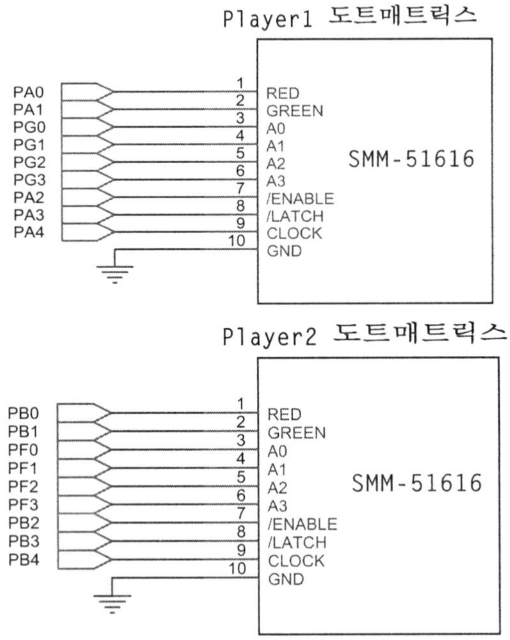

(d) 도트매트릭스 배선도

[그림 6-14] 회로도

[표 6-2] 부품 리스트

부품명	규격	수 량
MCU 보드	KUT-128 MCU 보드	1
Dot Matrix (16×16, 3Color)	SMM-51616	2
저항	10K	12
콘덴서	0.1uF	10
다이오드	1S1588	4
스위치	소형 Push Button Switch	10

6.3 알고리즘

<낙하 블록의 초기 위치와 종료 조건>

블록은 4 x 4 크기를 가지며, [그림 6-15]와 같이 1행 4열에 낙하 초기위치를 갖는다. 따라서, 종료조건은 이 낙하위치 영역 내에 블록들이 존재하게 되면 게임이 종료하게 되며 게임에서 패하게 된다.

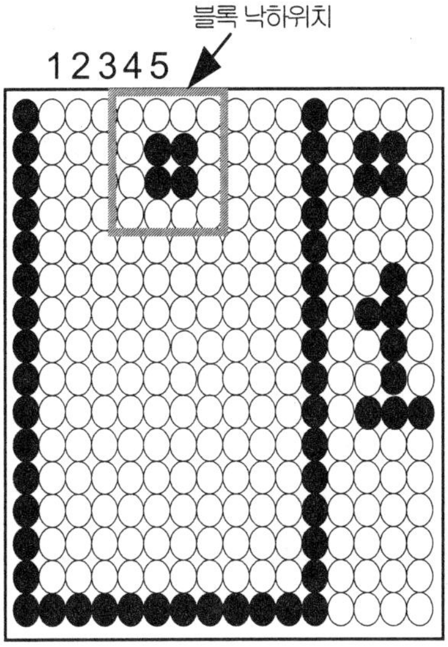

[그림 6-15] 블록 낙하 초기위치

<블록의 조작>

블록은 조작 스위치에 의해 회전, 좌우 이동, 그리고 아래로 한 줄 이동, 아래 이동 가능한 곳까지 낙하의 5개 블록 조작이 가능하며, 조작 스위치에 의해 기존에 떨어진 블록들과 충돌하는 경우에는 스위치의 입력이 무시된다. 회전 스위치가 눌려지는 경우 블록은 시계방향으로 90도씩 회전한다.

<블록의 자동 하강>

블록은 일정시간이 경과되면 조작 스위치의 입력이 없더라도 자동적으로 1줄씩 아래로 이동하며, 스테이지가 올라갈 때마다 점점 빨라지게 된다.

<블록의 충돌 체크>

블록은 두 개의 배열에 의해 저장되며, 이미 떨어진 블록은 2차원 배열 p1_data[][]에, 움직이고 있는 블록은 p1_table[][]에 각각 저장되어 관리된다. 따라서, 충돌 체크는 p1_table[][]에서 블록이 있는 부분에 대해 p1_data[][]와 비교하여 같은 위치에서 양쪽이 모두 1인 경우에는 충돌하는 경우로 판단하여 이동(회전)할 수 없게끔 처리된다.

<2인용에서의 공격 처리>

2줄 이상 클리어 한 경우 상대방의 게임화면을 (클리어 한 라인 수 - 1)만큼 위로 올리며, 추가되는 맨 아랫줄에는 [그림 6-16]과 같은 정해진 공격패턴이 채워진다.

(a) 두 라인 클리어 시　　(b) 세 라인 클리어 시　　(c) 네 라인 클리어 시

[그림 6-16] 공격 패턴

6.4 주요 함수 동작 흐름도

6.4.1 1인용 함수 동작 흐름도

[그림 6-17]은 1인용 테트리스 게임에 대한 함수의 동작 흐름도를 보여준다.

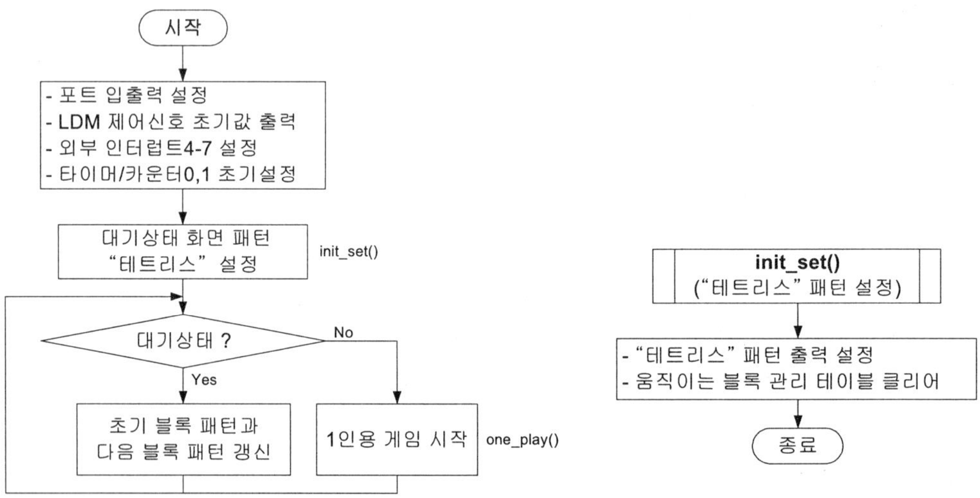

(a) main() 함수　　(b) init_set() 함수

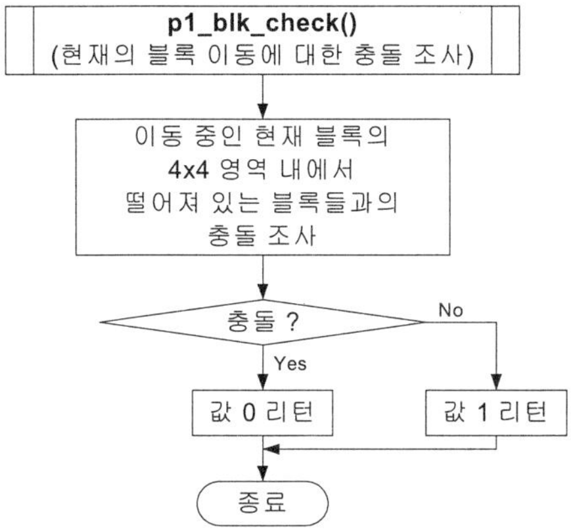

(c) p1_blk_check() 함수

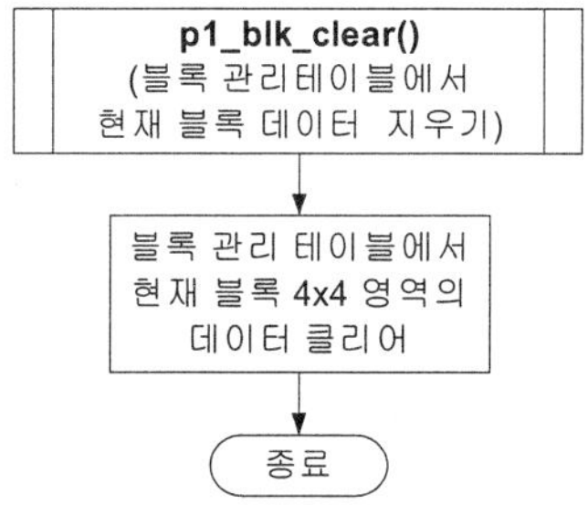

(d) p1_blk_clear() 함수

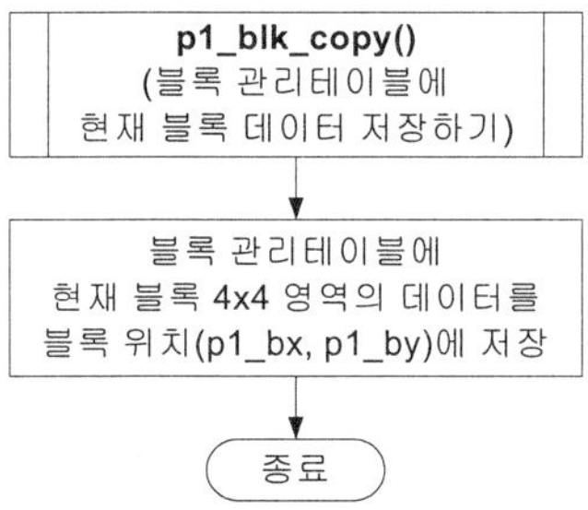

(e) p1_blk_copy() 함수

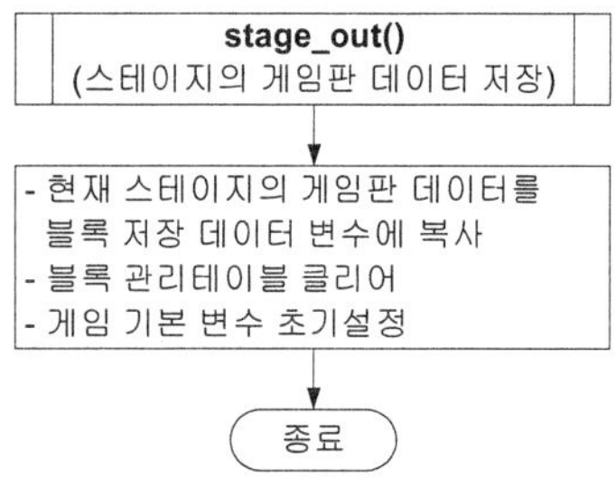

(f) stage_out() 함수

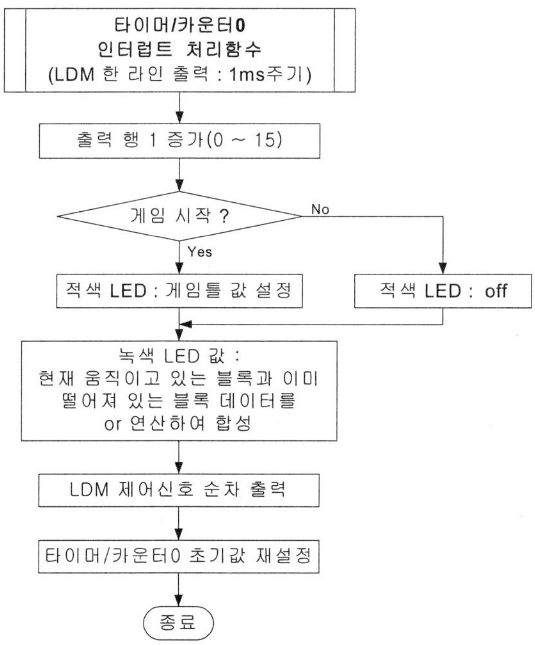

(g) 타이머/카운터0 인터럽트 함수

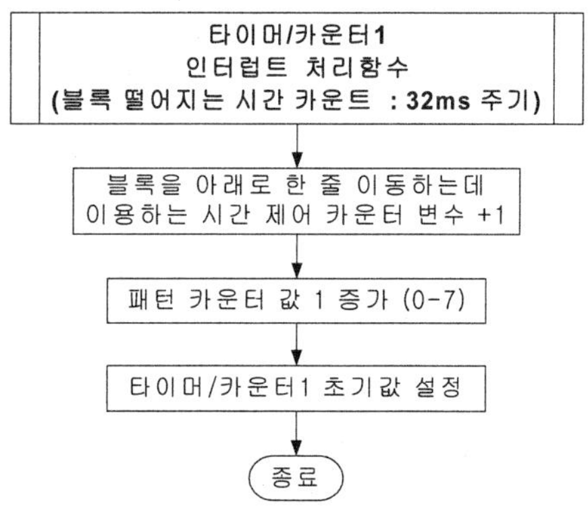

(h) 타이머/카운터1 인터럽트 함수

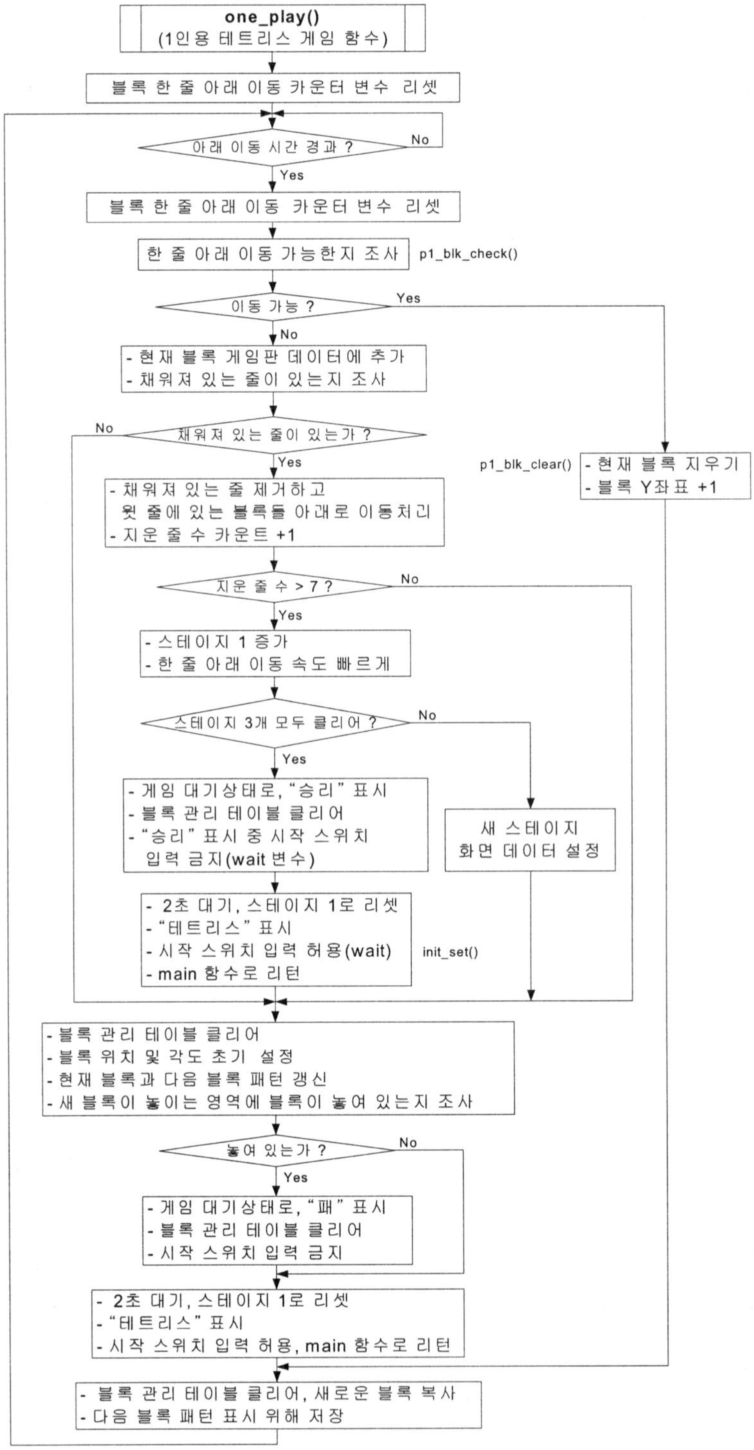
one_play()
(1인용 테트리스 게임 함수)
블록 한 줄 아래 이동 카운터 변수 리셋
아래 이동 시간 경과 ?
No
Yes
블록 한 줄 아래 이동 카운터 변수 리셋
한 줄 아래 이동 가능한지 조사
p1_blk_check()
이동 가능 ?
Yes
No
- 현재 블록 게임판 데이터에 추가
- 채워져 있는 줄이 있는지 조사
채워져 있는 줄이 있는가 ?
No
Yes
p1_blk_clear()
- 현재 블록 지우기
- 블록 Y좌표 +1
- 채워져 있는 줄 제거하고 윗 줄에 있는 블록들 아래로 이동처리
- 지운 줄 수 카운트 +1
지운 줄 수 > 7 ?
No
Yes
- 스테이지 1 증가
- 한 줄 아래 이동 속도 빠르게
스테이지 3개 모두 클리어 ?
No
Yes
- 게임 대기상태로, “승리” 표시
- 블록 관리 테이블 클리어
- “승리” 표시 중 시작 스위치 입력 금지(wait 변수)
새 스테이지 화면 데이터 설정
- 2초 대기, 스테이지 1로 리셋
- “테트리스” 표시
- 시작 스위치 입력 허용(wait)
- main 함수로 리턴
init_set()
- 블록 관리 테이블 클리어
- 블록 위치 및 각도 초기 설정
- 현재 블록과 다음 블록 패턴 갱신
- 새 블록이 놓이는 영역에 블록이 놓여 있는지 조사
놓여 있는가 ?
No
Yes
- 게임 대기상태로, “패” 표시
- 블록 관리 테이블 클리어
- 시작 스위치 입력 금지
- 2초 대기, 스테이지 1로 리셋
- “테트리스” 표시
- 시작 스위치 입력 허용, main 함수로 리턴
- 블록 관리 테이블 클리어, 새로운 블록 복사
- 다음 블록 패턴 표시 위해 저장

(i) one_play() 함수

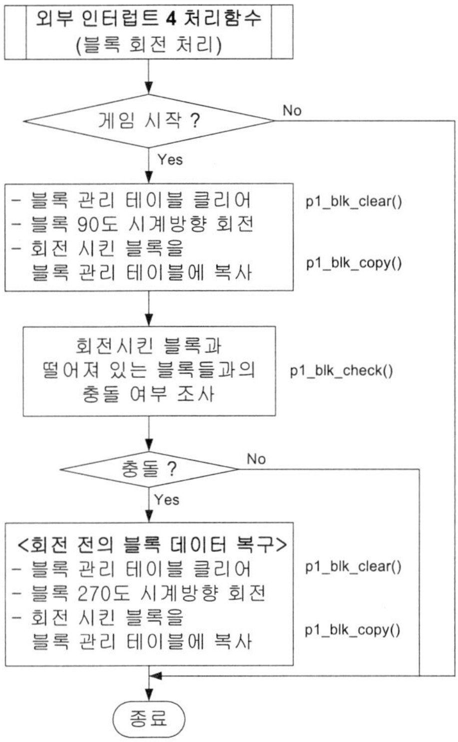

(j) 외부 인터럽트4 처리 함수

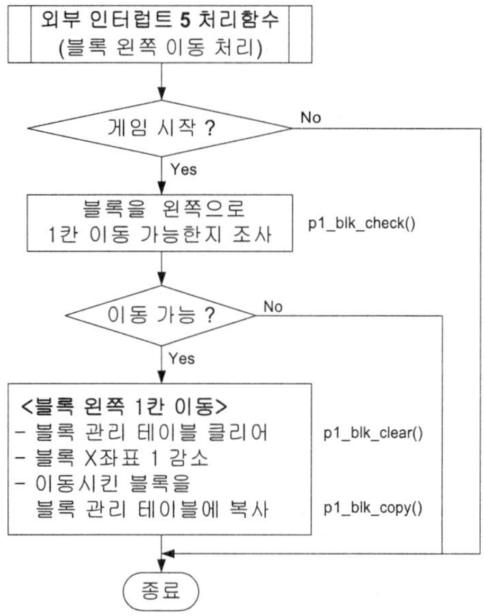

(k) 외부 인터럽트5 처리 함수

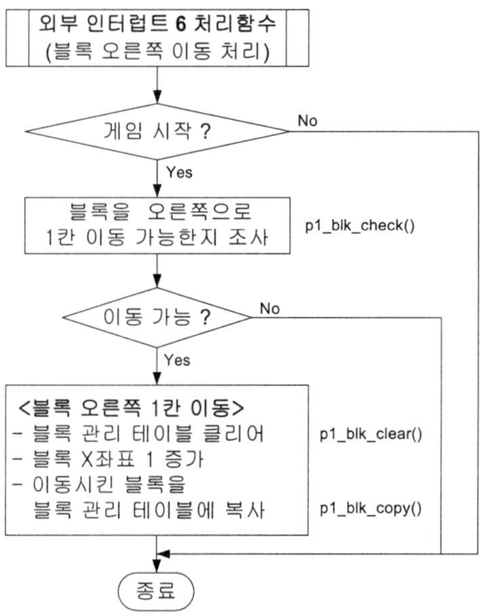

(l) 외부 인터럽트6 처리 함수

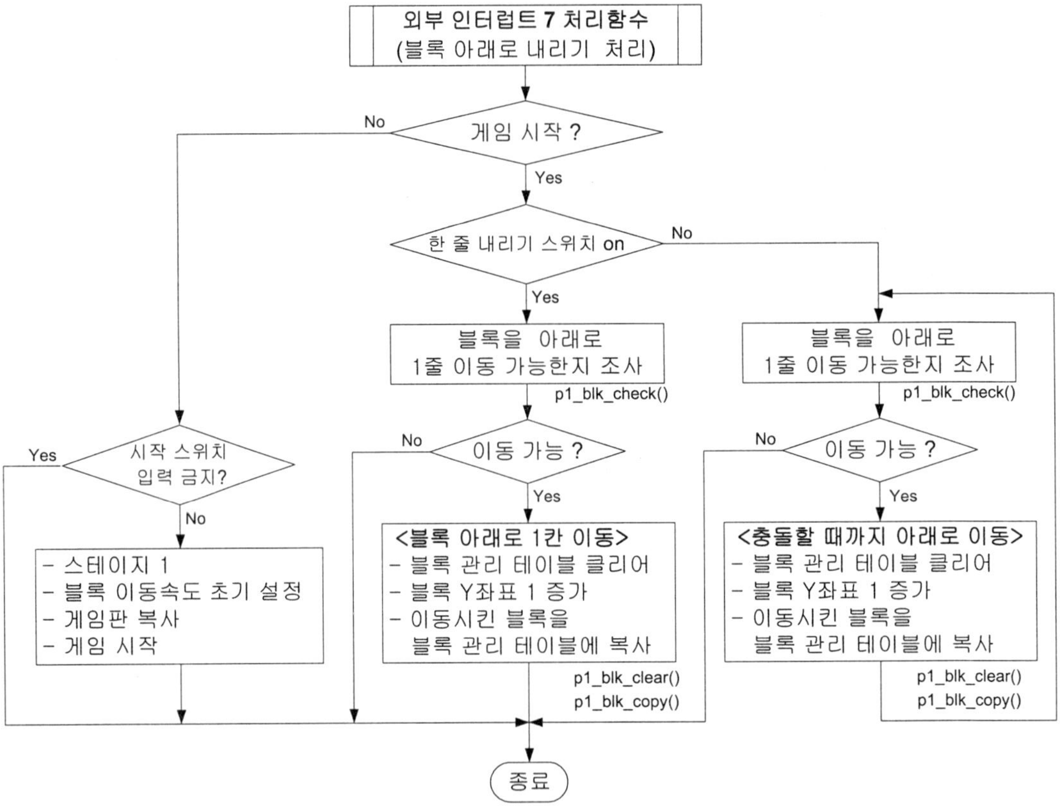

(m) 외부 인터럽트7 처리 함수

[그림 6-17] 1인용 테트리스 게임 함수 동작 흐름도

6.4.2 2인용 게임 함수 순서도

[그림 6-18]은 2인용 테트리스 게임에 대한 함수의 동작 흐름도를 보여준다.

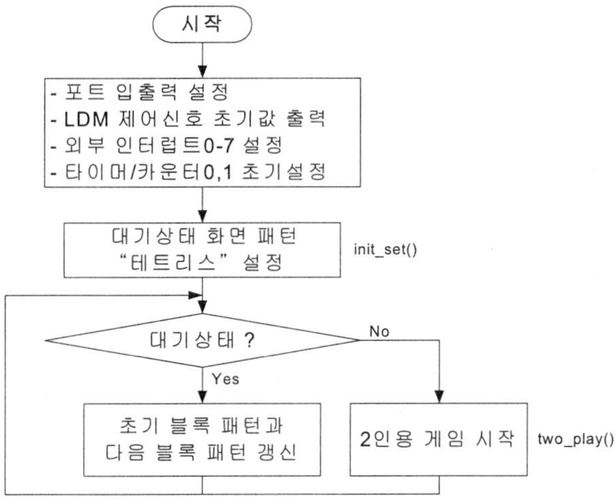

(a) main() 함수

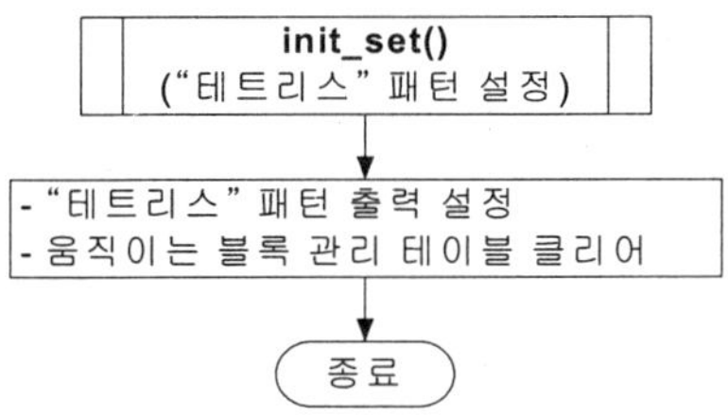

(b) init_set() 함수

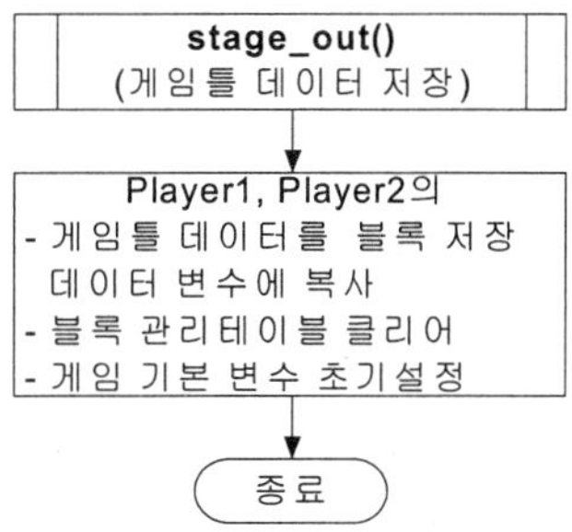

(c) stage_out() 함수

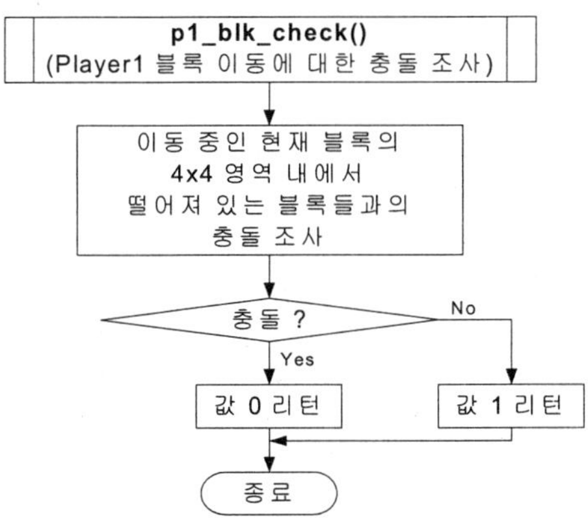

(d) p1_blk_check() 함수

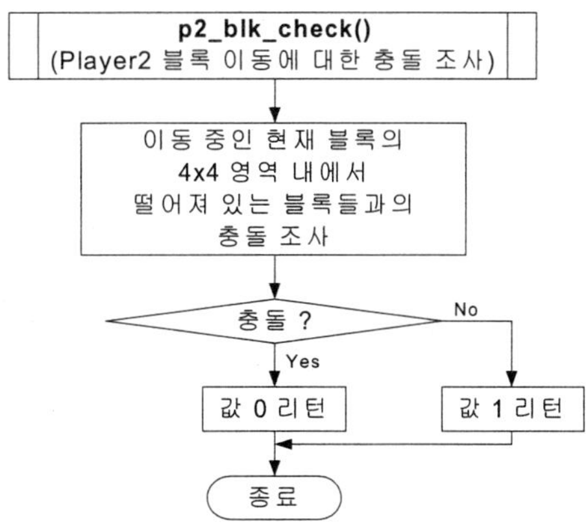

(e) p2_blk_check() 함수

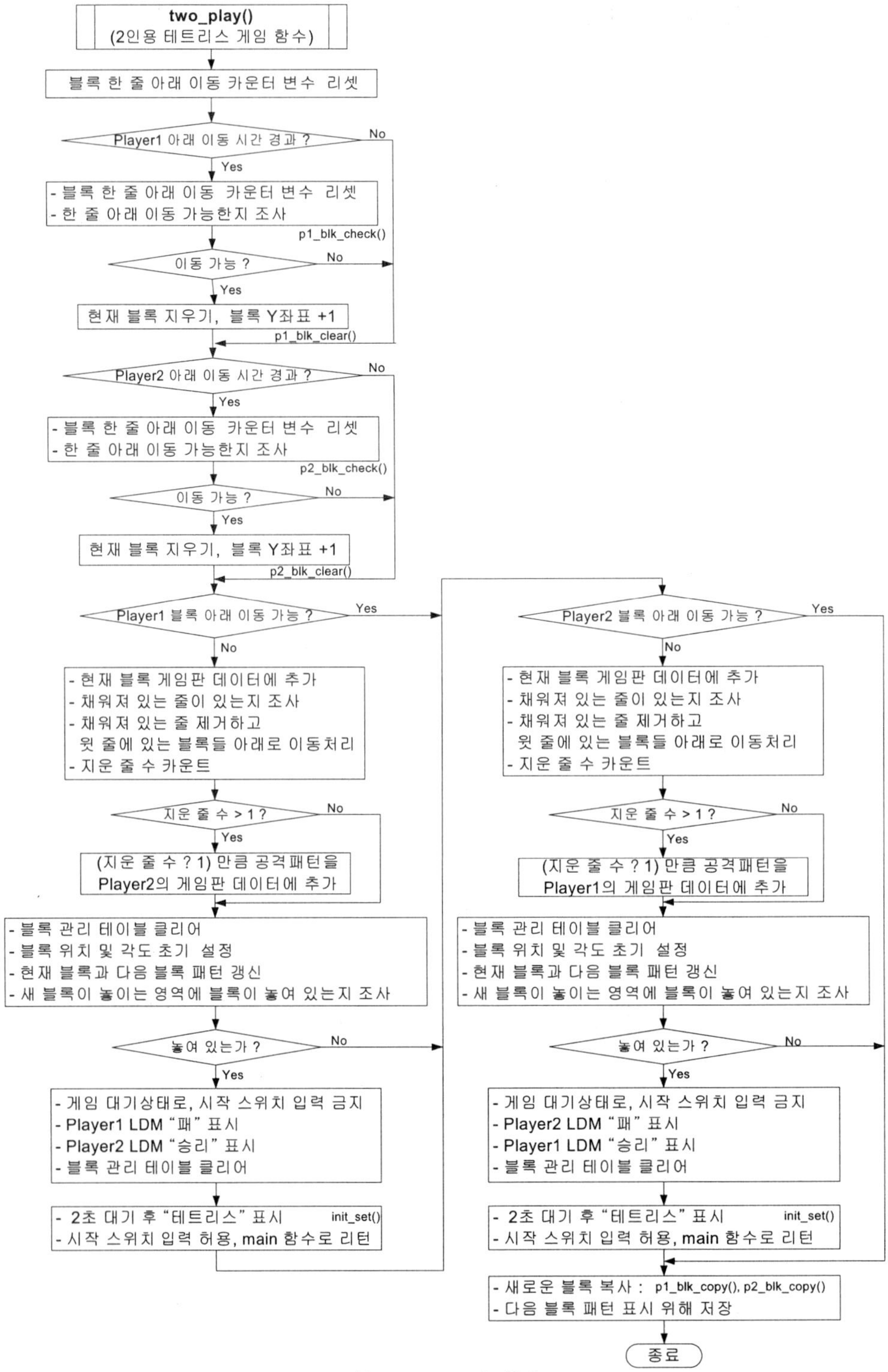
two_play()
(2인용 테트리스 게임 함수)
블록 한 줄 아래 이동 카운터 변수 리셋
Player1 아래 이동 시간 경과 ?
No
Yes
- 블록 한 줄 아래 이동 카운터 변수 리셋
- 한 줄 아래 이동 가능한지 조사
p1_blk_check()
이동 가능 ?
현재 블록 지우기, 블록 Y좌표 +1
p1_blk_clear()
Player2 아래 이동 시간 경과 ?
p2_blk_check()
p2_blk_clear()
Player1 블록 아래 이동 가능 ?
Player2 블록 아래 이동 가능 ?
- 현재 블록 게임판 데이터에 추가
- 채워져 있는 줄이 있는지 조사
- 채워져 있는 줄 제거하고
윗 줄에 있는 블록들 아래로 이동처리
- 지운 줄 수 카운트
지운 줄 수 > 1 ?
(지운 줄 수 ? 1) 만큼 공격패턴을
Player2의 게임판 데이터에 추가
Player1의 게임판 데이터에 추가
- 블록 관리 테이블 클리어
- 블록 위치 및 각도 초기 설정
- 현재 블록과 다음 블록 패턴 갱신
- 새 블록이 놓이는 영역에 블록이 놓여 있는지 조사
놓여 있는가 ?
- 게임 대기상태로, 시작 스위치 입력 금지
- Player1 LDM "패" 표시
- Player2 LDM "승리" 표시
- Player2 LDM "패" 표시
- Player1 LDM "승리" 표시
- 2초 대기 후 "테트리스" 표시
init_set()
- 시작 스위치 입력 허용, main 함수로 리턴
- 새로운 블록 복사 : p1_blk_copy(), p2_blk_copy()
- 다음 블록 패턴 표시 위해 저장
종료

(f) two_play() 함수

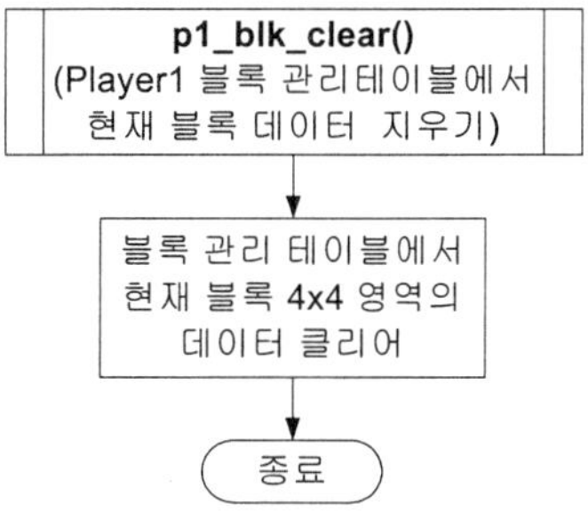

(g) p1_blk_clear() 함수

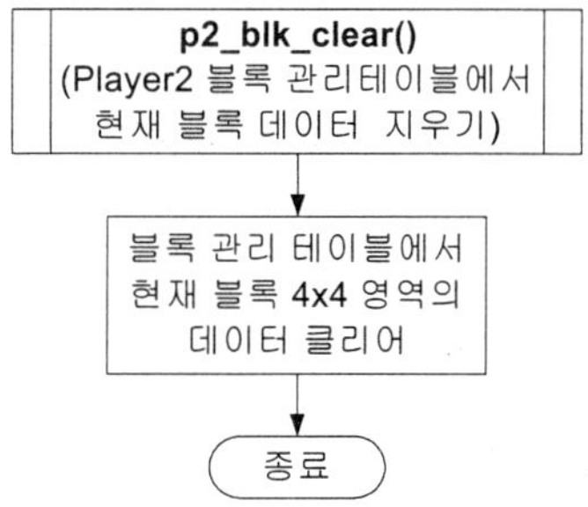

(h) p2_blk_clear() 함수

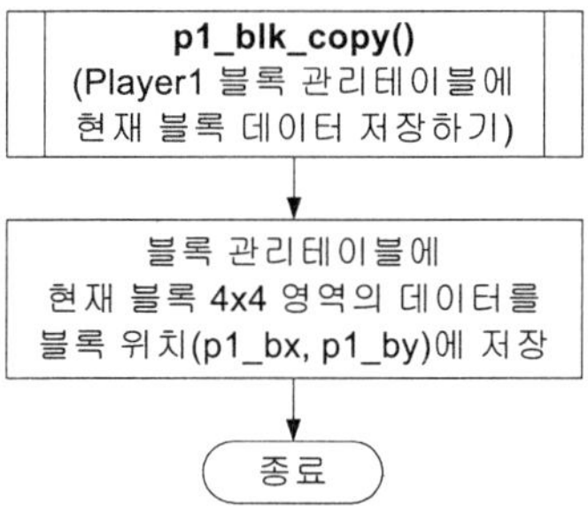

(i) p1_blk_copy() 함수

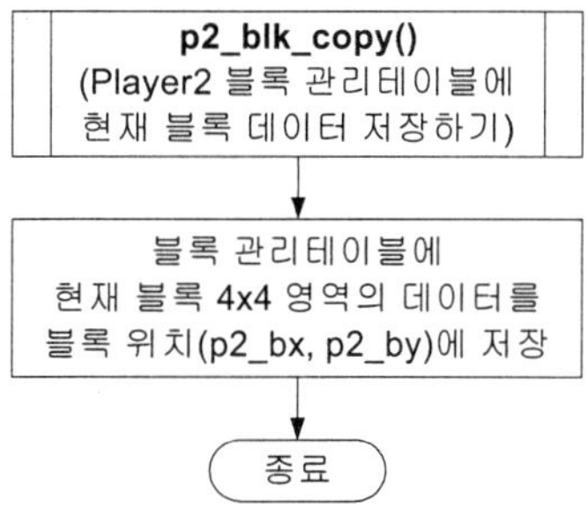

(j) p2_blk_copy() 함수

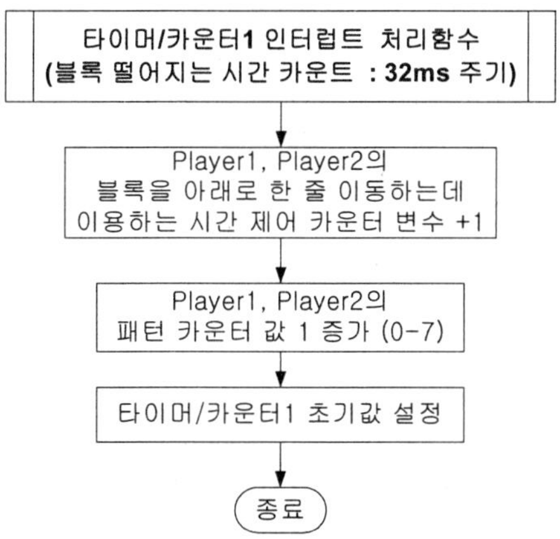

(k) 타이머/카운터1 인터럽트 함수

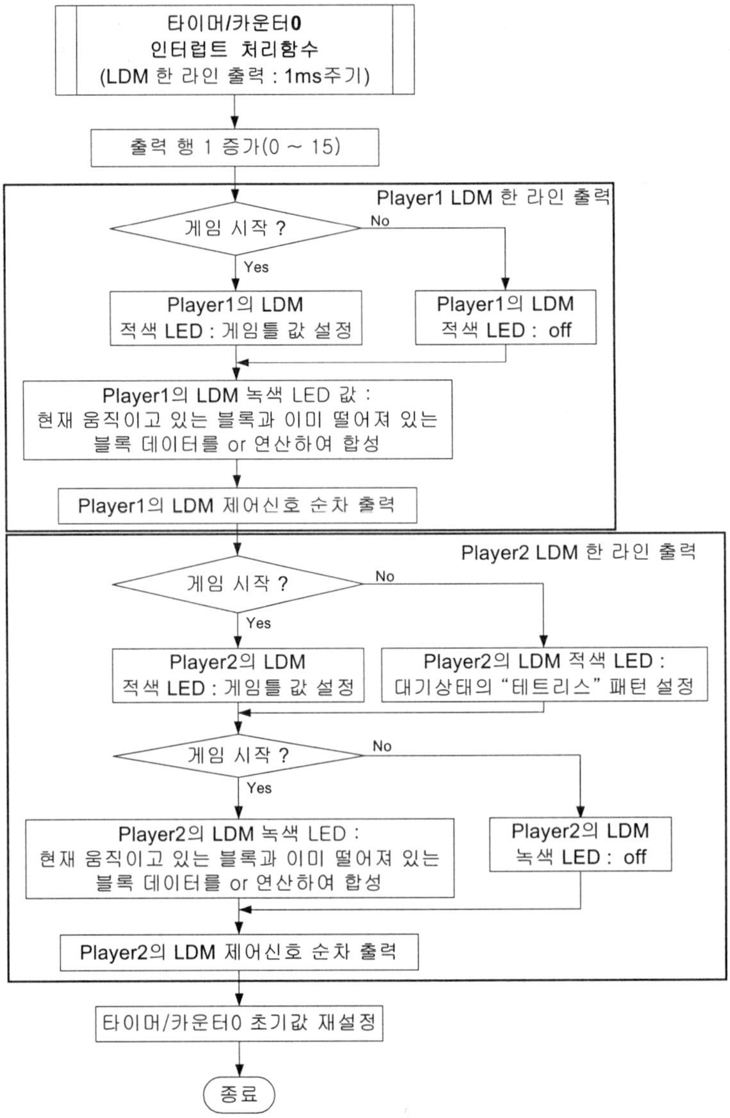

(1) 타이머/카운터0 인터럽트 함수

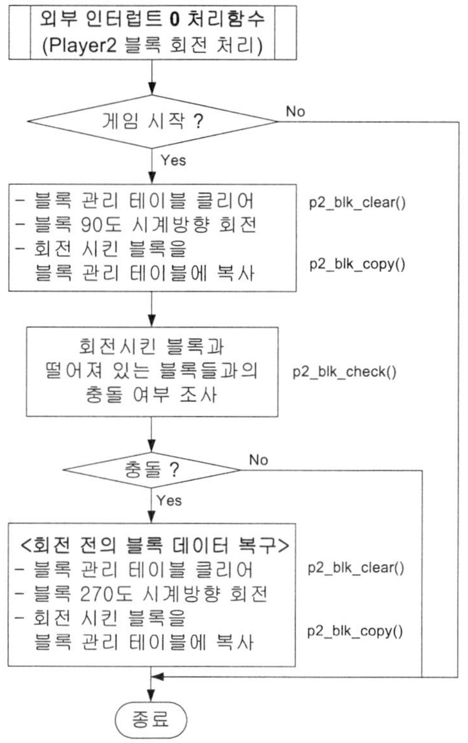

(m) 외부인터럽트0 처리함수

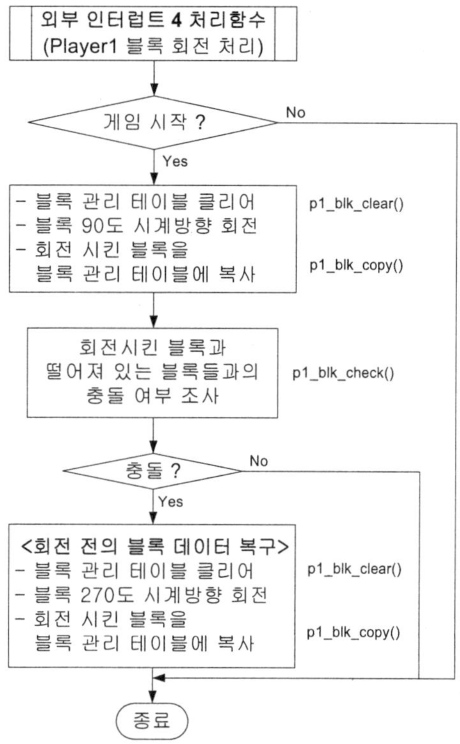

(n) 외부인터럽트4 처리함수

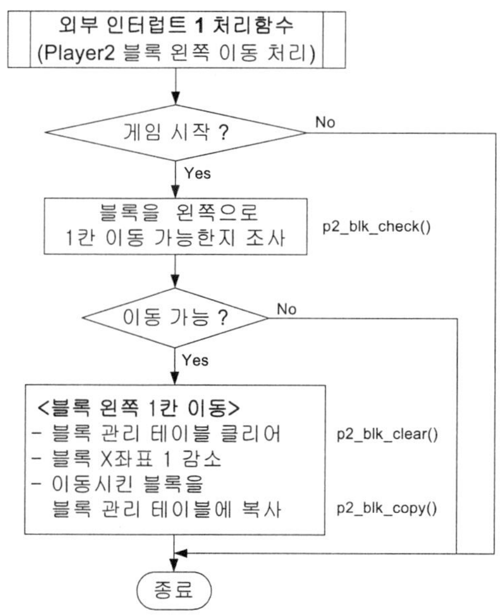

(o) 외부인터럽트1 처리함수

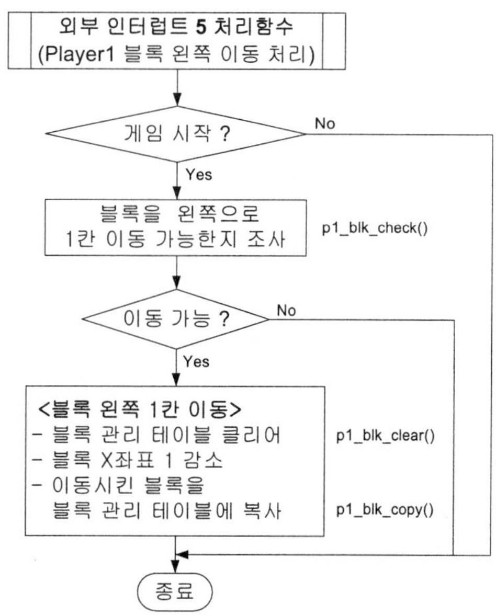

(p) 외부인터럽트5 처리함수

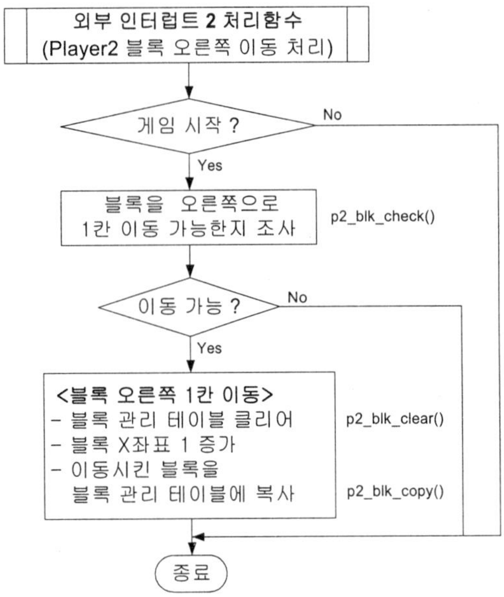

(q) 외부인터럽트2 처리함수

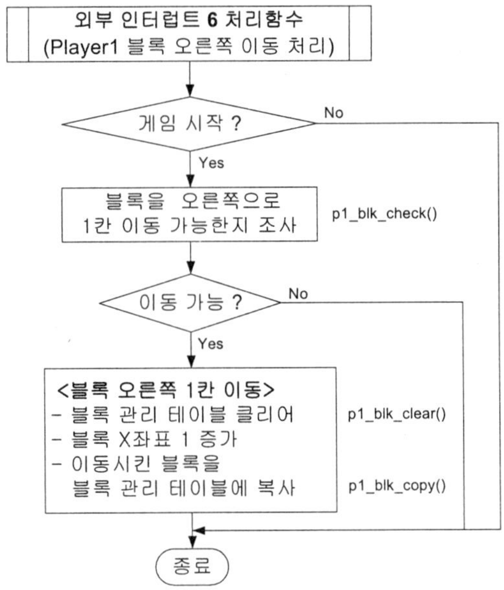

(r) 외부인터럽트6 처리함수

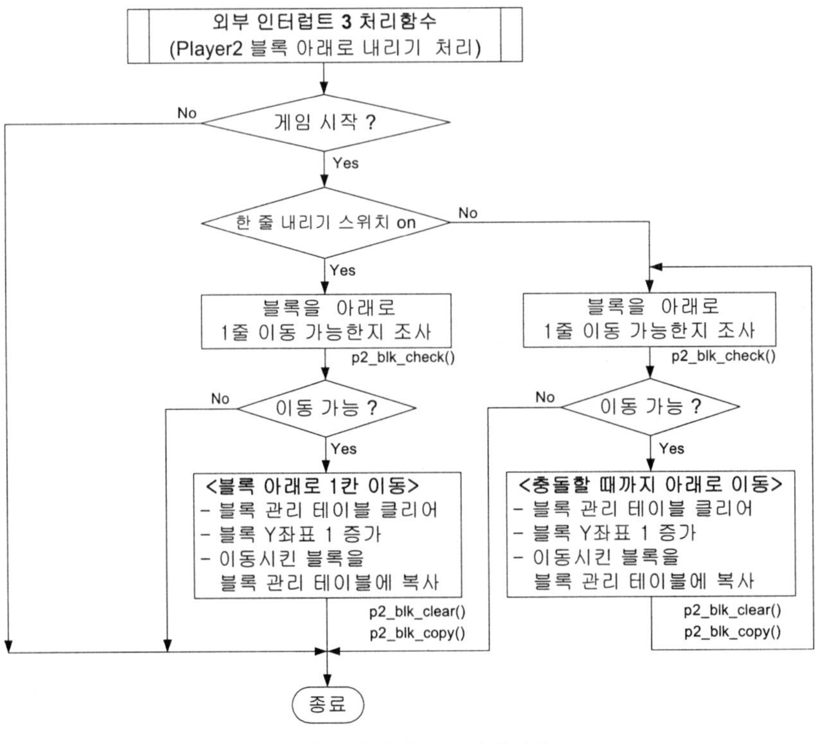

(s) 외부인터럽트3 처리함수

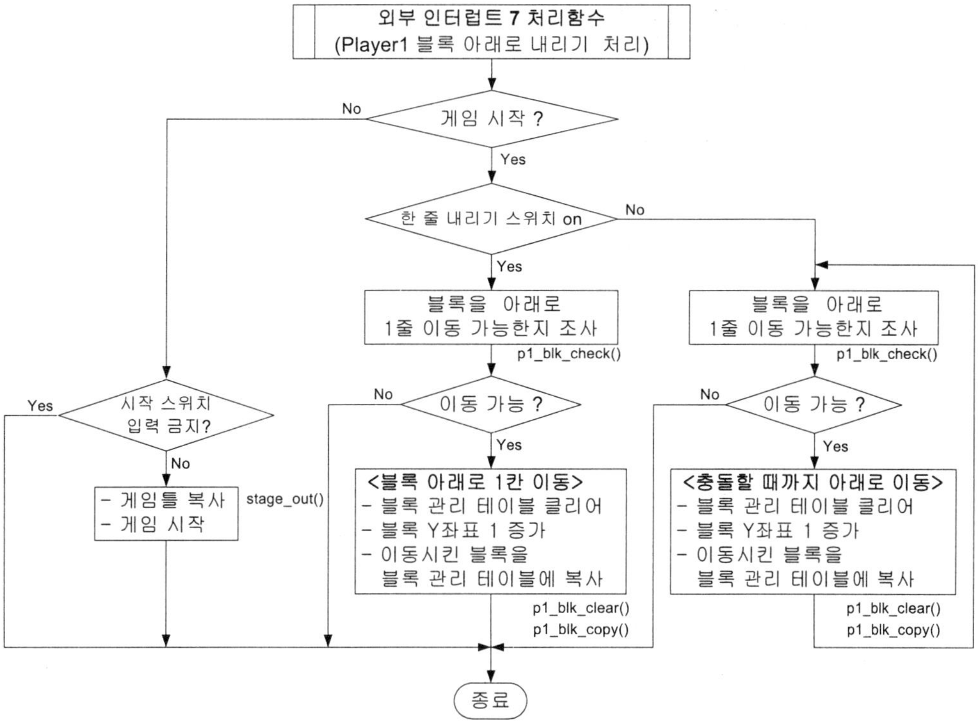

(t) 외부인터럽트7 처리함수

[그림 6-18] 2인용 게임 함수 동작 흐름도

6.5 프로그램 소스

6.5.1 1인용 프로그램

```
/*************************************************************/
/*  ntet11.c : 테트리스 게임(1인용 Player1)                  */
/*  2008. 6 by 유재훈                                        */
/*************************************************************/

#include <mega128.h>
#include <delay.h>

#define  SIZE            16                  // LDM 사이즈

#define  LINE_ADDR       PORTG               // Line Address
#define  RED             PORTA.0             // Red LED Data
#define  GREEN           PORTA.1             // Green LED Data
#define  ENABLE          PORTA.2             // Output Enable
#define  LATCH           PORTA.3             // Latch
#define  CLOCK           PORTA.4             // Clock

typedef unsigned int uint;
typedef unsigned char uchar;

uint com;                         // LDM 출력행
uint level = 22;                  // 블록 이동 속도 조절
uint start = 0;                   // 게임 시작(0:대기, 1:시작)
uint wait = 0;                    // "승리", "패" 출력시 스위치 입력 금지 변수

// Player1 변수
uint p1_stage = 0;                // 스테이지 번호
uint p1_stage_cnt = 0;            // 현 스테이지에서 지운 라인수
uint p1_pat_cnt;                  // 블록 랜덤 발생을 위한 카운터
uint p1_by = 0;                   // 블록 좌상 Y좌표
uint p1_bx = 4;                   // 블록 좌상 X좌표
uint p1_turn = 0;                 // 현재 블록 패턴 회전 번호
uint p1_next_pat = 0;             // 다음 블록 패턴 번호
uint p1_pat = 0;                  // 현재 블록 패턴 번호
uint p1_down_cnt;                 // 이동속도 카운터 변수

// 7가지의 블록을 4가지 패턴으로 정의
// block[블록번호][회전번호][수직좌표][수평좌표]
unsigned char block[7][4][4][4] ={
                    {{{0,0,0,0},{0,0,0,0},{1,1,1,1},{0,0,0,0}},
```

```
                                {{0,1,0,0},{0,1,0,0},{0,1,0,0},{0,1,0,0}},
                                {{0,0,0,0},{0,0,0,0},{1,1,1,1},{0,0,0,0}},
                                {{0,1,0,0},{0,1,0,0},{0,1,0,0},{0,1,0,0}}},

                               {{{0,0,0,0},{0,1,1,0},{0,1,1,0},{0,0,0,0}},
                                {{0,0,0,0},{0,1,1,0},{0,1,1,0},{0,0,0,0}},
                                {{0,0,0,0},{0,1,1,0},{0,1,1,0},{0,0,0,0}},
                                {{0,0,0,0},{0,1,1,0},{0,1,1,0},{0,0,0,0}}},

                               {{{0,0,0,0},{0,0,1,1},{0,1,1,0},{0,0,0,0}},
                                {{0,0,0,0},{0,1,0,0},{0,1,1,0},{0,0,1,0}},
                                {{0,0,0,0},{0,0,1,1},{0,1,1,0},{0,0,0,0}},
                                {{0,0,0,0},{0,1,0,0},{0,1,1,0},{0,0,1,0}}},

                               {{{0,0,0,0},{0,1,1,0},{0,0,1,1},{0,0,0,0}},
                                {{0,0,0,0},{0,0,0,1},{0,0,1,1},{0,0,1,0}},
                                {{0,0,0,0},{0,1,1,0},{0,0,1,1},{0,0,0,0}},
                                {{0,0,0,0},{0,0,0,1},{0,0,1,1},{0,0,1,0}}},

                               {{{0,1,0,0},{0,1,1,1},{0,0,0,0},{0,0,0,0}},
                                {{0,0,1,1},{0,0,1,0},{0,0,1,0},{0,0,0,0}},
                                {{0,0,0,0},{0,1,1,1},{0,0,0,1},{0,0,0,0}},
                                {{0,0,1,0},{0,0,1,0},{0,1,1,0},{0,0,0,0}}},

                               {{{0,0,0,1},{0,1,1,1},{0,0,0,0},{0,0,0,0}},
                                {{0,0,1,0},{0,0,1,0},{0,0,1,1},{0,0,0,0}},
                                {{0,0,0,0},{0,1,1,1},{0,1,0,0},{0,0,0,0}},
                                {{0,1,1,0},{0,0,1,0},{0,0,1,0},{0,0,0,0}}},

                               {{{0,0,0,0},{0,0,1,0},{0,1,1,1},{0,0,0,0}},
                                {{0,0,0,0},{0,0,1,0},{0,0,1,1},{0,0,1,0}},
                                {{0,0,0,0},{0,0,0,0},{0,1,1,1},{0,0,1,0}},
                                {{0,0,0,0},{0,0,1,0},{0,1,1,0},{0,0,1,0}}} };

// 게임 플레이시 바닥에 깔리는 게임틀과 승리, 패를 표시하는 데이터
flash uchar stage[6][16][16] =
                {{{1,0,0,0,0,0,0,0,0,0,0,1,0,0,0,0},    // 스테이지1 게임틀
                  {1,0,0,0,0,0,0,0,0,0,0,1,0,0,0,0},
                  {1,0,0,0,0,0,0,0,0,0,0,1,0,0,0,0},
                  {1,0,0,0,0,0,0,0,0,0,0,1,0,0,0,0},
                  {1,0,0,0,0,0,0,0,0,0,0,1,0,0,0,0},
                  {1,0,0,0,0,0,0,0,0,0,0,1,0,0,1,0},
                  {1,0,0,0,0,0,0,0,0,0,0,1,0,1,1,0},
                  {1,0,0,0,0,0,0,0,0,0,0,1,0,0,1,0},
                  {1,0,0,0,0,0,0,0,0,0,0,1,0,0,1,0},
                  {1,0,0,0,0,0,0,0,0,0,0,1,0,1,1,1},
                  {1,0,0,0,0,0,0,0,0,0,0,1,0,0,0,0},
```

```
 {1,0,0,0,0,0,0,0,0,0,0,0,1,0,0,0,0},
 {1,0,0,0,0,0,0,0,0,0,0,0,1,0,0,0,0},
 {1,0,0,0,0,0,0,0,0,0,0,0,1,0,0,0,0},
 {1,0,0,0,0,0,0,0,0,0,0,0,1,0,0,0,0},
 {1,1,1,1,1,1,1,1,1,1,1,1,1,0,0,0,0}},

{{1,0,0,0,0,0,0,0,0,0,0,0,1,0,0,0,0},      // 스테이지2 게임틀
 {1,0,0,0,0,0,0,0,0,0,0,0,1,0,0,0,0},
 {1,0,0,0,0,0,0,0,0,0,0,0,1,0,0,0,0},
 {1,0,0,0,0,0,0,0,0,0,0,0,1,0,0,0,0},
 {1,0,0,0,0,0,0,0,0,0,0,0,1,0,0,0,0},
 {1,0,0,0,0,0,0,0,0,0,0,0,1,0,1,1,1},
 {1,0,0,0,0,0,0,0,0,0,0,0,1,0,0,0,1},
 {1,0,0,0,0,0,0,0,0,0,0,0,1,0,1,1,1},
 {1,0,0,0,0,0,0,0,0,0,0,0,1,0,1,0,0},
 {1,0,0,0,0,0,0,0,0,0,0,0,1,0,1,1,1},
 {1,0,0,0,0,0,0,0,0,0,0,0,1,0,0,0,0},
 {1,0,0,0,0,0,0,0,0,0,0,0,1,0,0,0,0},
 {1,0,0,0,1,0,0,1,0,0,0,0,1,0,0,0,0},
 {1,0,0,1,1,0,0,1,1,0,0,0,1,0,0,0,0},
 {1,0,1,1,1,1,1,1,1,1,0,1,1,0,0,0,0},
 {1,1,1,1,1,1,1,1,1,1,1,1,1,0,0,0,0}},

{{1,0,0,0,0,0,0,0,0,0,0,0,1,0,0,0,0},      // 스테이지3 게임틀
 {1,0,0,0,0,0,0,0,0,0,0,0,1,0,0,0,0},
 {1,0,0,0,0,0,0,0,0,0,0,0,1,0,0,0,0},
 {1,0,0,0,0,0,0,0,0,0,0,0,1,0,0,0,0},
 {1,0,0,0,0,0,0,0,0,0,0,0,1,0,0,0,0},
 {1,0,0,0,0,0,0,0,0,0,0,0,1,0,1,1,1},
 {1,0,0,0,0,0,0,0,0,0,0,0,1,0,0,0,1},
 {1,0,0,0,0,0,0,0,0,0,0,0,1,0,1,1,1},
 {1,0,0,0,0,0,0,0,0,0,0,0,1,0,0,0,1},
 {1,0,0,0,0,0,0,0,0,0,0,0,1,0,1,1,1},
 {1,0,0,0,0,0,0,0,0,0,0,0,1,0,0,0,0},
 {1,0,0,0,0,0,0,0,0,0,0,0,1,0,0,0,0},
 {1,0,1,0,1,0,1,0,1,0,1,1,1,0,0,0,0},
 {1,1,0,1,0,1,0,1,0,1,0,1,1,0,0,0,0},
 {1,0,1,0,1,0,1,0,1,0,1,1,1,0,0,0,0},
 {1,1,1,1,1,1,1,1,1,1,1,1,1,0,0,0,0}},

{{0,0,0,0,0,0,0,0,0,0,0,0,0,0,0,0,0},      // "승리"
 {0,0,0,0,0,0,0,0,0,0,0,0,0,0,0,0,0},
 {0,0,0,0,1,0,0,0,0,0,0,0,0,0,1,0},
 {0,0,0,1,0,1,0,0,0,1,1,1,1,0,1,0},
 {0,0,1,0,0,0,1,0,0,0,0,0,1,0,1,0},
 {0,0,1,0,0,0,1,0,0,0,0,0,1,0,1,0},
 {0,0,0,0,0,0,0,0,0,1,1,1,1,0,1,0},
```

```
                {0,1,1,1,1,1,1,1,0,1,0,0,0,0,1,0},
                {0,0,0,0,0,0,0,0,0,1,0,0,0,0,1,0},
                {0,0,0,1,1,1,0,0,0,1,1,1,1,0,1,0},
                {0,0,1,0,0,0,1,0,0,0,0,0,0,0,1,0},
                {0,0,0,1,1,1,0,0,0,0,0,0,0,0,0,0},
                {0,0,0,0,0,0,0,0,0,0,0,0,0,0,0,0},
                {0,0,0,0,0,0,0,0,0,0,0,0,0,0,0,0},
                {0,0,0,0,0,0,0,0,0,0,0,0,0,0,0,0},
                {0,0,0,0,0,0,0,0,0,0,0,0,0,0,0,0}},

               {{0,0,0,0,0,0,0,0,0,0,0,0,0,0,0,0},      // "패"
                {0,0,0,0,0,0,0,0,0,0,0,0,0,0,0,0},
                {0,0,0,0,0,0,0,0,0,0,0,1,0,1,0,0},
                {0,0,1,1,1,1,1,1,1,1,0,1,0,1,0,0},
                {0,0,0,0,1,0,0,1,0,0,0,1,0,1,0,0},
                {0,0,0,0,1,0,0,1,0,0,0,1,0,1,0,0},
                {0,0,0,0,1,0,0,1,0,0,0,1,0,1,0,0},
                {0,0,0,0,1,0,0,1,0,0,0,1,1,1,0,0},
                {0,0,0,0,1,0,0,1,0,0,0,1,0,1,0,0},
                {0,0,0,0,1,0,0,1,0,0,0,1,0,1,0,0},
                {0,0,0,0,1,0,0,1,0,0,0,1,0,1,0,0},
                {0,0,0,0,1,0,0,1,0,0,0,1,0,1,0,0},
                {0,0,1,1,1,1,1,1,1,1,0,1,0,1,0,0},
                {0,0,0,0,0,0,0,0,0,0,0,1,0,1,0,0},
                {0,0,0,0,0,0,0,0,0,0,0,0,0,0,0,0},
                {0,0,0,0,0,0,0,0,0,0,0,0,0,0,0,0}},

               {{0,0,0,0,0,0,0,1,0,0,0,0,0,0,0,0},      // "테트리스"
                {0,1,1,1,0,0,1,1,0,0,1,1,1,1,1,0},
                {0,0,0,0,0,0,1,1,0,0,1,0,0,0,0,0},
                {0,1,1,1,0,0,1,1,0,0,1,1,1,1,1,0},
                {0,1,0,0,1,1,1,1,0,0,1,0,0,0,0,0},
                {0,1,0,0,0,0,1,1,0,0,1,1,1,1,1,0},
                {0,1,1,1,0,0,1,1,0,0,0,0,0,0,0,0},
                {0,0,0,0,0,0,0,1,0,1,1,1,1,1,1,1},
                {0,0,0,0,0,0,0,0,0,0,0,0,0,0,0,0},
                {0,1,1,1,1,0,1,0,0,0,0,0,1,0,0,0},
                {0,0,0,0,1,0,1,0,0,0,0,1,0,1,0,0},
                {0,0,0,0,1,0,1,0,0,0,1,0,0,0,1,0},
                {0,1,1,1,1,0,1,0,0,1,0,0,0,0,0,1},
                {0,1,0,0,0,0,1,0,0,0,0,0,0,0,0,0},
                {0,1,0,0,0,0,1,0,0,0,0,0,0,0,0,0},
                {0,1,1,1,1,0,1,0,0,1,1,1,1,1,1,1}}};

// 게임 플레이시 적색 게임틀,  승리, 패를 표시하는 데이터
flash uchar red_stage[3][16][16] =
               {{{1,0,0,0,0,0,0,0,0,0,0,1,0,0,0,0},     // 스테이지1 게임틀
```

```
 {1,0,0,0,0,0,0,0,0,0,0,1,0,0,0,0},
 {1,0,0,0,0,0,0,0,0,0,0,1,0,0,0,0},
 {1,0,0,0,0,0,0,0,0,0,0,1,0,0,0,0},
 {1,0,0,0,0,0,0,0,0,0,0,1,0,0,0,0},
 {1,0,0,0,0,0,0,0,0,0,0,1,0,0,1,0},
 {1,0,0,0,0,0,0,0,0,0,0,1,0,1,1,0},
 {1,0,0,0,0,0,0,0,0,0,0,1,0,0,1,0},
 {1,0,0,0,0,0,0,0,0,0,0,1,0,0,1,0},
 {1,0,0,0,0,0,0,0,0,0,0,1,0,1,1,1},
 {1,0,0,0,0,0,0,0,0,0,0,1,0,0,0,0},
 {1,0,0,0,0,0,0,0,0,0,0,1,0,0,0,0},
 {1,0,0,0,0,0,0,0,0,0,0,1,0,0,0,0},
 {1,0,0,0,0,0,0,0,0,0,0,1,0,0,0,0},
 {1,0,0,0,0,0,0,0,0,0,0,1,0,0,0,0},
 {1,1,1,1,1,1,1,1,1,1,1,1,0,0,0,0}},

{{1,0,0,0,0,0,0,0,0,0,0,1,0,0,0,0},      // 스테이지2 게임틀
 {1,0,0,0,0,0,0,0,0,0,0,1,0,0,0,0},
 {1,0,0,0,0,0,0,0,0,0,0,1,0,0,0,0},
 {1,0,0,0,0,0,0,0,0,0,0,1,0,0,0,0},
 {1,0,0,0,0,0,0,0,0,0,0,1,0,0,0,0},
 {1,0,0,0,0,0,0,0,0,0,0,1,0,1,1,1},
 {1,0,0,0,0,0,0,0,0,0,0,1,0,0,0,1},
 {1,0,0,0,0,0,0,0,0,0,0,1,0,1,1,1},
 {1,0,0,0,0,0,0,0,0,0,0,1,0,1,0,0},
 {1,0,0,0,0,0,0,0,0,0,0,1,0,1,1,1},
 {1,0,0,0,0,0,0,0,0,0,0,1,0,0,0,0},
 {1,0,0,0,0,0,0,0,0,0,0,1,0,0,0,0},
 {1,0,0,0,0,0,0,0,0,0,0,1,0,0,0,0},
 {1,0,0,0,0,0,0,0,0,0,0,1,0,0,0,0},
 {1,0,0,0,0,0,0,0,0,0,0,1,0,0,0,0},
 {1,1,1,1,1,1,1,1,1,1,1,1,0,0,0,0}},

{{1,0,0,0,0,0,0,0,0,0,0,1,0,0,0,0},      // 스테이지3 게임틀
 {1,0,0,0,0,0,0,0,0,0,0,1,0,0,0,0},
 {1,0,0,0,0,0,0,0,0,0,0,1,0,0,0,0},
 {1,0,0,0,0,0,0,0,0,0,0,1,0,0,0,0},
 {1,0,0,0,0,0,0,0,0,0,0,1,0,0,0,0},
 {1,0,0,0,0,0,0,0,0,0,0,1,0,1,1,1},
 {1,0,0,0,0,0,0,0,0,0,0,1,0,0,0,1},
 {1,0,0,0,0,0,0,0,0,0,0,1,0,1,1,1},
 {1,0,0,0,0,0,0,0,0,0,0,1,0,0,0,1},
 {1,0,0,0,0,0,0,0,0,0,0,1,0,1,1,1},
 {1,0,0,0,0,0,0,0,0,0,0,1,0,0,0,0},
 {1,0,0,0,0,0,0,0,0,0,0,1,0,0,0,0},
 {1,0,0,0,0,0,0,0,0,0,0,1,0,0,0,0},
 {1,0,0,0,0,0,0,0,0,0,0,1,0,0,0,0},
```

```
                  {1,0,0,0,0,0,0,0,0,0,0,1,0,0,0,0},
                  {1,1,1,1,1,1,1,1,1,1,1,1,0,0,0,0}}};

// 떨어지는 블록 데이터 저장
// p1_data와 함께 OR하여 LDM 출력
uchar p1_table[16][16];            // 떨어지는 블록 데이터 저장
uchar p1_data[16][16];             // 게임틀과 떨어진 블록 데이터 저장

// 함수
void one_play(void);               // 1인용 게임
int p1_blk_check(int, int);        // Player1 블록 닿는지 조사
void p1_blk_clear(void);           // Player1 블록 테이블 클리어
void p1_blk_copy(void);            // Player1 블록 테이블 복사
void stage_out(void);              // 스테이지 게임틀 데이터 설정
void init_set(void);               // 초기화면 표시 데이터 설정

void main(void)
{
    // 포트 입출력 설정
    DDRA = 0x1F;                   // PORTA 출력 설정(LDM  제어핀)
    DDRG = 0x1F;                   // PORTG 출력설정(LDM 어드레스 A0-A3)
    DDRE = 0x00;                   // PORTE 입력설정(스위치)

    // LDM 제어신호 출력
    PORTA = 0b00001100;            // Enable High
    PORTG = 0x0F;                  // A0-A3 = 1111
    PORTA = 0b00001000;            // Enable Low

    // 외부 인터럽트 설정
    EICRB = 0b10101010;            // 외부인터럽트 4-7 하강에지
    EIMSK = 0b11110000;            // 외부인터럽트 4-7 인에이블

    // 타이머/카운터 설정
    ASSR = 0x00;                   // 타이머/카운터0 타이머 모드
    TCCR0 = 0x04;                  // 일반모드, 프리스케일 = CK/64
    TCNT0 = 0x00;                  // 타이머/카운터0 레지스터 초기값

    TCCR1A = 0x00;                 // 타이머/카운터1 인에이블
    TCCR1B = 0x05;                 // 1024분주
    TCCR1C = 0x00;
    TCNT1 = 0xfe00;                // 1/16 us x 1024 x (0xffff -0xfe00) = 32ms
    TIMSK = 0x05;                  // 타이머/카운터0, 1 인터럽트 인에이블

    init_set();

    SREG = 0x80;                   // 전역 인터럽트 인에이블 비트 셋
```

```
	while(1){
		while(!start){          // 대기 상태
			p1_pat = p1_next_pat;     // 새로 나올 블록을 계속 해서 바꿔준다.
			p1_next_pat = p1_pat_cnt; // 다음 블록은 다른 랜덤값을 취한다.
		}

		one_play();                // 1인용 게임
	}
}

// "테트리스" 패턴 저장, 블록 저장 테이블 클리어
void init_set(void)
{
	int		i, j;

	// "테트리스" 패턴 저장
	for(j = 0;j < 16;j++){
		for(i = 0;i < 16;i++){
			p1_data[j][i] = stage[5][j][i];
			p1_table[j][i] = 0;      // 블록 저장 테이블 클리어
		}
	}
}

// 1인용 게임
void one_play(void)
{
	int	j, k, m, n, p1_stop;

	p1_down_cnt = 0;

	while(start){  // 게임 시작
		if(p1_down_cnt > level){                  // level로 블록이 떨어지는 속도 제어
			p1_down_cnt = 0;                  // 이동속도 조절 변수 리셋

			// 한 칸 아래 이동 가능한지 조사(시간이 되면 자동 하강)
			p1_stop = p1_blk_check(0, 1);

			if(p1_stop != 0){                 // 한 칸 아래 자동 이동 가능
				p1_blk_clear();           // 현재 블록 지우기
				p1_by += 1;               // 블록 한줄 아래로 이동
			}

			// 블록이 바닥에 닿았을 때 처리 함수
			if(p1_stop == 0){
				// 게임판 데이터와 움직이는 블록(테이블) 합성
				for(j = 0;j < 16;j++){
```

```
            for(k = 0;k < 16;k++)
                p1_data[j][k] |= p1_table[j][k];
}

for(j = 0;j < 15;j++){  // 한줄 채우면 지우기
            // 줄이 모두 채워져 있는지 조사
            // 채워져 있으면 곱은 1이 되고,
            // 하나라도 비어 있으면 0이 된다.
            n = 1;
            for(k = 1;k < 11;k++) n = n * p1_data[j][k];

            if(n == 1){       // 한 줄 채워짐
                // 윗 줄 아래로 당기기
                for(m = j;m > 1;m--){
                    for(k = 1;k < 11;k++){
                        p1_data[m][k] = p1_data[m-1][k];
                    }
                }
                p1_stage_cnt++; // 줄 지울 때마다 증가

                // 제거 라인 수 LED 표시
                for(m = 0;m < 2;m++){
                    for(k = 0;k < 4;k++){
                        if((k + m * 4) < p1_stage_cnt)
                            p1_data[m+11][k+12] = 1;
                        else p1_data[m+11][k+12] = 0;
                    }
                }
                if(p1_stage_cnt > 7){
                    // 8칸 지우면 다음 단계로 이동
                    p1_stage++;      // 다음 스테이지로
                    level -= 7;       // 속도증가

                    if(p1_stage > 2){
                        wait = 1;
                        start = 0;
                        // 스테이지3 클리어 "승리" 표시
                        for(m = 0;m < 16;m++){
                            for(k = 0;k < 16;k++){
                                p1_data[m][k] =
                                    stage[3][m][k];
                                p1_table[m][k] = 0;
                            }
                        }
                        delay_ms(2000);
                        p1_stage = 0;
                        init_set();
```

```
                                        wait = 0;
                                        return;
                                    }
                                    else {
                                        stage_out();
                                        delay_ms(1000);
                                    }
                                }
                            }
                        }

                        // table 클리어
                        for(j = 0;j < 16;j++){
                            for(k = 0;k < 16;k++) p1_table[j][k] = 0;
                        }

                        p1_by = 0;          // 블록의 table에 위치하는 곳 초기화
                        p1_bx = 4;
                        p1_turn = 0;        // 블록 기본형으로
                        p1_pat = p1_next_pat;           // next패턴을 현재 패턴으로
                        p1_next_pat = p1_pat_cnt;       // next패턴 새로운 값
                    // 새로운 블록이 놓이는 영역에 하나라도 블록이 있으면 종료
                        for(m = 3;m >= 0;m--){
                            for(n = 4;n < 8;n++){
                                if(p1_data[m][n] == 1){
                                    wait = 1;
                                    start = 0;

                                    // "패" 패턴 저장
                                    for(j = 0;j < 16;j++){
                                        for(k = 0;k < 16;k++){
                                            p1_data[j][k] = stage[4][j][k];
                                            p1_table[j][k] = 0;
                                        }
                                    }
                                    delay_ms(2000);
                                    p1_stage = 0;
                                    init_set();
                                    wait = 0;
                                    return;
                                }
                            }
                        }
                    }

                    // 새로운 블록 불러오는 중에 블록을 이동 못하게
                    // 외부인터럽트 디스에이블
```

```
                        EIMSK = 0;

                        if(start){
                                p1_blk_clear( );
                                p1_blk_copy( );         // 새로운 블록 복사

                                // 다음 블록 패턴 표시를 위한 저장
                                for(j = 0;j < 4;j++){
                                        for(k = 0;k < 4;k++){
                                                p1_data[j][k+12] = block[p1_next_pat][0][j][k];
                                        }
                                }
                        }
                        EIMSK = 0xf0;                   // 외부인터럽트 인에이블
                }
        }
}

// Player1 떨어진 블록과 떨어지는 블록 충돌 체크
// ox : p1_bx와의 차이값, oy : p1_by와 차이값
int p1_blk_check(int ox, int oy)
{
        int     j, k, p1_y, p1_x;

        for(j = 0;j < 4;j++){
                p1_y = j + p1_by;
                for(k = 0;k < 4;k++){
                        p1_x = k + p1_bx;
                        // table과 table의 수평 ox 옆, 수직 oy 아랫부분의
                        // data가 모두 1인지 조사
                        if((p1_table[p1_y][p1_x] &
                                p1_data[p1_y+oy][p1_x+ox])==1) return(0);
                }
        }
        return(1);
}

// Player1 블록 table 클리어
void p1_blk_clear( )
{
        int     j, k, p1_x, p1_y;

        for(j = 0;j < 4;j++){   // 현재 블록 지우기
                p1_y = j + p1_by;
                for(k = 0;k < 4;k++){
                        p1_x = k + p1_bx;
                        p1_table[p1_y][p1_x] = 0;
```

```
                }
        }
}

// Player1 블록 -> table 복사
void p1_blk_copy( )
{
        int         j, k, p1_x, p1_y;

        for(j = 0;j < 4;j++){
                p1_y = j + p1_by;
                for(k = 0;k < 4;k++){       // 새로운 블록 블러오기
                        p1_x = k + p1_bx;
                        p1_table[p1_y][p1_x] |= block[p1_pat][p1_turn][j][k];
                }
        }
}

// 게임틀 및 파리미터 초기 설정
void stage_out()
{
        int       i, j;

        for(j = 0;j < 16;j++){
                for(i = 0;i < 16;i++){
                        p1_data[j][i] = stage[p1_stage][j][i];
                        p1_table[j][i] = 0;
                }
        }

        p1_pat = 0;
        p1_next_pat = 0;
        p1_stage_cnt = 0;
        p1_bx = 4;
        p1_by = 0;
        p1_turn = 0;
}

// 타이머/카운터0 인터럽트 처리함수(LDM 출력)
// (256 - 0) * 64 / 16 us = 1.024ms
interrupt [TIM0_OVF] void timer0_ovf_isr(void)
{
        int         di = 0;

        com = (com + 1) % 16;               // 출력행 +1

        for(di = 0;di < SIZE;di++){
```

```
            if(start == 1)  RED = red_stage[p1_stage][com][di];      // Red_data
            else RED = 0;

            GREEN = p1_data[com][di] | p1_table[com][di];            // Green_data

            // 1비트 데이터 입력을 위한 클럭 입력
            CLOCK = 1;
            delay_us(1);
            CLOCK = 0;
            delay_us(1);
        }

        delay_us(1);
        ENABLE = 1;                  // Output Enable
        LATCH = 0;                   // 데이터 래치 저장
        delay_us(1);
        LATCH = 1;                   // 데이터 입력과 표시

        LINE_ADDR = com;             // 어드레스 출력

        delay_us(1);
        ENABLE = 0;                  // 입력된 데이터 표시
}

// 타이머/카운터1 인터럽트 처리함수
// 1/16us x 1024 x (65536 -65024) = 32ms
interrupt [TIM1_OVF] void timer1_int(void)
{
        p1_down_cnt++;                          // 블록이 떨어지는 시간 카운트.
        p1_pat_cnt = (p1_pat_cnt + 1) % 7;      // 패턴의 랜덤 추출.

        TCNT1 = 0xfe00;                         // 초기값 재설정
}

// 외부 인터럽트4, 스위치1 : Play1용 블록 회전 SW
interrupt [EXT_INT4] void external_int4(void)
{
        int  stop;

        if(start){  // 게임중이면
            p1_blk_clear();                     // 현재 블록 지우기

            p1_turn = (p1_turn + 1) % 4;        // 블록 90도 회전

            // 회전시킨 블록 데이터 복사
            p1_blk_copy();
```

```
            // 회전가능한지 조사
            stop = p1_blk_check(0, 0);

            if(stop == 0){    // 회전 불가
                p1_blk_clear();                 // 새로운 블록 데이터 클리어
                p1_turn = (p1_turn + 3) % 4;    // 블록 270도 회전
                p1_blk_copy();                  // 원래 패턴 복귀
            }
        }
}

// 외부 인터럽트5, 스위치2 : Play1용 블록 왼쪽 이동 SW
interrupt [EXT_INT5] void external_int6(void)
{
        int         stop;

        if(start){
            // 왼쪽으로 이동후 data와 table이 겹치는지 검사
            stop = p1_blk_check(-1, 0);

            if(stop != 0){                  // 안 겹치면 현재 블록 지우고 이동
                p1_blk_clear();             // 현재 블록 데이터 클리어
                p1_bx -= 1;                 // 블록 X 좌표 -1
                p1_blk_copy();              // 블록 데이터 복사
            }
        }
}

// 외부 인터럽트6, 스위치3 : Play1용 블록 오른쪽 이동 SW
interrupt [EXT_INT6] void external_int5(void)
{
        int         stop;

        if(start){  // 게임중이면
            // 이동할 수 있는지 조사
            stop = p1_blk_check(1, 0);

            if(stop != 0){          // 안 겹치면 현재 블록 지우고 이동
                p1_blk_clear();             // 현재 블록 데이터 클리어

                p1_bx += 1;                 // 블록 X 좌표 +1

                p1_blk_copy();              // 블록 데이터 복사
            }
        }
}
```

```
// 외부 인터럽트7, 스위치4/5 : Play1용 블록 한 줄 내리기/바닥까지 내리기 SW
interrupt [EXT_INT7] void external_int7(void)
{
        int         stop = 1;

        if(start){
                if(!(PINE & 0b00000001)){              // 스위치4(PE0 비트 0인지 조사)
                        // 아래 이동 가능한지 조사(아래 한 줄 내리기)
                        stop = p1_blk_check(0, 1);

                        if(stop != 0){                  // 안 겹치면 현지블록 지우고 이동
                                p1_blk_clear();         // 현재 블록 데이터 클리어

                                p1_by += 1;             // 블록 Y 좌표 +1

                                p1_blk_copy();          // 블록 데이터 복사
                        }
                }
                else if(!(PINE & 0b00000010)){   //스위치5(PE1 비트 0인지 조사)
                        // 바닥까지 내리기
                        while(stop){
                                // 아래 한 칸 이동 가능한지 조사
                                stop = p1_blk_check(0, 1);

                                if(stop != 0){          // 안 겹치면 현지블록 지우고 이동
                                        p1_blk_clear();         // 현재 블록 데이터 클리어

                                        p1_by += 1;             // 블록 Y 좌표 +1

                                        p1_blk_copy();          // 블록 데이터 복사
                                }
                        }
                        p1_down_cnt = 100;
                }
        }
        else {
                if(wait == 0){
                        p1_stage = 0;
                        level = 22;                     // 블록 이동 속도 초기 설정
                        tage_out();
                        start = 1;                      // 대기상태에서 게임시작
                }
        }
}
```

6.5.2 2인용 프로그램

```
/*********************************************************/
/*  ntet20.c : 테트리스 게임(2인용)                        */
/*  2008. 6 by 유재훈                                    */
/*********************************************************/

#include <mega128.h>
#include <delay.h>

#define  SIZE          16              // LDM 사이즈

// Player1 LDM 제어 포트
#define  LINE_ADDR1    PORTG           // Line Address
#define  RED1          PORTA.0         // Red LED Data
#define  GREEN1        PORTA.1         // Green LED Data
#define  ENABLE1       PORTA.2         // Output Enable
#define  LATCH1        PORTA.3         // Latch
#define  CLOCK1        PORTA.4         // Clock

// Player2 LDM 제어 포트
#define  LINE_ADDR2    PORTF           // Line Address
#define  RED2          PORTB.0         // Red LED Data
#define  GREEN2        PORTB.1         // Green LED Data
#define  ENABLE2       PORTB.2         // Output Enable
#define  LATCH2        PORTB.3         // Latch
#define  CLOCK2        PORTB.4         // Clock

typedef unsigned int uint;
typedef unsigned char uchar;

uint com;                         // LDM 출력행
uint start = 0;                   // 게임 시작(0:대기, 1:시작)
uint wait = 0;                    // "승리", "패" 출력시 스위치 입력 금지 변수

// Player1 변수
uint p1_pat_cnt;                  // 블록 랜덤 발생을 위한 카운터
uint p1_by = 0;                   // 블록 좌상 Y좌표
uint p1_bx = 4;                   // 블록 좌상 X좌표
uint p1_turn = 0;                 // 현재 블록 패턴 회전 번호
uint p1_next_pat = 0;             // 다음 블록 패턴 번호
uint p1_pat = 0;                  // 현재 블록 패턴 번호
uint p1_down_cnt;                 // 이동속도 카운터 변수

// Player2 변수
uint p2_pat_cnt;                  // 블록 랜덤 발생을 위한 카운터
```

```
uint p2_by = 0;                    // 블록 좌상 Y좌표
uint p2_bx = 4;                    // 블록 좌상 X좌표
uint p2_turn = 0;                  // 현재 블록 패턴 회전 번호
uint p2_next_pat = 0;              // 다음 블록 패턴 번호
uint p2_pat = 0;                   // 현재 블록 패턴 번호
uint p2_down_cnt;                  // 이동속도 카운터 변수

// 7가지의 블록을 4가지 패턴으로 정의
// block[블록번호][회전번호][수직좌표][수평좌표]
unsigned char block[7][4][4][4] ={
                    {{{0,0,0,0},{0,0,0,0},{1,1,1,1},{0,0,0,0}},
                     {{0,1,0,0},{0,1,0,0},{0,1,0,0},{0,1,0,0}},
                     {{0,0,0,0},{0,0,0,0},{1,1,1,1},{0,0,0,0}},
                     {{0,1,0,0},{0,1,0,0},{0,1,0,0},{0,1,0,0}}},

                    {{{0,0,0,0},{0,1,1,0},{0,1,1,0},{0,0,0,0}},
                     {{0,0,0,0},{0,1,1,0},{0,1,1,0},{0,0,0,0}},
                     {{0,0,0,0},{0,1,1,0},{0,1,1,0},{0,0,0,0}},
                     {{0,0,0,0},{0,1,1,0},{0,1,1,0},{0,0,0,0}}},

                    {{{0,0,0,0},{0,0,1,1},{0,1,1,0},{0,0,0,0}},
                     {{0,0,0,0},{0,1,0,0},{0,1,1,0},{0,0,1,0}},
                     {{0,0,0,0},{0,0,1,1},{0,1,1,0},{0,0,0,0}},
                     {{0,0,0,0},{0,1,0,0},{0,1,1,0},{0,0,1,0}}},

                    {{{0,0,0,0},{0,1,1,0},{0,0,1,1},{0,0,0,0}},
                     {{0,0,0,0},{0,0,0,1},{0,0,1,1},{0,0,1,0}},
                     {{0,0,0,0},{0,1,1,0},{0,0,1,1},{0,0,0,0}},
                     {{0,0,0,0},{0,0,0,1},{0,0,1,1},{0,0,1,0}}},

                    {{{0,1,0,0},{0,1,1,1},{0,0,0,0},{0,0,0,0}},
                     {{0,0,1,1},{0,0,1,0},{0,0,1,0},{0,0,0,0}},
                     {{0,0,0,0},{0,1,1,1},{0,0,0,1},{0,0,0,0}},
                     {{0,0,1,0},{0,0,1,0},{0,1,1,0},{0,0,0,0}}},

                    {{{0,0,0,1},{0,1,1,1},{0,0,0,0},{0,0,0,0}},
                     {{0,0,1,0},{0,0,1,0},{0,0,1,1},{0,0,0,0}},
                     {{0,0,0,0},{0,1,1,1},{0,1,0,0},{0,0,0,0}},
                     {{0,1,1,0},{0,0,1,0},{0,0,1,0},{0,0,0,0}}},

                    {{{0,0,0,0},{0,0,1,0},{0,1,1,1},{0,0,0,0}},
                     {{0,0,0,0},{0,0,1,0},{0,0,1,1},{0,0,1,0}},
                     {{0,0,0,0},{0,0,0,0},{0,1,1,1},{0,0,1,0}},
                     {{0,0,0,0},{0,0,1,0},{0,1,1,0},{0,0,1,0}}} };

// 게임 플레이시 바닥에 깔리는 게임틀과 승리, 패를 표시하는 데이터
flash uchar stage[5][16][16] =
```

```
{{{1,0,0,0,0,0,0,0,0,0,0,1,0,0,0,0},     // 스테이지1 게임틀
  {1,0,0,0,0,0,0,0,0,0,0,1,0,0,0,0},
  {1,0,0,0,0,0,0,0,0,0,0,1,0,0,0,0},
  {1,0,0,0,0,0,0,0,0,0,0,1,0,0,0,0},
  {1,0,0,0,0,0,0,0,0,0,0,1,0,0,0,0},
  {1,0,0,0,0,0,0,0,0,0,0,1,0,0,1,0},
  {1,0,0,0,0,0,0,0,0,0,0,1,0,1,1,0},
  {1,0,0,0,0,0,0,0,0,0,0,1,0,0,1,0},
  {1,0,0,0,0,0,0,0,0,0,0,1,0,0,1,0},
  {1,0,0,0,0,0,0,0,0,0,0,1,0,1,1,1},
  {1,0,0,0,0,0,0,0,0,0,0,1,0,0,0,0},
  {1,0,0,0,0,0,0,0,0,0,0,1,0,0,0,0},
  {1,0,0,0,0,0,0,0,0,0,0,1,0,0,0,0},
  {1,0,0,0,0,0,0,0,0,0,0,1,0,0,0,0},
  {1,0,0,0,0,0,0,0,0,0,0,1,0,0,0,0},
  {1,1,1,1,1,1,1,1,1,1,1,1,0,0,0,0}},

 {{1,0,0,0,0,0,0,0,0,0,0,1,0,0,0,0},     // 스테이지2 게임틀
  {1,0,0,0,0,0,0,0,0,0,0,1,0,0,0,0},
  {1,0,0,0,0,0,0,0,0,0,0,1,0,0,0,0},
  {1,0,0,0,0,0,0,0,0,0,0,1,0,0,0,0},
  {1,0,0,0,0,0,0,0,0,0,0,1,0,0,0,0},
  {1,0,0,0,0,0,0,0,0,0,0,1,0,1,1,1},
  {1,0,0,0,0,0,0,0,0,0,0,1,0,0,0,1},
  {1,0,0,0,0,0,0,0,0,0,0,1,0,1,1,1},
  {1,0,0,0,0,0,0,0,0,0,0,1,0,1,0,0},
  {1,0,0,0,0,0,0,0,0,0,0,1,0,1,1,1},
  {1,0,0,0,0,0,0,0,0,0,0,1,0,0,0,0},
  {1,0,0,0,0,0,0,0,0,0,0,1,0,0,0,0},
  {1,0,0,0,0,0,0,0,0,0,0,1,0,0,0,0},
  {1,0,0,0,0,0,0,0,0,0,0,1,0,0,0,0},
  {1,0,0,0,0,0,0,0,0,0,0,1,0,0,0,0},
  {1,1,1,1,1,1,1,1,1,1,1,1,0,0,0,0}},

 {{0,0,0,0,0,0,0,0,0,0,0,0,0,0,0,0},     // "승리"
  {0,0,0,0,0,0,0,0,0,0,0,0,0,0,0,0},
  {0,0,0,0,1,0,0,0,0,0,0,0,0,0,1,0},
  {0,0,0,1,0,1,0,0,0,1,1,1,1,0,1,0},
  {0,0,1,0,0,0,1,0,0,0,0,0,1,0,1,0},
  {0,0,1,0,0,0,1,0,0,0,0,0,1,0,1,0},
  {0,0,0,0,0,0,0,0,0,1,1,1,1,0,1,0},
  {0,1,1,1,1,1,1,1,0,1,0,0,0,0,1,0},
  {0,0,0,0,0,0,0,0,0,1,0,0,0,0,1,0},
  {0,0,0,1,1,1,0,0,0,1,1,1,1,0,1,0},
  {0,0,1,0,0,0,1,0,0,0,0,0,0,0,1,0},
  {0,0,0,1,1,1,0,0,0,0,0,0,0,0,0,0},
  {0,0,0,0,0,0,0,0,0,0,0,0,0,0,0,0},
```

```
                  {0,0,0,0,0,0,0,0,0,0,0,0,0,0,0,0},
                  {0,0,0,0,0,0,0,0,0,0,0,0,0,0,0,0},
                  {0,0,0,0,0,0,0,0,0,0,0,0,0,0,0,0}},

                 {{0,0,0,0,0,0,0,0,0,0,0,0,0,0,0,0},       // "패"
                  {0,0,0,0,0,0,0,0,0,0,0,0,0,0,0,0},
                  {0,0,0,0,0,0,0,0,0,0,0,1,0,1,0,0},
                  {0,0,1,1,1,1,1,1,1,1,0,1,0,1,0,0},
                  {0,0,0,0,1,0,0,1,0,0,0,1,0,1,0,0},
                  {0,0,0,0,1,0,0,1,0,0,0,1,0,1,0,0},
                  {0,0,0,0,1,0,0,1,0,0,0,1,0,1,0,0},
                  {0,0,0,0,1,0,0,1,0,0,0,1,1,1,0,0},
                  {0,0,0,0,1,0,0,1,0,0,0,1,0,1,0,0},
                  {0,0,0,0,1,0,0,1,0,0,0,1,0,1,0,0},
                  {0,0,0,0,1,0,0,1,0,0,0,1,0,1,0,0},
                  {0,0,0,0,1,0,0,1,0,0,0,1,0,1,0,0},
                  {0,0,1,1,1,1,1,1,1,1,0,1,0,1,0,0},
                  {0,0,0,0,0,0,0,0,0,0,0,1,0,1,0,0},
                  {0,0,0,0,0,0,0,0,0,0,0,0,0,0,0,0},
                  {0,0,0,0,0,0,0,0,0,0,0,0,0,0,0,0}},

                 {{0,0,0,0,0,0,0,1,0,0,0,0,0,0,0,0},       // "테트리스"
                  {0,1,1,1,0,0,1,1,0,0,1,1,1,1,1,0},
                  {0,0,0,0,0,0,1,1,0,0,1,0,0,0,0,0},
                  {0,1,1,1,0,0,1,1,0,0,1,1,1,1,1,0},
                  {0,1,0,0,1,1,1,1,0,0,1,0,0,0,0,0},
                  {0,1,0,0,0,0,1,1,0,0,1,1,1,1,1,0},
                  {0,1,1,1,0,0,1,1,0,0,0,0,0,0,0,0},
                  {0,0,0,0,0,0,0,1,0,1,1,1,1,1,1,1},
                  {0,0,0,0,0,0,0,0,0,0,0,0,0,0,0,0},
                  {0,1,1,1,1,0,1,0,0,0,0,0,1,0,0,0},
                  {0,0,0,0,1,0,1,0,0,0,0,1,0,1,0,0},
                  {0,0,0,0,1,0,1,0,0,0,1,0,0,0,1,0},
                  {0,1,1,1,1,0,1,0,0,1,0,0,0,0,0,1},
                  {0,1,0,0,0,0,1,0,0,0,0,0,0,0,0,0},
                  {0,1,0,0,0,0,1,0,0,0,0,0,0,0,0,0},
                  {0,1,1,1,1,0,1,0,0,1,1,1,1,1,1,1}}};

// 게임 플레이시 적색 게임틀, 승리, 패를 표시하는 데이터
flash uchar red_stage[2][16][16] =
                {{{1,0,0,0,0,0,0,0,0,0,0,1,0,0,0,0},       // 스테이지1 게임틀
                  {1,0,0,0,0,0,0,0,0,0,0,1,0,0,0,0},
                  {1,0,0,0,0,0,0,0,0,0,0,1,0,0,0,0},
                  {1,0,0,0,0,0,0,0,0,0,0,1,0,0,0,0},
                  {1,0,0,0,0,0,0,0,0,0,0,1,0,0,0,0},
                  {1,0,0,0,0,0,0,0,0,0,0,1,0,0,1,0},
                  {1,0,0,0,0,0,0,0,0,0,0,1,0,1,1,0},
```

```
                {1,0,0,0,0,0,0,0,0,0,0,1,0,0,1,0},
                {1,0,0,0,0,0,0,0,0,0,0,1,0,0,1,0},
                {1,0,0,0,0,0,0,0,0,0,0,1,0,1,1,1},
                {1,0,0,0,0,0,0,0,0,0,0,1,0,0,0,0},
                {1,0,0,0,0,0,0,0,0,0,0,1,0,0,0,0},
                {1,0,0,0,0,0,0,0,0,0,0,1,0,0,0,0},
                {1,0,0,0,0,0,0,0,0,0,0,1,0,0,0,0},
                {1,0,0,0,0,0,0,0,0,0,0,1,0,0,0,0},
                {1,1,1,1,1,1,1,1,1,1,1,1,0,0,0,0}},

               {{1,0,0,0,0,0,0,0,0,0,0,1,0,0,0,0},     // 스테이지2 게임틀
                {1,0,0,0,0,0,0,0,0,0,0,1,0,0,0,0},
                {1,0,0,0,0,0,0,0,0,0,0,1,0,0,0,0},
                {1,0,0,0,0,0,0,0,0,0,0,1,0,0,0,0},
                {1,0,0,0,0,0,0,0,0,0,0,1,0,0,0,0},
                {1,0,0,0,0,0,0,0,0,0,0,1,0,1,1,1},
                {1,0,0,0,0,0,0,0,0,0,0,1,0,0,0,1},
                {1,0,0,0,0,0,0,0,0,0,0,1,0,1,1,1},
                {1,0,0,0,0,0,0,0,0,0,0,1,0,1,0,0},
                {1,0,0,0,0,0,0,0,0,0,0,1,0,1,1,1},
                {1,0,0,0,0,0,0,0,0,0,0,1,0,0,0,0},
                {1,0,0,0,0,0,0,0,0,0,0,1,0,0,0,0},
                {1,0,0,0,0,0,0,0,0,0,0,1,0,0,0,0},
                {1,0,0,0,0,0,0,0,0,0,0,1,0,0,0,0},
                {1,0,0,0,0,0,0,0,0,0,0,1,0,0,0,0},
                {1,1,1,1,1,1,1,1,1,1,1,1,0,0,0,0}}};

flash uchar att_pat[3][16] = {{0,1,0,1,0,1,0,1,0,1,0,0,0,0,0,0},       // 공격 패턴
                              {0,0,1,0,1,0,1,0,1,0,1,0,0,0,0,0},
                              {0,1,1,0,0,1,1,0,0,1,1,0,0,0,0,0}};

// 떨어지는 블록 데이터 저장
// p1_data와 함께 OR하여 LDM 출력
uchar p1_table[16][16];                          // 떨어지는 블록 데이터 저장
uchar p1_data[16][16];                           // 게임틀과 떨어진 블록 데이터 저장

// 떨어지는 블록 데이터 저장
// p2_data와 함께 OR 연산하여 LDM 출력
uchar p2_table[16][16];                          // 떨어지는 블록 데이터 저장
uchar p2_data[16][16];                           // 게임틀과 떨어진 블록 데이터 저장

// 함수
void two_play(void);                             // 2인용 게임
void stage_out(void);                            // 게임틀 데이터 설정
void init_set(void);                             // 초기화면 표시 데이터 설정

int p1_blk_check(int, int);                      // Player1 블럭 닿는지 조사
```

```
void p1_blk_clear(void);                    // Player1 블럭 테이블 클리어
void p1_blk_copy(void);                     // Player1 블럭 테이블 복사
int p2_blk_check(int, int);                 // Player2 블럭 닿는지 조사
void p2_blk_clear(void);                    // Player2 블럭 테이블 클리어
void p2_blk_copy(void);                     // Player2 블럭 테이블 복사

void main(void)
{
        // 포트 입출력 설정
        DDRA = 0x1F;                        // PORTA 출력 설정(LDM  제어핀)
        DDRG = 0x1F;                        // PORTG 출력설정(LDM 어드레스 A0-A3)
        DDRE = 0x00;                        // PORTC 입력 설정 (스위치)
        DDRB = 0x1F;                        // PORTB 출력 설정(LDM  제어핀)
        DDRF = 0x1F;                        // PORTF 출력설정(LDM 어드레스 A0-A3)
        DDRD = 0x00;                        // PORTD 입력 설정(스위치)

        // LDM1 제어신호 출력
        PORTA = 0b00001100;                 // Enable High
        PORTG = 0x0F;                       // A0-A3 = 1111
        PORTA = 0b00001000;                 // Enable Low

        // LDM2 제어신호 출력
        PORTB = 0b00001100;                 // Enable High
        PORTF = 0x0F;                       // A0-A3 = 1111
        PORTB = 0b00001000;                 // Enable Low

        // 외부 인터럽트 설정
        EICRA = 0b10101010;                 // 외부인터럽트 0-3 하강에지
        EICRB = 0b10101010;                 // 외부인터럽트 4-7 하강에지
        EIMSK = 0b11111111;                 // 외부인터럽트 0-7 인에이블

        // 타이머/카운터 설정
        ASSR = 0x00;                        // 타이머/카운터0 타이머 모드
        TCCR0 = 0x04;                       // 일반모드, 프리스케일 = CK/64
        TCNT0 = 0x00;                       // 타이머/카운터0 레지스터 초기값

        TCCR1A = 0x00;                      // 타이머/카운터1 인에이블
        TCCR1B = 0x05;                      // 1024분주
        TCCR1C = 0x00;
        TCNT1 = 0xfe00;                     // 1/16 us x 1024 x (0xffff -0xfe00) = 32ms
        TIMSK = 0x05;                       // 타이머/카운터 0, 1 인터럽트 인에이블

        init_set();

        SREG = 0x80;                        // 전역 인터럽트 인에이블 비트 셋

        while(1){
```

```
            while(!start){  // 대기 상태
                    p1_pat = p1_next_pat;              // 새로 나올 블록을 계속 해서 바꿔준다.
                    p1_next_pat = p1_pat_cnt;          // 다음 블록은 다른 랜덤값을 취한다.

                    p2_pat = p1_pat;                   // Player1 패턴과 동일하게
                    p2_next_pat = p1_next_pat;         // Player1 패턴과 동일하게
            }

            two_play();                                // 1인용 게임
        }
}

// "테트리스" 패턴 저장, 블록 저장 테이블 클리어
void init_set(void)
{
        int     i, j;

        // LDM1, LDM2 "테트리스" 표시
        for(j = 0;j < 16;j++){
                for(i = 0;i < 16;i++){
                        p1_data[j][i] = stage[4][j][i];
                        p1_table[j][i] = 0;     // 블록 저장 테이블 클리어

                        p2_data[j][i] = stage[4][j][i];
                        p2_table[j][i] = 0;     // 블록 저장 테이블 클리어
                }
        }
}

// 2인용 게임
void two_play(void)
{
        int     j, k, m, n;
        int     p1_stop, p2_stop, p1_att, p2_att;

        p1_down_cnt = 0;
        p2_down_cnt = 0;

        while(start){           // 2인용
                p1_stop = 1;
                p2_stop = 1;

                if(p1_down_cnt > 19){
                        p1_down_cnt = 0;                // 이동속도 조절 변수 리셋

                        // 한 줄 아래 이동 가능한지 조사(시간이 되면 자동 하강)
                        p1_stop = p1_blk_check(0, 1);
```

```
        if(p1_stop == 1){           // 한 칸 아래 자동 이동 가능 ?
            p1_blk_clear( );                  // 현재 블록 지우기
            p1_by += 1;                       // 블록 한줄 아래로 이동.
        }
}

if(p2_down_cnt > 19){
        p2_down_cnt = 0;                // 이동속도 조절 변수 리셋

        // 한 줄 아래 이동 가능한지 조사(시간이 되면 자동 하강)
        p2_stop = p2_blk_check(0, 1);

        if(p2_stop == 1){       // 한 칸 아래 자동 이동 가능 ?
            p2_blk_clear( );                  // 현재 블록 지우기
            p2_by += 1;                       // 블록 한줄 아래로 이동.
        }
}

if(p1_stop == 0){                 // 아래 블록과 닿았을 때
        for(j = 0;j < 16;j++){              // 작업 테이블을 데이터에 복사.
            for(k = 0;k < 16;k++) p1_data[j][k] |= p1_table[j][k];
        }

        p1_att = 0;
        for(j = 0;j < 15;j++){ // 한 줄 채우면 지우기.
            n = 1;
            for(k = 1;k < 11;k++) n = n * p1_data[j][k];

            if(n == 1){       // 한 줄 채워짐
                for(m = j;m > 1;m--){    // 윗 줄 아래로 당기기
                    for(k = 1;k < 11;k++){
                        p1_data[m][k] = p1_data[m-1][k];
                    }
                }
                p1_att++;
            }
        }

        if(p1_att > 1){             // 두 줄 이상 지울 때 상대방에게 공격
            for(j = 0;j < (16 - p1_att);j++){
                for(k = 1;k < 11;k++){
                    p2_data[j][k] = p2_data[j+p1_att-1][k];
                }
            }

            // (지운 줄 수-1) 만큼 공격패턴으로 채워져 올려진다
            for(j = 1;j < p1_att;j++){
```

```
                                    for(k = 1;k < 11;k++){
                                            p2_data[15-j][k] = att_pat[j-1][k];
                                    }
                            }
                    }

                    //table 초기화
                    for(j = 0;j < 16;j++){
                            for(k = 0;k < 16;k++) p1_table[j][k] = 0;
                    }

                    p1_by = 0;
                    p1_bx = 4;
                    p1_turn = 0;
                    p1_pat = p1_next_pat;
                    p1_next_pat = p1_pat_cnt;

                    // 새로운 블록이 놓이는 영역에 하나라도 블록이 놓여 있으면 종료
                    for(m = 3;m >= 0;m--){
                        for(n = 4;n < 8;n++){
                            if(p1_data[m][n] == 1){            // P1이 죽으면 P2 승리, P1 패
                                wait = 1;                      // 시작키 입력 정지
                                start = 0;
                                for(j = 0;j < 16;j++){
                                    for(k = 0;k < 16;k++){
                                        p1_data[j][k] = stage[3][j][k];  // '패'
                                        p2_data[j][k] = stage[2][j][k];  // '승리'
                                        p1_table[j][k] = 0;
                                        p2_table[j][k] = 0;
                                    }
                                }
                                delay_ms(2000);
                                init_set();
                                wait = 0;
                                return;
                            }
                        }
                    }
            }

            if(p2_stop == 0){
                    for(j = 0;j < 16;j++){
                            for(k = 0;k < 16;k++) p2_data[j][k] |= p2_table[j][k];
                    }

                    p2_att = 0;
                    for(j = 0;j < 15;j++){                  // 한 줄 채우면 지우기
```

```
            n = 1;
            for(k = 1;k < 11;k++) n = n * p2_data[j][k];

            if(n != 0){
                    for(m = j;m > 1;m--){    // 윗줄 아래로 당기기
                            for(k = 1;k < 11;k++){
                                    p2_data[m][k] = p2_data[m-1][k];
                            }
                    }
                    p2_att++;
            }
    }

    if(p2_att > 1){             // 두 줄 이상 지울 때 상대방에게 공격.
            for(j = 0;j < (16 - p2_att);j++){
                    for(k = 1;k < 11;k++){
                            p1_data[j][k] = p1_data[j+p2_att-1][k];
                    }
            }

            // (지운 줄 수-1)만큼  공격패턴으로 채워져 올려진다
            for(j = 1;j < p2_att;j++){
                    for(k = 1;k < 11;k++){
                            p1_data[15-j][k] = att_pat[j-1][k];
                    }
            }
    }

    // table 초기화
    for(j = 0;j < 16;j++){
            for(k = 0;k < 16;k++) p2_table[j][k] = 0;
    }

    p2_by = 0;
    p2_bx = 4;
    p2_turn = 0;
    p2_pat = p2_next_pat;
    p2_next_pat = p2_pat_cnt;

    // 새로운 블록이 놓이는 영역에 하나라도 블록이 놓여 있으면 종료
    for(m = 3;m >= 0;m--){
        for(n = 4;n < 8;n++){
            if(p2_data[m][n] == 1){// P2가 죽으면 P1 승리, P1 패
                wait = 1;                    // 시작 키 입력 정지
                start = 0;
                  for(j = 0;j < 16;j++){
                      for(k = 0;k < 16;k++){
```

```
                                        p1_data[j][k] = stage[2][j][k];  // '승'
                                        p2_data[j][k] = stage[3][j][k];  // '패'
                                        p1_table[j][k] = 0;
                                        p2_table[j][k] = 0;
                                    }
                                }
                                delay_ms(2000);
                                init_set();
                                wait = 0;
                                return;
                            }
                        }
                    }
            }

            EIMSK = 0;        // 외부 인터럽트 금지

            if(start){
                p1_blk_copy( );          // 새로운 블록 복사

                // 다음 블록 패턴 표시를 위한 저장
                for(j = 0;j < 4;j++){
                    for(k = 0;k < 4;k++){
                        p1_data[j][k+12] = block[p1_next_pat][0][j][k];
                    }
                }

                p2_blk_copy( );          // 새로운 블록 복사

                // 다음 블록 패턴 표시를 위한 저장
                for(j = 0;j < 4;j++){
                    for(k = 0;k < 4;k++){
                        p2_data[j][k+12] = block[p2_next_pat][0][j][k];
                    }
                }
            }
            EIMSK = 0xff;   // 외부 인터럽트 인에이블
        }
}

// Player1 떨어진 블록과 떨어지는 블록 충돌 체크
// ox : p1_bx와의 차이값, oy : p1_by와 차이값
int p1_blk_check(int ox, int oy)
{
        int        j, k, p1_y, p1_x;
```

```
	for(j = 0;j < 4;j++){
		p1_y = j + p1_by;
		for(k = 0;k < 4;k++){
			p1_x = k + p1_bx;
			// table과 table의 수평 ox 열, 수직 oy 아랫부분의
			// data가 모두 1인지 조사
			if((p1_table[p1_y][p1_x] &
				p1_data[p1_y+oy][p1_x+ox]) == 1) return(0);
		}
	}

	return(1);
}

// Player1 블록 table 클리어
void p1_blk_clear( )
{
	int		j, k, p1_x, p1_y;

	for(j = 0;j < 4;j++){	// 현재 블록 지우기
		p1_y = j + p1_by;
		for(k = 0;k < 4;k++){
			p1_x = k + p1_bx;
			p1_table[p1_y][p1_x] = 0;
		}
	}
}

// Player1 블록 -> table 복사
void p1_blk_copy( )
{
	int		j, k, p1_x, p1_y;

	for(j = 0;j < 4;j++){
		p1_y = j + p1_by;
		for(k = 0;k < 4;k++){		// 새로운 블록 블러오기
			p1_x = k + p1_bx;
			p1_table[p1_y][p1_x] |= block[p1_pat][p1_turn][j][k];
		}
	}
}

// Player1 떨어진 블록과 떨어지는 블록 충돌 체크
// ox : p2_bx와의 차이값, oy : p2_by와 차이값
int p2_blk_check(int ox, int oy)
{
	int		j, k, p2_y, p2_x;
```

```
        for(j = 0;j < 4;j++){
                p2_y = j + p2_by;
                for(k = 0;k < 4;k++){
                        p2_x = k + p2_bx;
                        // table과 table의 수평 ox 열, 수직 oy 아랫부분의
                        // data가 모두 1인지 조사
                        if((p2_table[p2_y][p2_x] &
                                p2_data[p2_y+oy][p2_x+ox]) == 1) return(0);
                }
        }

        return(1);
}

// Player1 블록 table 클리어
void p2_blk_clear( )
{
        int        j, k, p2_x, p2_y;

        for(j = 0;j < 4;j++){     // 현재 블록 지우기
                p2_y = j + p2_by;
                for(k = 0;k < 4;k++){
                        p2_x = k + p2_bx;
                        p2_table[p2_y][p2_x] = 0;
                }
        }
}

// Player1 블록 -> table 복사
void p2_blk_copy( )
{
        int        j, k, p2_x, p2_y;

        for(j = 0;j < 4;j++){
                p2_y = j + p2_by;
                for(k = 0;k < 4;k++){     // 새로운 블록 블러오기
                        p2_x = k + p2_bx;
                        p2_table[p2_y][p2_x] |= block[p2_pat][p2_turn][j][k];
                }
        }
}

// 게임틀 및 파리미터 초기 설정
void stage_out()
{
        int      i, j;
```

```
	for(j = 0;j < 16;j++){
		for(i = 0;i < 16;i++){
			p1_data[j][i] = stage[0][j][i];
			p1_table[j][i] = 0;

			p2_data[j][i] = stage[1][j][i];
			p2_table[j][i] = 0;
		}
	}

	// Player1
	p1_pat = 0;
	p1_next_pat = 0;
	p1_bx = 4;
	p1_by = 0;
	p1_turn = 0;

	// Player2
	p2_pat = 0;
	p2_next_pat = 0;
	p2_bx = 4;
	p2_by = 0;
	p2_turn = 0;
}


// 타이머/카운터0 인터럽트 처리함수(LDM 출력)
// (256 - 0) * 64 / 16 us = 1.024ms
interrupt [TIM0_OVF] void timer0_ovf_isr(void)
{
	int		di = 0;

	com = (com + 1) % 16;				// 출력행 +1

	// LDM1 출력
	for(di = 0;di < SIZE;di++){
		if(start == 1)	RED1 = red_stage[0][com][di];		// Red_data;
		else RED1 = 0;

		GREEN1 = p1_data[com][di] | p1_table[com][di];		// Green_data;

		// 1비트 데이터 입력을 위한 클럭 입력
		CLOCK1 = 1;
		delay_us(1);
		CLOCK1 = 0;
		delay_us(1);
```

```
        }

        delay_us(1);
        ENABLE1 = 1;                    // Output Enable
        LATCH1 = 0;                     // 데이터 래치 저장
        delay_us(1);
        LATCH1 = 1;                     // 데이터 입력과 표시
        LINE_ADDR1 = com;               // 어드레스 출력
        delay_us(1);
        ENABLE1 = 0;                    // 입력된 데이터 표시

        // LDM2 출력
        for(di = 0;di < SIZE;di++){
                // Red_data(대기상태에서 "테트리스" 적색 표시)
                if(start == 1)   RED2 = red_stage[1][com][di];
                else RED2 = p2_data[com][di];

                // Green data
                if(start == 1) GREEN2 = p2_data[com][di] | p2_table[com][di];
                else GREEN2 = 0;

                // 1비트 데이터 입력을 위한 클럭 입력
                CLOCK2 = 1;
                delay_us(1);
                CLOCK2 = 0;
                delay_us(1);
        }

        delay_us(1);
        ENABLE2 = 1;                    // Output Enable
        LATCH2 = 0;                     // 데이터 래치 저장
        delay_us(1);
        LATCH2 = 1;                     // 데이터 입력과 표시
        LINE_ADDR2 = com;               // 어드레스 출력
        delay_us(1);
        ENABLE2 = 0;                    // 입력된 데이터 표시
}

// 타이머/카운터1 인터럽트 처리함수
// 1/16us x 1024 x (65536 -65024) = 32ms
interrupt [TIM1_OVF] void timer1_int(void)
{
        p1_down_cnt++;                          // 블록이 떨어지는 시간 카운트.
        p1_pat_cnt = (p1_pat_cnt + 1) % 7;      // 패턴의 랜덤 추출.

        p2_down_cnt++;                          // 블록이 떨어지는 시간 카운트.
        p2_pat_cnt = (p2_pat_cnt + 1) % 7;      // 패턴의 랜덤 추출.
```

```
        TCNT1 = 0xfe00;                         // 초기값 재설정
}

// 외부 인터럽트0, 스위치1 : Play1용 블록 회전 SW
interrupt [EXT_INT0] void external_int0(void)
{
        int   stop;

        if(start){   // 게임중이면
                p2_blk_clear();                 // 현재 블록 지우기

                p2_turn = (p2_turn + 1) % 4;    // 블록 90도 회전

                // 회전시킨 블록 데이터 복사
                p2_blk_copy();

                // 회전가능한지 조사
                stop = p2_blk_check(0, 0);

                if(stop == 0){    // 회전 불가
                        p2_blk_clear();         // 새로운 블록 데이터 클리어

                        p2_turn = (p2_turn + 3) % 4;   // 블록 270도 회전

                        p2_blk_copy();          // 원래 패턴 복귀
                }
        }
}

// 외부 인터럽트1, 스위치2 : Play1용 블록 왼쪽 이동 SW
interrupt [EXT_INT1] void external_int1(void)
{
        int       stop;

        if(start){
                // 왼쪽으로 이동후 data와 table이 겹치는지 검사
                stop = p2_blk_check(-1, 0);

                if(stop != 0){          // 안 겹치면 현재 블록 지우고 이동
                        p2_blk_clear();         // 현재 블록 데이터 클리어

                        p2_bx -= 1;             // 블록 X 좌표 -1

                        p2_blk_copy();          // 블록 데이터 복사
                }
        }
```

```
}

// 외부 인터럽트2, 스위치3 : Play1용 블록 오른쪽 이동 SW
interrupt [EXT_INT2] void external_int2(void)
{
        int         stop;

        if(start){              // 게임중이면
                // 이동할 수 있는지 조사
                stop = p2_blk_check(1, 0);

                if(stop != 0){     // 안 겹치면 현재 블록 지우고 이동
                        p2_blk_clear();             // 현재 블록 데이터 클리어

                        p2_bx += 1;                 // 블록 X 좌표 +1

                        p2_blk_copy();              // 블록 데이터 복사
                }
        }
}

// 외부 인터럽트3, 스위치4/5 : Play1용 블록 한 줄 내리기/바닥까지 내리기 SW
interrupt [EXT_INT3] void external_int3(void)
{
        int         stop = 1;

        if(start){
                if(!(PIND & 0b00010000)){  // 스위치9(PD4 비트 0인지 체크)
                        // 아래 이동가능한지 조사 (아래 한 줄 내리기)
                        stop = p2_blk_check(0, 1);

                        if(stop != 0){  // 안 겹치면 현재 블록 지우고 이동
                                p2_blk_clear();        // 현재 블록 데이터 클리어

                                p2_by += 1;            // 블록 Y 좌표 +1
                                p2_blk_copy();         // 블록 데이터 복사
                        }
                }
                else if(!(PIND & 0b00100000)){  // 스위치10(PD5 비트 0인지 체크)
                        // 바닥까지 내리기
                        while(stop){   // 블록이 바닥에 닿을 때가지 반복 수행
                                stop = p2_blk_check(0, 1);

                                if(stop != 0){        // 안 겹치면 현지블록 지우고 이동
                                        p2_blk_clear();        // 현재 블록 데이터 클리어

                                        p2_by += 1;            // 블록 Y 좌표 +1
```

```
                                        p2_blk_copy();          // 블록 데이터 복사
                                }
                        }
                        p2_down_cnt = 100;
                }
        }
}

// 외부 인터럽트4, 스위치1 : Play1용 블록 회전 SW
interrupt [EXT_INT4] void external_int4(void)
{
        int   stop;

        if(start){              // 게임중이면
                p1_blk_clear();                         // 현재 블록 지우기

                p1_turn = (p1_turn + 1) % 4;            // 블록 90도 회전

                // 회전시킨 블록 데이터 복사
                p1_blk_copy();

                // 회전가능한지 조사
                stop = p1_blk_check(0, 0);

                if(stop == 0){   // 회전 불가
                        p1_blk_clear();                 // 새로운 블록 데이터 클리어

                        p1_turn = (p1_turn + 3) % 4;    // 블록 270도 회전

                        p1_blk_copy();                  // 원래 패턴 복귀
                }
        }
}

// 외부 인터럽트5, 스위치2 : Play1용 블록 왼쪽 이동 SW
interrupt [EXT_INT5] void external_int6(void)
{
        int             stop;

        if(start){
                // 왼쪽으로 이동후 data와 table이 겹치는지 검사
                stop = p1_blk_check(-1, 0);

                if(stop != 0){          // 안 겹치면 현재 블록 지우고 이동
                        p1_blk_clear();                 // 현재 블록 데이터 클리어

                        p1_bx -= 1;                     // 블록 X 좌표 -1
```

```
                        p1_blk_copy();          // 블록 데이터 복사
                }
        }
}

// 외부 인터럽트6, 스위치3 : Play1용 블록 오른쪽 이동 SW
interrupt [EXT_INT6] void external_int5(void)
{
        int             stop;

        if(start){              // 게임중이면
                // 이동할 수 있는지 조사
                stop = p1_blk_check(1, 0);

                if(stop != 0){          // 안 겹치면 현재 블록 지우고 이동
                        p1_blk_clear();         // 현재 블록 데이터 클리어

                        p1_bx += 1;             // 블록 X 좌표 +1

                        p1_blk_copy();          // 블록 데이터 복사
                }
        }
}

// 외부 인터럽트7, 스위치4/5 : Play1용 블록 한 줄 내리기/바닥까지 내리기 SW
interrupt [EXT_INT7] void external_int7(void)
{
        int             stop = 1;

        if(start){
                if(!(PINE & 0b00000001)){   // 스위치4(PE0 비트 0인지 조사)
                        // 아래 이동 가능한지 조사(아래 한 줄 내리기)
                        stop = p1_blk_check(0, 1);

                        if(stop != 0){          // 안 겹치면 현지블록 지우고 이동
                                p1_blk_clear();         // 현재 블록 데이터 클리어

                                p1_by += 1;             // 블록 Y 좌표 +1

                                p1_blk_copy();          // 블록 데이터 복사
                        }
                }
                else if(!(PINE & 0b00000010)){  //스위치5(PE1 비트 0인지 조사)
                        // 바닥까지 내리기
                        while(stop){
                                // 아래 한 칸 이동 가능한지 조사
```

```
                    stop = p1_blk_check(0, 1);

                    if(stop != 0){          // 안 겹치면 현지블록 지우고 이동
                        p1_blk_clear();         // 현재 블록 데이터 클리어

                        p1_by += 1;             // 블록 Y 좌표 +1

                        p1_blk_copy();          // 블록 데이터 복사
                    }
                }
                p1_down_cnt = 100;
            }
        }
        else {
            if(wait == 0){
                stage_out();
                start = 1;              // 대기상태에서 게임시작
            }
        }
}
```

Chapter 07

반응감지 블록 피하기

7.1 동작개요

3색 도트매트릭스를 기우는 방향으로 공(녹색 LED)을 이동시켜 블록을 피하면서 점수상자를 닿게 하여 점수를 획득하는 게임이다. 이때 기울기 센서를 많이 기울일수록 공의 이동 속도가 빨라진다. 또한 획득점수가 높아질수록 장애물 블록이 빈번하게 나타나며, 장애물 블록에 닿게 되면 게임이 종료하게 된다. [그림 7-1]은 도트매트릭스에 표시되는 공, 장애물 블록, 점수상자를 보여주며, [그림 7-2]는 게임의 동작개요를 보여준다.

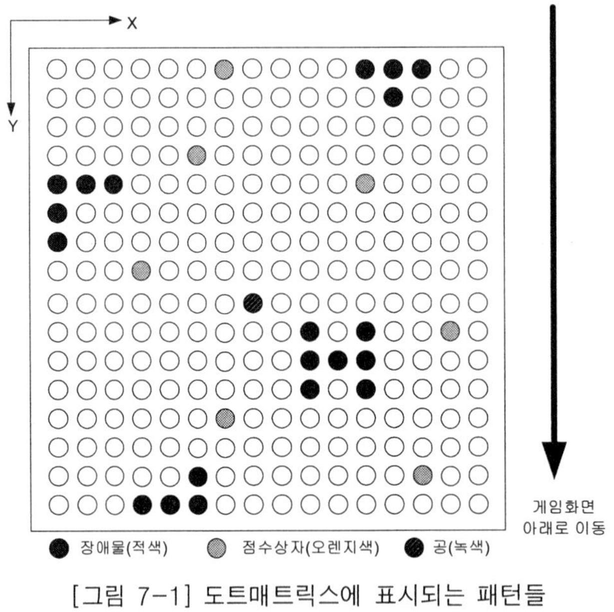

[그림 7-1] 도트매트릭스에 표시되는 패턴들

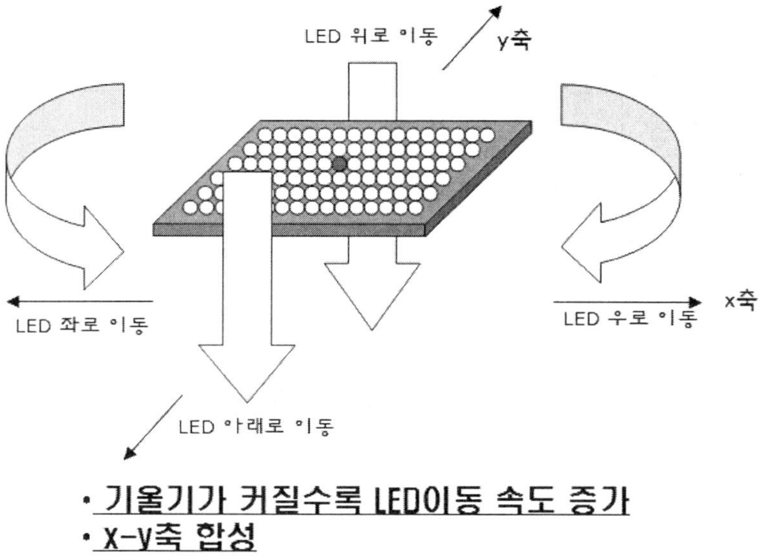

[그림 7-2] 게임 동작 개요

<장애물 블록의 모양 정의>

장애물은 [그림 7-3]과 같이 10가지 블록 모양을 사용하며, 게임도중에 랜덤하게 하나씩 선택하여 표시된다.

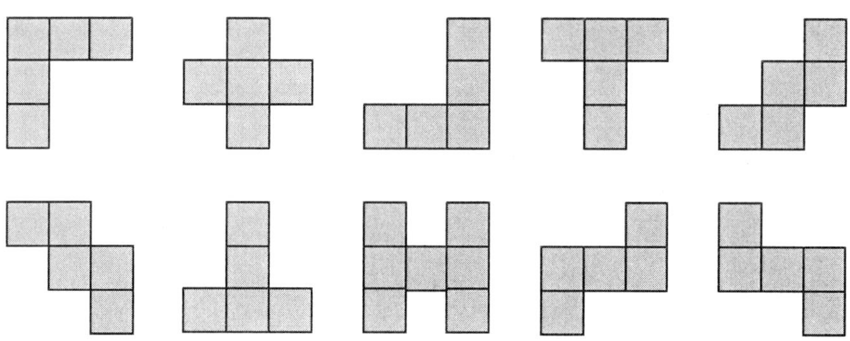

[그림 7-3] 장애물 블록 모양

장애물 블록은 [그림 7-4]와 같이 3×3행렬로 구성하며, block_shape[10][9]에 2차원 배열로 저장한다. 여기서, 앞의 '블록선택'은 10가지의 블록을 나타내고, 뒤의 '블럭좌표'는 블록 모양을 이루는 좌표값을 아래 부분부터 차례로 저장한다.

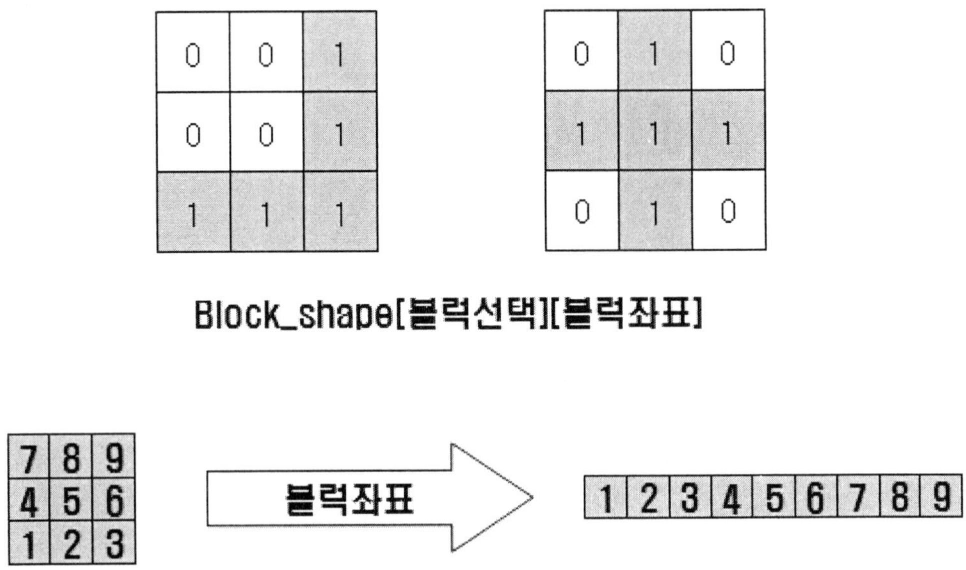

[그림 7-4] 장애물 블록 패턴 배열 저장

<장애물 블록, 점수상자 출현>

게임 대기상태에서 특정 변수 값을 계속 카운팅 하고 있다가 시작 버튼(외부 인터럽트 3)이 눌려지면 그 변수 값을 기준으로 srand()함수로 새로운 난수계열을 발생한다. 그리고, rand()함수를 이용하여 불럭출현위치, 블록모양, 점수상자출현위치를 랜덤하게 발생한다.

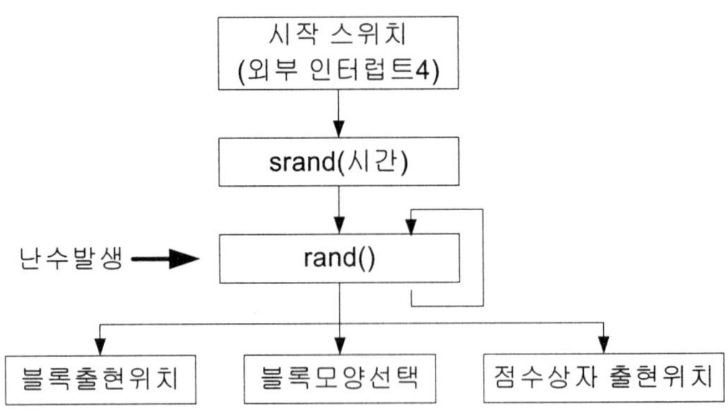

[그림 7-5] 장애물 블록, 점수상자 랜덤 발생

<장애물 블록 간격>

게임 초기에는 블록간의 간격이 7칸으로 1초에 한 칸씩 떨어지지만 점수를 많이 획득할수록 간격이 좁아지고 내려오는 속도가 빨라진다.

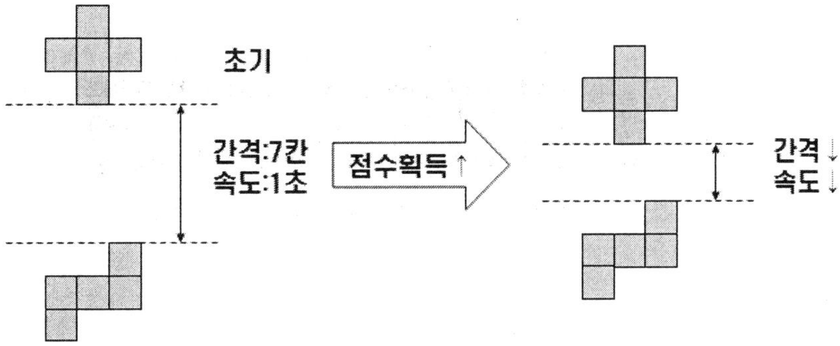

[그림 7-6] 장애물 블록 간격 제어

<점수상자 간격>

점수상자는 한 개씩 랜덤하게 0~8칸 간격으로 떨어지며, 적색 LED와 녹색 LED를 모두 on시켜 오렌지색으로 나타낸다. 떨어지는 속도에 대해서는 블록과 마찬가지로 초기에는 1초당 한 칸씩 떨어지지만 점수를 획득 할수록 점점 빨라진다.

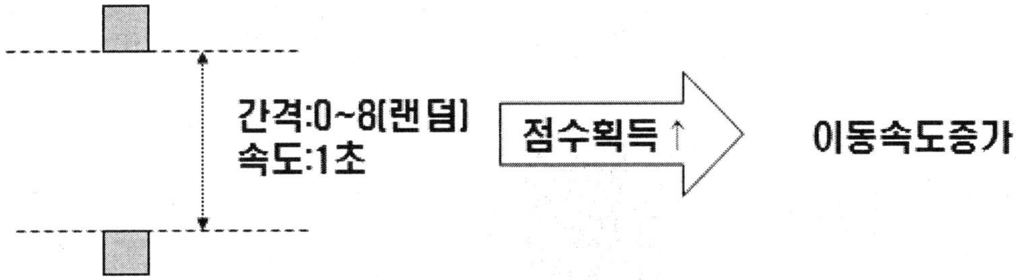

[그림 7-7] 점수상자 간격 제어

<블록, 점수상자 좌우 위치>

도트 매트릭스 각 열의 데이터가 저장되는 dot_red[열값(난수)]에 임의의 블록 좌표값이 차례로 저장되고 그 값을 도트매트릭스에 출력한다. 점수상자 역시 블록이 없는 위치에 한해서 임의의 열에 나타난다.

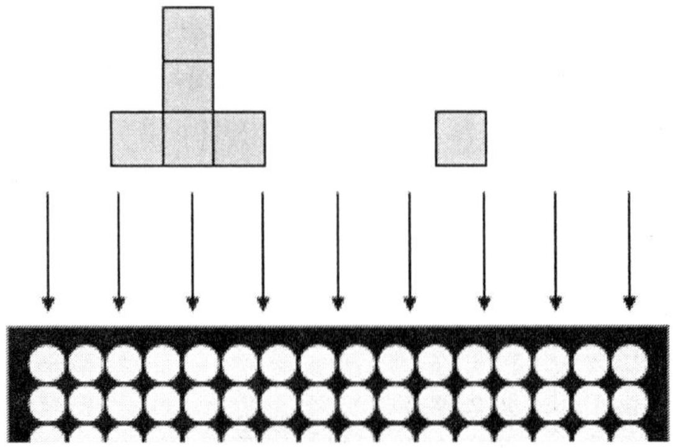

[그림 7-8] 장애물 블록, 점수상자 좌우 위치

<게임 진행>

게임 대기 상태에서는 LCD에 'PRESS BUTTON'이라는 메시지가, 도트매트릭스에는 'READY?'라는 문구가 각각 표시된다. 시작 버튼을 누르면 게임이 시작되면서 게임에서 획득하는 점수가 LCD에 표시된다. 일정점수에 도달하게 되면 게임이 정지되고, 도트매트릭스에 '속도 UP!'이라는 문구가 잠시(0.5초) 표시된 후 다시 정지 전의 게임으로 돌아간다. 블록에 부딪히면 LCD에는 'GAME OVER'와 점수가 표시되며, 도트메트릭스에는 '게임오버'가 표시되고 1~2초후에 대기 상태로 돌아간다.

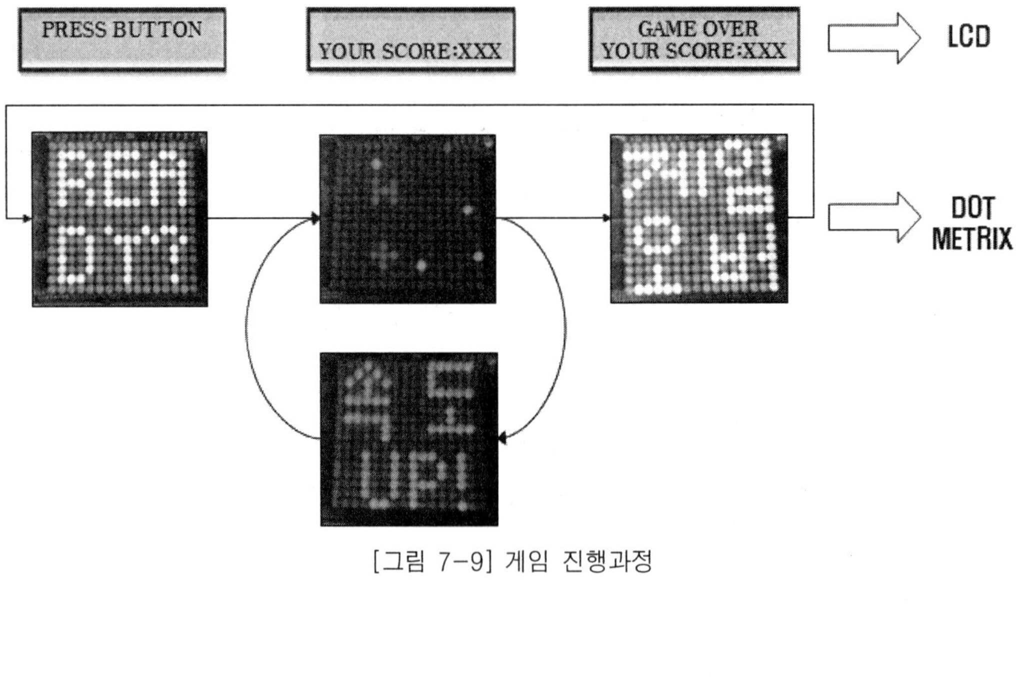

[그림 7-9] 게임 진행과정

<공의 좌표>

X좌표는 [그림 7-10]과 같이 수평방향을 나타내며, 0~15의 값을 갖는다. Y좌표는 수직방향을 나타내며, 좌표의 값은 그 위치의 LED를 바로 on 시키게끔 하기 위해 아래 그림과 같이 나타낸다. 즉, 윗부분 반은 move_yL에 0x01~0x80의 값으로 저장되며, 아래 부분 반은 move_yH에 0x01~0x80의 값으로 저장된다.

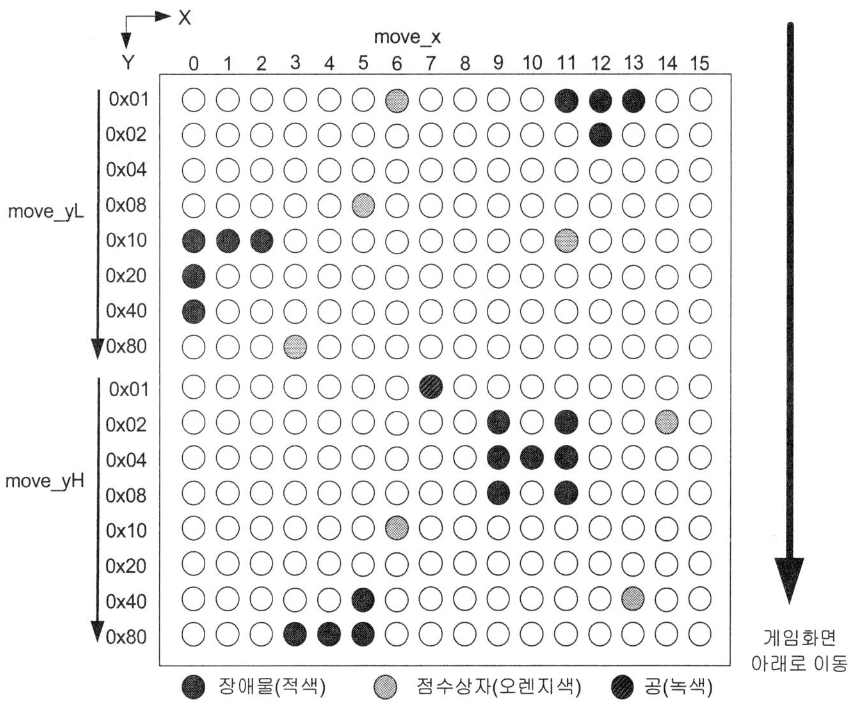

[그림 7-10] 공의 좌표(move_x, move_yL, move_yH)

<도트매트릭스 표시>

도트매트릭스에 표시할 때는 [그림 7-11]과 같이 한 열씩 수직방향으로 표시하며, 윗부분에는 최하위 비트값이 아래 부분에는 최상위 비트값이 출력된다. 이때 출력은 한 열씩 이루어지며, 한 화면 표시를 위해 16열에 대해 출력이 이루어진다.

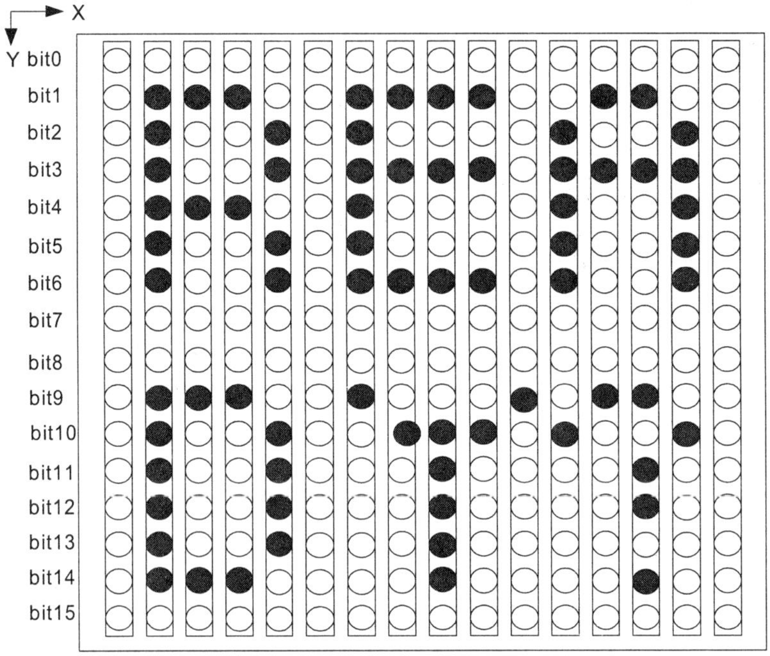

[그림 7-11] 도트매트릭스 표시

7.2 작품 구성도 및 회로도

[그림 7-12]는 작품 구성도를 보여주며, KUT-128 MCU 보드, LCD, 스위치, 도트매트릭스, 디코더 IC로 구성된다. [표 7-1], [표 7-2]는 각 디바이스에 연결되는 포트와 기능을 보여준다. [그림 7-14]는 회로도를, [표 7-3]은 사용된 부품 리스를 보여준다. [그림 7-15]는 작품사진을 보여준다.

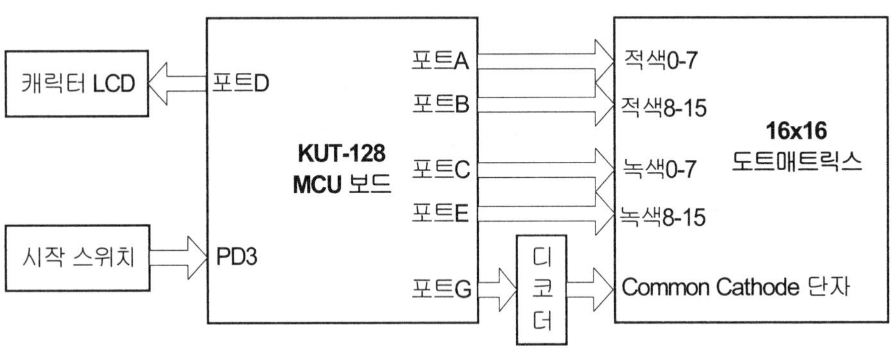

[그림 7-12] 작품 구성도

[표 7-1] 입력 디바이스와 사용 포트

입력 장치	기능 및 사용 포트
가속도 센서 X축	PF0(ADC0) : 수평방향 기울기 측정
가속도 센서 Y축	PF1(ADC1) : 전후방향 기울기 측정
시작 스위치	PD3(INT3) : 게임 시작

[표 7-2] 출력 디바이스와 사용 포트

출력 장치	기능 및 사용 포트
도트매트릭스(적색)	PA0~PA7 : 적색 하위 8비트
도트매트릭스(적색)	PB0~PB7 : 적색 상위 8비트
도트매트릭스(녹색)	PC0~PC7 : 녹색 하위 8비트
도트매트릭스(녹색)	PE0~PE7 : 녹색 상위 8비트
도트매트릭스(Common Cathode)	PG0~PG3 : Common Cathode
캐릭터 LCD	포트D(PD3 제외)

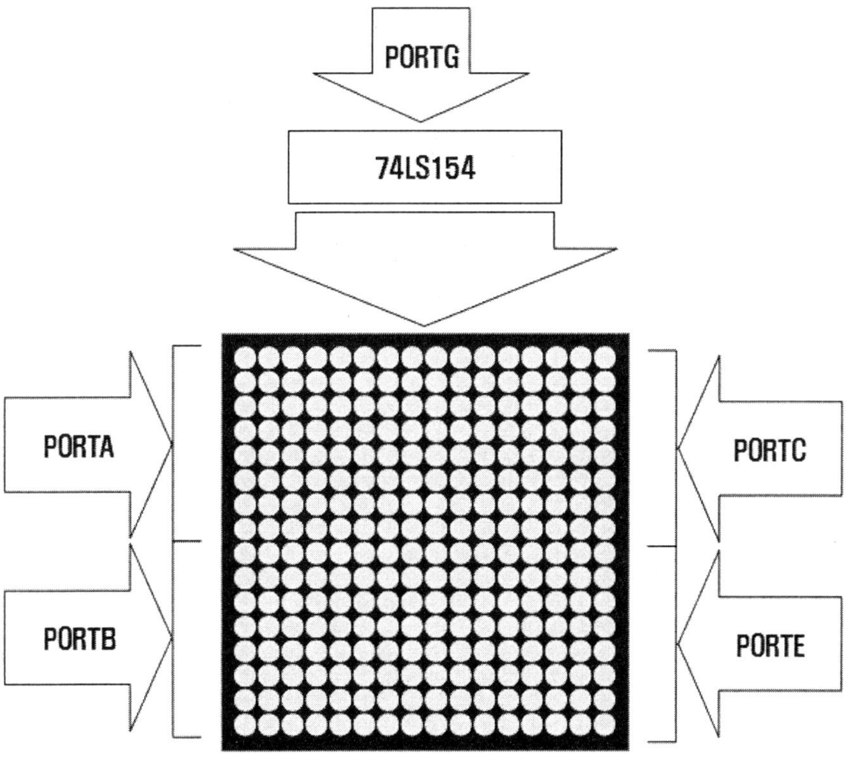

[그림 7-13] 도트매트릭스 연결

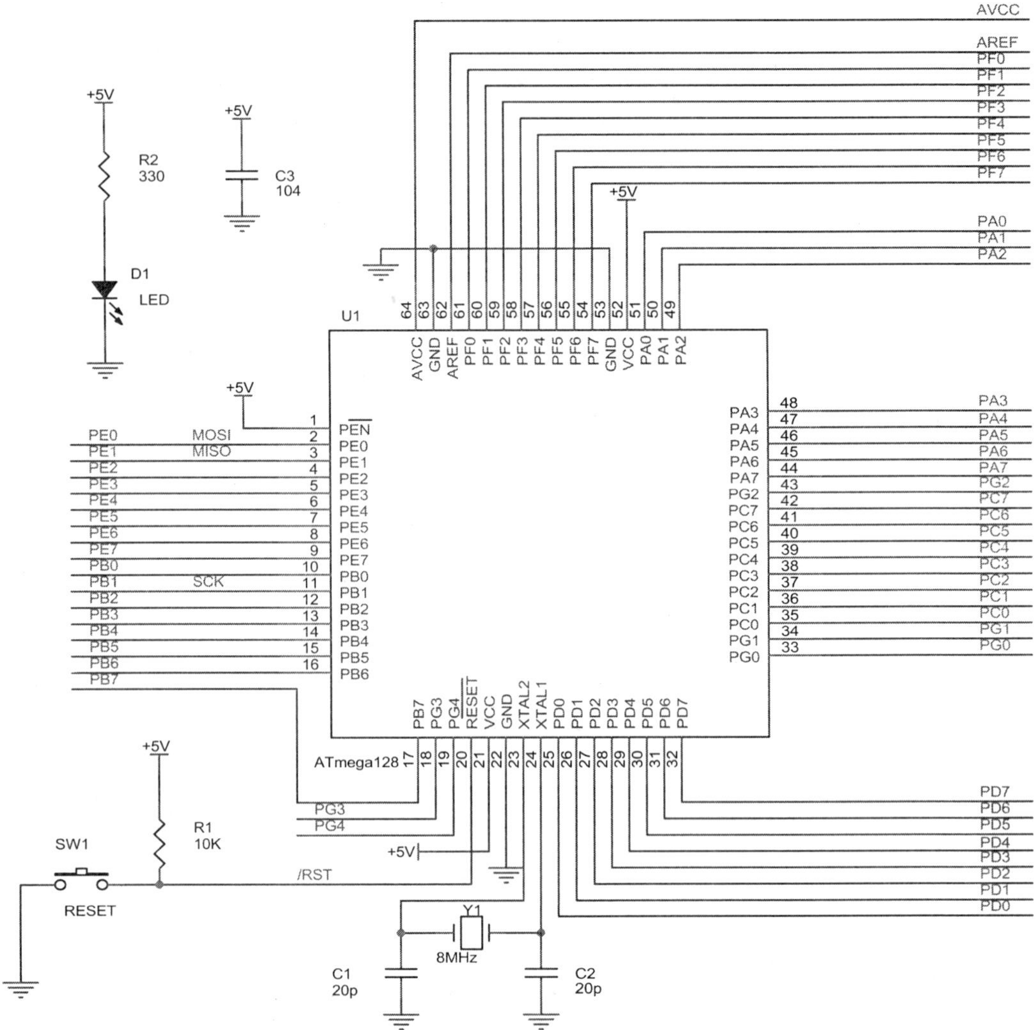

(a) KUT-128 MCU 보드 회로

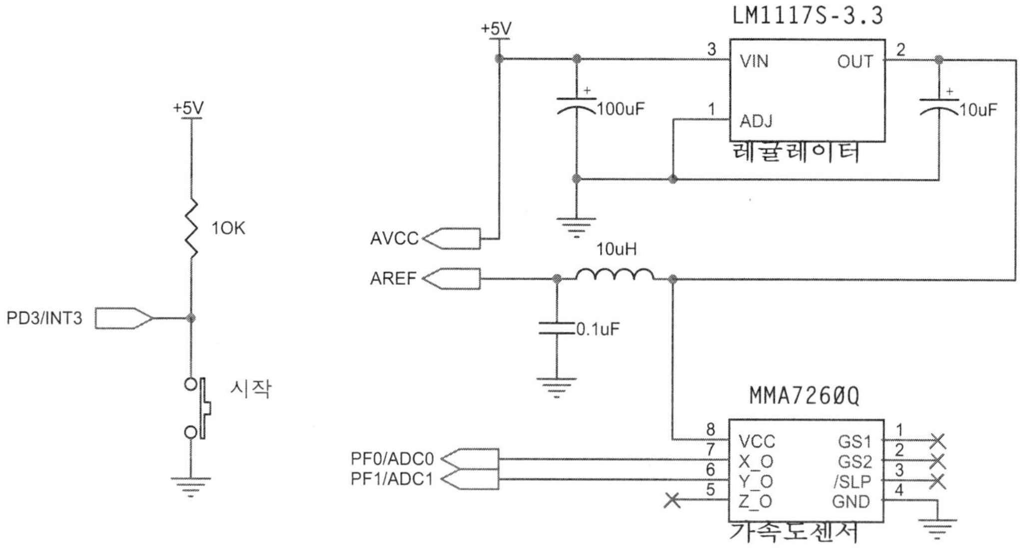

(b) 시작 스위치 및 가속도 센서 회로

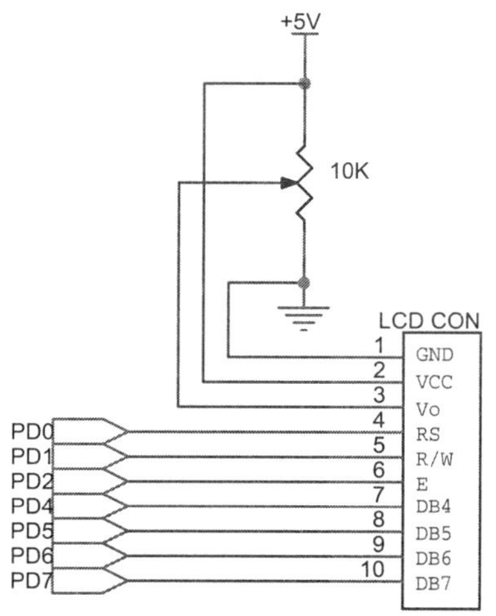

(c) 캐릭터 LCD 연결 커넥터

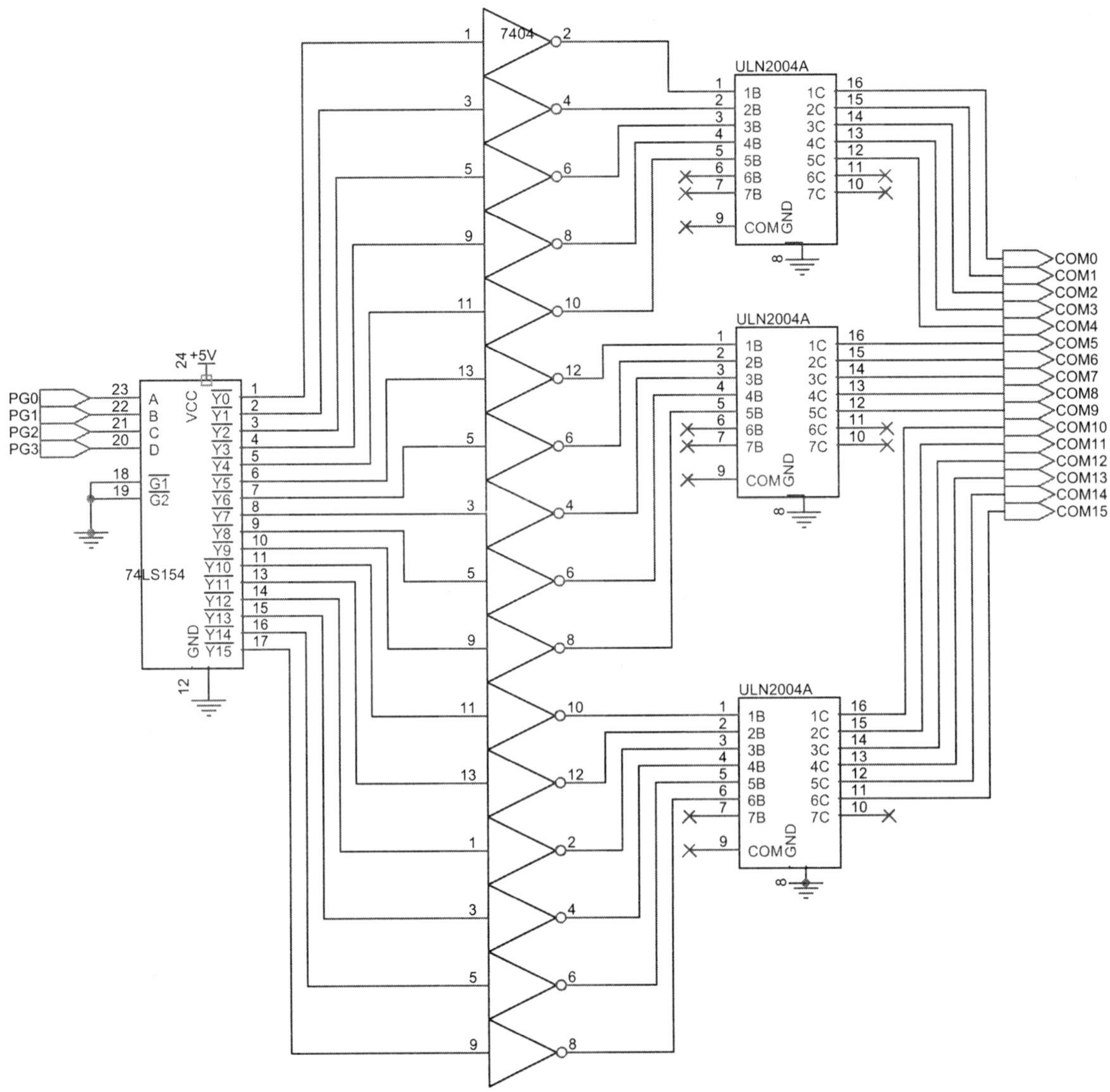

(d) 도트매트릭스 Common Cathode 핀 선택 회로

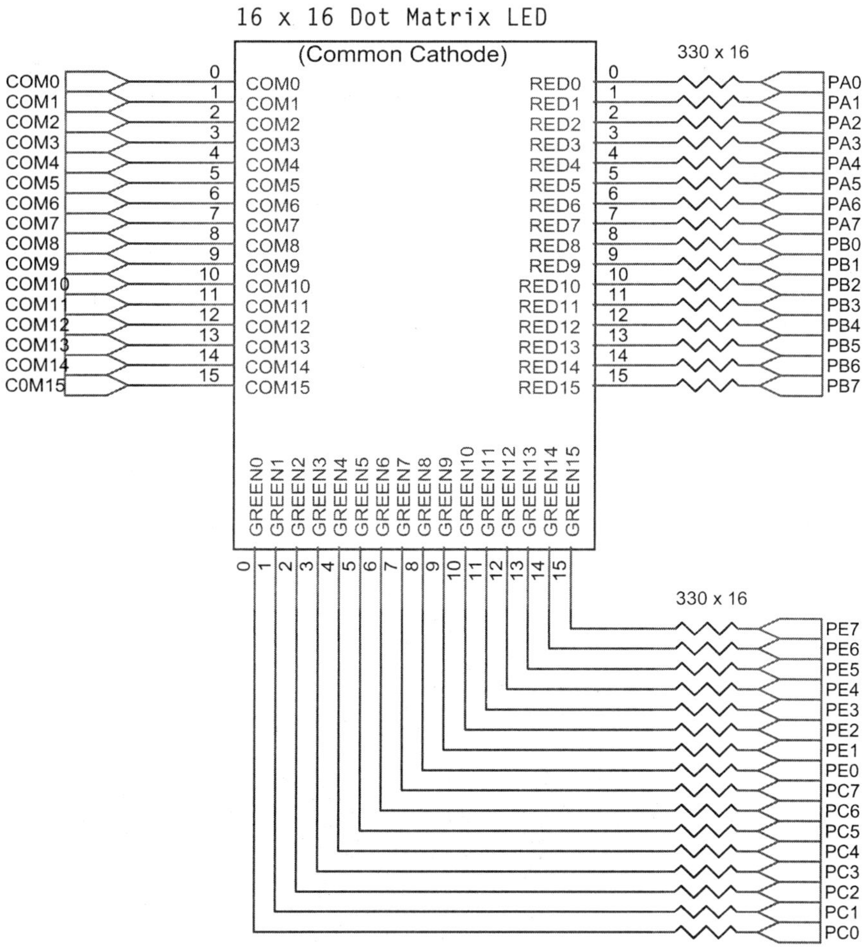

(e) 도트매트릭스 회로

[그림 7-14] 회로도

[표 7-3] 부품 리스트

부품명/규격	규 격	수량(개)
MCU 보드	KUT-128 MCU 보드	1
도트메트릭스(16*16)	3색, 16 x 16, Common Cathode	1
가속도센서	AM-3AXIS(MMA7260Q)	1
레귤레이터	LM1117S-3.3	1
케릭터 LCD	16*2	1
IC	74LS154/decoder	1
IC	7404/inverter	3
IC	ULN2004/TR array	3
콘덴서	100uF	1
콘덴서	10uF	1
저항	330	32

[그림 7-15] 작품 사진

☞ 가속도 센서 모듈 (Model : AM-3AXIS)

* 3축 가속도 센서를 이용한 초소형 Evaluation 보드
* Freescale 사(구 모토로라)의 MMA7260Q 3축 센서를 필터와 함께 설계
* 3.3V 전원만 인가하면 추가적인 회로 없이 가속도 센서 동작
* 외관 크기 20 X 10 mm

가속도 센서(MMA7260Q)

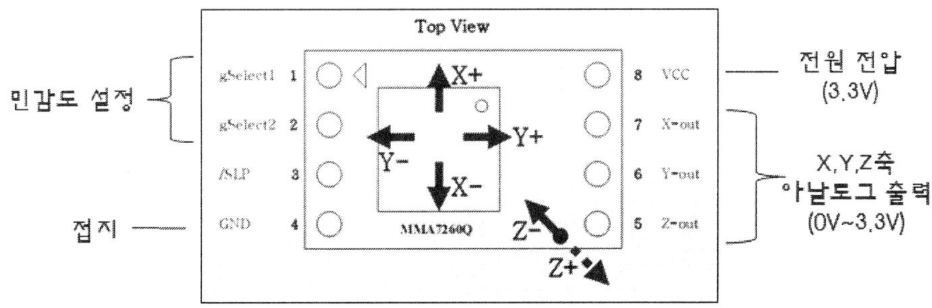

X,Y,Z축의 가속도 값을 아날로그 출력

MMA7260Q Features

- Selectable Sensitivity (1.5g/2g/4g/6g)
- Low Current Consumption: 500 μA
- Sleep Mode: 3 μA
- Low Voltage Operation: 2.2 V 3.6 V
- High Sensitivity (800 mV/g @1.5 g)
- Fast Turn On Time
- High Sensitivity (1.5 g)
- Integral Signal Conditioning with Low Pass Filter
- Robust Design, High Shocks Survivability

<Pin Descriptions>

Pin No.	Pin Name	Description
1	g-Select1	Logic input pin to select g level. (Default : 0)
2	g-Select2	Logic input pin to select g level. (Default : 0)
3	/Sleep Mode	Logic input pin to enable product or Sleep Mode (Default : 1)
4	GND	Power Supply Ground
5	Z-out	Z direction output voltage.
6	Y-out	Y direction output voltage.
7	X-out	X direction output voltage.
8	VCC	Power Supply Input (DC 3.3V)

1. /Sleep Mode 핀은 4.7KOhm 저항으로 Pull Up이 되어 있어 다른 신호를 인가하지 않을 경우 Normal Operation Mode로 동작 한다. 가속도 센서를 Sleep Mode로 만들려면 /Sleep Mode 핀에 GND 를 인가하면 된다.
2. g-Select[2:1] 핀은 4.7KOhm 저항으로 Pull Down 이 되어 있어 다른 신호를 인가하지 않을 경우 1.5g , 800mV/g 모드로 동작하게 된다. 다른 모드로 동작시킬 경우 해당 핀에 VCC 또는 GND 신호를 인가하면 된다.

- g_Select pin Description -

g_Select2	g_Select1	g_Range	Sensitivity
0	0	1.5g	800mV/g
0	1	2g	600mV/g
1	0	4g	300mV/g
1	1	6g	200mV/g

7.3 주요 함수 동작 흐름도

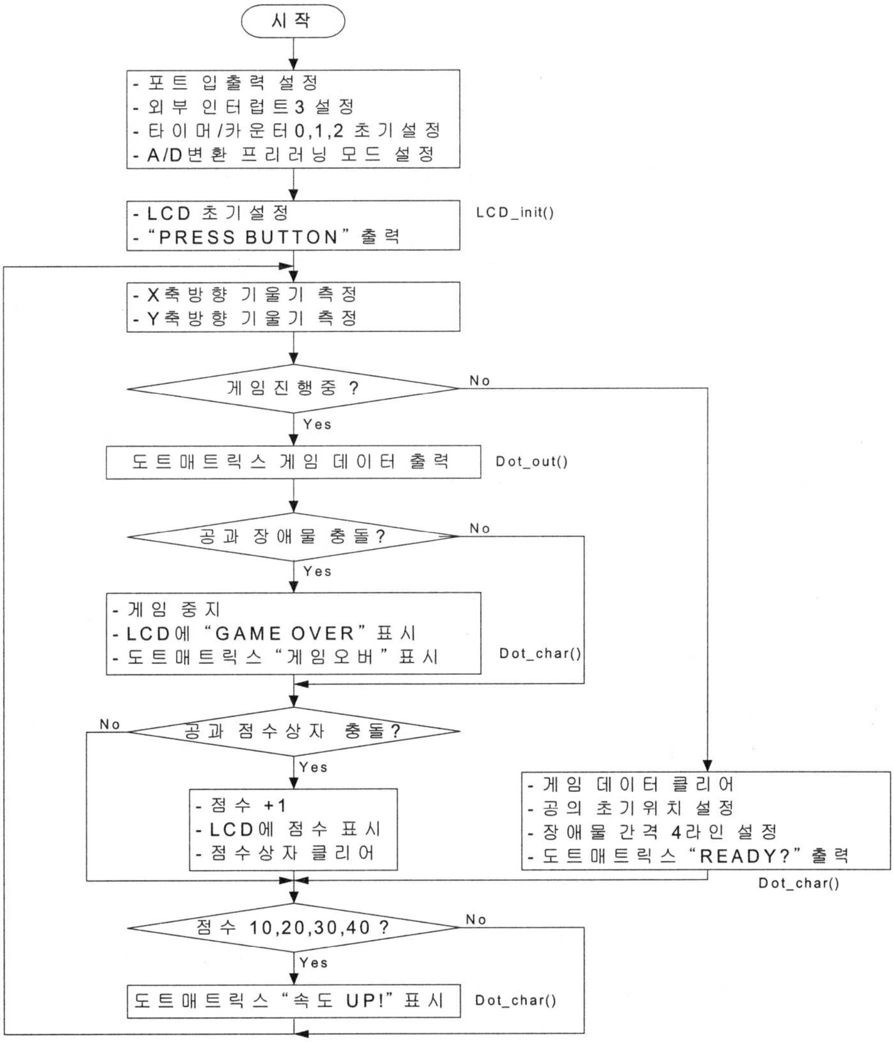

(a) main() 함수

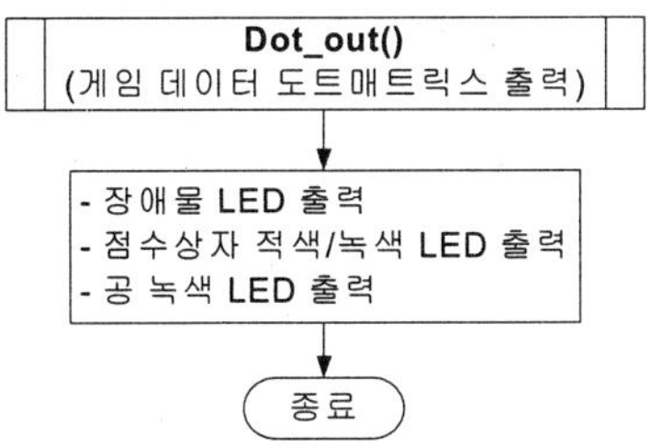

(b) Dot_out() 함수

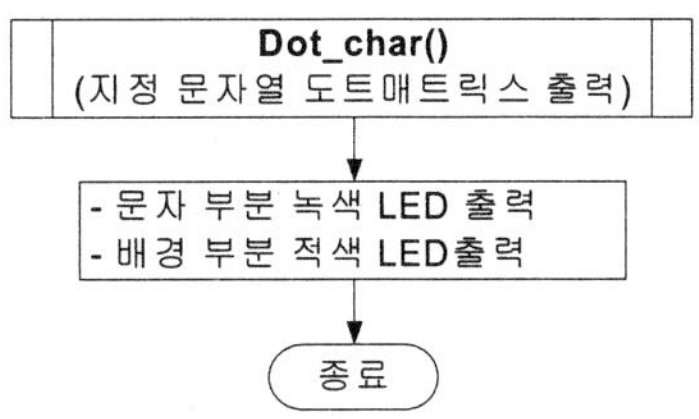

(c) Dot_char() 함수

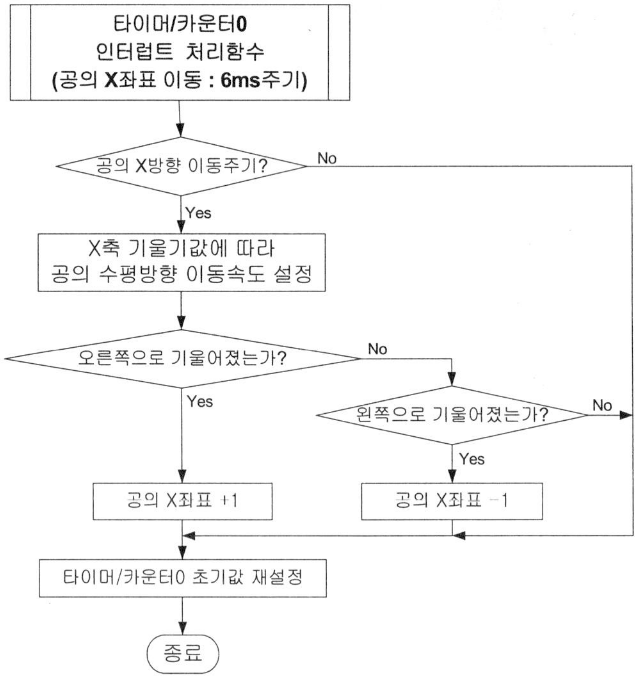

(d) 타이머/카운터0 인터럽트 처리함수

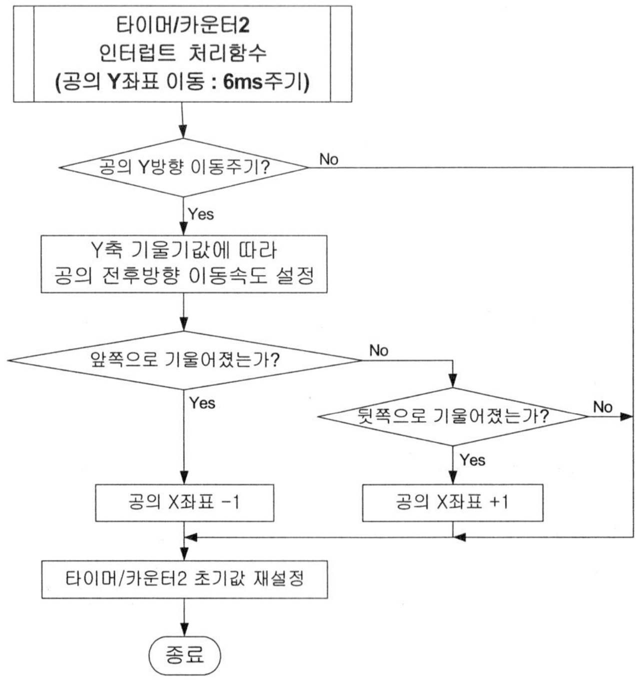

(e) 타이머/카운터2 인터럽트 처리함수

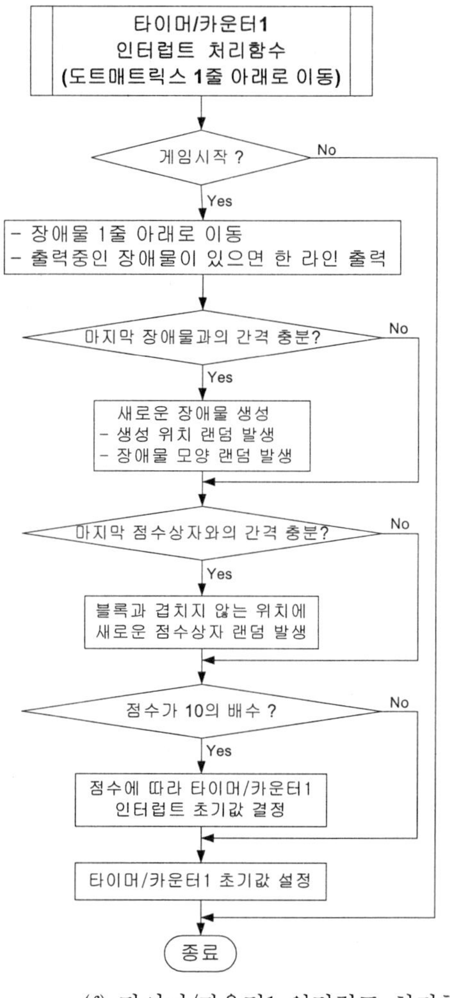

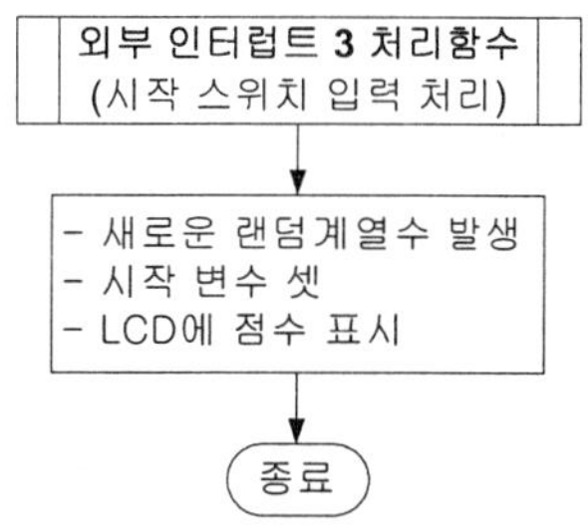

(f) 타이머/카운터1 인터럽트 처리함수 (g) 외부인터럽트3 처리함수

[그림 7-16] 함수 동작 흐름도

7.4 프로그램 소스

```
/***********************************************************/
/*  nblock.c : 반응감지 블럭피하기                          */
/*  2008. 6 by 임준혁                                       */
/***********************************************************/

#include <mega128.h>
#include <stdlib.h>
#include <delay.h>

#define FUNCSET      0x28    // Function Set
#define ENTMODE      0x06    // Entry Mode Set
#define ALLCLR       0x01    // All Clear
#define DISPON       0x0c    // Display On
#define LINE2        0xC0    // 2nd Line Move

// 함수
void LCD_init(void);                 // LCD 초기화
void LCD_String(char flash *);       // LCD 문자열 출력
void Busy(void);                     // 딜레이 2ms
void Command(unsigned char);         // LCD 커맨드 출력함수
void Data(unsigned char);            // LCD 표시 데이터 출력함수

void Dot_out(void);                  // 게임 데이터 도트 매트릭스 출력
void Dot_char(int word[16][16]);     // 문자 데이터 도트 매트릭스 출력

// 변수
int di_x ,di_y;                      // 가속도센서 출력 값(X방향,Y방향)

int cou_x = 0, cou_y = 0;            // 공(녹색LED)의 이동주기 카운터 변수
int delay_x = 0, delay_y = 0;        // 공(녹색LED)의 이동주기 설정
int move_yL = 0x80;       // 공(녹색LED)의 LED출력용 하위 y좌표(move_y < 8 일때 사용)
int move_yH = 0;          // 공(녹색LED)의 LED출력용 상위 y좌표(move_y >= 8 일때 사용)
int move_y;                          // 공(녹색LED)의 y좌표(연산용)
int move_x = 7;                      // 공(녹색LED)의 x좌표 초기값

int block_dot = 14;                  // 장애물 블럭간의 간격라인 초기값(4라인)
int block_frequency = 14;            // 장애물 블럭간의 간격 결정
int random_score=0;                  // 다음 점수상자 발생 간격라인
int den = 0;                         // 점수상자 간격 카운터 변수
int score_row=0;                     // 점수상자 발생 열위치

int random_block;                    // 다음에 발생할 장애물 블럭 모양
int random_row;                      // 다음에 발생할 장애물 블럭의 열 위치
int block_speed = 0;                 // 블럭 이동 스피드 설정(타이머/카운터1)
```

```
int oneshot = 0;                    // 이벤트 발생시 조건문 한번만 실행하기 위한 변수
char start = 0;                     // 게임 시작/정지 결정
char gen_ran;                       // srand() 사용하기 위한 변수
int repeat, i;                      // for문에 쓰이는 변수

int dot_red[16];                    // 장애물 블럭 저장을 위한 도트메트릭스 배열
int score[16];                      // 점수상자 저장을 위한 도트메트릭스 배열
int point = 0;                      // 게임 점수

int block_shape[10][9]={            // 장애물 블럭 모양(10가지)
        {1,0,0,
         1,0,0,
         1,1,1},

        {0,1,0,
         1,1,1,
         0,1,0},

        {1,1,1,
         0,0,1,
         0,0,1},

        {0,1,0,
         0,1,0,
         1,1,1},

        {1,1,0,
         0,1,1,
         0,0,1},

        {0,0,1,
         0,1,1,
         1,1,0},

        {1,1,1,
         0,1,0,
         0,1,0},

        {1,0,1,
         1,1,1,
         1,0,1},

        {1,0,0,
         1,1,1,
         0,0,1},

        {0,0,1,
```

```
                1,1,1,
                1,0,0}
              };

int yy[16][16] = {                    // 도트메트릭스 출력 문자("속도 UP!")
          {0,0,0,0,0,0,0,0,0,0,0,0,0,0,0,0},
          {0,0,0,0,0,0,0,0,0,1,0,1,0,1,0,0},
          {0,0,0,0,0,0,0,0,0,1,0,1,0,0,1,0},
          {0,1,1,1,1,1,0,0,0,1,0,1,1,1,0,1},
          {1,0,0,0,0,0,0,0,0,1,0,1,0,0,1,0},
          {1,0,0,0,0,0,0,1,1,1,0,1,0,1,0,0},
          {0,1,1,1,1,1,0,0,0,0,0,0,0,0,0,0},
          {0,0,0,0,0,0,0,0,0,0,0,0,0,0,0,0},
          {1,1,1,1,1,1,0,0,0,0,0,0,0,0,0,0},
          {0,0,1,0,0,1,0,0,0,0,0,0,0,0,0,0},
          {0,0,1,0,0,1,0,0,1,0,0,0,1,1,1,1},
          {0,0,0,1,1,0,0,0,1,0,0,0,1,0,0,1},
          {0,0,0,0,0,0,0,0,1,1,1,0,1,0,0,1},
          {1,0,1,1,1,1,0,0,1,0,0,0,1,0,0,1},
          {0,0,0,0,0,0,0,0,1,0,0,0,1,0,0,1},
          {0,0,0,0,0,0,0,0,0,0,0,0,0,0,0,0}
          };

int start_word[16][16] = {        // 도트메트릭스 출력 문자("READY?")
          {0,0,0,0,0,0,0,0,0,0,0,0,0,0,0,0},
          {0,1,1,1,1,1,1,0,0,1,1,1,1,1,1,0},
          {0,1,0,0,0,0,1,0,0,0,0,1,0,0,1,0},
          {0,1,0,0,0,0,1,0,0,0,0,1,0,0,1,0},
          {0,0,1,1,1,1,0,0,0,1,1,0,1,1,0,0},
          {0,0,0,0,0,0,0,0,0,0,0,0,0,0,0,0},
          {0,0,0,0,0,0,1,0,0,1,1,1,1,1,1,0},
          {0,0,0,0,0,1,0,0,0,1,0,0,1,0,1,0},
          {0,1,1,1,1,1,0,0,0,1,0,0,1,0,1,0},
          {0,0,0,0,0,1,0,0,0,1,0,0,1,0,1,0},
          {0,0,0,0,0,0,1,0,0,0,0,0,0,0,0,0},
          {0,0,0,0,0,1,0,0,0,1,1,1,1,1,0,0},
          {0,0,0,0,0,0,1,0,0,0,0,0,1,0,1,0},
          {0,1,0,1,1,0,1,0,0,0,0,0,1,0,1,0},
          {0,0,0,0,0,1,0,0,0,1,1,1,1,1,0,0},
          {0,0,0,0,0,0,0,0,0,0,0,0,0,0,0,0}
          };

int over_word[16][16] = {          // 도트메트릭스 출력 문자("게임오버")
          {0,0,0,0,0,0,0,0,0,0,1,0,0,0,1,0},
          {1,0,0,0,0,1,1,0,0,0,0,1,0,0,1,0},
          {1,0,0,0,1,0,0,1,0,0,0,0,1,0,1,0},
          {1,1,1,0,1,0,0,1,0,0,0,0,0,1,1,0},
```

```
        {1,0,0,0,1,0,0,1,0,0,0,0,1,0,1,0},
        {1,0,0,0,0,1,1,0,0,0,0,0,1,0,0,0},
        {0,0,0,0,0,0,0,0,0,0,1,1,1,1,1,0},
        {0,0,0,0,0,0,0,0,0,0,0,0,0,0,0,0},
        {0,0,0,0,0,0,0,0,0,0,1,1,1,1,1,0},
        {0,1,1,1,1,1,0,0,0,0,0,0,0,0,0,0},
        {0,1,0,1,0,0,0,0,0,0,0,0,0,1,1,0},
        {0,1,0,1,0,0,0,0,1,1,1,0,1,0,0,1},
        {0,1,1,1,1,1,0,0,1,0,1,0,1,0,0,1},
        {0,0,0,0,0,0,0,0,1,0,1,0,0,1,1,0},
        {0,0,0,1,0,0,0,0,1,0,1,0,0,0,0,0},
        {1,1,1,1,1,1,1,0,1,1,1,0,1,1,1,1}
        };

void main(void)
{
        int N1, N10, N100, N1000, buf; // 점수 4자리 분할
        int h;                         // for문 반복
        int once, oneshot1, old_start = 1;   // 이벤트 발생시 조건문 한번만 실행하기 위한 변수

        // 포트 입출력 설정
        DDRF = 0x00;                   // 포트F 입력(가속도 센서)
        DDRA = 0xFF;                   // 도트매트릭스 적색 LED 하위
        DDRB = 0xFF;                   // 도트매트릭스 적색 LED 상위
        DDRC = 0xFF;                   // 도트매트릭스 녹색 LED 하위
        DDRE = 0xFF;                   // 도트매트릭스 녹색 LED 상위
        DDRG = 0xFF;                   // 열 선택

        // 외부 인터럽트 설정
        EICRA = 0b10000000;            // 외부인터럽트 3 하강에지 동작
        EIMSK = 0b00001000;            // 외부인터럽트 3 인에이블

        // 타이머/카운터 설정
        TCCR0 = 0x07;                  // 일반모드, 프리스케일 = CK/1024
        TCNT0 = 0x00;                  // 타이머/카운터0 레지스터 초기값

        TCCR1A = 0;
        TCCR1B = 0x04;                 // 일반모드, 프리스케일 = CK/256
        TCCR1C = 0;
        TCNT1 = 0x00;                  // 타이머/카운터1 레지스터 초기값

        TCCR2 = 0x05;                  // 일반모드, 프리스케일 = CK/1024
        TCNT2 = 0x00;                  // 타이머/카운터2 레지스터 초기값

        TIMSK = 0b01000101;            // 타이머/카운터0,1,2 오버플로우 인터럽트 인에이블
        SREG = 0x80;                   // 전역 인터럽트 인에이블 비트 I 셋.
```

```
ADCSRA = 0xE7;                            // A/D변환 프리러닝모드, 분주비/128

for(h = 0;h < 16;h++) {
        dot_red[h] = 0;
        score[h] = 0;
}

while(1){
        if(start == 0 && old_start == 1){              // 초기상태(게임대기)
                LCD_init();
                LCD_String("  PRESS BUTTON  ");
        }
        old_start = start;                  // 위 부분 한번 실행을 위한 처리

        // 게임기의 x방향 기울기 측정
        ADMUX = 0b00000001;                          // ADC1 단극성 입력선택
        delay_ms(1);                                 // 변환위한 delay
        di_x = (int)ADCL + ((int)ADCH << 8);         // A/D변환값 저장

        // 게임기의 y방향 기울기 측정
        ADMUX = 0b00000000;                          // ADC0 단극성 입력선택
        delay_ms(1);                                 // 변환위한 delay
        di_y = (int)ADCL + ((int)ADCH << 8);         // A/D변환값 저장

        gen_ran += 1;                                // srand()함수 실행을 위한 카운터 변수

        if(start){                                   // 게임 시작
                Dot_out();                           // 도트메트릭스 출력
                PORTA = 0;                           // 도트매트릭스 모두 off
                PORTB = 0;
                PORTC = 0;
                PORTE = 0;

                move_y = ((move_yH <<8) & 0xFF00) | move_yL;
                if(dot_red[move_x] & move_y){  // 공의 위치에 장애물이 있으면
                        EIMSK = 0b00000000;            // 외부 인터럽트 금지
                        start = 0;                     // 게임 정지

                        // "GAME OVER" LCD 출력
                        Command(0x80);                 // 커서 1행1열에 위치
                        LCD_String("   GAME  OVER   ");

                        // 도트메트릭스 문자출력
                        for(h = 0;h < 300;h++) Dot_char(over_word);

                        EIMSK = 0b00001000;            // 외부 인터럽트3 인에이블
                }
```

```
        if((score[move_x] & move_y) && !once ){  // 공과 점수상자 충돌
                point += 1;                      // 점수 1증가?
                N1000 = point / 1000;            // 1000자리
                buf = point % 1000;
                N100 = buf / 100;                // 100자리
                buf = buf % 100;
                N10 = buf / 10;                  // 10자리
                N1 = buf % 10;                   // 1자리
                Command(0xCC);

                // 각 자리 LCD 출력
                Data(N1000 + '0');
                Data(N100  + '0');
                Data(N10 + '0');
                Data(N1 + '0');

                score[move_x] &= ~move_y;        // 점수 상자 클리어
        }

        // 점수증가를 한 번만 실행하기 위한 연산
        once = score[move_x] & move_y;
}
else{                   // start = 0, 게임 초기화
        // 장애물 클리어
        for(h = 0;h < 16;h++){
                dot_red[h] = 0;
                score[h] = 0;
        }

        // 녹색공 위치 초기설정
        move_yH = 0;
        move_yL = 0x80;                 // y좌표
        move_x = 7;                     // x좌표

        point =0;                       // 점수 리셋
        block_dot = 14;                 // 장애물 간격 4라인 설정
        random_score=0;
        block_speed = 0;
        Dot_char(start_word);           // 도트매트릭스 "READY" 출력
}

if((point % 10 == 0) && !oneshot1 && point < 50){ //10, 20, 30, 40점이 될 때
        if(point != 0){                          // 0점이 아니면
                SREG = 0;                        // 인터럽트 금지
                                                 //도트메트릭스 "속도 UP!" 출력
                for(h = 0;h < 100;h++) Dot_char(yy);
```

```
                        SREG = 0x80;                    // 인터럽트 허용
                }
            }
            if((point % 10)==0) oneshot1 = 1;   // 윗부분을 한번만 실행하기 위한 계산
            else oneshot1 = 0;
        }
}

// 외부인터럽트3(시작 스위치 입력 처리)
interrupt [EXT_INT3] void start_button(void)
{
        srand(gen_ran);             // 새로운 랜덤계열수 발생
        start = 1;                  // 시작

        Command(ALLCLR);
        Command(LINE2);
        LCD_String("YOUR SCORE: 0000");             // 점수 0 표시
}

// 타이머/카운터1(도트매트릭스 전체 1줄 아래로 이동)
// 1/16us * 256 * (0xFFFF - block_speed )
interrupt [TIM1_OVF] void block_down(void)
{
        if(start){          // 게임 시작
                for(i = 0;i < 16;i++){
                        dot_red[i] = (dot_red[i] << 1) & 0xFFFE;  // 장애물 1칸 아래 이동
                        score[i] = (score[i] << 1) & 0xFFFE;       // 점수상자 1칸 아래로 이동
                }

                if(block_dot < 9){          // 장애물 3라인 모두 출력하지 않았으면
                        for(i = 0;i < 3;i++){                  // 장애물 블럭 1라인 추가
                                dot_red[random_row+i] |=
                                            block_shape[random_block][block_dot++];
                        }
                }
                else {
                // 장애물 블럭 3라인 추가 완료(블럭은 3x3=9개 -> 9 + 블럭간격 = block_dot
                        block_dot++;                           // 장애물 블럭 간격 +1
                        if(block_dot >= block_frequency){ // 장애물블럭 간격 >= 설정간격
                                block_dot = 0;                 // 장애물 블럭 간격 리셋
                                random_row = rand() % 14;      // 장애물 x좌표(0~13) 발생
                                random_block = rand() % 10;  // 장애물 블럭 번호(0~9) 발생
                        }
                }

                if(den > random_score){                        // 점수 상자의 간격 설정(랜덤)
                        den = 0;                               // 점수상자 간격 변수 리셋
```

```
                score_row = rand() % 16;      // 점수상자 생성위치 랜덤 발생(0-15)
                random_score = rand() % 8;  // 다음 발생할 점수상자 간격(0-7)
                score[score_row] |= 0x01;    // score_row열 맨 윗줄에 점수상자 생성

                while(score[score_row] & dot_red[score_row]) {// 블록과 겹칠시 재생성
                        score[score_row] &= 0xFFFE;   // 먼저 점수상자 클리어
                        score_row = rand() % 16;       // 점수상자 위치 다시 생성
                        score[score_row] |= 1;         // score_row열 맨 윗줄 점
                                                       // 수상자 생성
                }
        }
        den++;                  // 점수 상자 간격 카운터 변수 +1

        if((point % 10==0) && !oneshot){
                // 10, 20, 30, 40점 도달 할때마다 블럭 간격과 스피드 조정
                if(point < 10){                                // 10점 미만
                        block_frequency = 14;                  // 장애물 블럭 간격 4줄
                        block_speed = 0; // 화면 갱신을 위한 타/카1 초기값 설정
                }
                else if(point < 20){                           // 10점 이상 20점 미만
                        block_frequency = 13;                  // 장애물 블럭 간격 3줄
                        block_speed = 0x8000;
                }
                else if(point < 30){                           // 20점 이상 30점 미만
                        block_frequency = 12;                  // 장애물 블럭 간격 2줄
                        block_speed = 0xB000;
                }
                else if(point < 40){                           // 20점 이상 30점 미만
                        block_frequency = 11;                  // 장애물 블럭 간격 1줄
                        block_speed = 0xD000;
                }
                else {                                         // 50점 이상
                        block_frequency = 10;                  // 장애물 블럭 간격 0줄
                        block_speed = 0xE000;
                }
        }
        if((point % 10)==0) oneshot = 1;          // 윗 부분 한번 실행을 위한 연산
        else oneshot = 0;

        TCNT1 = block_speed;                      // 초기값 설정
    }
}

// 게임 데이터를 도트 메트릭스에 출력
void Dot_out(void)
{
    int         dot_redH, delay_out, scoreH;
```

```
        PORTA = 0;                    // LED 모두 off
        PORTB = 0;
        PORTC = 0;
        PORTE = 0;

        for(repeat = 0;repeat < 16;repeat++){   //한 열당 출력 딜레이 for문으로 할당
                dot_redH =  dot_red[repeat] >>  8;        // 장애물 상위 8비트값 추출
                scoreH = score[repeat] >>8;               // 점수상자 상위 8비트값 추출

                // 장애물 도트매트릭스 적색 LED 출력
                for(delay_out = 0;delay_out < 70;delay_out++){
                        PORTA = dot_red[repeat];          // 장애물 하위8비트 출력
                        PORTB = dot_redH;                 // 장애물 상위8비트 출력
                        PORTG = repeat;                   // 출력 열 선택
                }

                // 점수상자 오랜지 색 출력
                for(delay_out = 0;delay_out < 60;delay_out++){
                        PORTG = repeat;                   // 출력 열 선택
                        PORTC = score[repeat];            // 점수상자 하위8비트 녹색 출력
                        PORTE = scoreH;                   // 점수상자 상위8비트 녹색 출력
                        PORTA = score[repeat];            // 점수상자 하위8비트 적색 출력
                        PORTB = scoreH;                   // 점수상자 상위8비트 적색 출력
                }

                PORTA = 0;                    // LED 모두 off
                PORTB = 0;
                PORTC = 0;
                PORTE = 0;
        }

        // 공 녹색 LED 출력
        for(delay_out = 0;delay_out < 150;delay_out++){
                PORTC = move_yL; // Y좌표 하위 8비트 출력
                PORTE = move_yH; // Y좌표 상위 8비트 출력
                PORTG = move_x;  // 출력 열(x좌표) LED 선택(on)
        }
}

// 문자열 도트 메트릭스에 출력
void Dot_char(int word[16][16])
{
        int dotchar_out, dotchar_outH, com, r;

        for(r = 0;r < 2;r++){   // 빨간 바탕에 연두색 글자 표시
                for(com = 0;com < 16;com++){
                        dotchar_out = 0;
```

```
                        for(i = 0;i < 16;i++){  // 출력할 16비트 데이터 생성
                                dotchar_out = (dotchar_out << 1) & 0xFFFE;

                                if(r == 0) dotchar_out |= word[com][i]; // 문자 부분 추출
                                else dotchar_out |= ~word[com][i];  // 문자 아닌 부분 추출
                        }

                        dotchar_outH =  dotchar_out >>  8;        // 출력할 상위8비트

                        if(r != 0){               // r=1일때 문자 아닌 부분 적색 출력
                                for(repeat = 0;repeat < 10;repeat++){
                                        PORTA = dotchar_out;  // 적색 하위8비트 출력
                                        PORTB = dotchar_outH;    // 적색 위8비트 출력
                                        PORTC = 0;               // 녹색 LED off
                                        PORTE = 0;               // 녹색 LED off
                                        PORTG = com;             // 출력 열 선택
                                }
                        }
                        else {                    // r=0일때 문자 부분 녹색 출력
                                for(repeat = 0;repeat < 100;repeat++){
                                        PORTA = 0;                // 적색 LED off
                                        PORTB = 0;                // 적색 LED off
                                        PORTC = dotchar_out;  // 녹색 하위8비트 출력
                                        PORTE = dotchar_outH; // 녹색 상위8비트 출력
                                        PORTG = com;          // 출력 열 선택
                                }
                        }
                }

                // LED 모두 off
                PORTA = 0;
                PORTB = 0;
                PORTC = 0;
                PORTE = 0;
        }
}

// 타이머/카운터0(공의 x좌표 이동)
// 1/16us * 1024 * (256 - 160) = 0.006144s)
interrupt [TIM0_OVF] void contorol_x(void)
{
        cou_x++;                // 공(녹색LED)의 x방향 이동주기 카운터 변수 +1

        // 센서 값에 따라 공의 x축 이동속도 조정
        // 지상에 평형일때(기울기0) 센서 x축값 -> 378+-4
        if(cou_x > delay_x){
                cou_x = 0;      // 카운터 변수 리셋
```

```
            // 센서 값에 따라 이동속도 4단계 분류
            if(di_x > 335 && di_x < 415) delay_x = 22;          // 제일 느리게
            else if(di_x > 295 && di_x < 455) delay_x = 9;      // 보통
            else if(di_x > 265 && di_x < 485) delay_x = 4;      // 조금 빠르게
            else delay_x = 2;                                   // 아주 빠르게

            if(di_x > 393) {        // 오른쪽으로 기울여졌을 때
                    move_x++;               // 공의 x좌표 +1
                    if(move_x > 15) move_x = 15;
            }
            else if(di_x < 363){  // 왼쪽으로 기울여졌을 때
                    if(move_x == 0) move_x = 0;
                    else move_x--;          // 공의 좌표 -1
            }
    }
    TCNT0 = 0xA0;           // 6ms 초기값 재설정
}

// 타이머/카운터2(공의 y좌표 이동)
// (1/16us * 1024 * (256 - 160) = 0.006144s)
interrupt [TIM2_OVF] void contorol_y(void)
{
    cou_y++;                // 공(녹색LED)의 y방향 이동주기 카운터 변수 +1

    // 센서 값에 따라 공의 x축 이동속도 조정
    // 지상에 평형일때(기울기0) 센서 y축값 -> 345+-4
    if(cou_y > delay_y){
            cou_y = 0;              // 카운터 변수 리셋

            // 센서 값에 따라 이동속도 4단계 분류
            if(di_y > 305 && di_y < 385) delay_y = 22;          // 제일 느리게
            else if(di_y > 265 && di_y < 425) delay_y = 9;      // 보통
            else if(di_y > 235 && di_y < 455) delay_y = 4;      // 조금 빠르게
            else delay_y = 2;                                   // 아주 빠르게

            if(di_y > 360){     // 앞쪽으로 기울였을 때 공 앞으로 이동
                    if(move_yL & 0xFF){ // 공이 위쪽에 있을 때(y좌표 0-7)
                            move_yL = (move_yL >> 1) & 0x7F;
                            if(move_yL == 0) move_yL = 0x01;
                    }
                    else {      // 공의 아래쪽에 있을 때(y좌표 8-15)
                            move_yH = (move_yH >> 1) & 0x7F;
                            if(move_yH == 0) move_yL = 0x80;
                    }
            }
            else if(di_y<330){      // 뒷쪽으로 기울였을 때 공 아래로 이동
                    if(move_yL & 0xFF){     // 공이 위쪽에 있을 때(y좌표 0-7)
```

```
                                move_yL = (move_yL << 1) & 0xFE;
                                if((move_yL & 0xFF)==0) move_yH = 0x01;
                        }
                        else {  // 공의 아래쪽에 있을 때(y좌표 8-15)
                                move_yH = (move_yH << 1) & 0xFE;
                                if((move_yH & 0xFF)==0) move_yH = 0x80;
                        }
                }
        }
        TCNT2 = 0xA0;                   // 6ms 초기값 재설정
}

// LCD초기화
void LCD_init(void)
{
        DDRD = 0b11110111;
        PORTD &= 0xFB;                          // E = 0;

        delay_ms(15);
        Command(0x20);                          // 펑션셋
        delay_ms(5);
        Command(0x20);                          // 펑션셋
        delay_us(100);
        Command(0x20);                          // 펑션셋
        Command(FUNCSET);                       // 펑션셋(2라인 4비트구동)
        Command(DISPON);                        // 표시 on
        Command(ALLCLR);                        // LCD 클리어, 커서 홈 위치
        Command(ENTMODE);                       // 엔트리모드(커서+1증가)
}

// 고정 문자열 출력 함수
void LCD_String(char flash str[])
{
        char flash *pStr=0;

        pStr = str;
        while(*pStr) Data(*pStr++);
}

// 인스트럭션 쓰기 함수
void Command(unsigned char byte)
{
        Busy();

        // 인스트럭션 상위 바이트
        PORTD = (byte & 0xF0);                  // 데이터
        PORTD &= 0xFE;                          // RS = 0;
```

```
        PORTD &= 0xFD;                      // RW = 0;
        delay_us(1);
        PORTD |= 0x04;                      // E = 1;
        delay_us(1);
        PORTD &= 0xFB;                      // E = 0;

        // 인스트럭션 하위 바이트
        PORTD = ((byte<<4) & 0xF0);  // 데이터
        PORTD &= 0xFE;                      // RS = 0
        PORTD &= 0xFD;                      // RW = 0
        delay_us(1);
        PORTD |= 0x04;                      // E = 1;
        delay_us(1);
        PORTD &= 0xFB;                      // E = 0;
}

// 데이터 쓰기 함수
void Data(unsigned char byte)
{
        Busy();

        // 데이터 상위 바이트
        PORTD = (byte & 0xF0);              // 데이터
        PORTD |= 0x01;                      // RS = 1;
        PORTD &= 0xFD;                      // RW = 0;
        delay_us(1);
        PORTD |= 0x04;                      // E = 1;
        delay_us(1);
        PORTD &= 0xFB;                      // E = 0;

        // 데이터 하위 바이트
        PORTD = ((byte<<4) & 0xF0);         // 데이터
        PORTD |= 0x01;                      // RS = 1;
        PORTD &= 0xFD;                      // RW = 0;
        delay_us(1);
        PORTD |= 0x04;                      // E = 1;
        delay_us(1);
        PORTD &= 0xFB;                      // E = 0;
}

// Busy Flag Check -> 일반적인 BF를 체크하는 것이 아니라
// 일정한 시간 지연을 이용한다.
void Busy(void)
{
        delay_ms(2);
}
```

Chapter 08

같은 숫자 맞추기 게임

8.1 작품개요

20개의 7-Segement에 0-9의 숫자를 각각 2개씩 한 쌍으로 랜덤하게 발생하여 3초 정도 표시한 후에 같은 번호들을 갖는 세그먼트를 찾는 게임이다. [그림 8-1]은 제작된 게임 보드 사진이다.

[그림 8-1] 작품사진

작품의 동작을 요약하면 다음과 같다.

① 시작 스위치를 이용하여 게임을 시작한다.

② 20개의 7-Segment에 0-9의 숫자를 각각 2개씩 한 쌍으로 발생하여 3초 정도 표시한 후에 표시를 off 시킨다.

③ 3개의 스위치를 이용하여 왼쪽, 오른쪽, 위아래로 이동시키면서 7-Segment를 2개 선택하여 같으면 맞는 것으로 처리하여 계속 표시하고, 틀린 경우에는 선택된 7-Segment의 표시를 다시 off시킨다. 이때 각 7-Segment의 dp 단자에 연결된 LED를 커서로 이용한다.

④ 10쌍을 모두 맞추어 20개의 7-Segment가 표시될 때까지 몇 번의 시행착오로 성공했는지를 캐릭터 LCD에 출력 표시한다.

8.2 작품 구성도 및 회로도

[그림 8-2]는 작품의 구성도를 보여주며, KUT-128 MCU 보드, 7-Segment, 캐릭터 LCD, 스위치, 부저로 이루어진다. [표 8-1]과 [표 8-2]는 각 디바이스에 연결된 포트와 기능을 보여준다. [그림 8-3]은 회로도를 보여주며, [표 8-3]은 작품에 사용된 부품 리스트이다.

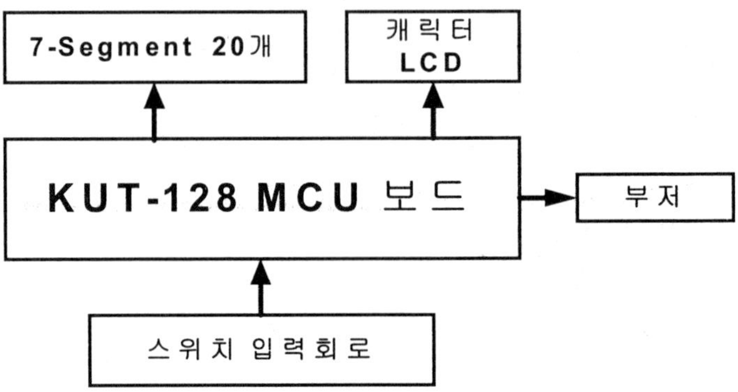

[그림 8-2] 작품 구성도

[표 8-1] 입력 디바이스와 사용 포트

입력 스위치	포트
시작 스위치	PD3
커서 상하/좌/우 이동 스위치	PE5~PE7(INT5~INT7)
선택 스위치	PE4(INT4)

[표 8-2] 출력 디바이스와 사용 포트

출력 장치	기 능
7-Segment (Common Cathode)	20개 7-Segment 제어 - PA0~PA7 : 위 좌측 7개 세그먼트 Com 단자 연결 - PC0~PC7 : 위 2개, 아래 좌측 5개 세그먼트 Com 단자 연결 - PG0~PG3 : 아래 우측 4개 세그먼트 Com 단자 연결 - PF0~PF7 : 7-Segment 데이터 핀(a~g) 연결
LCD	게임 상황 표시(시행 횟수와 남은 숫자쌍 표시) - PD0-PD2, PD4-PD7
부저	효과음 발생 - PB0

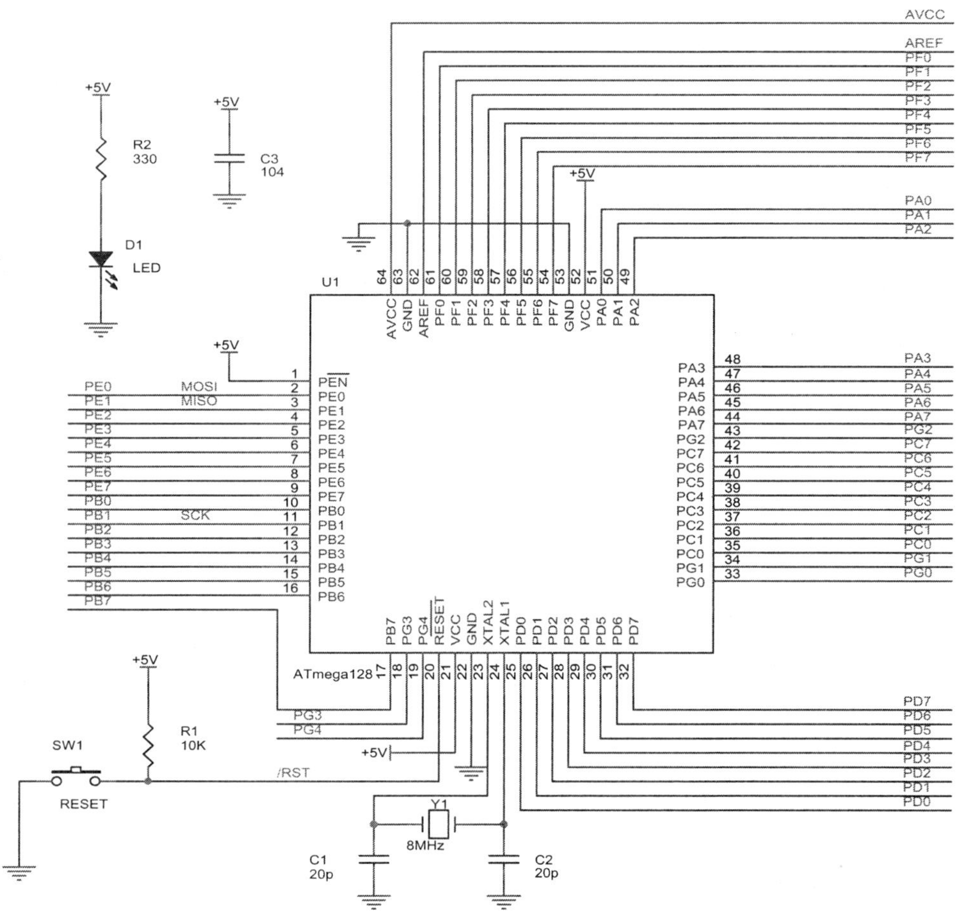

(a) KUT-128 MCU 보드 회로

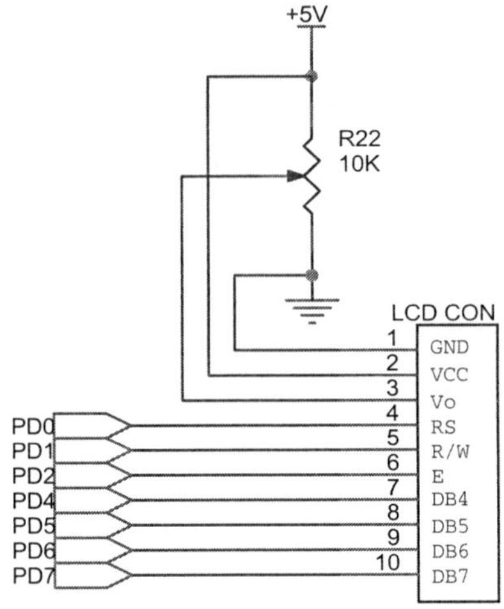

(b) 캐릭터 LCD 커넥터 회로

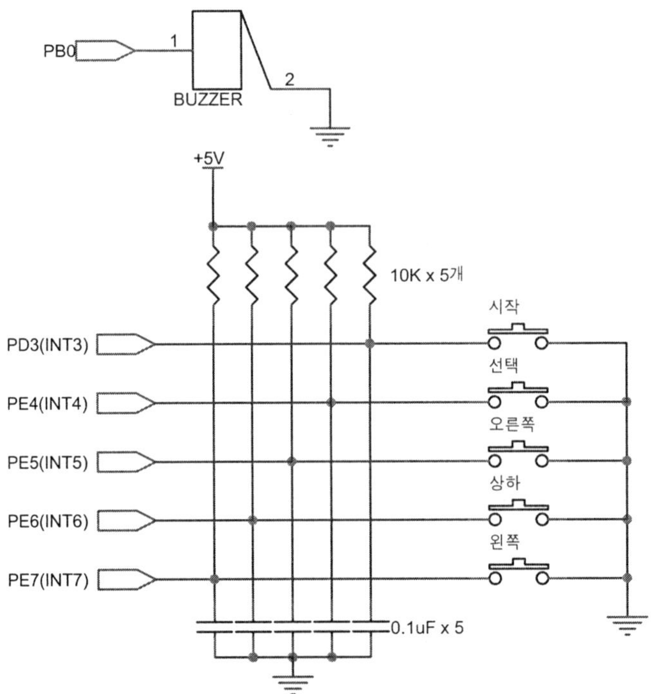

(c) 스위치 회로

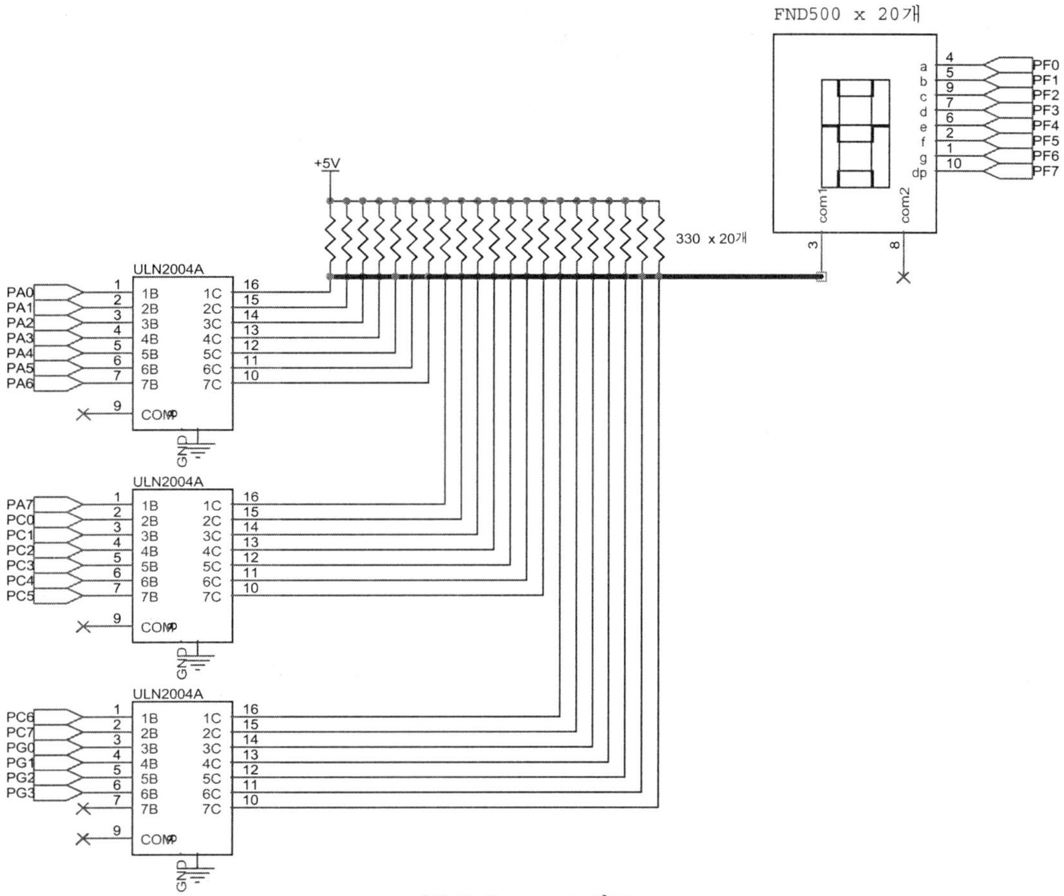

(d) 7-Segment 회로

[그림 8-3] 회로도

[표 8-3] 부품 리스트

부품명	규격	수량
MCU 보드	KUT-128 MCU 보드	1
캐릭터 LCD	2행 x 16열	1
7-Segment (Common Cathode)	FND500	20
IC	ULN2004A	3
저항	330Ω	20
Push Button 스위치	소형	5
저항	10KΩ	5
세라믹 콘덴서	0.1uF	5
부저	5V용 부저	1

8.3 주요 함수 동작 흐름도

[그림 8-4]는 프로그램에서 정의된 함수의 동작 흐름도를 보여준다.

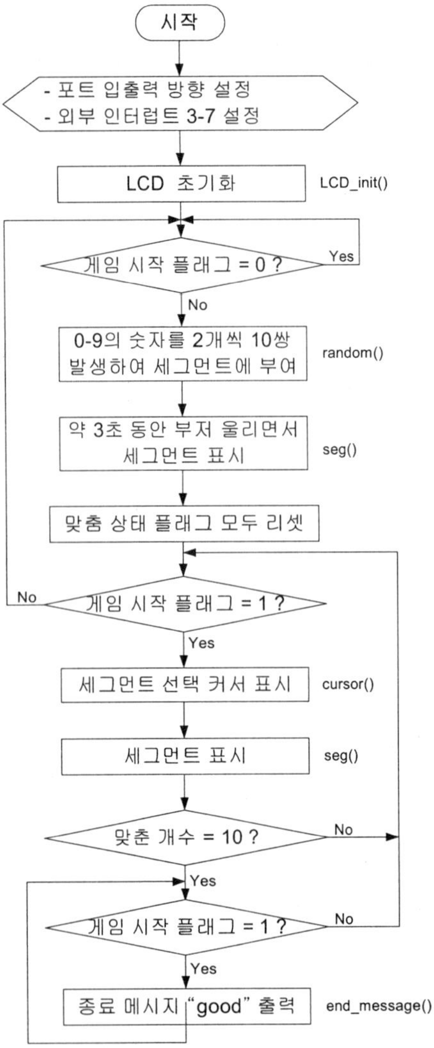

(a) main()함수

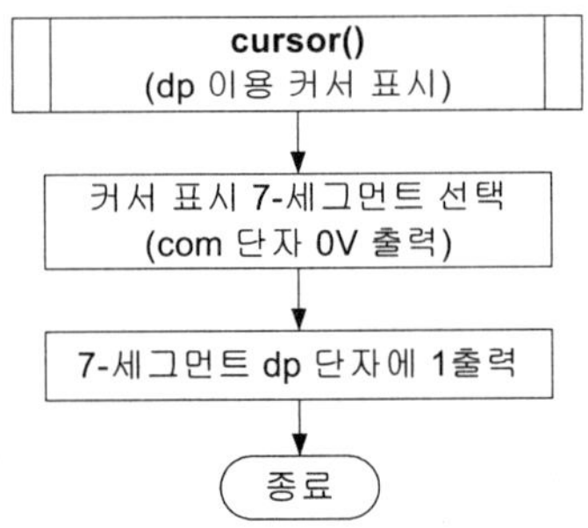

(b) cursor() 함수

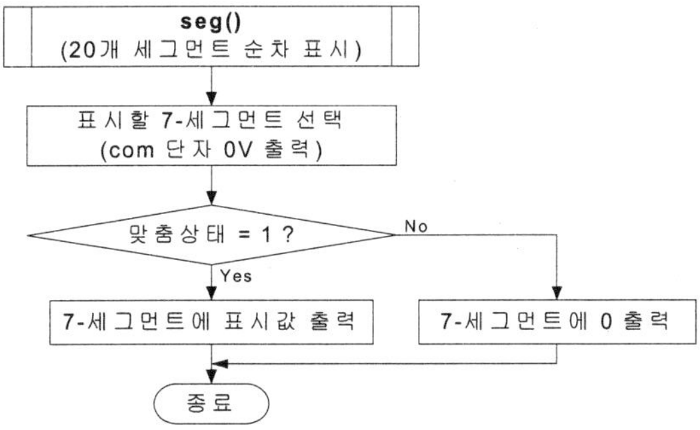

(c) seg()함수

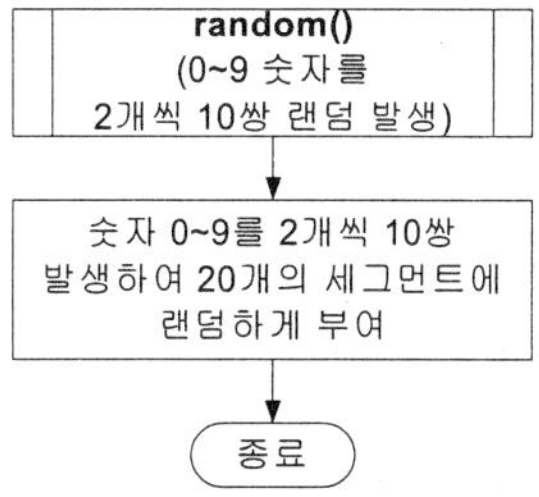

(d) random() 함수

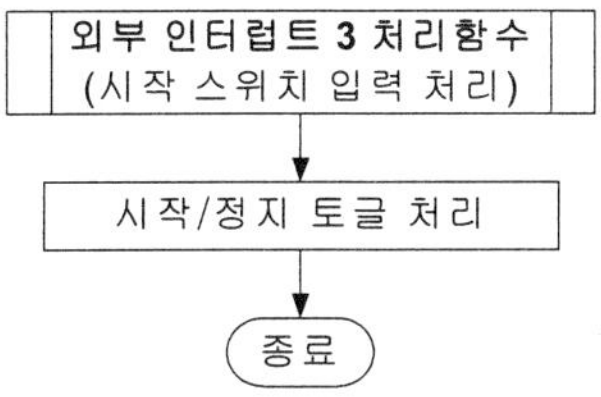

(e) 외부인터럽트3 처리

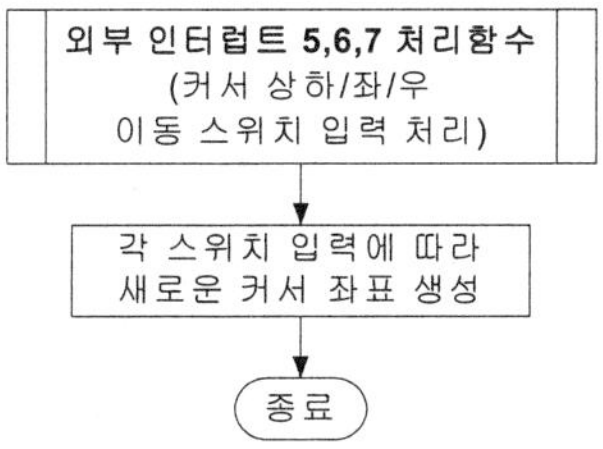

(f) 외부인터럽트5,6,7 처리

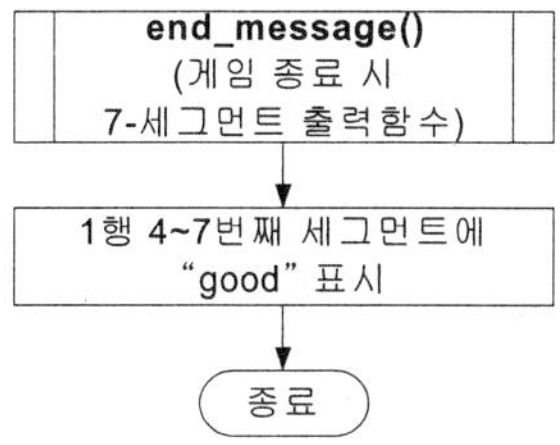

(g) end_message() 함수

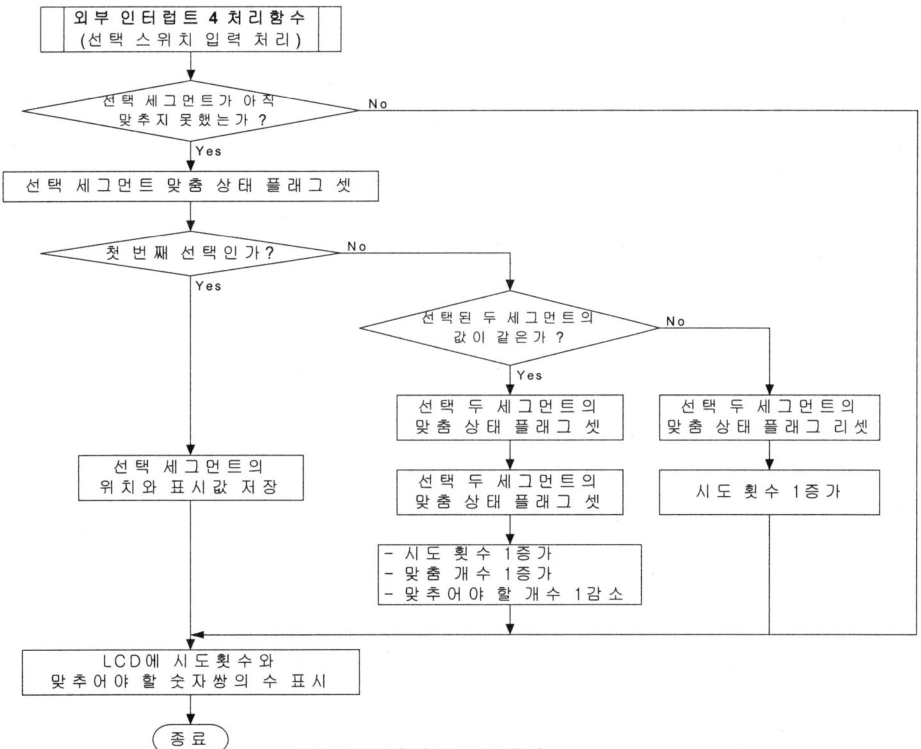

(h) 외부인터럽트4 처리

[그림 8-4] 함수 동작 흐름도

8.4 프로그램 소스

```
/***************************************************/
/*  ndouble.c      숫자 맞추기 게임             */
/*        2008.6  by 박준현                     */
/***************************************************/

#include <mega128.h>
#include <delay.h>
#include <stdlib.h>
#include <stdio.h>

#define FUNCSET          0x28          // Function Set
#define ENTMODE          0x06          // Entry Mode Set
#define ALLCLR           0x01          // All Clear
#define DISPON           0x0c          // Display On
#define LINE2            0xC0          // 2nd Line Move

// 몇번째 FND를 켤지 미리 배열에 저장해 놓음
int FND[8] = {0b00000001, 0b00000010, 0b00000100, 0b00001000,
          0b00010000, 0b00100000, 0b01000000, 0b10000000};

// 7-Segment에 0~9까지의 숫자를 출력하기 위한 패턴
int seg_num[10] = {0x3f, 0x06, 0x5b, 0x4f, 0x66, 0x6d, 0x7d, 0x07, 0x7f, 0x6f};

/ /20개의 FND에 0~9까지의 값을 지정해 주는 배열(미결정 초기값 : 10)
int cell[20] = {10,10,10,10,10,10,10,10,10,10,10,10,10,10,10,10,10,10,10,10};
int status[20];      //20개 FND 각각의 맞춤 여부 저장(1 : 맞춤, 0 : 미해결)

int port=0;         // FND 제어할 때 이 변수값에 따라 포트 지정(0 : 포트A, 1 : 포트C, 2 : 포트
G)
int i = 0, n = 0;              // n : 표시할 세그먼트 번호, i : 랜덤 시드발생시 사용
int correct = 0;               // 맞춘 갯수
int wait = 0;                  // 약 3초간 수의 배치를 기억할 수 있게 하기 위해 사용한 변수?
int TRY = 0, TRY100, TRY10, TRY1;            // lcd 창에  표시할 시도 횟수
int remain = 10, remain10, remain1;          // lcd 창에 표시할 남은 숫자쌍의 수
int cur_i = 0;                               // 커서의 좌표값 저장(0-7, port값과 함께 이용)
int first_place, first_value;                // 처음 선택된 세그먼트 번호와 표시값
int click_try = 0;                           // 선택 스위치 눌린 횟수(0, 1)
int button_cnt = 0;;                         // 커서 위치(0-19)
int start = 0;                               // 0일 때 게임 초기상태, 1일때 게임 플레이상태

void LCD_init(void);                         // LCD 초기화
void LCD_String(char flash *);               // 문자열 출력 함수
void Busy(void);                             // Busy Flag Check
```

```
void Command(unsigned char);                    // 인스트럭션 쓰기 함수
void Data(unsigned char);                       // 데이터 쓰기 함수
void seg(void);                                 // 20개의 세그먼트를 차례대로 켜주는 함수
void random(void);                              // 숫자 랜덤 배치함수
void cursor(void);                              // 커서를 이동, 표현 해주는 함수
void end_message(void);                         // 게임을 클리어 했을경우 축하메시지 함수

//메인 함수
void main(void)
{
	// 7-Segment 제어 포트 모두 출력
	DDRA = 0xFF;
	DDRC = 0xFF;
	DDRG = 0xFF;
	DDRF = 0xFF;


	DDRB = 0x01;		// 부저 연결 포트 PB0 출력 지정
	DDRD = 0b11110111;	// PD3 입력(시작 스위치), 나머지 출력(캐릭터 LCD) 지정
	DDRE = 0x00;		// 이동 및 선택 스위치 입력 지정

	// 외부 인터럽트 설정
	EICRA = 0b10000000;	// 외부인터럽트 3 하강에지
	EICRB = 0b10101010;	// 외부인터럽트 4,5,6,7 하강에지
	EIMSK = 0b11111000;	// 외부인터럽트 3,4,5,6,7 enable
	SREG = 0x80;		// 전역 인터럽트비트 셋

	LCD_init();		// lcd초기화
	LCD_String("    P R E S S  ");
	Command(LINE2);
	LCD_String("    S T A R T  ");

	while(1){
		if(start == 0){
			while(start == 0) i++;	// i값 srand함수에서 seed로 사용
		}
		else{	// 게임 시작
			Command(ALLCLR);
			LCD_String("    N    O    W  ");		// 첫 번째 라인에 출력
			Command(LINE2);
			LCD_String("    LOADING..  "); // 두 번째 라인에 출력
			random();		// 0-9의 숫자 2개씩 10쌍 발생하여 세그먼트에 부여

			// 약 3초동안 7-Segement 표시?
			do{
				seg();				// 세그먼트 1개  표시
				n = (n + 1) % 20;		// 표시 세그먼트 번호 갱신
```

```
                    wait++;
                    if(wait == 200) PORTB = 0x01;              // 부저 on
                    else if(wait == 400) PORTB = 0x00;         // 부저 off
                    else if(wait == 1200) PORTB = 0x01;        // 부저 on
                    else if(wait == 1500) PORTB = 0x00;        // 부저 off
                    else if(wait == 2300) PORTB = 0x01;        // 부저 on
                    else if(wait == 2700) PORTB = 0x00;        // 부저 off
                } while(wait != 2700);

                for(i = 0;i < 20;i++) status[i] = 0;     // 맞춤 상태 여부 모두 리셋

                Command(ALLCLR);
                LCD_String("    T R Y  =  0");           // 첫 번째 라인에 출력
                Command(LINE2);
                LCD_String("    REMAIN = 10");           // 두 번째 라인에 출력

                while(start == 1){       // 게임 중
                    cursor();                  //커서 표시함수

                    for(i = 0;i < 10;i++){
                        // 세그먼트 표시함수를 커서함수에 비해
                        // 여러번 반복시켜야 깜빡거리지 않음
                        seg();                // 세그먼트 1개 표시
                        n = (n + 1) % 20;  // 표시 세그먼트 번호 갱신
                    }
                    if (correct == 10){                // 10개 모두 맞춤
                        while(start == 1){         // 게임 중
                            end_message();    // "good" 세그먼트 표시
                            n = (n + 1) % 20;  // 표시 세그먼트 갱신
                        }
                    }
                }
            }
        }
}

// 20개의 세그먼트를 차례대로 표시하는 함수
void seg(void)
{
        if(n < 8){
            PORTA = FND[n];    // MCU보드 상에서 윗줄 왼쪽부분 PORTA에 출력
            if(status[n] == 1){     // 상태가 1이면 FND켜줌
                // 불빛을 밝게 하기 위하여 i<200까지 FND를 켜준다
                for(i = 0;i < 200;i++) PORTF = seg_num[cell[n]];
            }
            else {                        // 상태가 0이면 FND 꺼줌
```

```
                for(i = 0;i < 100;i++) PORTF = 0x00;
            }
        }
        else if(n < 16){
            PORTC = FND[n - 8];        // MCU보드 상에서 윗줄 왼쪽부분 PORTA에 출력
            if(status[n] == 1){      // 상태가 1이면 FND켜줌
                // 불빛을 밝게 하기 위하여 i<200까지 FND를 켜준다
                for(i = 0;i < 200;i++) PORTF = seg_num[cell[n]];
            }
            else {                   // 상태가 0이면 FND 꺼줌
                for(i = 0;i < 100;i++) PORTF = 0x00;
            }
        }
        else {
            PORTG = FND[n - 16];       // MCU보드 상에서 윗줄 왼쪽부분 PORTA에 출력
            if(status[n] == 1){            // 상태가 1이면 FND 켜줌
                // 불빛을 밝게 하기 위하여 i<200까지 FND를 켜준다
                for(i = 0;i < 200;i++) PORTF = seg_num[cell[n]];
            }
            else {                          // 상태가 0이면 FND 꺼줌
                for(i = 0;i < 100;i++) PORTF = 0x00;
            }
        }

        // 잔상제어를 위하여 반복문이 끝나는 시점에서 한번씩 전체 포트를 꺼준다
        PORTA = 0x00;
        PORTC = 0x00;
        PORTG = 0x00;
    }

//커서 표시 함수(7-Segment dp 표시)
void cursor(void)
{
        if(port == 0){                      // 커서가 포트A에 있을경우(1행 좌측 8개)
            PORTA = FND[cur_i];
            PORTC = 0x00;
            PORTG = 0x00;
            for(i = 0;i < 50;i++) PORTF = 0b10000000;

            button_cnt = cur_i;   // 커서의 좌표값을 button_cnt로 넘겨준다
        }
        else if(port == 1){                 // 커서가 포트C에 있을 경우(1행 우측 2개, 2행 좌측 6개)
            PORTC = FND[cur_i];
            PORTA = 0x00;
            PORTG = 0x00;
            for(i = 0;i < 50;i++) PORTF = 0b10000000;
```

```
            button_cnt = cur_i;   // 커서의 좌표값을 button_cnt에
            button_cnt += 8;      // A포트 8개를 지나서 C포트 첫 번째 값이므로
        }
        else if(port == 2){    // 커서가 포트G에 있을 경우
            PORTG = FND[cur_i];
            PORTC = 0x00;
            PORTA = 0x00;
            for(i = 0;i < 50;i++) PORTF = 0b10000000;

            button_cnt = cur_i;   // 커서의 좌표값을 button_cnt로 넘겨준다
            button_cnt += 16;     // A포트, C포트를 지나서 G포트 첫 번째 값이므로
        }

        //잔상제어를 위해 함수 마지막에 한 번씩 꺼준다.
        PORTA = 0;
        PORTC = 0;
        PORTG = 0;
}

// 외부 인터럽트3 (시작 스위치 입력 처리)
interrupt[EXT_INT3]void start_shuffle(void)
{
        srand(i);
        start = (start + 1) % 2;          // 게임 상태 (시작/정지 토글) 0 = 정지, 1 = 시작
}

//외부 인터럽트4 (선택 스위치 입력 처리)
interrupt[EXT_INT4]void click_blank(void)
{
        if(status[button_cnt] != 1){                // 아직 맞추지 못한 세그먼트인지 ?
            status[button_cnt] = 1;
            if(click_try == 0){                     // 첫 번째 7-Segment 선택 ?
                TRY++;                              // 시도횟수 1증가
                first_place = button_cnt;           // 처음 선택한 세그먼트 좌표 저장
                first_value = cell[button_cnt];     // 처음 선택한 세그먼트 값 저장
                click_try = 1;
            }
            else {                                  // 두 번째 7-Segment 선택 ?
                if(first_value != cell[button_cnt]){ // 숫자 쌍을 맞추지 못했을 경우
                    TRY++;                          // 시도횟수 1증가
                    PORTB = 0x01;                   // 부저 on
                    wait = 0;

                    do{
                        wait++;
                        seg();                      // 세그먼트 표시
                        n = (n + 1) % 20;  // 표시 세그먼트 갱신
```

```
                        cursor();                           // 커서 표시

                        if(wait == 200 || wait == 600){      // 표시 on
                                  status[button_cnt] = 1;
                                  status[first_place] = 1;
                        }
                        else if(wait==400 ||wait == 800){   // 표시 off
                                  status[button_cnt] = 0;
                                  status[first_place] = 0;
                        }
              } while(wait != 800);

              PORTB = 0x00;
              // 선택 세그먼트 맞춤상태 off
              status[first_place] = 0;
              status[button_cnt] = 0;
              click_try = 0;          // 선택 스위치 입력수 리셋
         }
         else {                       // 숫자 쌍을 맞춘 경우
              n = 0;
              wait = 0;

              do{
                        wait++;

                        if(wait == 5000 || wait == 15000)
                                  PORTB = 0x01;   // 부저 on
                        else if(wait == 10000 || wait == 20000)
                                  PORTB = 0x00;   // 부저 off
              } while(wait != 20000);


              TRY++;                  // 시도횟수 1회증가
              // 선택된 세그먼트 맞춤 상태 on
              status[first_place] = 1;
              status[button_cnt] = 1;
              click_try = 0;          // 선택 스위치 입력수 리셋
              correct++;              // 맞춘 갯수 1증가
              remain--;               // 못맞춘 숫자쌍 1감소
         }
    }
}

Command(ALLCLR);                      // LCD 클리어
LCD_String("   T R Y  =")   ;         // 첫번째 라인에 출력
TRY100 = TRY / 100;                   // 시도한 횟수의 100단위 자리
Data(TRY100 + '0');                   // 시도한 횟수의 100단위 자리 표시
```

```
        TRY     = TRY % 100;
        TRY10   = TRY / 10;              // 시도한 횟수의 10단위 자리
        Data(TRY10 + '0');               // 시도한 횟수의 10단위 자리 표시
        TRY1    = TRY % 10;              // 시도한 횟수의 1단위 자리
        Data(TRY1 + '0');                // 시도한 횟수의 1단위 자리 표시
        Command(LINE2);

        LCD_String("    REMAIN = ");     // 두번째 라인에 출력
        remain10 = remain / 10;          // 남은 숫자쌍의 10단위 자리
        Data(remain10 + '0');            // 남은 숫자쌍의 10단위 자리 표시
        remain1  = remain % 10;          // 남은 숫자쌍의 1단위 자리
        Data(remain1 + '0');             // 남은 숫자쌍의 1단위 자리 표시
}

/************** 커서 좌표 및 포트 번호 *************/
// 포트 번호        port=0        port=1
//              <----------------><-->
// 커서 번호    0 1 2 3 4 5 6 7 0 1
// 커서 번호    2 3 4 5 6 7 0 1 2 3
//              <---------><----->
// 포트 번호       port=1     port=2
/*************************************************************/

// 외부 인터럽트5(커서 오른쪽 이동 스위치 입력 처리)
interrupt[EXT_INT5]void right(void)
{
        if(cur_i == 7 && port == 0){     // 커서가 1행 8번째에 위치 ?
                cur_i = 0;               // 다음 위치는 1행 9번째(C포트의 첫번째)
                port = 1;                // C포트 제어
        }
        else if(cur_i == 1 && port == 1)
                cur_i = cur_i;                   // 커서가 첫째 줄의 마지막에 위치 ?
        else if(cur_i == 7 && port == 1){
                port = 2;                        // 커서가 2행 6번째(C포트의 마지막)
                cur_i = 0;                       // 다음 위치는 2행 7번째(G포트의 첫번째)
        }
        else if(cur_i == 3 && port == 2)
                cur_i = cur_i;                   // 커서가 2행 마지막에 위치 ?
        else cur_i++;                            // 오른쪽으로 한칸씩 이동
}

// 외부 인터럽트6(커서 상하 이동 스위치 입력 처리)

interrupt[EXT_INT6]void down(void)
{
        if(cur_i < 6 && port == 0){              // 1행 5번째까지 범위의 커서는 아래로 이동
                port = 1;
```

```
                cur_i += 2;
        }
        else if(cur_i > 5 && port == 0){          // 1행 7,8번째에 위치한 커서는 아래로 이동
                port = 2;
                cur_i -= 6;
        }
        else if(cur_i < 2 && port == 1){          // 1행 9,10번째에 위치한 커서는 아래로 이동
                port = 2;
                cur_i += 2;
        }
        else if(cur_i > 1 && port == 1){          // 2행 6번째 칸까지 범위의 커서는 위로 이동
                port = 0;
                cur_i -= 2;
        }
         else if(cur_i < 2 && port == 2){         // 2행 7,8번째에 위치한 커서는 위로 이동
                port = 0;
                cur_i += 6;
         }
         else if(cur_i > 1 && port == 2){         // 2행 9,10번째에 위치한 커서는 위로 이동
                port = 1;
                cur_i -= 2;
         }
}

//외부 인터럽트7(커서 왼쪽 이동 스위치 입력 처리)
interrupt[EXT_INT7]void left(void)
{
        if(cur_i == 0 && port == 1){     // 1행 9번째에 위치한 커서는 A포트 마지막으로
                port = 0;
                cur_i = 7;
        }
        else if(cur_i == 0 && port == 0)
                cur_i = cur_i;                    // 1행 첫번째에 위치한 커서는 벽에 막힘
        else if(cur_i == 2 && port == 1)
                cur_i = cur_i;                    // 2행 첫번째에 위치한 커서는 벽에 막힘
        else if(cur_i == 0 && port == 2){         // 2행 7번째에 위치한 커서는 C포트의 마지막으로
                port = 1;
                cur_i = 7;
        }
        else cur_i--;                             // 왼쪽으로 한칸씩 이동
}

// 숫자쌍 랜덤 발생 함수
void random(void)
{
        int     x, nx, ny;
```

```
        for(nx = 0;nx < 10;nx++){                       // 0~9까지의 숫자를 넣어줌
                for(ny = 0;ny < 2;ny++){
                        // 0~9까지의 숫자를 두번씩 넣어주기 위한 반복문
                        do{
                                x = rand() % 20;  // 0~19까지의 저장 세그먼트 랜덤 발생
                        } while(cell[x] != 10);   // 10의 값을 가진 배열을 탐색

                        cell[x] = nx;          // 탐색된 배열에 랜덤으로 선택된 숫자를 저장
                }
        }
}

// 게임을 클리어 했을 경우 출력 함수
void end_message(void)
{
        switch(n){
                case 0:  PORTA = FND[3];
                        for(i = 0;i < 200;i++) PORTF = 0b01101111;   // 영문자 g
                        PORTA = 0x00;
                        PORTC = 0x00;
                        PORTG = 0x00;
                        break;

                case 1: PORTA = FND[4];
                        for(i = 0;i < 200;i++) PORTF = 0b01011100;   // 영문자 o
                        PORTA = 0x00;
                        PORTC = 0x00;
                        PORTG = 0x00;
                        break;

                case 2: PORTA = FND[5];
                        for(i = 0;i < 200;i++) PORTF = 0b01011100;   // 영문자 o
                        PORTA = 0x00;
                        PORTC = 0x00;
                        PORTG = 0x00;
                        break;

                case 3: PORTA = FND[6];
                        for(i = 0;i < 200;i++) PORTF = 0b01011110;   // 영문자 d
                        PORTA = 0x00;
                        PORTC = 0x00;
                        PORTG = 0x00;
                        break;
        }
}

// LCD 초기화
```

```
void LCD_init(void)
{
        PORTD &= 0xFB;                          // E = 0;

        delay_ms(15);
        Command(0x20);
        delay_us(1);
        Command(0x20);
        delay_us(100);
        Command(0x20);

        Command(FUNCSET);               // 펑션 셋(4비트 구동)
        Command(DISPON);                // 표시 on
        Command(ALLCLR);                // 화면 클리어
        Command(ENTMODE);               // 엔트리 모드(메모리 액세스 후 어드레스 1증가)
}

// 문자열 출력 함수
void LCD_String(char flash str[])
{
        char flash *pStr=0;

        pStr = str;
        while(*pStr) Data(*pStr++);
}

// 인스트럭션 쓰기 함수
void Command(unsigned char byte)
{
        Busy();

        // 인스트럭션 상위 바이트
        PORTD = (byte & 0xF0);                  // 데이터
        PORTD &= 0xFE;                          // RS = 0;
        PORTD &= 0xFD;                          // RW = 0;
        delay_us(1);
        PORTD |= 0x04;                          // E = 1;
        delay_us(1);
        PORTD &= 0xFB;                          // E = 0;

        // 인스트럭션 하위 바이트
        PORTD = ((byte<<4) & 0xF0);             // 데이터
        PORTD &= 0xFE;                          // RS = 0;
        PORTD &= 0xFD;                          // RW = 0;
        delay_us(1);
        PORTD |= 0x04;                          // E = 1;
        delay_us(1);
```

```
        PORTD &= 0xFB;                          // E = 0;
}

// 데이터 쓰기 함수
void Data(unsigned char byte)
{
        Busy();

        // 데이터 상위 바이트
        PORTD = (byte & 0xF0);                  // 데이터
        PORTD |= 0x01;                          // RS = 1;
        PORTD &= 0xFD;                          // RW = 0;
        delay_us(1);
        PORTD |= 0x04;                          // E = 1;
        delay_us(1);
        PORTD &= 0xFB;                          // E = 0;

        // 데이터 하위 바이트
        PORTD = ((byte<<4) & 0xF0);             // 데이터
        PORTD |= 0x01;                          // RS = 1;
        PORTD &= 0xFD;                          // RW = 0;
        delay_us(1);
        PORTD |= 0x04;                          // E = 1;
        delay_us(1);
        PORTD &= 0xFB;                          // E = 0;
}

// Busy Flag Check -> 일반적인 BF를 체크하는 것이 아니라 일정한 시간 지연을 이용
void Busy(void)
{
        delay_ms(2);
}
```

Chapter 09

LED CUBE

9.1 동작개요

[그림 9-1]과 같은 6×6×6의 LED 구조물을 만들어 한 층, 또는 여러 층에 걸쳐 다양한 그림 패턴과 글씨 패턴 등을 출력한다.

패턴 예) 사각형 이동, 회전막대, 블록 맞추기, 차오르기, 글씨 이동, 글씨 회전 등

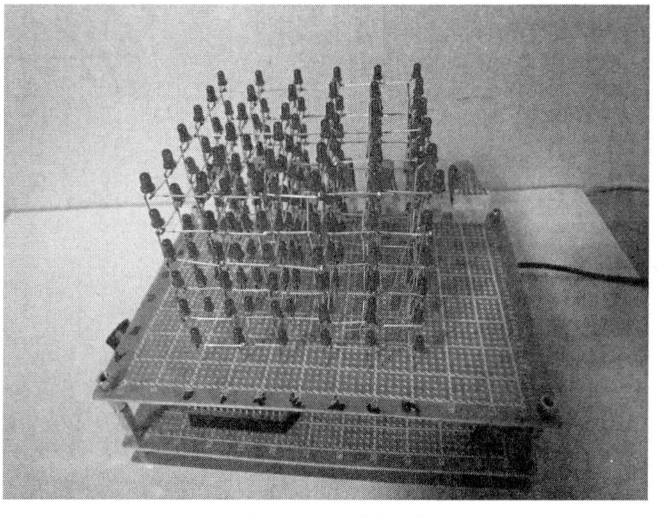

[그림 9-1] 작품 사진

<구조물의 기본 모형>

① LED들의 Anode를 가로로 모두 연결해서 하나의 층을 만든다.

② Anode끼리 연결된 1개의 층을 한 개 더 만들어서 Cathode들이 서로 연결 되도록 세로 축끼리 연결한다. ([그림 9-2])

③ 1, 2 단계를 거쳐 구조물을 만들면 [그림 9-3]과 같은 구조물을 만들 수 있고, Anode끼리 연결된 층을 여러 개 더 만들어 세로로 Anode를 연결시켜 확장시키면 더 많은 층을 쌓을 수 있다.

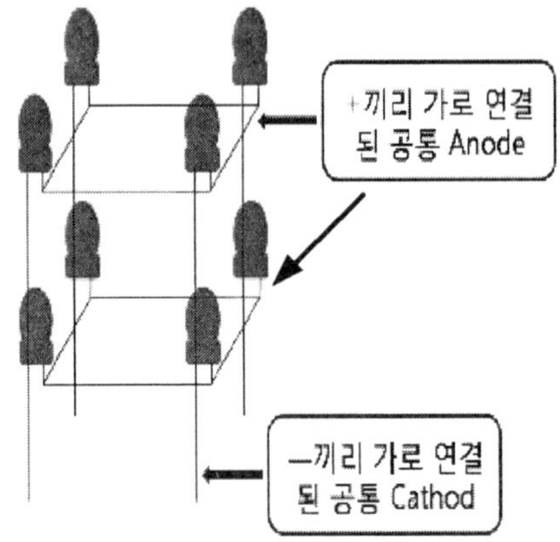

[그림 9-2] 구조물의 기본 형태

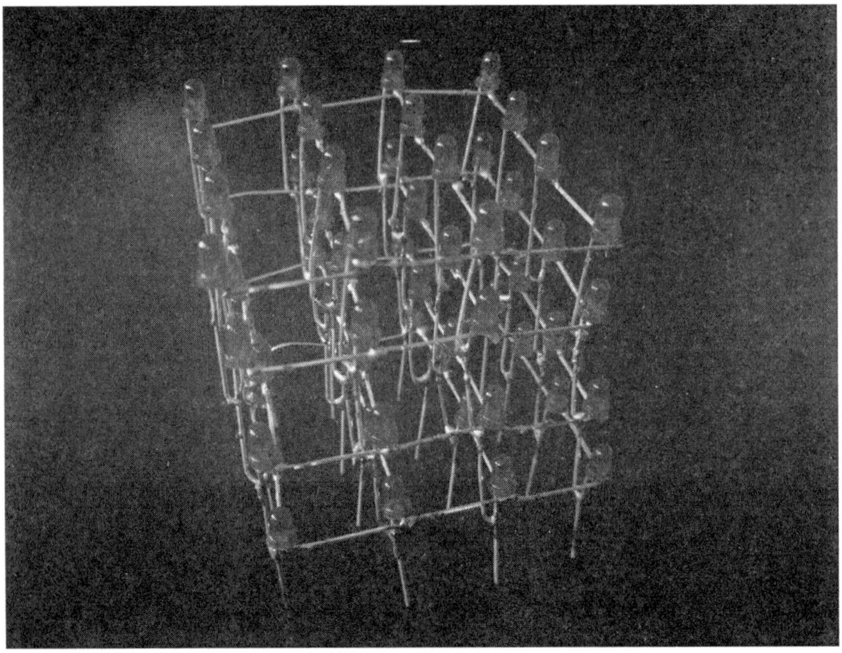

[그림 9-3] 4 x 4 x 4 의 LED 구조물

<구조물의 기본 제어기본 제어 방법>

세로축인 Cathode 쪽으로 0V, 가로축은 Anode 쪽으로 5V를 입력하면 해당 LED에 불

이 들어온다.

예) 제일 왼쪽, 제일 위쪽 LED 점등

[그림 9-4]에서 제일 왼쪽 LED가 세로로 연결되어 있는 Cathode에 0V를 연결, 가로로 연결되어 있는 각 층의 Anode 중 위쪽 Anode에 5V를 연결하면 LED가 on 된다.

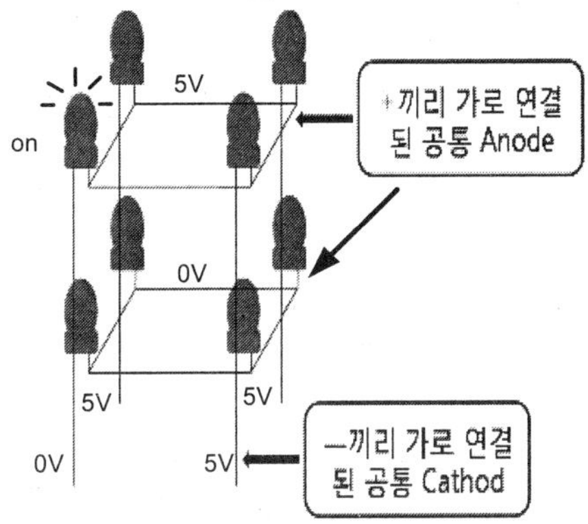

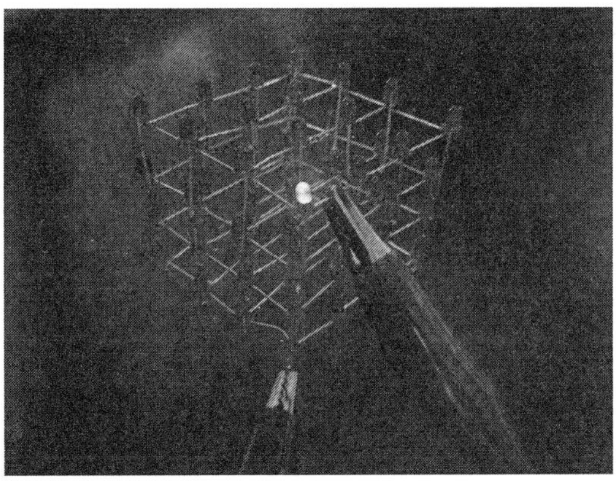

[그림 9-4] LED 제어 예

9.2 작품 구성도 및 회로도

[그림 9-5]는 작품 구성도를 보여주며, 모든 포트는 LED 구동을 위해 출력 포트로 사용된다.

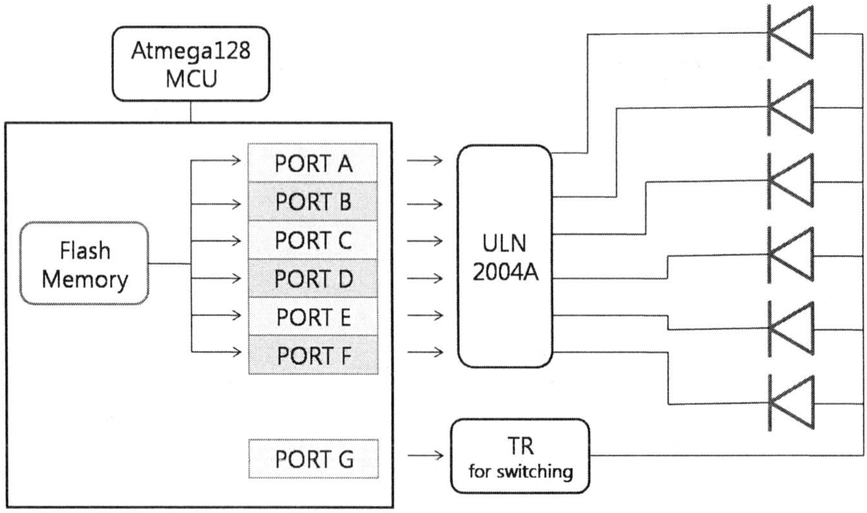

[그림 9-5] 작품 구성도

[표 9-1] 포트 및 기능

신호	사용포트	기능
LED on/off 데이터신호	PORT A0~A5 PORT B0~B5 PORT C0~C5 PORT D0~D5 PORT E0~E4 PORT F0~F5	각 층에서 LED를 on/off 시키기 위해 Cathode에 연결
층 제어신호	PORT G0~G4 PORT C7	층 제어를 위해 Anode에 연결

[그림 9-6]은 회로도를 보여주며, [표 9-2]는 사용된 부품리스트이다.

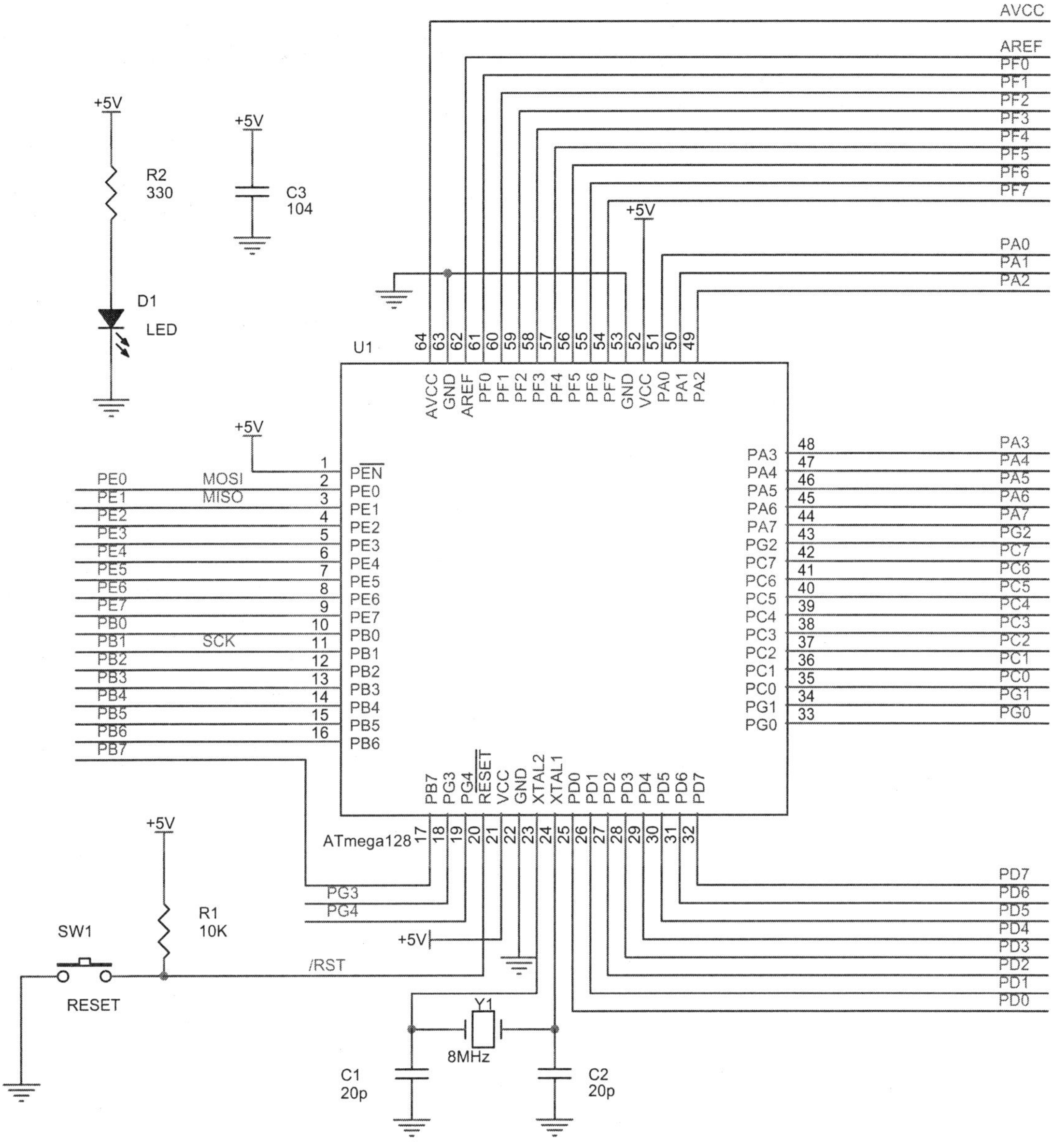

(a) KUT-128 MCU 보드

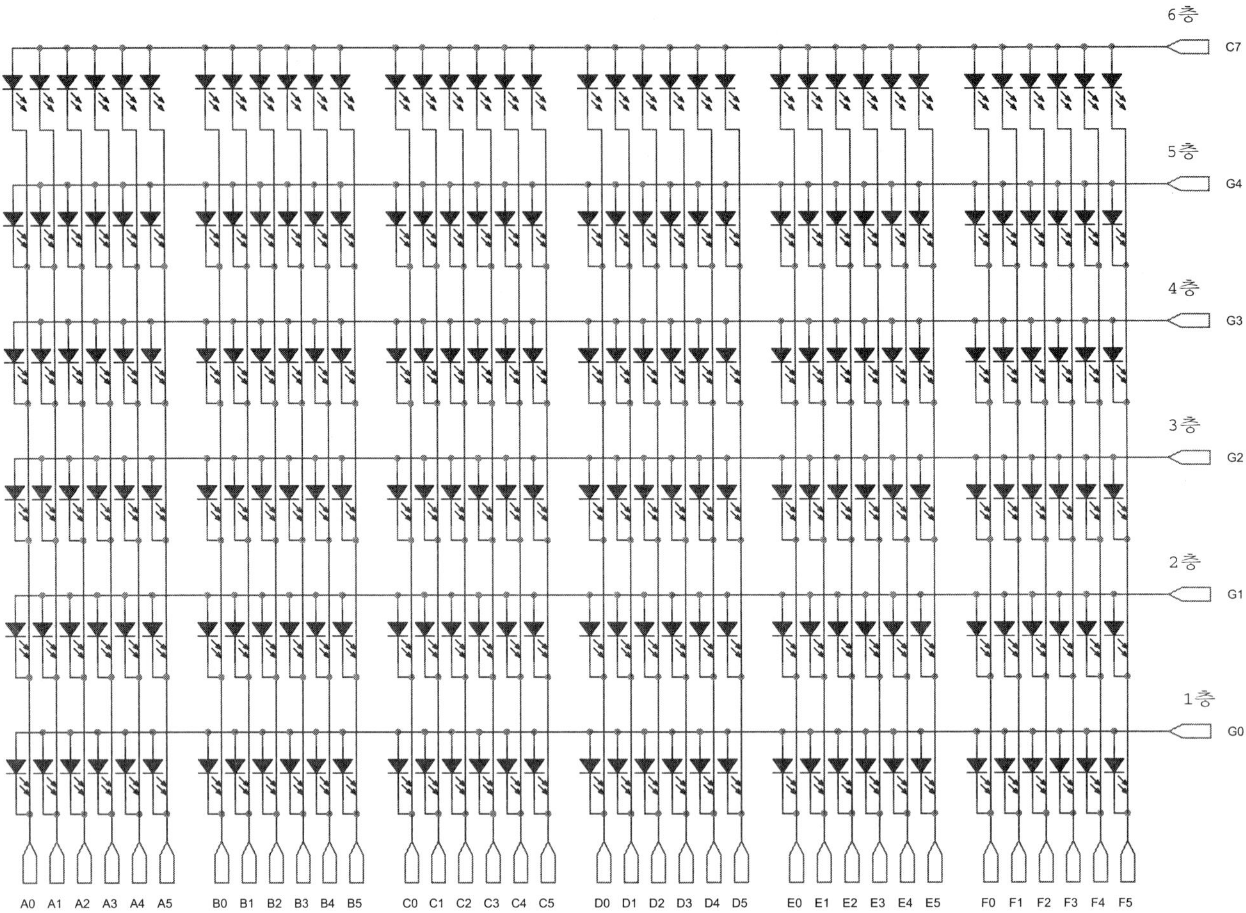
6층
C7
5층
G4
4층
G3
3층
G2
2층
G1
1층
G0
A0 A1 A2 A3 A4 A5
B0 B1 B2 B3 B4 B5
C0 C1 C2 C3 C4 C5
D0 D1 D2 D3 D4 D5
E0 E1 E2 E3 E4 E5
F0 F1 F2 F3 F4 F5

(b) LED 연결 회로

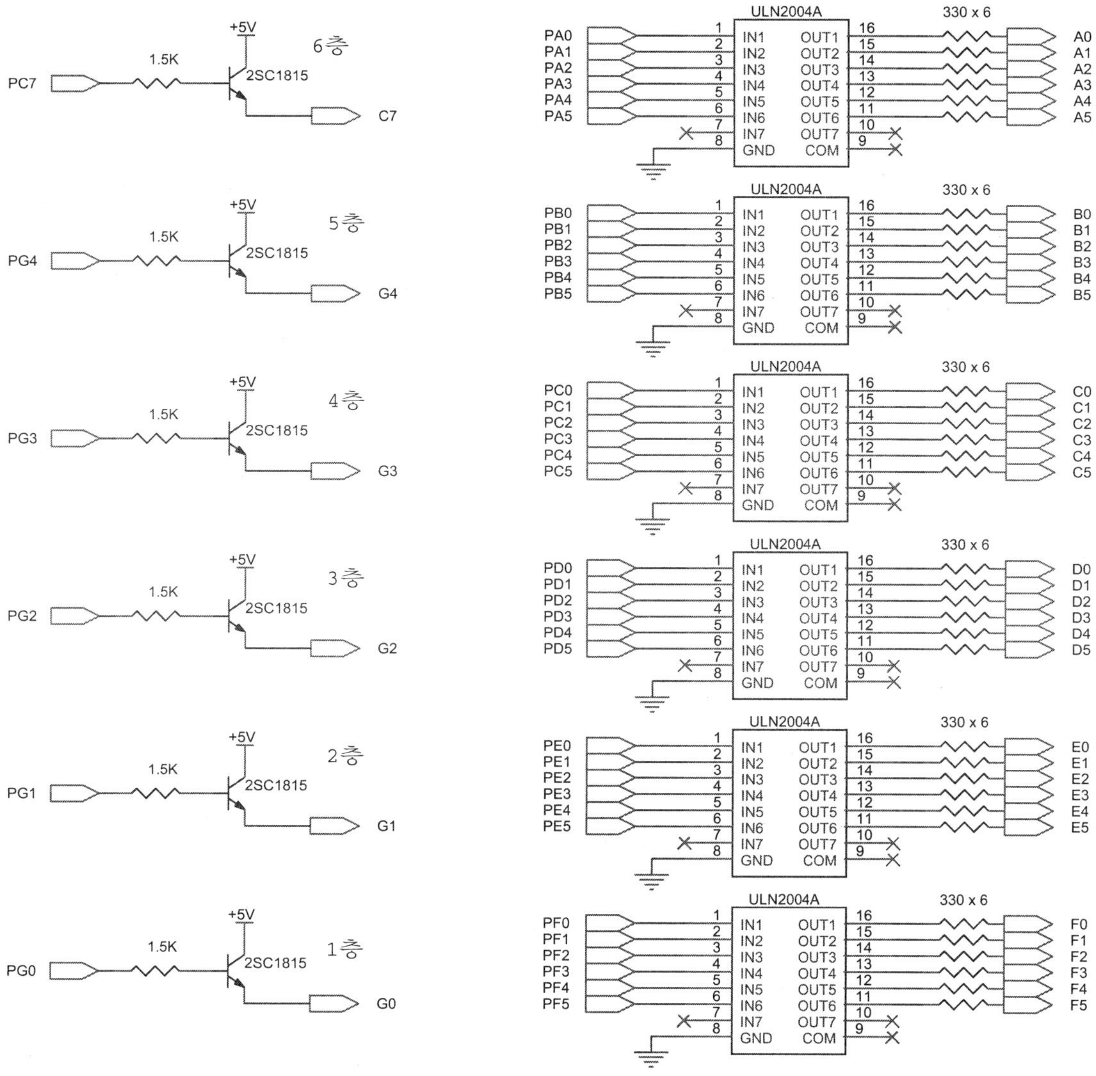

(c) LED 구동 회로

[그림 9-6] 회로도

[표 9-2] 부품 리스트

부품명	규격	수량(개)
LED	적색	216
저항	330Ω	36
저항	1.5K	6
IC	ULN2004A	7
IC 소켓	16핀	7
MCU 보드 소켓	25핀	2
TR	2SC1815	6
만능기판	160x115mm	3
커넥터	6핀 암수	7
커넥터 하우징	커넥터 하우징	84
스위치	토글	1
전원용 잭	전원용 잭	1
128 MCU 보드	KUT-128 MCU 보드	1

9.3 출력 제어

<배열의 구조>

[그림 9-7]과 같이 한 프레임의 데이터는 36개(6층 x 층별 6개)로 구성되며, 층별로 6개의 데이터가 정의된다. 층별 6개의 데이터는 첫 번째가 포트A, 두 번째가 포트B,,,6번째가 포트F에 출력되며, [그림 9-8]은 포트 A~F에 연결된 LED의 위치를 보여준다.

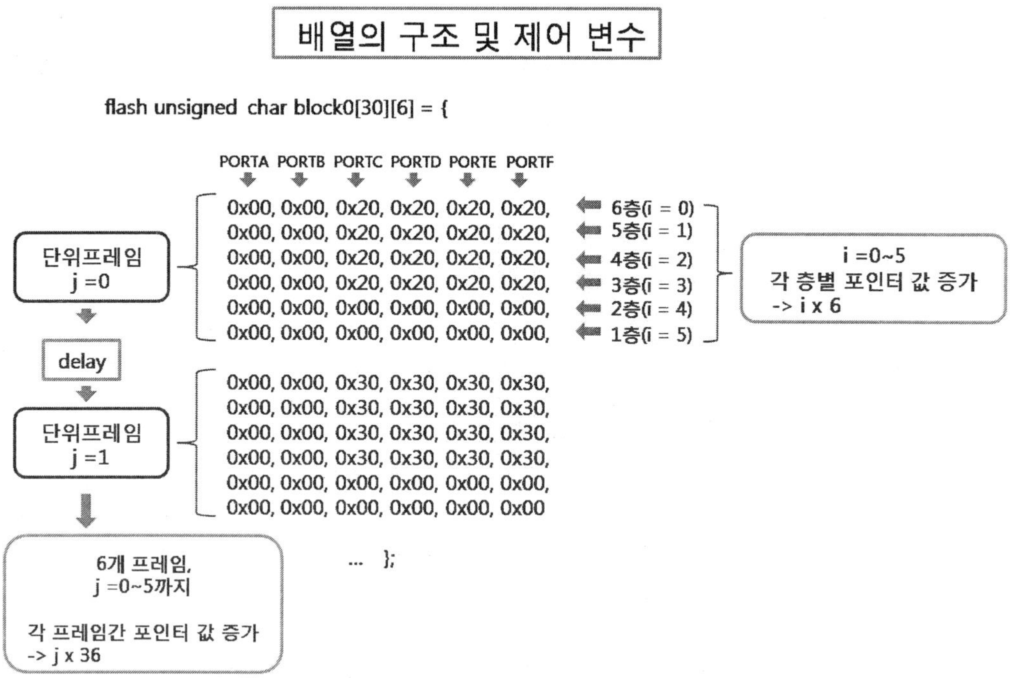

[그림 9-7] 배열의 구조 및 출력 포트

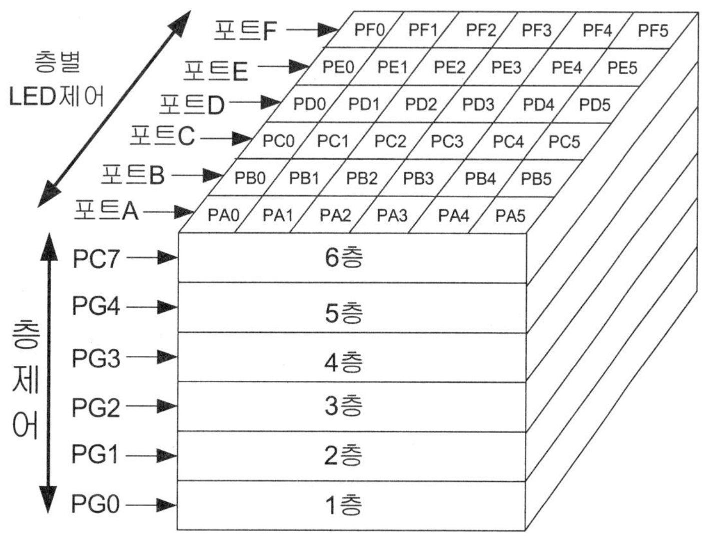

[그림 9-8] LED Cube 제어 포트 및 핀

<층 제어신호>

층 제어는 [그림 9-8], [그림 9-9]와 같이 포트 C의 PC7과 포트 G에 의해 제어되며, [그림 9-10]은 층 제어와 LED를 제어하는 프로그램의 한 예를 보여준다.

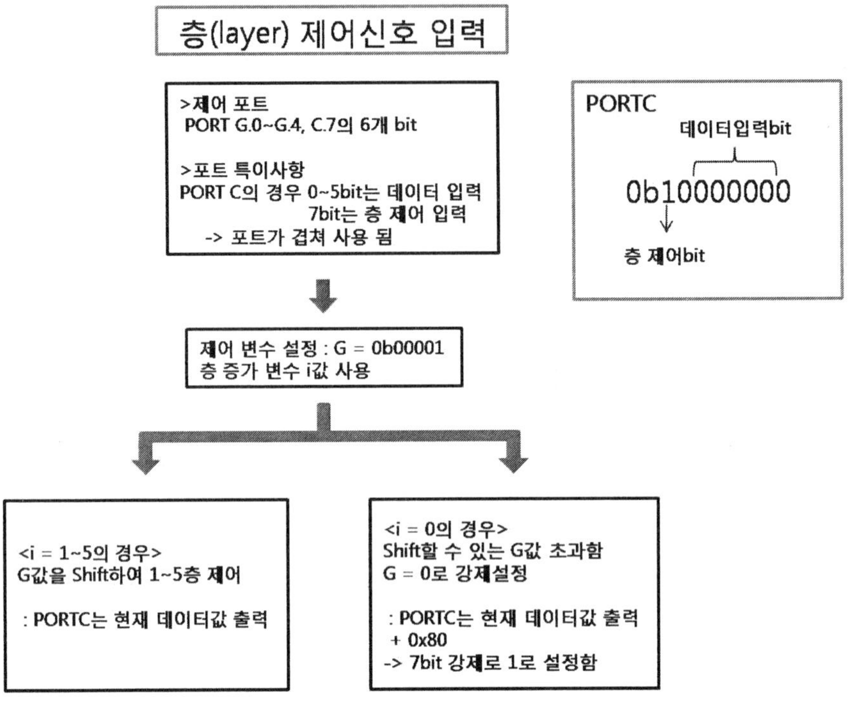

[그림 9-9] 층 제어

함수 내용

```
void block(unsigned char flash *blk)
{
unsigned char i, j, delay;
unsigned char G = 0b00001;

        for(j = 0;j < 5; j++){
              for(delay = 0; delay < 30; delay++){
                   for(i = 0;i < 6; i++){
                     PORTA = (*(blk + 6*i + 36*j + 0) );
                     PORTB = (*(blk + 6*i + 36*j + 1) );
                     PORTD = (*(blk + 6*i + 36*j + 3) );
                     PORTE = (*(blk + 6*i + 36*j + 4) );
                     PORTF = (*(blk + 6*i + 36*j + 5) );

                   if (i == 0){
                     PORTC = (*(blk + 6*i + 36*j + 2) ) + 0x80;
                     PORTG = 0b00000;
                     }
                   else{
                     PORTC = (*(blk + 6*i + 36*j + 2) );
                     PORTG = G << (5-i);
                     }
                   delay_ms(1);
                   }
              }
        }
}
```

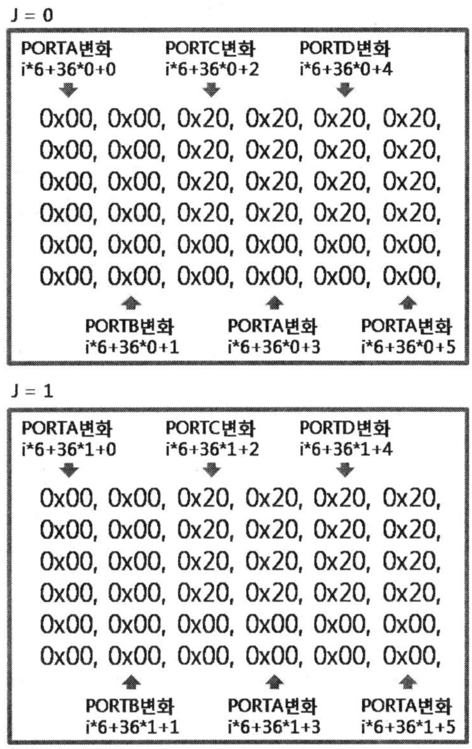

[그림 9-10] 함수 표현

9.4 작품사진

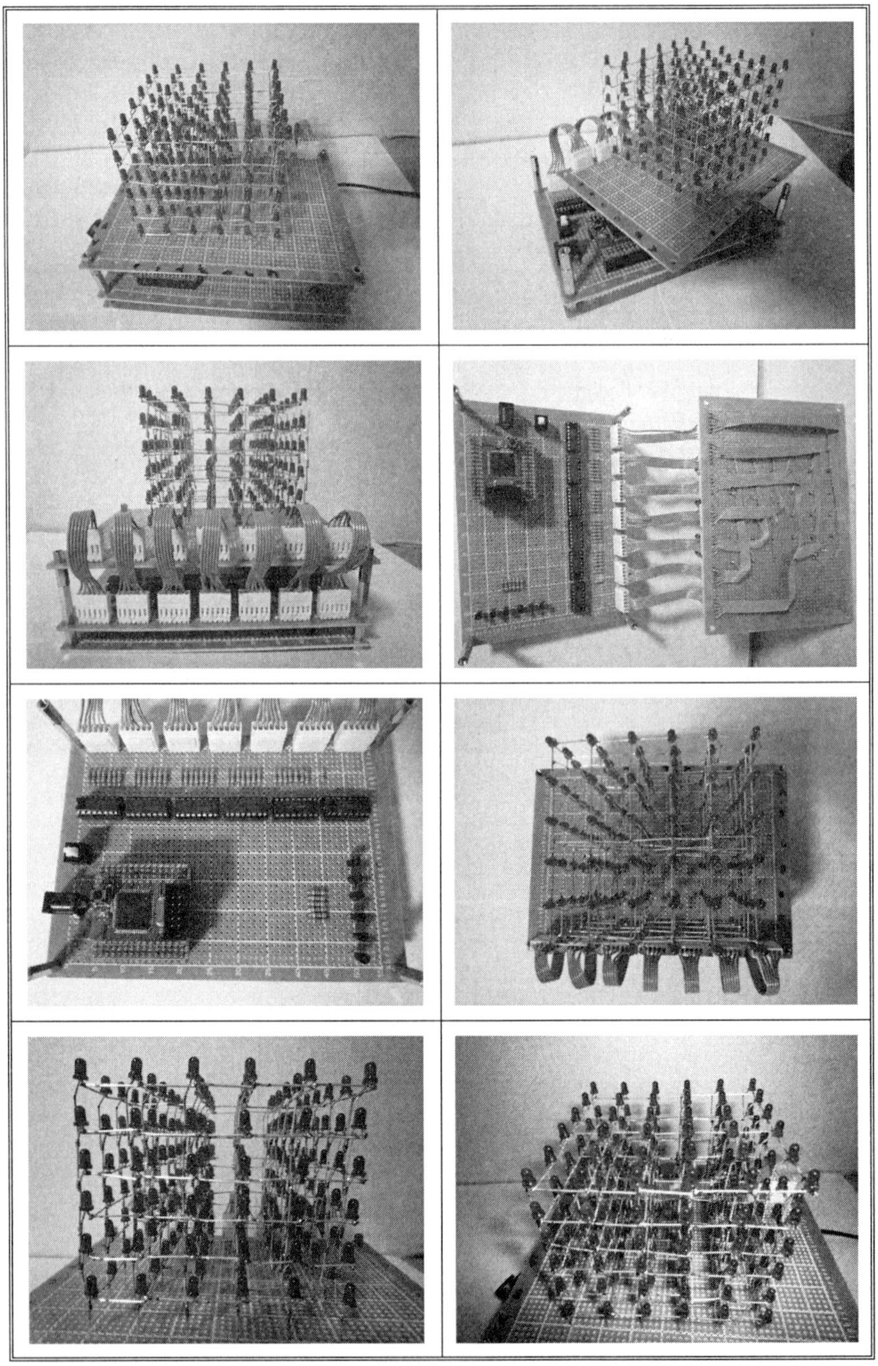

[그림 9-11] 작품 외형 사진

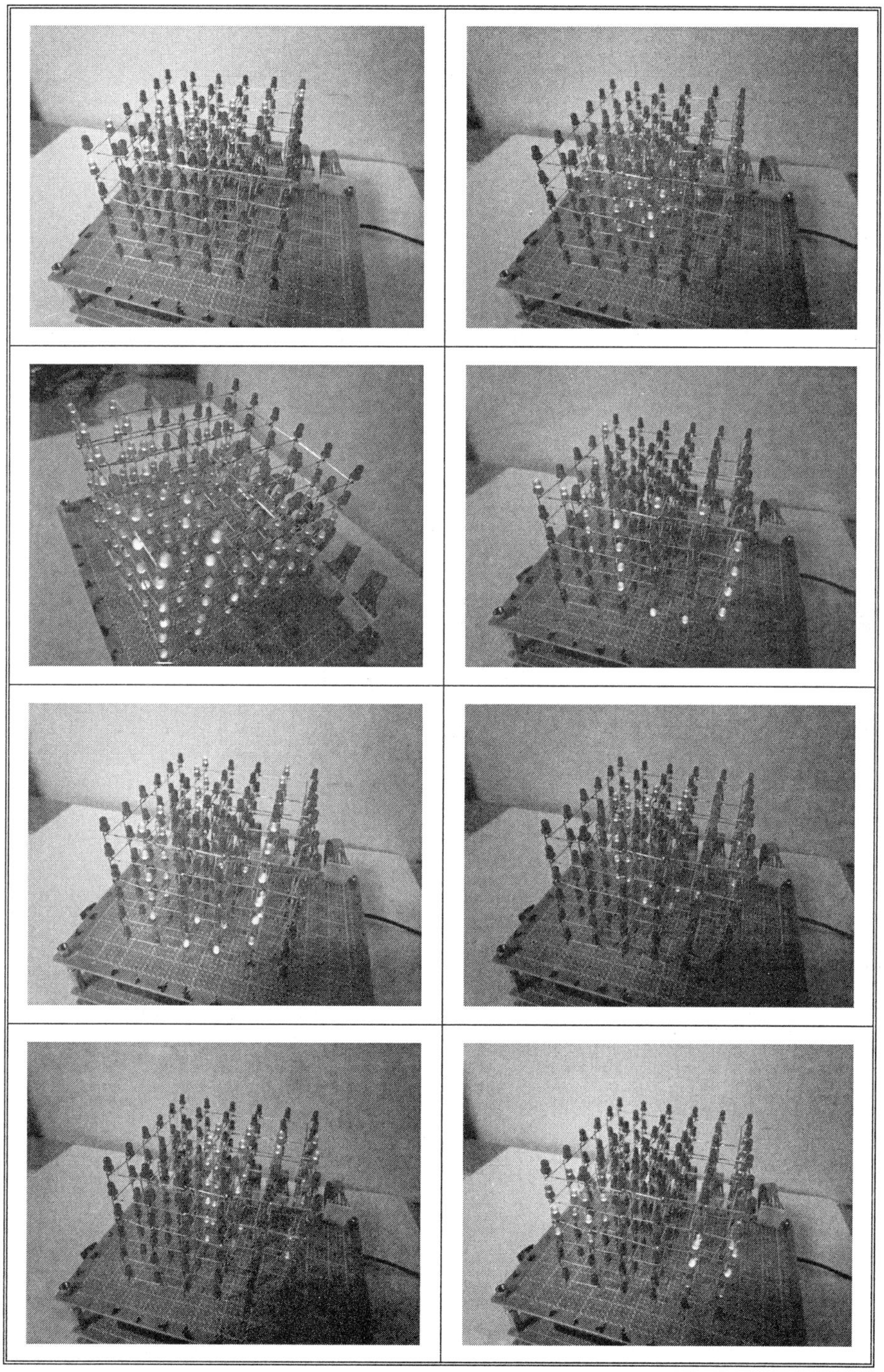

[그림 9-12] 작품 동작 사진

9.5 함수 동작 흐름도

[그림 9-13]은 함수의 동작 흐름도를 보여준다.

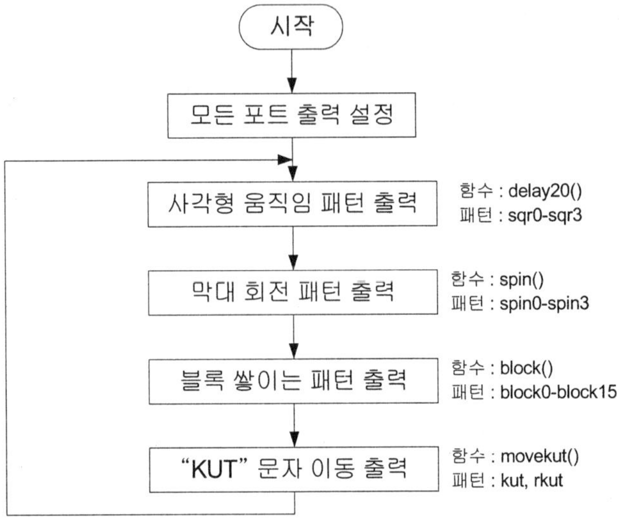

(a) main()함수

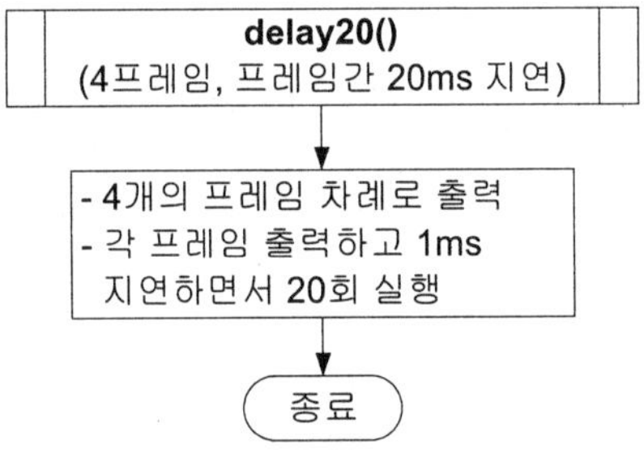

(b) delay20()함수

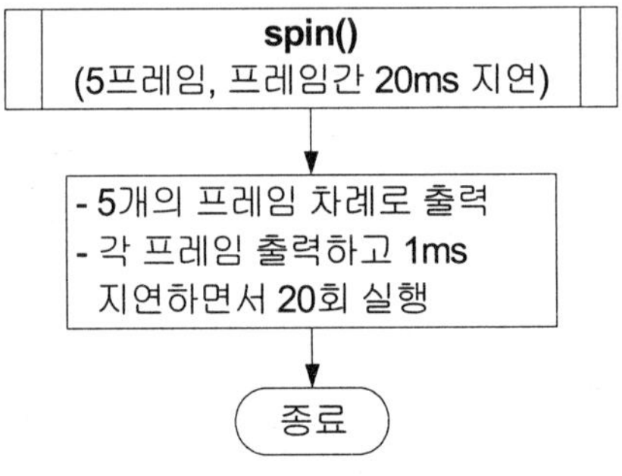

(c) spin()함수

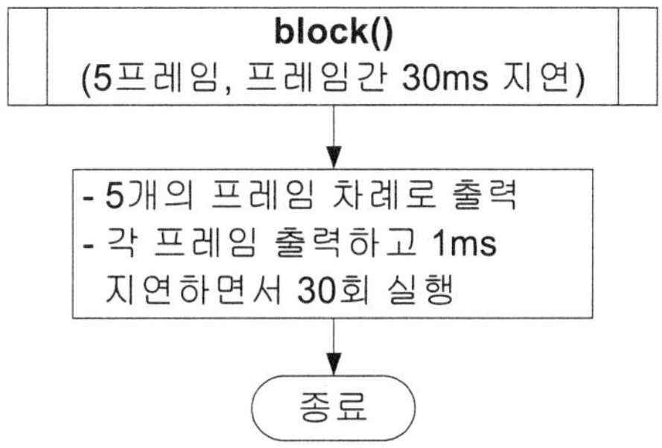

(d) block()함수

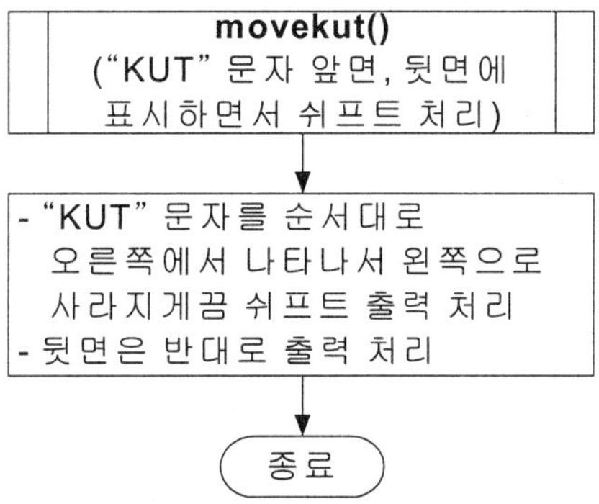

(e) movekut()함수

[그림 9.13] 함수 동작 흐름도

9.6 프로그램

<소스 프로그램>

```
/*******************************************************/
/*   nledcube.c : LED CUBE                             */
/*   2008. 6 by 신동균                                  */
/*******************************************************/

#include        <mega128.h>
#include        <delay.h>
#include        "kut.h"
#include        "sqr.h"
#include        "block.h"

// 함수
void delay20(unsigned char flash *);      // 프레임수4, 딜레이 20ms
void spin(unsigned char flash *);         // 프레임수5, 딜레이 20ms
void block(unsigned char flash *);        // 프레임수5, 딜레이 30ms
void movekut(unsigned char flash *, unsigned char flash *);     // 프레임수3, 표시문자 이동

void main(void)
{
        unsigned char i;

        // 포트 모두 출력 설정
        DDRA = 0xFF;
        DDRB = 0xFF;
        DDRC = 0xFF;
        DDRD = 0xFF;
        DDRE = 0xFF;
        DDRF = 0xFF;
        DDRG = 0b11111;

        while(1){
                // 사각형 움직임 패턴 출력
                for(i = 0; i < 2; i++){
                        delay20(sqr0);
                        delay20(sqr1);
                        delay20(sqr2);
                        delay20(sqr3);
                }

                // 막대 회전 패턴 출력
                spin(spin0);
                spin(spin1);
                for(i = 0; i < 2; i ++){
```

```
                spin(spin2);
                spin(spin3);
            }

            // 블록 쌓이는 패턴 출력
            block(block0);
            block(block1);
            block(block2);
            block(block3);
            block(block4);
            block(block5);
            block(block6);
            block(block7);
            block(block8);
            block(block9);
            block(block10);
            block(block11);
            block(block12);
            block(block13);
            block(block14);
            block(block15);

            // "KUT" 정면, 뒷면 두 줄 출력, 오른쪽에서 나타나 왼쪽으로 사라짐
            movekut(kut, rkut);
        }
}

// 프레임 갯수 4개, 딜레이 20ms
void delay20(unsigned char flash *sqr)
{
    unsigned char   i, j, delay;
    unsigned char   G = 0b00001;

    for(j = 0;j < 4; j++){              // 프레임 수
        for(delay = 0; delay < 20; delay++){    // 프레임 표시 시간
            for(i = 0;i < 6; i++){              // 프레임별 6층 출력
                PORTA = *(sqr + 6 * i + 36 * j + 0);    // 포트A 출력값
                PORTB = *(sqr + 6 * i + 36 * j + 1);    // 포트B 출력값
                PORTD = *(sqr + 6 * i + 36 * j + 3);    // 포트D 출력값
                PORTE = *(sqr + 6 * i + 36 * j + 4);    // 포트E 출력값
                PORTF = *(sqr + 6 * i + 36 * j + 5);    // 포트F 출력값

                if (i == 0){    // 6층(맨위 출력)
                    // (포트C 출력값 + 6층 선택값) 합성 출력
                    PORTC = *(sqr + 6 * i + 36 * j + 2) + 0x80;
                    PORTG = 0b00000;
                }
```

```
                            else{   // 1층 - 5층 출력
                                    PORTC = *(sqr + 6 * i + 36 * j + 2); // 포트C 출력값
                                    PORTG = G << (5 - i);                // 층 선택값 출력
                            }
                            delay_ms(1);
                    }
            }
    }
}

// 프레임 갯수 5개, 딜레이 20ms
void spin(unsigned char flash *rain)
{
    unsigned char   i, j, delay;
    unsigned char   G = 0b00001;

    for(j = 0;j < 5; j++){              // 프레임 수
            for(delay = 0; delay < 20; delay++){     // 프레임 표시 시간
                    for(i = 0;i < 6; i++){           // 프레임별 6층 출력
                            PORTA = *(rain + 6 * i + 36 * j + 0);      // 포트A 출력값
                            PORTB = *(rain + 6 * i + 36 * j + 1);      // 포트B 출력값
                            PORTD = *(rain + 6 * i + 36 * j + 3);      // 포트C 출력값
                            PORTE = *(rain + 6 * i + 36 * j + 4);      // 포트D 출력값
                            PORTF = *(rain + 6 * i + 36 * j + 5);      // 포트E 출력값

                            if (i == 0){    // 6층(맨위 출력)
                                    // (포트C 출력값 + 6층 선택값) 합성 출력
                                    PORTC = *(rain + 6 * i + 36 * j + 2) + 0x80;
                                    PORTG = 0b00000;
                            }
                            else{   // 1층 - 5층 출력
                                    PORTC = *(rain + 6 * i + 36 * j + 2);   // 포트C 출력값
                                    PORTG = G << (5 - i);                   // 층 선택값 출력
                            }
                            delay_ms(1);
                    }
            }
    }
}

// 프레임 갯수 5개, 딜레이 30ms
void block(unsigned char flash *blk)
{
    unsigned char i, j, delay;
    unsigned char G = 0b00001;

    for(j = 0;j < 5; j++){              // 프레임 수
```

```
            for(delay = 0; delay < 30; delay++){      // 프레임 표시 시간
                for(i = 0;i < 6; i++){                // 프레임별 6층 출력
                    PORTA = *(blk + 6 * i + 36 * j + 0);     // 포트A 출력값
                    PORTB = *(blk + 6 * i + 36 * j + 1);     // 포트B 출력값
                    PORTD = *(blk + 6 * i + 36 * j + 3);     // 포트C 출력값
                    PORTE = *(blk + 6 * i + 36 * j + 4);     // 포트D 출력값
                    PORTF = *(blk + 6 * i + 36 * j + 5);     // 포트E 출력값

                    if (i == 0){      // 6층(맨위 출력)
                        // (포트C 출력값 + 6층 선택값) 합성 출력
                        PORTC = *(blk + 6 * i + 36 * j + 2) + 0x80;
                        PORTG = 0b00000;
                    }
                    else{     // 1층 - 5층 출력
                        PORTC = *(blk + 6 * i + 36 * j + 2);     // 포트C 출력값
                        PORTG = G << (5 - i);                     // 층 선택값 출력
                    }
                    delay_ms(1);
                }
            }
        }
}

// 앞면, 뒷면 두 줄 "KUT" 출력, 오른쪽에서 나타나 왼쪽으로 사라짐
void movekut(unsigned char flash *patt0, unsigned char flash *patt1)
{
        unsigned char   i, j, delay, move;
        unsigned char   G = 0b00001;

        for(j = 0; j < 3; j++){                                  // 프레임 수
            for(move = 0; move < 11 ; move++){                   // 쉬프트 수
                for(delay = 0; delay < 20; delay++){             // 프레임 표시시간
                    for(i = 0; i < 6 ; i++){                     // 프레임별 6층 출력
                      if(move < 6){   // 오른쪽에서 나타남
                            PORTA = *(patt0 + 6 * j + i) << 5 - (move % 6);   // 앞면
                            PORTB = *(patt0 + 6 * j + i) << 5 - (move % 6);   // 앞면
                            PORTD = 0x00;
                            PORTE = *(patt1 + 6 * j + i) >> 5 - (move % 6);   // 뒷면
                            PORTF = *(patt1 + 6 * j + i) >> 5 - (move % 6);   // 뒷면
                        }
                        else {              // 왼쪽으로 사라짐
                            PORTA = *(patt0 + 6 * j + i) >> move % 6;     // 앞면
                            PORTB = *(patt0 + 6 * j + i) >> move % 6;     // 앞면
                            PORTD = 0x00;
                            PORTE = *(patt1 + 6 * j + i) << move % 6;     // 뒷면
                            PORTF = *(patt1 + 6 * j + i) << move % 6;     // 뒷면
                        }
```

```
                        if(i == 0){      // 6층(맨위 출력)
                            PORTC = 0x80;           // 층 선택값 출력
                            PORTG = 0b00000;
                        }
                        else {           // 1층 - 5층 출력
                            PORTC = 0x00;
                            PORTG = G << (5 - i);   // 층 선택값 출력
                        }
                        delay_ms(1);
                    }
                }
            }
        }
    }
```

<헤더 파일>

```
/************************************/
/* sqr.h                            */
/************************************/
// 3개의 사격형(2x2x2) 패턴, 수평, 수직, 대각 이동
unsigned char flash sqr0[24][6]= {0x03, 0x03, 0x00, 0x00, 0x30, 0x30,
                                  0x03, 0x03, 0x00, 0x00, 0x30, 0x30,
                                  0x00, 0x00, 0x00, 0x00, 0x00, 0x00,
                                  0x00, 0x00, 0x00, 0x00, 0x00, 0x00,
                                  0x30, 0x30, 0x00, 0x00, 0x00, 0x00,
                                  0x30, 0x30, 0x00, 0x00, 0x00, 0x00,

                                  0x00, 0x06, 0x06, 0x00, 0x18, 0x18,
                                  0x00, 0x06, 0x06, 0x00, 0x18, 0x18,
                                  0x00, 0x00, 0x00, 0x00, 0x00, 0x00,
                                  0x00, 0x00, 0x00, 0x00, 0x00, 0x00,
                                  0x00, 0x30, 0x30, 0x00, 0x00, 0x00,
                                  0x00, 0x30, 0x30, 0x00, 0x00, 0x00,

                                  0x00, 0x00, 0x0C, 0x0C, 0x0C, 0x0C,
                                  0x00, 0x00, 0x0C, 0x0C, 0x0C, 0x0C,
                                  0x00, 0x00, 0x00, 0x00, 0x00, 0x00,
                                  0x00, 0x00, 0x00, 0x00, 0x00, 0x00,
                                  0x00, 0x00, 0x30, 0x30, 0x00, 0x00,
                                  0x00, 0x00, 0x30, 0x30, 0x00, 0x00,

                                  0x00, 0x00, 0x00, 0x18, 0x1E, 0x06,
                                  0x00, 0x00, 0x00, 0x18, 0x1E, 0x06,
                                  0x00, 0x00, 0x00, 0x00, 0x00, 0x00,
                                  0x00, 0x00, 0x00, 0x00, 0x00, 0x00,
                                  0x00, 0x00, 0x00, 0x30, 0x30, 0x00,
                                  0x00, 0x00, 0x00, 0x30, 0x30, 0x00};

flash unsigned char sqr1[24][6]= {0x00, 0x00, 0x00, 0x00, 0x33, 0x33,
                                  0x00, 0x00, 0x00, 0x00, 0x33, 0x33,
                                  0x00, 0x00, 0x00, 0x00, 0x00, 0x00,
                                  0x00, 0x00, 0x00, 0x00, 0x00, 0x00,
                                  0x00, 0x00, 0x00, 0x00, 0x30, 0x30,
                                  0x00, 0x00, 0x00, 0x00, 0x30, 0x30,

                                  0x00, 0x00, 0x00, 0x00, 0x00, 0x00,
                                  0x00, 0x00, 0x00, 0x00, 0x33, 0x33,
                                  0x00, 0x00, 0x00, 0x00, 0x33, 0x33,
                                  0x00, 0x00, 0x00, 0x00, 0x30, 0x30,
                                  0x00, 0x00, 0x00, 0x00, 0x30, 0x30,
                                  0x00, 0x00, 0x00, 0x00, 0x00, 0x00,
```

```
                                        0x00, 0x00, 0x00, 0x00, 0x00, 0x00,
                                        0x00, 0x00, 0x00, 0x00, 0x00, 0x00,
                                        0x00, 0x00, 0x00, 0x00, 0x33, 0x33,
                                        0x00, 0x00, 0x00, 0x00, 0x33, 0x33,
                                        0x00, 0x00, 0x00, 0x00, 0x00, 0x00,
                                        0x00, 0x00, 0x00, 0x00, 0x00, 0x00,

                                        0x00, 0x00, 0x00, 0x00, 0x00, 0x00,
                                        0x00, 0x00, 0x00, 0x00, 0x30, 0x30,
                                        0x00, 0x00, 0x00, 0x00, 0x30, 0x30,
                                        0x00, 0x00, 0x00, 0x00, 0x33, 0x33,
                                        0x00, 0x00, 0x00, 0x00, 0x33, 0x33,
                                        0x00, 0x00, 0x00, 0x00, 0x00, 0x00};

flash unsigned char sqr2[24][6]= {0x00, 0x00, 0x00, 0x00, 0x30, 0x30,
                                        0x00, 0x00, 0x00, 0x00, 0x30, 0x30,
                                        0x00, 0x00, 0x00, 0x00, 0x00, 0x00,
                                        0x00, 0x00, 0x00, 0x00, 0x00, 0x00,
                                        0x00, 0x00, 0x00, 0x00, 0x33, 0x33,
                                        0x00, 0x00, 0x00, 0x00, 0x33, 0x33,

                                        0x00, 0x00, 0x00, 0x30, 0x30, 0x00,
                                        0x00, 0x00, 0x00, 0x30, 0x30, 0x00,
                                        0x00, 0x00, 0x00, 0x00, 0x00, 0x00,
                                        0x00, 0x00, 0x00, 0x00, 0x00, 0x00,
                                        0x00, 0x00, 0x00, 0x18, 0x1E, 0x06,
                                        0x00, 0x00, 0x00, 0x18, 0x1E, 0x06,

                                        0x00, 0x00, 0x30, 0x30, 0x00, 0x00,
                                        0x00, 0x00, 0x30, 0x30, 0x00, 0x00,
                                        0x00, 0x00, 0x00, 0x00, 0x00, 0x00,
                                        0x00, 0x00, 0x00, 0x00, 0x00, 0x00,
                                        0x00, 0x00, 0x0C, 0x0C, 0x0C, 0x0C,
                                        0x00, 0x00, 0x0C, 0x0C, 0x0C, 0x0C,

                                        0x00, 0x30, 0x30, 0x00, 0x00, 0x00,
                                        0x00, 0x30, 0x30, 0x00, 0x00, 0x00,
                                        0x00, 0x00, 0x00, 0x00, 0x00, 0x00,
                                        0x00, 0x00, 0x00, 0x00, 0x00, 0x00,
                                        0x00, 0x06, 0x06, 0x00, 0x18, 0x18,
                                        0x00, 0x06, 0x06, 0x00, 0x18, 0x18};

flash unsigned char sqr3[24][6]= {0x30, 0x30, 0x00, 0x00, 0x00, 0x00,
                                        0x30, 0x30, 0x00, 0x00, 0x00, 0x00,
                                        0x00, 0x00, 0x00, 0x00, 0x00, 0x00,
                                        0x00, 0x00, 0x00, 0x00, 0x00, 0x00,
```

```
                                        0x03, 0x03, 0x00, 0x00, 0x30, 0x30,
                                        0x03, 0x03, 0x00, 0x00, 0x30, 0x30,

                                        0x00, 0x00, 0x00, 0x00, 0x00, 0x00,
                                        0x30, 0x30, 0x00, 0x00, 0x00, 0x00,
                                        0x30, 0x30, 0x00, 0x00, 0x00, 0x00,
                                        0x03, 0x03, 0x00, 0x00, 0x30, 0x30,
                                        0x03, 0x03, 0x00, 0x00, 0x30, 0x30,
                                        0x00, 0x00, 0x00, 0x00, 0x00, 0x00,

                                        0x00, 0x00, 0x00, 0x00, 0x00, 0x00,
                                        0x00, 0x00, 0x00, 0x00, 0x00, 0x00,
                                        0x33, 0x33, 0x00, 0x00, 0x30, 0x30,
                                        0x33, 0x33, 0x00, 0x00, 0x30, 0x30,
                                        0x00, 0x00, 0x00, 0x00, 0x00, 0x00,
                                        0x00, 0x00, 0x00, 0x00, 0x00, 0x00,

                                        0x00, 0x00, 0x00, 0x00, 0x00, 0x00,
                                        0x03, 0x03, 0x00, 0x00, 0x30, 0x30,
                                        0x03, 0x03, 0x00, 0x00, 0x30, 0x30,
                                        0x30, 0x30, 0x00, 0x00, 0x00, 0x00,
                                        0x30, 0x30, 0x00, 0x00, 0x00, 0x00,
                                        0x00, 0x00, 0x00, 0x00, 0x00, 0x00};

flash unsigned char spin0[30][6]= {0x01, 0x02, 0x04, 0x08, 0x10, 0x20,
                                        0x00, 0x00, 0x00, 0x00, 0x00, 0x00,
                                        0x00, 0x00, 0x00, 0x00, 0x00, 0x00,
                                        0x00, 0x00, 0x00, 0x00, 0x00, 0x00,
                                        0x00, 0x00, 0x00, 0x00, 0x00, 0x00,
                                        0x00, 0x00, 0x00, 0x00, 0x00, 0x00,

                                        0x00, 0x01, 0x06, 0x18, 0x20, 0x00,
                                        0x01, 0x02, 0x04, 0x08, 0x10, 0x20,
                                        0x00, 0x00, 0x00, 0x00, 0x00, 0x00,
                                        0x00, 0x00, 0x00, 0x00, 0x00, 0x00,
                                        0x00, 0x00, 0x00, 0x00, 0x00, 0x00,
                                        0x00, 0x00, 0x00, 0x00, 0x00, 0x00,

                                        0x00, 0x00, 0x07, 0x38, 0x00, 0x00,
                                        0x00, 0x01, 0x06, 0x18, 0x20, 0x00,
                                        0x01, 0x02, 0x04, 0x08, 0x10, 0x20,
                                        0x00, 0x00, 0x00, 0x00, 0x00, 0x00,
                                        0x00, 0x00, 0x00, 0x00, 0x00, 0x00,
                                        0x00, 0x00, 0x00, 0x00, 0x00, 0x00,

                                        0x00, 0x00, 0x38, 0x07, 0x00, 0x00,
                                        0x00, 0x00, 0x07, 0x38, 0x00, 0x00,
```

```
                                0x00, 0x01, 0x06, 0x18, 0x20, 0x00,
                                0x01, 0x02, 0x04, 0x08, 0x10, 0x20,
                                0x00, 0x00, 0x00, 0x00, 0x00, 0x00,
                                0x00, 0x00, 0x00, 0x00, 0x00, 0x00,

                                0x00, 0x30, 0x08, 0x04, 0x03, 0x00,
                                0x00, 0x00, 0x38, 0x07, 0x00, 0x00,
                                0x00, 0x00, 0x07, 0x38, 0x00, 0x00,
                                0x00, 0x01, 0x06, 0x18, 0x20, 0x00,
                                0x01, 0x02, 0x04, 0x08, 0x10, 0x20,
                                0x00, 0x00, 0x00, 0x00, 0x00, 0x00};

flash unsigned char spin1[30][6]= {0x20, 0x10, 0x08, 0x04, 0x02, 0x01,
                                0x00, 0x30, 0x08, 0x04, 0x03, 0x00,
                                0x00, 0x00, 0x38, 0x07, 0x00, 0x00,
                                0x00, 0x00, 0x07, 0x38, 0x00, 0x00,
                                0x00, 0x01, 0x06, 0x18, 0x20, 0x00,
                                0x01, 0x02, 0x04, 0x08, 0x10, 0x20,

                                0x10, 0x08, 0x08, 0x04, 0x04, 0x02,
                                0x20, 0x10, 0x08, 0x04, 0x02, 0x01,
                                0x00, 0x30, 0x08, 0x04, 0x03, 0x00,
                                0x00, 0x00, 0x38, 0x07, 0x00, 0x00,
                                0x00, 0x00, 0x07, 0x38, 0x00, 0x00,
                                0x00, 0x01, 0x06, 0x18, 0x20, 0x00,

                                0x08, 0x08, 0x08, 0x04, 0x04, 0x04,
                                0x10, 0x08, 0x08, 0x04, 0x04, 0x02,
                                0x20, 0x10, 0x08, 0x04, 0x02, 0x01,
                                0x00, 0x30, 0x08, 0x04, 0x03, 0x00,
                                0x00, 0x00, 0x38, 0x07, 0x00, 0x00,
                                0x00, 0x00, 0x07, 0x38, 0x00, 0x00,

                                0x04, 0x04, 0x04, 0x08, 0x08, 0x08,
                                0x08, 0x08, 0x08, 0x04, 0x04, 0x04,
                                0x10, 0x08, 0x08, 0x04, 0x04, 0x02,
                                0x20, 0x10, 0x08, 0x04, 0x02, 0x01,
                                0x00, 0x30, 0x08, 0x04, 0x03, 0x00,
                                0x00, 0x00, 0x38, 0x07, 0x00, 0x00,

                                0x02, 0x02, 0x04, 0x08, 0x10, 0x10,
                                0x04, 0x04, 0x04, 0x08, 0x08, 0x08,
                                0x08, 0x08, 0x08, 0x04, 0x04, 0x04,
                                0x10, 0x08, 0x08, 0x04, 0x04, 0x02,
                                0x20, 0x10, 0x08, 0x04, 0x02, 0x01,
                                0x00, 0x30, 0x08, 0x04, 0x03, 0x00};
```

```
flash unsigned char spin2[30][6]= {0x01, 0x02, 0x04, 0x08, 0x10, 0x20,
                                   0x02, 0x02, 0x04, 0x08, 0x10, 0x10,
                                   0x04, 0x04, 0x04, 0x08, 0x08, 0x08,
                                   0x08, 0x08, 0x08, 0x04, 0x04, 0x04,
                                   0x10, 0x08, 0x08, 0x04, 0x04, 0x02,
                                   0x20, 0x10, 0x08, 0x04, 0x02, 0x01,

                                   0x00, 0x01, 0x06, 0x18, 0x20, 0x00,
                                   0x01, 0x02, 0x04, 0x08, 0x10, 0x20,
                                   0x02, 0x02, 0x04, 0x08, 0x10, 0x10,
                                   0x04, 0x04, 0x04, 0x08, 0x08, 0x08,
                                   0x08, 0x08, 0x08, 0x04, 0x04, 0x04,
                                   0x10, 0x08, 0x08, 0x04, 0x04, 0x02,

                                   0x00, 0x00, 0x07, 0x38, 0x00, 0x00,
                                   0x00, 0x01, 0x06, 0x18, 0x20, 0x00,
                                   0x01, 0x02, 0x04, 0x08, 0x10, 0x20,
                                   0x02, 0x02, 0x04, 0x08, 0x10, 0x10,
                                   0x04, 0x04, 0x04, 0x08, 0x08, 0x08,
                                   0x08, 0x08, 0x08, 0x04, 0x04, 0x04,

                                   0x00, 0x00, 0x38, 0x07, 0x00, 0x00,
                                   0x00, 0x00, 0x07, 0x38, 0x00, 0x00,
                                   0x00, 0x01, 0x06, 0x18, 0x20, 0x00,
                                   0x01, 0x02, 0x04, 0x08, 0x10, 0x20,
                                   0x02, 0x02, 0x04, 0x08, 0x10, 0x10,
                                   0x04, 0x04, 0x04, 0x08, 0x08, 0x08,

                                   0x00, 0x30, 0x08, 0x04, 0x03, 0x00,
                                   0x00, 0x00, 0x38, 0x07, 0x00, 0x00,
                                   0x00, 0x00, 0x07, 0x38, 0x00, 0x00,
                                   0x00, 0x01, 0x06, 0x18, 0x20, 0x00,
                                   0x01, 0x02, 0x04, 0x08, 0x10, 0x20,
                                   0x02, 0x02, 0x04, 0x08, 0x10, 0x10};

flash unsigned char spin3[30][6]= {0x20, 0x10, 0x08, 0x04, 0x02, 0x01,
                                   0x00, 0x30, 0x08, 0x04, 0x03, 0x00,
                                   0x00, 0x00, 0x38, 0x07, 0x00, 0x00,
                                   0x00, 0x00, 0x07, 0x38, 0x00, 0x00,
                                   0x00, 0x01, 0x06, 0x18, 0x20, 0x00,
                                   0x01, 0x02, 0x04, 0x08, 0x10, 0x20,

                                   0x10, 0x08, 0x08, 0x04, 0x04, 0x02,
                                   0x20, 0x10, 0x08, 0x04, 0x02, 0x01,
                                   0x00, 0x30, 0x08, 0x04, 0x03, 0x00,
                                   0x00, 0x00, 0x38, 0x07, 0x00, 0x00,
                                   0x00, 0x00, 0x07, 0x38, 0x00, 0x00,
```

```
0x00, 0x01, 0x06, 0x18, 0x20, 0x00,

0x08, 0x08, 0x08, 0x04, 0x04, 0x04,
0x10, 0x08, 0x08, 0x04, 0x04, 0x02,
0x20, 0x10, 0x08, 0x04, 0x02, 0x01,
0x00, 0x30, 0x08, 0x04, 0x03, 0x00,
0x00, 0x00, 0x38, 0x07, 0x00, 0x00,
0x00, 0x00, 0x07, 0x38, 0x00, 0x00,

0x04, 0x04, 0x04, 0x08, 0x08, 0x08,
0x08, 0x08, 0x08, 0x04, 0x04, 0x04,
0x10, 0x08, 0x08, 0x04, 0x04, 0x02,
0x20, 0x10, 0x08, 0x04, 0x02, 0x01,
0x00, 0x30, 0x08, 0x04, 0x03, 0x00,
0x00, 0x00, 0x38, 0x07, 0x00, 0x00,

0x02, 0x02, 0x04, 0x08, 0x10, 0x10,
0x04, 0x04, 0x04, 0x08, 0x08, 0x08,
0x08, 0x08, 0x08, 0x04, 0x04, 0x04,
0x10, 0x08, 0x08, 0x04, 0x04, 0x02,
0x20, 0x10, 0x08, 0x04, 0x02, 0x01,
0x00, 0x30, 0x08, 0x04, 0x03, 0x00};
```

```
/**********************************/
/* kut.h                          */
/**********************************/

// "KUT' 패턴 출력값(앞면 출력값)
flash unsigned char kut[3][6]= {0x12, 0x0a, 0x06, 0x06, 0x0a, 0x12,          // K
                                0x12, 0x12, 0x12, 0x12, 0x12, 0x0c,          // U
                                0x3E, 0x08, 0x08, 0x08,0x08, 0x08};          // T

// "KUT' 패턴 180도 회전 출력값(뒷면 출력값)
flash unsigned char rkut[3][6] = {0x12, 0x14, 0x18, 0x18, 0x14, 0x12,        // 180도 회전 K
                                  0x12, 0x12, 0x12, 0x12, 0x12, 0x0C,        // 180도 회전 U
                                  0x1F, 0x04, 0x04, 0x04, 0x04, 0x04};       // 180도 회전 T
```

```
/***********************************/
/* block.h                         */
/***********************************/

// 블록 쌓이는 패턴 출력
flash unsigned char block0[30][6] = {0x00, 0x00, 0x20, 0x20, 0x20, 0x20,
                                     0x00, 0x00, 0x20, 0x20, 0x20, 0x20,
                                     0x00, 0x00, 0x20, 0x20, 0x20, 0x20,
                                     0x00, 0x00, 0x20, 0x20, 0x20, 0x20,
                                     0x00, 0x00, 0x00, 0x00, 0x00, 0x00,
                                     0x00, 0x00, 0x00, 0x00, 0x00, 0x00,

                                     0x00, 0x00, 0x30, 0x30, 0x30, 0x30,
                                     0x00, 0x00, 0x30, 0x30, 0x30, 0x30,
                                     0x00, 0x00, 0x30, 0x30, 0x30, 0x30,
                                     0x00, 0x00, 0x30, 0x30, 0x30, 0x30,
                                     0x00, 0x00, 0x00, 0x00, 0x00, 0x00,
                                     0x00, 0x00, 0x00, 0x00, 0x00, 0x00,

                                     0x00, 0x00, 0x18, 0x18, 0x18, 0x18,
                                     0x00, 0x00, 0x18, 0x18, 0x18, 0x18,
                                     0x00, 0x00, 0x38, 0x38, 0x38, 0x38,
                                     0x00, 0x00, 0x38, 0x38, 0x38, 0x38,
                                     0x00, 0x00, 0x00, 0x00, 0x00, 0x00,
                                     0x00, 0x00, 0x00, 0x00, 0x00, 0x00,

                                     0x00, 0x00, 0x0C, 0x0C, 0x0C, 0x0C,
                                     0x00, 0x00, 0x0C, 0x0C, 0x0C, 0x0C,
                                     0x00, 0x00, 0x3C, 0x3C, 0x3C, 0x3C,
                                     0x00, 0x00, 0x3C, 0x3C, 0x3C, 0x3C,
                                     0x00, 0x00, 0x00, 0x00, 0x00, 0x00,
                                     0x00, 0x00, 0x00, 0x00, 0x00, 0x00,

                                     0x00, 0x00, 0x06, 0x06, 0x06, 0x06,
                                     0x00, 0x00, 0x06, 0x06, 0x06, 0x06,
                                     0x00, 0x00, 0x1E, 0x1E, 0x1E, 0x1E,
                                     0x00, 0x00, 0x1E, 0x1E, 0x1E, 0x1E,
                                     0x00, 0x00, 0x00, 0x00, 0x00, 0x00,
                                     0x00, 0x00, 0x00, 0x00, 0x00, 0x00};

flash unsigned char block1[30][6] = {0x00, 0x00, 0x03, 0x03, 0x03, 0x03,
                                     0x00, 0x00, 0x03, 0x03, 0x03, 0x03,
                                     0x00, 0x00, 0x0F, 0x0F, 0x0F, 0x0F,
                                     0x00, 0x00, 0x0F, 0x0F, 0x0F, 0x0F,
                                     0x00, 0x00, 0x00, 0x00, 0x00, 0x00,
                                     0x00, 0x00, 0x00, 0x00, 0x00, 0x00,
```

```
                            0x00, 0x00, 0x00, 0x00, 0x00, 0x00,
                            0x00, 0x00, 0x03, 0x03, 0x03, 0x03,
                            0x00, 0x00, 0x03, 0x03, 0x03, 0x03,
                            0x00, 0x00, 0x0F, 0x0F, 0x0F, 0x0F,
                            0x00, 0x00, 0x0F, 0x0F, 0x0F, 0x0F,
                            0x00, 0x00, 0x00, 0x00, 0x00, 0x00,

                            0x00, 0x00, 0x00, 0x00, 0x00, 0x00,
                            0x00, 0x00, 0x00, 0x00, 0x00, 0x00,
                            0x00, 0x00, 0x03, 0x03, 0x03, 0x03,
                            0x00, 0x00, 0x03, 0x03, 0x03, 0x03,
                            0x00, 0x00, 0x0F, 0x0F, 0x0F, 0x0F,
                            0x00, 0x00, 0x0F, 0x0F, 0x0F, 0x0F,

                            0x01, 0x01, 0x01, 0x01, 0x00, 0x00,
                            0x01, 0x01, 0x01, 0x01, 0x00, 0x00,
                            0x00, 0x00, 0x03, 0x03, 0x03, 0x03,
                            0x00, 0x00, 0x03, 0x03, 0x03, 0x03,
                            0x00, 0x00, 0x0F, 0x0F, 0x0F, 0x0F,
                            0x00, 0x00, 0x0F, 0x0F, 0x0F, 0x0F,

                            0x03, 0x03, 0x03, 0x03, 0x00, 0x00,
                            0x03, 0x03, 0x03, 0x03, 0x00, 0x00,
                            0x00, 0x00, 0x03, 0x03, 0x03, 0x03,
                            0x00, 0x00, 0x03, 0x03, 0x03, 0x03,
                            0x00, 0x00, 0x0F, 0x0F, 0x0F, 0x0F,
                            0x00, 0x00, 0x0F, 0x0F, 0x0F, 0x0F};

flash unsigned char block2[30][6] = {0x07, 0x07, 0x07, 0x07, 0x00, 0x00,
                            0x07, 0x07, 0x07, 0x07, 0x00, 0x00,
                            0x00, 0x00, 0x03, 0x03, 0x03, 0x03,
                            0x00, 0x00, 0x03, 0x03, 0x03, 0x03,
                            0x00, 0x00, 0x0F, 0x0F, 0x0F, 0x0F,
                            0x00, 0x00, 0x0F, 0x0F, 0x0F, 0x0F,

                            0x0F, 0x0F, 0x0F, 0x0F, 0x00, 0x00,
                            0x0F, 0x0F, 0x0F, 0x0F, 0x00, 0x00,
                            0x00, 0x00, 0x03, 0x03, 0x03, 0x03,
                            0x00, 0x00, 0x03, 0x03, 0x03, 0x03,
                            0x00, 0x00, 0x0F, 0x0F, 0x0F, 0x0F,
                            0x00, 0x00, 0x0F, 0x0F, 0x0F, 0x0F,

                            0x1E, 0x1E, 0x1E, 0x1E, 0x00, 0x00,
                            0x1E, 0x1E, 0x1E, 0x1E, 0x00, 0x00,
                            0x00, 0x00, 0x03, 0x03, 0x03, 0x03,
                            0x00, 0x00, 0x03, 0x03, 0x03, 0x03,
                            0x00, 0x00, 0x0F, 0x0F, 0x0F, 0x0F,
```

```
                                   0x00, 0x00, 0x0F, 0x0F, 0x0F, 0x0F,

                                   0x3C, 0x3C, 0x3C, 0x3C, 0x00, 0x00,
                                   0x3C, 0x3C, 0x3C, 0x3C, 0x00, 0x00,
                                   0x00, 0x00, 0x03, 0x03, 0x03, 0x03,
                                   0x00, 0x00, 0x03, 0x03, 0x03, 0x03,
                                   0x00, 0x00, 0x0F, 0x0F, 0x0F, 0x0F,
                                   0x00, 0x00, 0x0F, 0x0F, 0x0F, 0x0F,

                                   0x38, 0x38, 0x38, 0x38, 0x00, 0x00,
                                   0x38, 0x38, 0x38, 0x38, 0x00, 0x00,
                                   0x30, 0x30, 0x33, 0x33, 0x03, 0x03,
                                   0x00, 0x00, 0x03, 0x03, 0x03, 0x03,
                                   0x00, 0x00, 0x0F, 0x0F, 0x0F, 0x0F,
                                   0x00, 0x00, 0x0F, 0x0F, 0x0F, 0x0F};

flash unsigned char block3[30][6] = {0x30, 0x30, 0x30, 0x30, 0x00, 0x00,
                                   0x30, 0x30, 0x30, 0x30, 0x00, 0x00,
                                   0x30, 0x30, 0x33, 0x33, 0x03, 0x03,
                                   0x30, 0x30, 0x33, 0x33, 0x03, 0x03,
                                   0x00, 0x00, 0x0F, 0x0F, 0x0F, 0x0F,
                                   0x00, 0x00, 0x0F, 0x0F, 0x0F, 0x0F,

                                   0x00, 0x00, 0x00, 0x00, 0x00, 0x00,
                                   0x30, 0x30, 0x30, 0x30, 0x00, 0x00,
                                   0x30, 0x30, 0x33, 0x33, 0x03, 0x03,
                                   0x30, 0x30, 0x33, 0x33, 0x03, 0x03,
                                   0x30, 0x30, 0x3F, 0x3F, 0x0F, 0x0F,
                                   0x00, 0x00, 0x0F, 0x0F, 0x0F, 0x0F,

                                   0x00, 0x00, 0x00, 0x00, 0x00, 0x00,
                                   0x00, 0x00, 0x00, 0x00, 0x00, 0x00,
                                   0x30, 0x30, 0x33, 0x33, 0x03, 0x03,
                                   0x30, 0x30, 0x33, 0x33, 0x03, 0x03,
                                   0x30, 0x30, 0x3F, 0x3F, 0x0F, 0x0F,
                                   0x30, 0x30, 0x3F, 0x3F, 0x0F, 0x0F,

                                   0x00, 0x00, 0x00, 0x00, 0x00, 0x00,
                                   0x00, 0x00, 0x00, 0x00, 0x00, 0x00,
                                   0x00, 0x30, 0x33, 0x33, 0x33, 0x03,
                                   0x00, 0x30, 0x33, 0x33, 0x33, 0x03,
                                   0x00, 0x30, 0x3F, 0x3F, 0x3F, 0x0F,
                                   0x00, 0x30, 0x3F, 0x3F, 0x3F, 0x0F,

                                   0x00, 0x00, 0x00, 0x00, 0x00, 0x00,
                                   0x00, 0x00, 0x00, 0x00, 0x00, 0x00,
                                   0x00, 0x00, 0x33, 0x33, 0x33, 0x33,
```

```
                                        0x00, 0x00, 0x33, 0x33, 0x33, 0x33,
                                        0x00, 0x00, 0x3F, 0x3F, 0x3F, 0x3F,
                                        0x00, 0x00, 0x3F, 0x3F, 0x3F, 0x3F};

flash unsigned char block4[30][6] = {0x01, 0x01, 0x00, 0x00, 0x00, 0x00,
                                        0x01, 0x01, 0x00, 0x00, 0x00, 0x00,
                                        0x00, 0x00, 0x33, 0x33, 0x33, 0x33,
                                        0x00, 0x00, 0x33, 0x33, 0x33, 0x33,
                                        0x00, 0x00, 0x3F, 0x3F, 0x3F, 0x3F,
                                        0x00, 0x00, 0x3F, 0x3F, 0x3F, 0x3F,

                                        0x03, 0x03, 0x00, 0x00, 0x00, 0x00,
                                        0x03, 0x03, 0x00, 0x00, 0x00, 0x00,
                                        0x00, 0x00, 0x33, 0x33, 0x33, 0x33,
                                        0x00, 0x00, 0x33, 0x33, 0x33, 0x33,
                                        0x00, 0x00, 0x3F, 0x3F, 0x3F, 0x3F,
                                        0x00, 0x00, 0x3F, 0x3F, 0x3F, 0x3F,

                                        0x00, 0x00, 0x00, 0x00, 0x00, 0x00,
                                        0x06, 0x06, 0x00, 0x00, 0x00, 0x00,
                                        0x06, 0x06, 0x33, 0x33, 0x33, 0x33,
                                        0x00, 0x00, 0x33, 0x33, 0x33, 0x33,
                                        0x00, 0x00, 0x3F, 0x3F, 0x3F, 0x3F,
                                        0x00, 0x00, 0x3F, 0x3F, 0x3F, 0x3F,

                                        0x00, 0x00, 0x00, 0x00, 0x00, 0x00,
                                        0x00, 0x00, 0x00, 0x00, 0x00, 0x00,
                                        0x0C, 0x0C, 0x33, 0x33, 0x33, 0x33,
                                        0x0C, 0x0C, 0x33, 0x33, 0x33, 0x33,
                                        0x00, 0x00, 0x3F, 0x3F, 0x3F, 0x3F,
                                        0x00, 0x00, 0x3F, 0x3F, 0x3F, 0x3F,

                                        0x00, 0x00, 0x00, 0x00, 0x00, 0x00,
                                        0x00, 0x00, 0x00, 0x00, 0x00, 0x00,
                                        0x00, 0x00, 0x33, 0x33, 0x33, 0x33,
                                        0x18, 0x18, 0x33, 0x33, 0x33, 0x33,
                                        0x18, 0x18, 0x3F, 0x3F, 0x3F, 0x3F,
                                        0x00, 0x00, 0x3F, 0x3F, 0x3F, 0x3F};

flash unsigned char block5[30][6] = {0x00, 0x00, 0x00, 0x00, 0x00, 0x00,
                                        0x00, 0x00, 0x00, 0x00, 0x00, 0x00,
                                        0x00, 0x00, 0x33, 0x33, 0x33, 0x33,
                                        0x00, 0x00, 0x33, 0x33, 0x33, 0x33,
                                        0x30, 0x30, 0x3F, 0x3F, 0x3F, 0x3F,
                                        0x30, 0x30, 0x3F, 0x3F, 0x3F, 0x3F,

                                        0x20, 0x20, 0x00, 0x00, 0x00, 0x00,
```

```
                                  0x20, 0x20, 0x00, 0x00, 0x00, 0x00,
                                  0x00, 0x00, 0x33, 0x33, 0x33, 0x33,
                                  0x00, 0x00, 0x33, 0x33, 0x33, 0x33,
                                  0x30, 0x30, 0x3F, 0x3F, 0x3F, 0x3F,
                                  0x30, 0x30, 0x3F, 0x3F, 0x3F, 0x3F,

                                  0x30, 0x30, 0x00, 0x00, 0x00, 0x00,
                                  0x30, 0x30, 0x00, 0x00, 0x00, 0x00,
                                  0x00, 0x00, 0x33, 0x33, 0x33, 0x33,
                                  0x00, 0x00, 0x33, 0x33, 0x33, 0x33,
                                  0x30, 0x30, 0x3F, 0x3F, 0x3F, 0x3F,
                                  0x30, 0x30, 0x3F, 0x3F, 0x3F, 0x3F,

                                  0x00, 0x00, 0x00, 0x00, 0x00, 0x00,
                                  0x30, 0x30, 0x00, 0x00, 0x00, 0x00,
                                  0x18, 0x18, 0x33, 0x33, 0x33, 0x33,
                                  0x00, 0x00, 0x33, 0x33, 0x33, 0x33,
                                  0x30, 0x30, 0x3F, 0x3F, 0x3F, 0x3F,
                                  0x30, 0x30, 0x3F, 0x3F, 0x3F, 0x3F,

                                  0x00, 0x00, 0x00, 0x00, 0x00, 0x00,
                                  0x00, 0x00, 0x00, 0x00, 0x00, 0x00,
                                  0x0C, 0x0C, 0x33, 0x33, 0x33, 0x33,
                                  0x0C, 0x0C, 0x33, 0x33, 0x33, 0x33,
                                  0x30, 0x30, 0x3F, 0x3F, 0x3F, 0x3F,
                                  0x30, 0x30, 0x3F, 0x3F, 0x3F, 0x3F};

flash unsigned char block6[30][6] = {0x00, 0x00, 0x00, 0x00, 0x00, 0x00,
                                  0x00, 0x00, 0x00, 0x00, 0x00, 0x00,
                                  0x00, 0x00, 0x33, 0x33, 0x33, 0x33,
                                  0x06, 0x06, 0x33, 0x33, 0x33, 0x33,
                                  0x36, 0x36, 0x3F, 0x3F, 0x3F, 0x3F,
                                  0x30, 0x30, 0x3F, 0x3F, 0x3F, 0x3F,

                                  0x00, 0x00, 0x00, 0x00, 0x00, 0x00,
                                  0x00, 0x00, 0x00, 0x00, 0x00, 0x00,
                                  0x00, 0x00, 0x33, 0x33, 0x33, 0x33,
                                  0x00, 0x00, 0x33, 0x33, 0x33, 0x33,
                                  0x33, 0x33, 0x3F, 0x3F, 0x3F, 0x3F,
                                  0x33, 0x33, 0x3F, 0x3F, 0x3F, 0x3F,

                                  0x0C, 0x0C, 0x00, 0x00, 0x00, 0x00,
                                  0x00, 0x00, 0x00, 0x00, 0x00, 0x00,
                                  0x00, 0x00, 0x33, 0x33, 0x33, 0x33,
                                  0x00, 0x00, 0x33, 0x33, 0x33, 0x33,
                                  0x33, 0x33, 0x3F, 0x3F, 0x3F, 0x3F,
                                  0x33, 0x33, 0x3F, 0x3F, 0x3F, 0x3F,
```

```
                                            0x0C, 0x0C, 0x00, 0x00, 0x00, 0x00,
                                            0x0C, 0x0C, 0x00, 0x00, 0x00, 0x00,
                                            0x00, 0x00, 0x33, 0x33, 0x33, 0x33,
                                            0x00, 0x00, 0x33, 0x33, 0x33, 0x33,
                                            0x33, 0x33, 0x3F, 0x3F, 0x3F, 0x3F,
                                            0x33, 0x33, 0x3F, 0x3F, 0x3F, 0x3F,

                                            0x00, 0x00, 0x00, 0x00, 0x00, 0x00,
                                            0x0C, 0x0C, 0x00, 0x00, 0x00, 0x00,
                                            0x0C, 0x0C, 0x33, 0x33, 0x33, 0x33,
                                            0x00, 0x00, 0x33, 0x33, 0x33, 0x33,
                                            0x33, 0x33, 0x3F, 0x3F, 0x3F, 0x3F,
                                            0x33, 0x33, 0x3F, 0x3F, 0x3F, 0x3F};

flash unsigned char block7[30][6] = {0x00, 0x00, 0x00, 0x00, 0x00, 0x00,
                                            0x00, 0x00, 0x00, 0x00, 0x00, 0x00,
                                            0x0C, 0x0C, 0x33, 0x33, 0x33, 0x33,
                                            0x0C, 0x0C, 0x33, 0x33, 0x33, 0x33,
                                            0x33, 0x33, 0x3F, 0x3F, 0x3F, 0x3F,
                                            0x33, 0x33, 0x3F, 0x3F, 0x3F, 0x3F,

                                            0x04, 0x00, 0x00, 0x00, 0x00, 0x00,
                                            0x00, 0x00, 0x00, 0x00, 0x00, 0x00,
                                            0x00, 0x00, 0x33, 0x33, 0x33, 0x33,
                                            0x0C, 0x0C, 0x33, 0x33, 0x33, 0x33,
                                            0x3F, 0x3F, 0x3F, 0x3F, 0x3F, 0x3F,
                                            0x3F, 0x3F, 0x3F, 0x3F, 0x3F, 0x3F,

                                            0x00, 0x20, 0x00, 0x00, 0x00, 0x00,
                                            0x04, 0x00, 0x00, 0x00, 0x00, 0x00,
                                            0x00, 0x00, 0x33, 0x33, 0x33, 0x33,
                                            0x00, 0x00, 0x33, 0x33, 0x33, 0x33,
                                            0x3F, 0x3F, 0x3F, 0x3F, 0x3F, 0x3F,
                                            0x3F, 0x3F, 0x3F, 0x3F, 0x3F, 0x3F,

                                            0x00, 0x00, 0x00, 0x00, 0x00, 0x00,
                                            0x00, 0x20, 0x00, 0x00, 0x00, 0x00,
                                            0x04, 0x00, 0x33, 0x33, 0x33, 0x33,
                                            0x00, 0x00, 0x33, 0x33, 0x33, 0x33,
                                            0x3F, 0x3F, 0x3F, 0x3F, 0x3F, 0x3F,
                                            0x3F, 0x3F, 0x3F, 0x3F, 0x3F, 0x3F,

                                            0x00, 0x04, 0x00, 0x00, 0x00, 0x00,
                                            0x00, 0x00, 0x00, 0x00, 0x00, 0x00,
                                            0x00, 0x20, 0x33, 0x33, 0x33, 0x33,
                                            0x04, 0x00, 0x33, 0x33, 0x33, 0x33,
```

```
                                                0x3F, 0x3F, 0x3F, 0x3F, 0x3F, 0x3F,
                                                0x3F, 0x3F, 0x3F, 0x3F, 0x3F, 0x3F};

flash unsigned char block8[30][6] = {0x10, 0x01, 0x00, 0x00, 0x00, 0x00,
                                                0x00, 0x04, 0x00, 0x00, 0x00, 0x00,
                                                0x00, 0x00, 0x33, 0x33, 0x33, 0x33,
                                                0x04, 0x20, 0x33, 0x33, 0x33, 0x33,
                                                0x3F, 0x3F, 0x3F, 0x3F, 0x3F, 0x3F,
                                                0x3F, 0x3F, 0x3F, 0x3F, 0x3F, 0x3F,

                                                0x01, 0x12, 0x00, 0x00, 0x00, 0x00,
                                                0x10, 0x01, 0x00, 0x00, 0x00, 0x00,
                                                0x00, 0x04, 0x33, 0x33, 0x33, 0x33,
                                                0x04, 0x20, 0x33, 0x33, 0x33, 0x33,
                                                0x3F, 0x3F, 0x3F, 0x3F, 0x3F, 0x3F,
                                                0x3F, 0x3F, 0x3F, 0x3F, 0x3F, 0x3F,

                                                0x02, 0x00, 0x00, 0x00, 0x00, 0x00,
                                                0x01, 0x12, 0x00, 0x00, 0x00, 0x00,
                                                0x10, 0x01, 0x33, 0x33, 0x33, 0x33,
                                                0x04, 0x24, 0x33, 0x33, 0x33, 0x33,
                                                0x3F, 0x3F, 0x3F, 0x3F, 0x3F, 0x3F,
                                                0x3F, 0x3F, 0x3F, 0x3F, 0x3F, 0x3F,

                                                0x00, 0x08, 0x00, 0x00, 0x00, 0x00,
                                                0x02, 0x00, 0x00, 0x00, 0x00, 0x00,
                                                0x01, 0x12, 0x33, 0x33, 0x33, 0x33,
                                                0x14, 0x25, 0x33, 0x33, 0x33, 0x33,
                                                0x3F, 0x3F, 0x3F, 0x3F, 0x3F, 0x3F,
                                                0x3F, 0x3F, 0x3F, 0x3F, 0x3F, 0x3F,

                                                0x28, 0x00, 0x00, 0x00, 0x00, 0x00,
                                                0x00, 0x08, 0x00, 0x00, 0x00, 0x00,
                                                0x02, 0x00, 0x33, 0x33, 0x33, 0x33,
                                                0x15, 0x37, 0x33, 0x33, 0x33, 0x33,
                                                0x3F, 0x3F, 0x3F, 0x3F, 0x3F, 0x3F,
                                                0x3F, 0x3F, 0x3F, 0x3F, 0x3F, 0x3F};

flash unsigned char block9[30][6] = {0x00, 0x00, 0x00, 0x00, 0x00, 0x00,
                                                0x28, 0x00, 0x00, 0x00, 0x00, 0x00,
                                                0x00, 0x08, 0x33, 0x33, 0x33, 0x33,
                                                0x17, 0x37, 0x33, 0x33, 0x33, 0x33,
                                                0x3F, 0x3F, 0x3F, 0x3F, 0x3F, 0x3F,
                                                0x3F, 0x3F, 0x3F, 0x3F, 0x3F, 0x3F,

                                                0x00, 0x00, 0x00, 0x00, 0x00, 0x00,
                                                0x00, 0x00, 0x00, 0x00, 0x00, 0x00,
```

```
                                        0x28, 0x00, 0x33, 0x33, 0x33, 0x33,
                                        0x17, 0x3F, 0x33, 0x33, 0x33, 0x33,
                                        0x3F, 0x3F, 0x3F, 0x3F, 0x3F, 0x3F,
                                        0x3F, 0x3F, 0x3F, 0x3F, 0x3F, 0x3F,

                                        0x20, 0x20, 0x00, 0x00, 0x00, 0x00,
                                        0x20, 0x20, 0x00, 0x00, 0x00, 0x00,
                                        0x20, 0x20, 0x33, 0x33, 0x33, 0x33,
                                        0x3F, 0x3F, 0x33, 0x33, 0x33, 0x33,
                                        0x3F, 0x3F, 0x3F, 0x3F, 0x3F, 0x3F,
                                        0x3F, 0x3F, 0x3F, 0x3F, 0x3F, 0x3F,

                                        0x30, 0x30, 0x00, 0x00, 0x00, 0x00,
                                        0x10, 0x10, 0x00, 0x00, 0x00, 0x00,
                                        0x30, 0x30, 0x33, 0x33, 0x33, 0x33,
                                        0x3F, 0x3F, 0x33, 0x33, 0x33, 0x33,
                                        0x3F, 0x3F, 0x3F, 0x3F, 0x3F, 0x3F,
                                        0x3F, 0x3F, 0x3F, 0x3F, 0x3F, 0x3F,

                                        0x38, 0x38, 0x00, 0x00, 0x00, 0x00,
                                        0x08, 0x08, 0x00, 0x00, 0x00, 0x00,
                                        0x38, 0x38, 0x33, 0x33, 0x33, 0x33,
                                        0x3F, 0x3F, 0x33, 0x33, 0x33, 0x33,
                                        0x3F, 0x3F, 0x3F, 0x3F, 0x3F, 0x3F,
                                        0x3F, 0x3F, 0x3F, 0x3F, 0x3F, 0x3F};

flash unsigned char block10[30][6] = {0x1C, 0x1C, 0x00, 0x00, 0x00, 0x00,
                                        0x04, 0x04, 0x00, 0x00, 0x00, 0x00,
                                        0x1C, 0x1C, 0x33, 0x33, 0x33, 0x33,
                                        0x3F, 0x3F, 0x33, 0x33, 0x33, 0x33,
                                        0x3F, 0x3F, 0x3F, 0x3F, 0x3F, 0x3F,
                                        0x3F, 0x3F, 0x3F, 0x3F, 0x3F, 0x3F,

                                        0x0E, 0x0E, 0x00, 0x00, 0x00, 0x00,
                                        0x02, 0x02, 0x00, 0x00, 0x00, 0x00,
                                        0x0E, 0x0E, 0x33, 0x33, 0x33, 0x33,
                                        0x3F, 0x3F, 0x33, 0x33, 0x33, 0x33,
                                        0x3F, 0x3F, 0x3F, 0x3F, 0x3F, 0x3F,
                                        0x3F, 0x3F, 0x3F, 0x3F, 0x3F, 0x3F,

                                        0x07, 0x07, 0x00, 0x00, 0x00, 0x00,
                                        0x01, 0x01, 0x00, 0x00, 0x00, 0x00,
                                        0x07, 0x07, 0x33, 0x33, 0x33, 0x33,
                                        0x3F, 0x3F, 0x33, 0x33, 0x33, 0x33,
                                        0x3F, 0x3F, 0x3F, 0x3F, 0x3F, 0x3F,
                                        0x3F, 0x3F, 0x3F, 0x3F, 0x3F, 0x3F,
```

```
                                        0x07, 0x07, 0x00, 0x00, 0x00, 0x00,
                                        0x21, 0x21, 0x00, 0x00, 0x00, 0x00,
                                        0x07, 0x07, 0x33, 0x33, 0x33, 0x33,
                                        0x3F, 0x3F, 0x33, 0x33, 0x33, 0x33,
                                        0x3F, 0x3F, 0x3F, 0x3F, 0x3F, 0x3F,
                                        0x3F, 0x3F, 0x3F, 0x3F, 0x3F, 0x3F,

                                        0x07, 0x07, 0x00, 0x00, 0x00, 0x00,
                                        0x31, 0x31, 0x00, 0x00, 0x00, 0x00,
                                        0x07, 0x07, 0x33, 0x33, 0x33, 0x33,
                                        0x3F, 0x3F, 0x33, 0x33, 0x33, 0x33,
                                        0x3F, 0x3F, 0x3F, 0x3F, 0x3F, 0x3F,
                                        0x3F, 0x3F, 0x3F, 0x3F, 0x3F, 0x3F};

flash unsigned char block11[30][6] = {0x07, 0x07, 0x00, 0x00, 0x00, 0x00,
                                        0x39, 0x39, 0x00, 0x00, 0x00, 0x00,
                                        0x27, 0x27, 0x33, 0x33, 0x33, 0x33,
                                        0x3F, 0x3F, 0x33, 0x33, 0x33, 0x33,
                                        0x3F, 0x3F, 0x3F, 0x3F, 0x3F, 0x3F,
                                        0x3F, 0x3F, 0x3F, 0x3F, 0x3F, 0x3F,

                                        0x07, 0x07, 0x00, 0x00, 0x00, 0x00,
                                        0x3D, 0x3D, 0x00, 0x00, 0x00, 0x00,
                                        0x3B, 0x3B, 0x33, 0x33, 0x33, 0x33,
                                        0x3F, 0x3F, 0x33, 0x33, 0x33, 0x33,
                                        0x3F, 0x3F, 0x3F, 0x3F, 0x3F, 0x3F,
                                        0x3F, 0x3F, 0x3F, 0x3F, 0x3F, 0x3F,

                                        0x07, 0x07, 0x00, 0x00, 0x00, 0x00,
                                        0x3F, 0x3F, 0x00, 0x00, 0x00, 0x00,
                                        0x3F, 0x3F, 0x33, 0x33, 0x33, 0x33,
                                        0x3F, 0x3F, 0x33, 0x33, 0x33, 0x33,
                                        0x3F, 0x3F, 0x3F, 0x3F, 0x3F, 0x3F,
                                        0x3F, 0x3F, 0x3F, 0x3F, 0x3F, 0x3F,

                                        0x07, 0x07, 0x00, 0x00, 0x00, 0x0C,
                                        0x3F, 0x3F, 0x00, 0x00, 0x00, 0x00,
                                        0x3F, 0x3F, 0x33, 0x33, 0x33, 0x33,
                                        0x3F, 0x3F, 0x33, 0x33, 0x33, 0x33,
                                        0x3F, 0x3F, 0x3F, 0x3F, 0x3F, 0x3F,
                                        0x3F, 0x3F, 0x3F, 0x3F, 0x3F, 0x3F,

                                        0x07, 0x07, 0x00, 0x00, 0x00, 0x0C,
                                        0x3F, 0x3F, 0x00, 0x00, 0x00, 0x0C,
                                        0x3F, 0x3F, 0x33, 0x33, 0x33, 0x33,
                                        0x3F, 0x3F, 0x33, 0x33, 0x33, 0x33,
                                        0x3F, 0x3F, 0x3F, 0x3F, 0x3F, 0x3F,
```

```
                                        0x3F, 0x3F, 0x3F, 0x3F, 0x3F, 0x3F};

flash unsigned char block12[30][6] = {0x07, 0x07, 0x00, 0x00, 0x0C, 0x00,
                                        0x3F, 0x3F, 0x00, 0x00, 0x00, 0x0C,
                                        0x3F, 0x3F, 0x33, 0x33, 0x33, 0x3F,
                                        0x3F, 0x3F, 0x33, 0x33, 0x33, 0x33,
                                        0x3F, 0x3F, 0x3F, 0x3F, 0x3F, 0x3F,
                                        0x3F, 0x3F, 0x3F, 0x3F, 0x3F, 0x3F,

                                        0x07, 0x07, 0x00, 0x00, 0x0C, 0x00,
                                        0x3F, 0x3F, 0x0C, 0x00, 0x00, 0x00,
                                        0x3F, 0x3F, 0x33, 0x33, 0x33, 0x3F,
                                        0x3F, 0x3F, 0x33, 0x33, 0x33, 0x3F,
                                        0x3F, 0x3F, 0x3F, 0x3F, 0x3F, 0x3F,
                                        0x3F, 0x3F, 0x3F, 0x3F, 0x3F, 0x3F,

                                        0x07, 0x07, 0x00, 0x0C, 0x00, 0x00,
                                        0x3F, 0x3F, 0x0C, 0x00, 0x00, 0x00,
                                        0x3F, 0x3F, 0x3F, 0x33, 0x33, 0x3F,
                                        0x3F, 0x3F, 0x33, 0x33, 0x33, 0x3F,
                                        0x3F, 0x3F, 0x3F, 0x3F, 0x3F, 0x3F,
                                        0x3F, 0x3F, 0x3F, 0x3F, 0x3F, 0x3F,

                                        0x07, 0x07, 0x00, 0x0C, 0x00, 0x00,
                                        0x3F, 0x3F, 0x00, 0x0C, 0x00, 0x00,
                                        0x3F, 0x3F, 0x3F, 0x33, 0x33, 0x3F,
                                        0x3F, 0x3F, 0x3F, 0x33, 0x33, 0x3F,
                                        0x3F, 0x3F, 0x3F, 0x3F, 0x3F, 0x3F,
                                        0x3F, 0x3F, 0x3F, 0x3F, 0x3F, 0x3F,

                                        0x07, 0x07, 0x00, 0x00, 0x0C, 0x00,
                                        0x3F, 0x3F, 0x00, 0x00, 0x0C, 0x00,
                                        0x3F, 0x3F, 0x3F, 0x3F, 0x33, 0x3F,
                                        0x3F, 0x3F, 0x3F, 0x33, 0x33, 0x3F,
                                        0x3F, 0x3F, 0x3F, 0x3F, 0x3F, 0x3F,
                                        0x3F, 0x3F, 0x3F, 0x3F, 0x3F, 0x3F};

flash unsigned char block13[30][6] = {0x07, 0x07, 0x00, 0x00, 0x0C, 0x00,
                                        0x3F, 0x3F, 0x00, 0x00, 0x0C, 0x00,
                                        0x3F, 0x3F, 0x3F, 0x3F, 0x33, 0x3F,
                                        0x3F, 0x3F, 0x3F, 0x3F, 0x33, 0x3F,
                                        0x3F, 0x3F, 0x3F, 0x3F, 0x3F, 0x3F,
                                        0x3F, 0x3F, 0x3F, 0x3F, 0x3F, 0x3F,

                                        0x07, 0x07, 0x00, 0x00, 0x00, 0x00,
                                        0x3F, 0x3F, 0x00, 0x00, 0x0C, 0x00,
                                        0x3F, 0x3F, 0x3F, 0x3F, 0x3F, 0x3F,
```

```
                                        0x3F, 0x3F, 0x3F, 0x3F, 0x33, 0x3F,
                                        0x3F, 0x3F, 0x3F, 0x3F, 0x3F, 0x3F,
                                        0x3F, 0x3F, 0x3F, 0x3F, 0x3F, 0x3F,

                                        0x07, 0x07, 0x00, 0x00, 0x00, 0x00,
                                        0x3F, 0x3F, 0x00, 0x00, 0x00, 0x00,
                                        0x3F, 0x3F, 0x3F, 0x3F, 0x3F, 0x3F,
                                        0x3F, 0x3F, 0x3F, 0x3F, 0x3F, 0x3F,
                                        0x3F, 0x3F, 0x3F, 0x3F, 0x3F, 0x3F,
                                        0x3F, 0x3F, 0x3F, 0x3F, 0x3F, 0x3F,

                                        0x27, 0x27, 0x00, 0x00, 0x00, 0x00,
                                        0x3F, 0x3F, 0x00, 0x00, 0x00, 0x00,
                                        0x3F, 0x3F, 0x3F, 0x3F, 0x3F, 0x3F,
                                        0x3F, 0x3F, 0x3F, 0x3F, 0x3F, 0x3F,
                                        0x3F, 0x3F, 0x3F, 0x3F, 0x3F, 0x3F,
                                        0x3F, 0x3F, 0x3F, 0x3F, 0x3F, 0x3F,

                                        0x37, 0x37, 0x00, 0x00, 0x00, 0x00,
                                        0x3F, 0x3F, 0x00, 0x00, 0x00, 0x00,
                                        0x3F, 0x3F, 0x3F, 0x3F, 0x3F, 0x3F,
                                        0x3F, 0x3F, 0x3F, 0x3F, 0x3F, 0x3F,
                                        0x3F, 0x3F, 0x3F, 0x3F, 0x3F, 0x3F,
                                        0x3F, 0x3F, 0x3F, 0x3F, 0x3F, 0x3F};

flash unsigned char block14[30][6] = {0x3F, 0x3F, 0x00, 0x01, 0x00, 0x01,
                                        0x3F, 0x3F, 0x00, 0x01, 0x00, 0x01,
                                        0x3F, 0x3F, 0x3F, 0x3F, 0x3F, 0x3F,
                                        0x3F, 0x3F, 0x3F, 0x3F, 0x3F, 0x3F,
                                        0x3F, 0x3F, 0x3F, 0x3F, 0x3F, 0x3F,
                                        0x3F, 0x3F, 0x3F, 0x3F, 0x3F, 0x3F,

                                        0x3F, 0x3F, 0x20, 0x03, 0x20, 0x03,
                                        0x3F, 0x3F, 0x20, 0x03, 0x20, 0x03,
                                        0x3F, 0x3F, 0x3F, 0x3F, 0x3F, 0x3F,
                                        0x3F, 0x3F, 0x3F, 0x3F, 0x3F, 0x3F,
                                        0x3F, 0x3F, 0x3F, 0x3F, 0x3F, 0x3F,
                                        0x3F, 0x3F, 0x3F, 0x3F, 0x3F, 0x3F,

                                        0x3F, 0x3F, 0x30, 0x07, 0x30, 0x07,
                                        0x3F, 0x3F, 0x30, 0x07, 0x30, 0x07,
                                        0x3F, 0x3F, 0x3F, 0x3F, 0x3F, 0x3F,
                                        0x3F, 0x3F, 0x3F, 0x3F, 0x3F, 0x3F,
                                        0x3F, 0x3F, 0x3F, 0x3F, 0x3F, 0x3F,
                                        0x3F, 0x3F, 0x3F, 0x3F, 0x3F, 0x3F,

                                        0x3F, 0x3F, 0x38, 0x0F, 0x38, 0x0F,
```

```
                                    0x3F, 0x3F, 0x38, 0x0F, 0x38, 0x0F,
                                    0x3F, 0x3F, 0x3F, 0x3F, 0x3F, 0x3F,
                                    0x3F, 0x3F, 0x3F, 0x3F, 0x3F, 0x3F,
                                    0x3F, 0x3F, 0x3F, 0x3F, 0x3F, 0x3F,
                                    0x3F, 0x3F, 0x3F, 0x3F, 0x3F, 0x3F,

                                    0x3F, 0x3F, 0x3C, 0x1F, 0x3C, 0x1F,
                                    0x3F, 0x3F, 0x3C, 0x1F, 0x3C, 0x1F,
                                    0x3F, 0x3F, 0x3F, 0x3F, 0x3F, 0x3F,
                                    0x3F, 0x3F, 0x3F, 0x3F, 0x3F, 0x3F,
                                    0x3F, 0x3F, 0x3F, 0x3F, 0x3F, 0x3F,
                                    0x3F, 0x3F, 0x3F, 0x3F, 0x3F, 0x3F};

flash unsigned char block15[30][6] = {0x3F, 0x3F, 0x3E, 0x3F, 0x3E, 0x3F,
                                    0x3F, 0x3F, 0x3E, 0x3F, 0x3E, 0x3F,
                                    0x3F, 0x3F, 0x3F, 0x3F, 0x3F, 0x3F,
                                    0x3F, 0x3F, 0x3F, 0x3F, 0x3F, 0x3F,
                                    0x3F, 0x3F, 0x3F, 0x3F, 0x3F, 0x3F,
                                    0x3F, 0x3F, 0x3F, 0x3F, 0x3F, 0x3F,

                                    0x3F, 0x3F, 0x3F, 0x3F, 0x3F, 0x3F,
                                    0x3F, 0x3F, 0x3F, 0x3F, 0x3F, 0x3F,
                                    0x3F, 0x3F, 0x3F, 0x3F, 0x3F, 0x3F,
                                    0x3F, 0x3F, 0x3F, 0x3F, 0x3F, 0x3F,
                                    0x3F, 0x3F, 0x3F, 0x3F, 0x3F, 0x3F,
                                    0x3F, 0x3F, 0x3F, 0x3F, 0x3F, 0x3F,

                                    0x00, 0x00, 0x00, 0x00, 0x00, 0x00,
                                    0x00, 0x00, 0x00, 0x00, 0x00, 0x00,
                                    0x00, 0x00, 0x00, 0x00, 0x00, 0x00,
                                    0x00, 0x00, 0x00, 0x00, 0x00, 0x00,
                                    0x00, 0x00, 0x00, 0x00, 0x00, 0x00,
                                    0x00, 0x00, 0x00, 0x00, 0x00, 0x00,

                                    0x3F, 0x3F, 0x3F, 0x3F, 0x3F, 0x3F,
                                    0x3F, 0x3F, 0x3F, 0x3F, 0x3F, 0x3F,
                                    0x3F, 0x3F, 0x3F, 0x3F, 0x3F, 0x3F,
                                    0x3F, 0x3F, 0x3F, 0x3F, 0x3F, 0x3F,
                                    0x3F, 0x3F, 0x3F, 0x3F, 0x3F, 0x3F,
                                    0x3F, 0x3F, 0x3F, 0x3F, 0x3F, 0x3F,

                                    0x00, 0x00, 0x00, 0x00, 0x00, 0x00,
                                    0x00, 0x00, 0x00, 0x00, 0x00, 0x00,
                                    0x00, 0x00, 0x00, 0x00, 0x00, 0x00,
                                    0x00, 0x00, 0x00, 0x00, 0x00, 0x00,
                                    0x00, 0x00, 0x00, 0x00, 0x00, 0x00,
                                    0x00, 0x00, 0x00, 0x00, 0x00, 0x00};
```

Chapter 10

전자악기 테레민

10.1 작품 개요

전자악기 테레민은 두 고주파 발진기의 간섭에 의해 생기는 소리를 이용한 신세사이저 악기이며, 러시아의 음향물리학자인 레온 테레민(Leon Theremin)이 1924년에 발명하였다. 한쪽 발진기의 주파수는 일정하게 유지하면서, 다른 쪽 발진기의 주파수를 안테나에 접근시키거나 멀리하면서 변화를 주면 마치 들이 우는 듯한 소리가 나는데, 여기에서 생기는 소리를 스피커로 출력하는 구조이다. 정사각형의 상자를 포함하고 있고 거기에 금속으로 된 안테나가 수직으로 돌출되어 있으며, 연주하는 사람이 안테나의 윗부분 또는 아랫부분을 손으로 흔들면 소리가 나는데 한 번에 한 음만이 나며 손 동작 위치에 따라 음 높이와 음의 지속 정도가 달라진다. 음량도 다른 한쪽 손으로 조절할 수 있다.

[그림 10-1] 허공에서 손으로 연주하는 전자악기 테레민

이 작품에서는 초음파 센서 두 개를 이용하여 오른손으로는 거리 값에 따라 연주할 음계를 선택하고, 왼손으로는 거리 값에 따라 볼륨을 제어하는 테레민을 소개한다.

10.2 작품 구성도 및 회로도

[그림 10-2]는 작품 구성도를 보여주며, KUT-128 MCU/인터페이스 보드, 초음파 센서, 캐릭터 LCD, 스피커, LED로 구성된다.

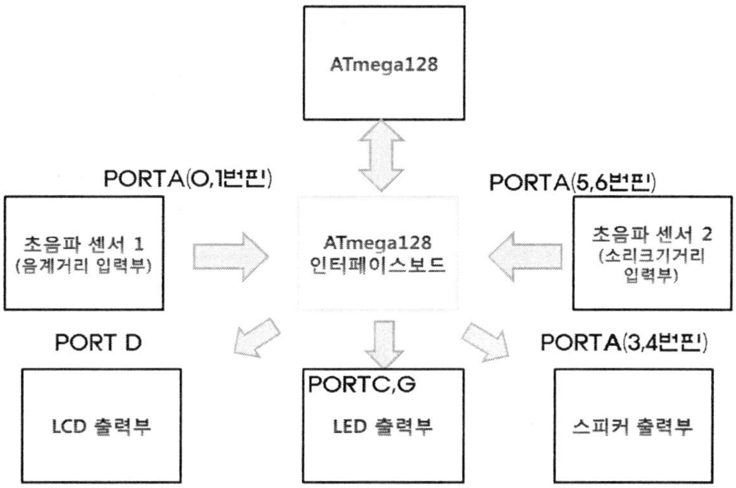

[그림 10-2] 작품 구성도

[표 10-1]과 [표 10-2]는 각 디바이스에 연결되는 포트와 기능을 보여주며, [그림 10-3]은 회로도를 보여준다.

[표 10-1] 입력 디바이스와 사용 포트

입력 스위치	기능 및 사용 포트
초음파 센서 에코 펄스	- PA0 : 센서1 반사파 입력 - PA5 : 센서2 반사파 입력

[표 10-2] 출력 디바이스와 사용 포트

출력 장치	기능 및 사용 포트
초음파센서 트리거 펄스 출력	PA1 : 음계 선택용 센서1 PA6 : 볼륨 제어용 센서2
LCD	메뉴, 음계, 거리값 표시
LED	PC0~PC6 : 도 ~ 시 PG0~PG2 : 높은 도 ~ 높은 미
스피커	PA3 : 음계 발생 파형 출력 PA4 : 볼륨 제어 PWM 출력

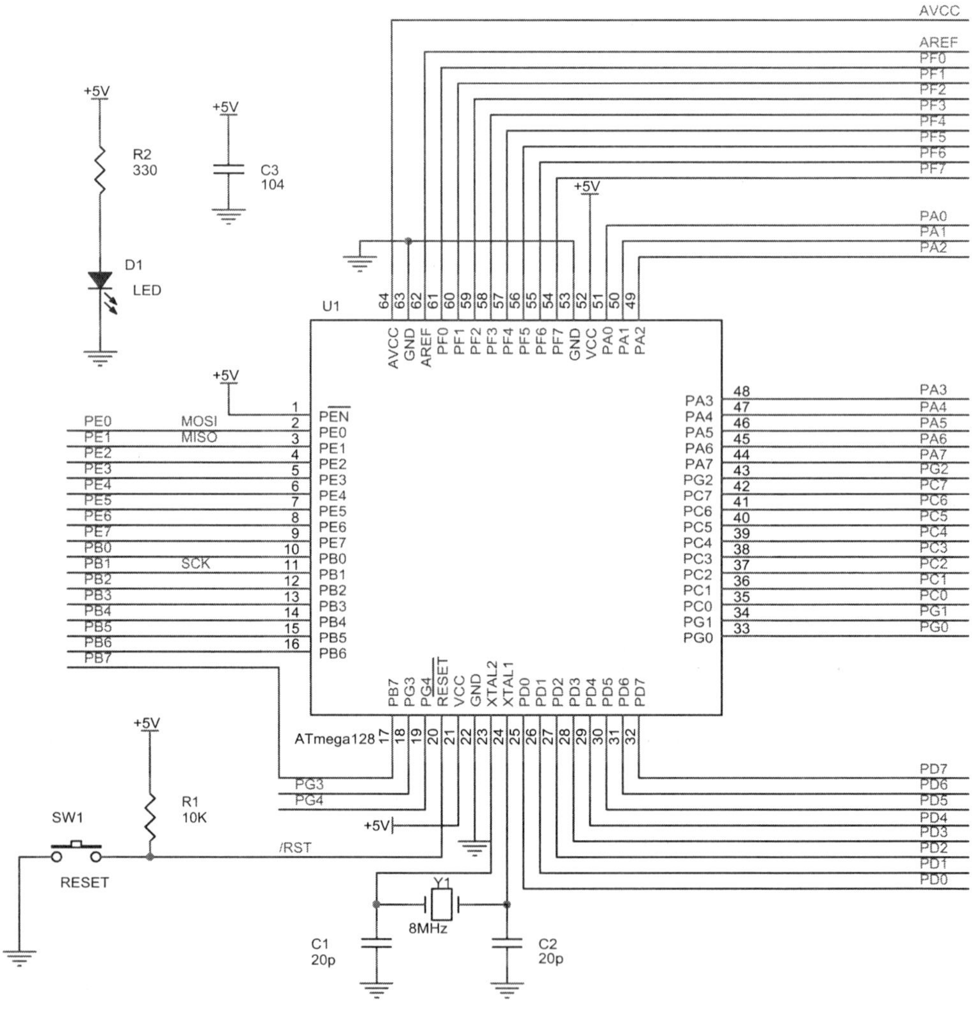

(a) KUT-128 MCU 보드 회로

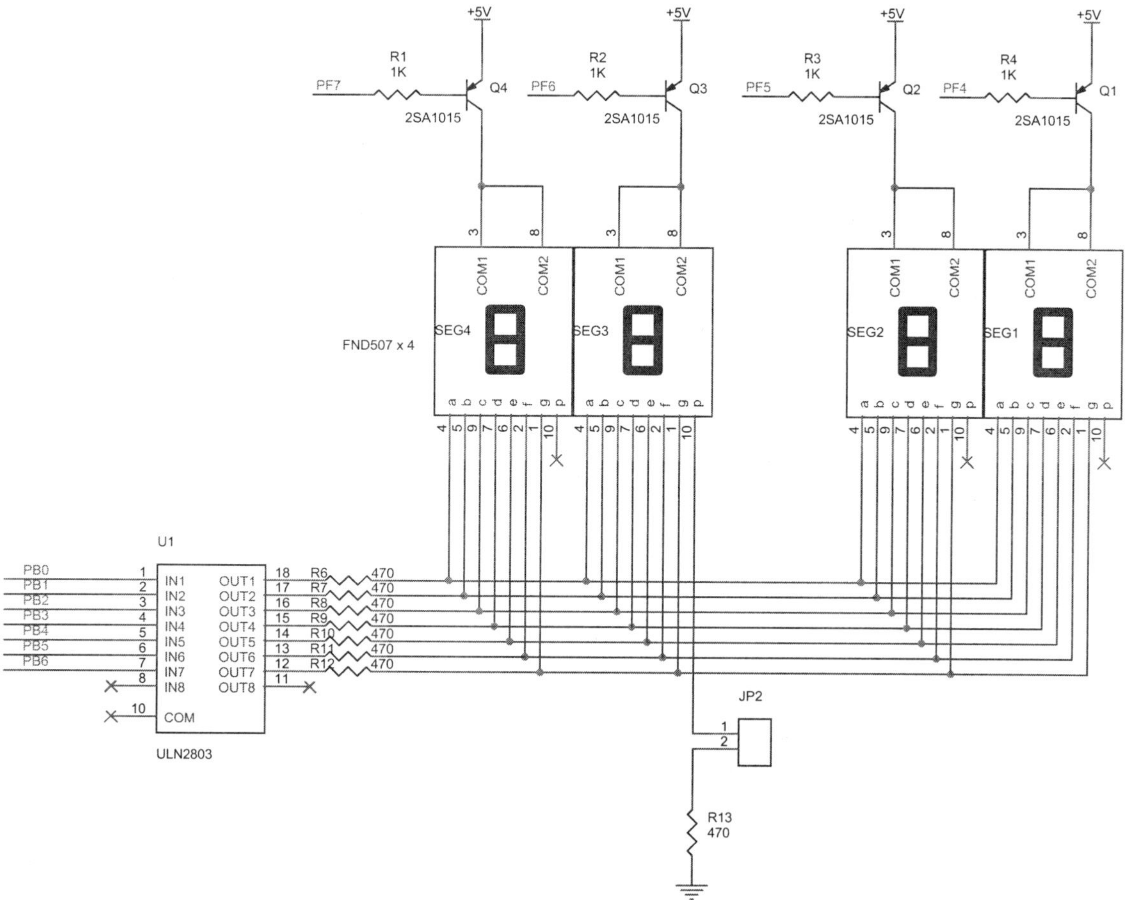

(b) 인터페이스 보드 7-Segment 구동회로

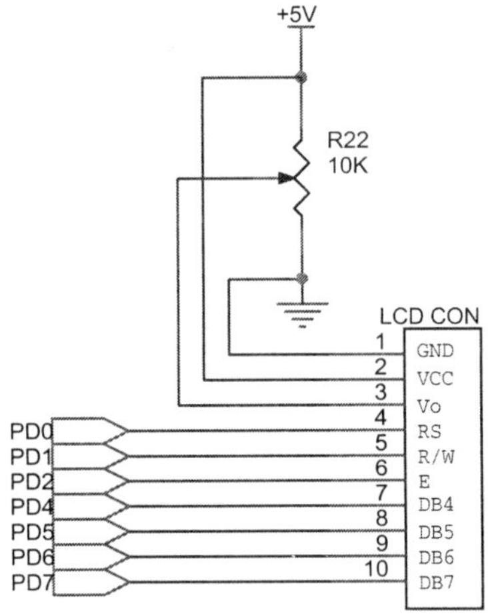

(c) 인터페이스 보드 LCD 커넥터

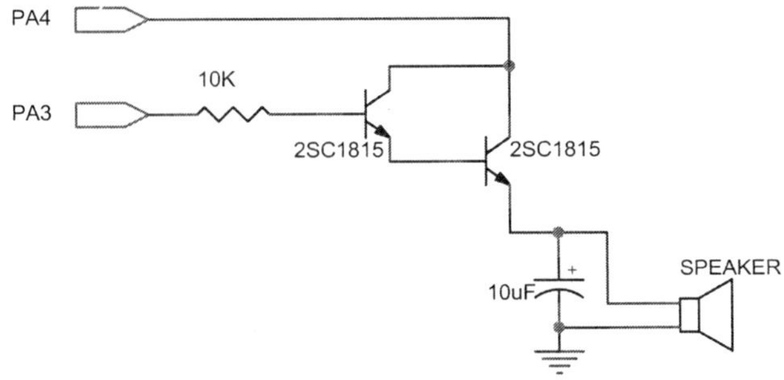

(d) 스피커 출력 회로

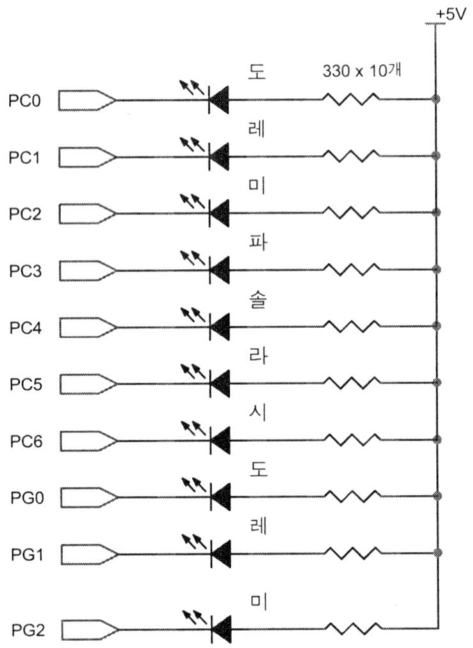

(e) 음계 LED 출력 회로

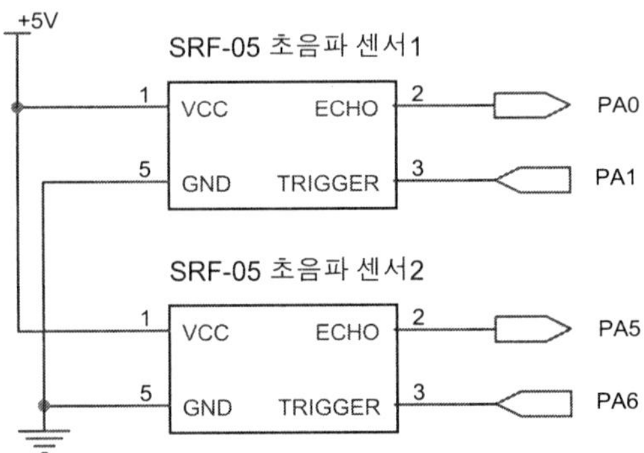

(f) 초음파 구동 회로

[그림 10-3] 회로도

[표 10-3] 부품 리스트

부품명	규격	수량(개)
MCU 보드	KUT-128 MCU 보드	1
인터페이스 보드	KUT-128 인터페이스 보드	1
캐릭터 LCD	2라인 16열	1
LED	적색, 황색	적 7, 황 3
저항	10KΩ	1
저항	100Ω	16
콘덴서	콘덴서 10uF	1
스피커	8Ω 0.5W	1
트랜지스터	2SC1815	2

10.3 거리 측정과 스피커 출력

10.3.1 초음파 센서를 이용한 거리 측정

초음파(ultrasonic) 센서는 압전 소자를 사용한 진동자의 송파기로부터 발진된 초음파의 에코(echo) 신호가 수파기에 도달할 때까지의 소요시간으로 거리를 측정하는 것이다. 즉, 초음파를 일정 시간 발생시킨 뒤 물체로부터 반사되어 돌아오는 신호를 검출하여 그 시간차로 거리를 측정한다. 일반적으로 초음파 센서의 종류는 대향형과 반사형이 있다. 대향형은 송파기와 수파기를 마주 보게 하고, 송파기로부터 방출된 초음파가 물체에 의해 차단될 때 수파기측의 신호 변화를 검출하는 방식이다. 반사형은 한 쌍의 송파기와 수파기를 동일 유니트로 구성한 것이 반사형이다. 송파기에서 방출된 초음파는 공기보다 고밀도의 물체, 즉, 대부분의 물체에서 반사되기 때문에 이 반사파를 수파기로 검출한다. 또, 이 반사기는 단순히 물체의 유무를 검출할 뿐만 아니라 물체까지의 거리 측정이 가능하다.

☞ 초음파 센서(SRF-05)

SRF-05는 반사형 초음파 센서모듈로서 트리거 펄스 입력단자와 에코 펄스 출력단자를 제어부에 연결시킴으로써 제어되며, 송신부(송파기)와 수신부(수파기)가 한 쌍으로 장착되어 있다. SRF-05에는 모드1과 모드2의 사용모드가 있어 사용하는 핀이 다르지만, 모드1에서는 [그림 10-4]에서 왼쪽의 4개 핀 5V 전원핀과 Echo Ouput핀, Trigger Input핀, Ground핀을 사용한다. 따라서, 전원핀을 제외하고는 2개의 핀으로 신호를 주고 받으며 거리를 측정하게 된다. [그림 10-5]는 SRF-05의 동작 타이밍을 보여준다. [그림 10-5]에서 보여주듯이 Trigger Input핀에 10us동안 High를 유지해주면 Echo Output핀에서 거리에 따라 최소 100us에서 최대 25ms동안 High를 출력해준다. 이 신호의 High 시간을 측정하면 거리를 측정할 수 있다.

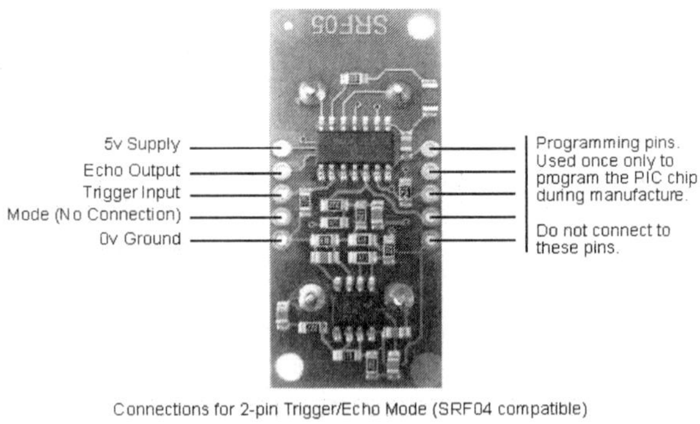

[그림 10-4] SRF-05 초음파 센서

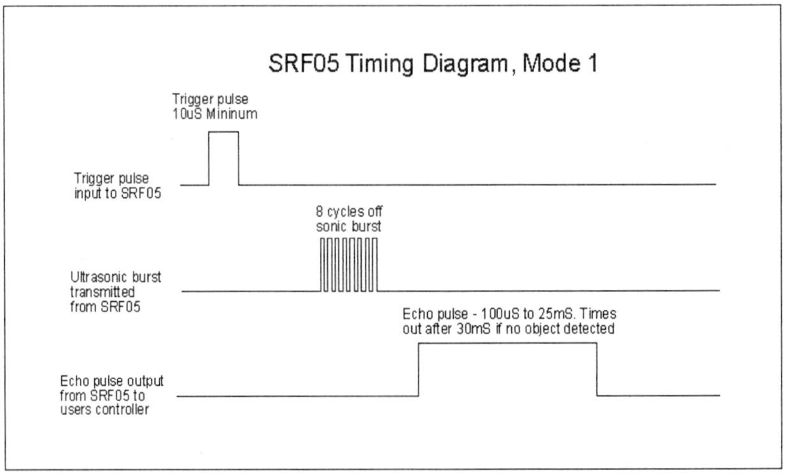

[그림 10-5] 모드1 타이밍도

<트리거 신호 발생>

10us의 트리거 신호를 발생하기 위한 프로그램은 다음과 같다.

```
#define   TRIGGER_M    PORTA.1          // 센서1 트리거 펄스 입력핀

void Trigger_pulse1(void)
{
    TRIGGER_M = 1;                  // 트리거 펄스 1 출력
    delay_us(10);                   // 10ms 딜레이
    TRIGGER_M = 0;                  // 트리거 펄스 0 출력
}
```

<초음파 센서 1cm 거리 측정>

초음파 센서를 이용하여 1cm 단위의 거리를 측정하는 원리는 다음과 같다.

- 공식 : (331.5 + 0.6T) * 측정시간 / 2 = 거리   (T : 온도)
- T = 23도에서 0.01m(1cm) 거리 측정하는데 걸리는 시간
  (331.5 + 13.8) * 측정시간 / 2 = 0.01
- 측정시간 = 58us -> 트리거 발생 후 58us마다 1cm씩 증가

<거리 측정>

초음파 센서를 이용하여 거리를 측정하는 프로그램은 다음과 같이 구현할 수 있다. 트리거 신호를 발생한 후 Echo 신호가 High인 동안의 시간을 측정하면서 58us마다 1cm씩 증가시키는 함수이다.

```
#define   TRIGGER_M    PORTA.1                  // 센서1 트리거 펄스 입력핀

void Sensor1_op(void)
{
        Trigger_pulse1();                       // 트리거 신호 발생

        M_value = 0;                            // 거리값 리셋
        while((PINA & 0x01) == 0x00);           // 에코신호(PA.0) High 대기

        // 에코신호 High 구간 측정
        do{
                delay_us(58);                   // 58us 대기
                M_value++;                      // 거리값 1증가
        } while((PINA & 0x01) == 0x01);         // 에코신호(PA.0)  Low 될 때까지
}
```

10.3.2 스피커 출력

스피커 회로는 TR 2개와 저항 1개, 콘덴서 1개를 사용하여 달링턴 회로로 구성하며, 콘덴서는 스피커 볼륨을 조절할 때 저음으로 갈수록 스피커에서 나오는 잡음이 발생하여 스피커에 콘덴서 10uF를 연결하여 잡음을 최소화 시키도록 한다.

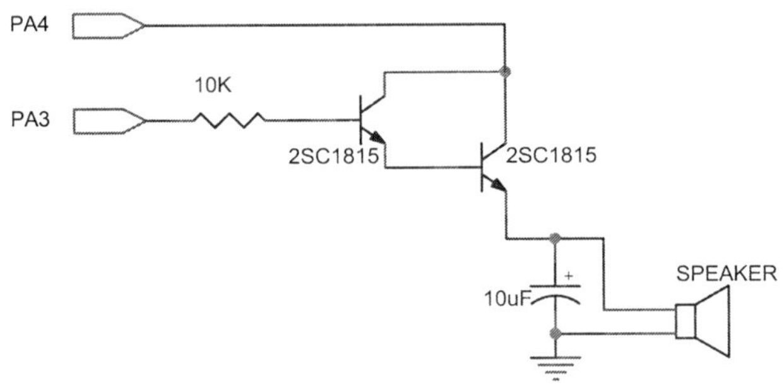

[그림 10-6] 스피커 출력 회로

스피커의 출력제어는 [표 10-4]와 같이 PA3과 PA4 두 개를 이용하여 음계와 볼륨을 제어한다. 음계는 거리에 따라 주파수를 나누고, 볼륨은 거리에 따라 PWM 파형을 출력하여 스피커에 인가되는 전압의 양을 조절하여서 소리의 크기를 조절한다.

[표 10-4] 사용 포트 및 기능

사용 포트	기능
PA3	음계 조절
PA4	볼륨 조절

<음계 발생>

음계는 각 음계별 주파수가 정해져 있으므로, 타이머/카운터를 이용하여 음을 출력할 수 있다. 그 방법은 음계별 주파수에 따른 타이머/카운터 초기값을 구할 수 있으므로 그 초기값을 초음파 센서에서 측정된 거리에 따라 배분을 하면 손의 위치가 변할 때마다 음이 변하게 된다. 초기값을 구하는 방법은 아래와 같다.

$$초기값 = 65536 - \{(1/주파수) * 16 * 10^{6} /분주비\}$$

작품에서는 타이머/카운터1을 분주비 8로 사용하였고, 그에 따른 초기값은 다음과 같다.

[표 10-5] 음계에 따른 주파수 및 타이머/카운터1 초기값

음계	주파수	주기(sec)	초기값(TCNT1)
5옥타브 도	523.2511	0.001911	61714
레	587.3295	0.001703	62131
미	659.2551	0.001517	62502
파	698.4565	0.001432	62673
솔	783.9909	0.001276	62985
라	880	0.001136	63263
시	987.7666	0.001012	63511
6옥타브 도	1046.502	0.000956	63625
레	1174.659	0.000851	63833
미	1318.51	0.00758	64019
파	1396.913	0.000716	64104
솔	1567.982	0.000638	64260
라	1760	0.000568	64400
시	1975	0.000506	64523

<볼륨 조정>

볼륨 제어는 PA4핀에 PWM 신호를 만들어 출력함으로서 스피커에 인가되는 전압의 양을 조절한다. 이 방법은 원래의 PWM 개념을 적용하여 한 주기를 정하여 on/off의 시간을 바꿔줌으로써 On의 시간이 길면 높은 전압이 Off의 시간이 길면 낮은 전압이 인가된다. 여기서 주의 할 것은 이 PWM 신호 또한 타이머/카운터0를 쓰는데 분주비가 높으면 on-off-on에서의 공백이 곧바로 스피커 출력에 영향을 주어 소리가 뚝뚝 끊기는 문제점이 발생하게 된다. 그래서 공백을 최소화 하기 위해 분주비를 1로 낮게 하여 이런 문제점을 없애도록 한다.

```
#define   SPEAKER_V     PORTA.A4

// 타이머/카운터0 인터럽트 처리
interrupt [TIM0_OVF] void time0_ovf(void)
{
        if(SPEAKER_V){                  // High 출력 순서
                TCNT0 = t_on;           // High 출력 시간 설정
                SPEAKER_V = 0;          // 다음 인터럽트 발생시에는 Low 출력
        }
        else{                           // Low 출력 순서
                TCNT0 = t_off;          // Low 출력 시간 설정
                SPEAKER_V = 1;          // 다음 인터럽트 발생시에는 High 출력
        }
}
```

10.4 주요 함수 동작 흐름도

[그림 10-7]은 주요 함수의 동작 흐름도를 보여준다.

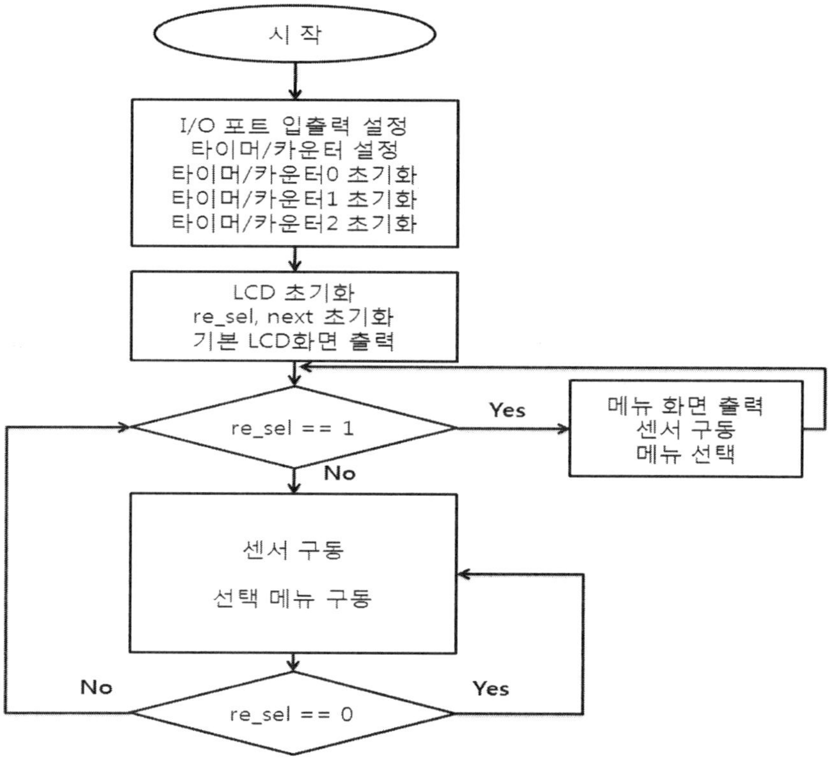

(a) main() 함수

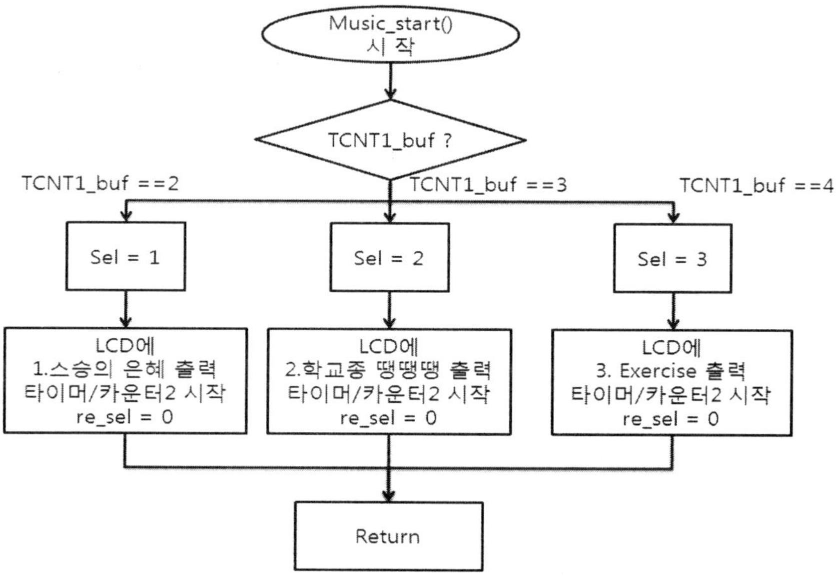

(b) Music_ start() 함수

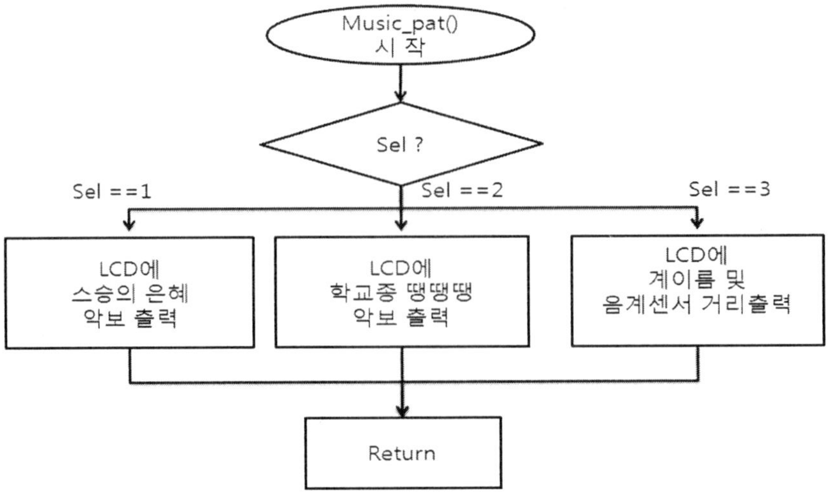

(c) Music_pat() 함수

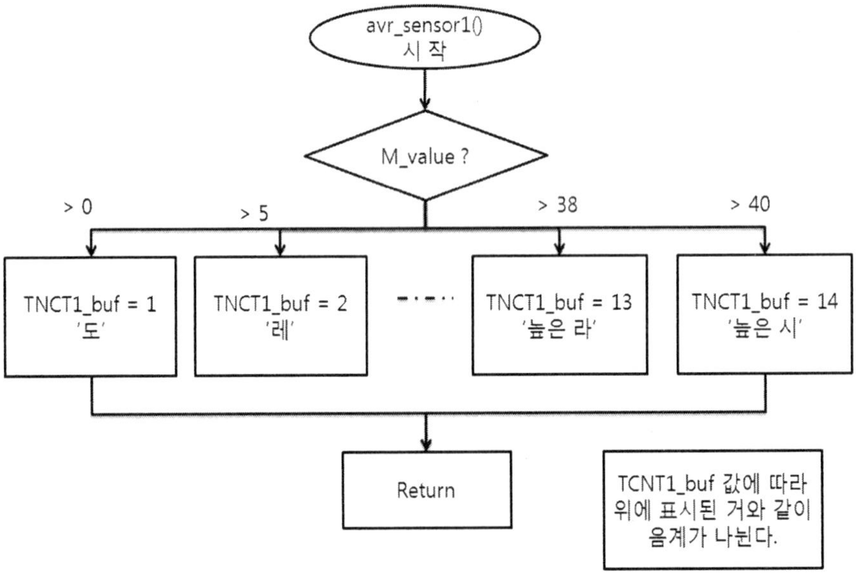

(d) avr_sensor1() 함수

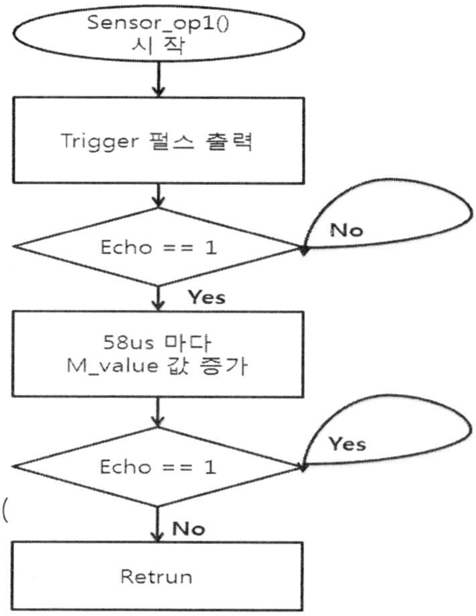

(e) Sensor_op1() 함수

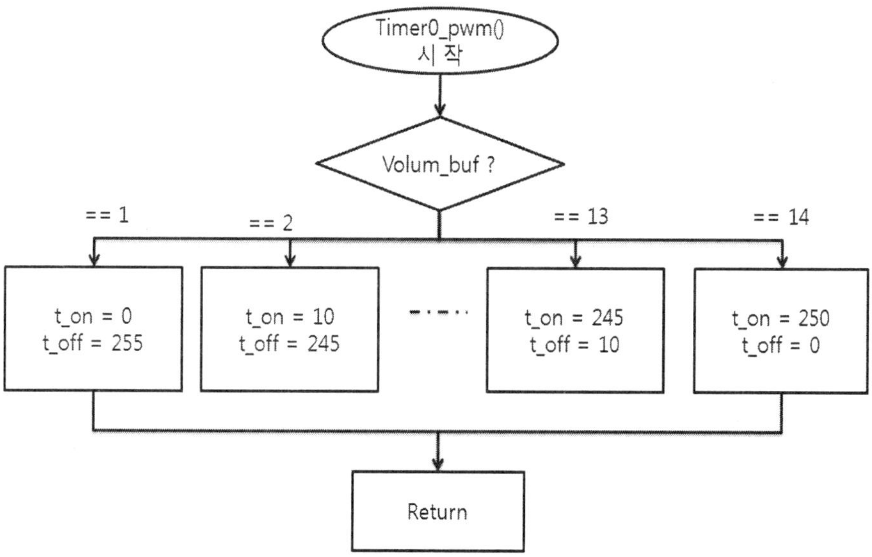

(f) Timer0_pwm() 함수

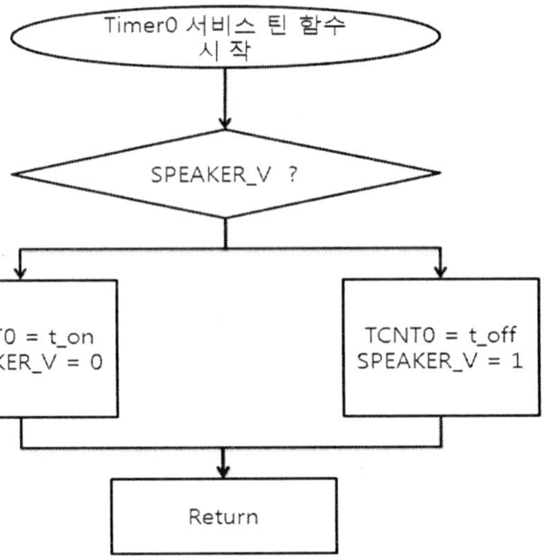

(g) 타이머/카운터0 인터럽트 처리함수

[그림 10-7] 주요 함수 동작 흐름도

10.5 동작 방법 및 작품 사진

이 작품에는 조작 스위치가 따로 존재하지 않으며, 모든 메뉴의 선택은 초음파 센서를 이용하여 입력된 음계에 따라 선택되어진다.

전원을 ON 시키면 다음과 같은 LCD 메뉴화면이 표시된다. 1번을 선택하려면 '레'의 음, 2번은 '미'의 음, 3번은 '파'의 음을 내면 각각 선택되어진다.

C	h	o	o	s	e										
1	:	R	E		2	:	M	I		3	:	P	A		

약간의 시간이 지나면 다음과 같은 LCD 화면이 표시된다.

1	.		師		ノ		恩								
2	.		학	교	종		땡		땡		땡				

3	.		E	x	e	r	c	i	s	e					

1. 師ノ恩(스승의 은혜)
2. 학교종이 땡땡땡
3. Exercise

메뉴에서 1번을 일본어로 표기한 이유는 한글패턴을 저장할 수 있는 개수에 한계가 있기 때문이며, "스승의 은혜" 대신에 "師ノ恩"로 표시한다.

이렇게 메뉴가 표시된 상태에서 볼륨은 최대상태가 되도록 왼쪽손을 초음파센서로부터 멀리 하고, 오른손으로 각 번호에 맞는 음계(레/미/파)를 내면 그 메뉴가 선택되어진다. 1번과 2번을 선택하면 각 노래의 악보가 나오게 되고, 3번은 연습모드로 들어가서 음의 위치를 연습할 수 있다.

	♪			♪			♩			♩					
<	D	O		D	O		R	A		R	A	>			

<연주모드에서의 LCD 악보 표시>

N	a	m	e		:		P	A							
D	i	s	t	a	n	c	e	2	:		1	3	c	m	

연습모드에서의 음계 및 거리 표시

[그림 10-8]은 작품의 정면, 뒷면, 연주하는 모습을 보여주는 사진이다.

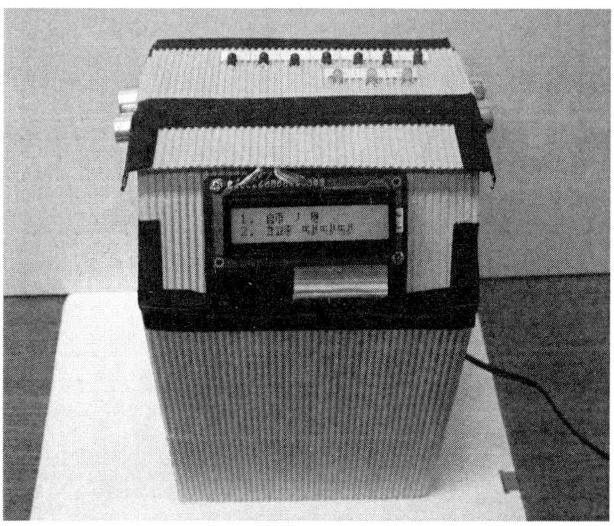

(a) 연주자 앞면

(b) 연주자 뒷면

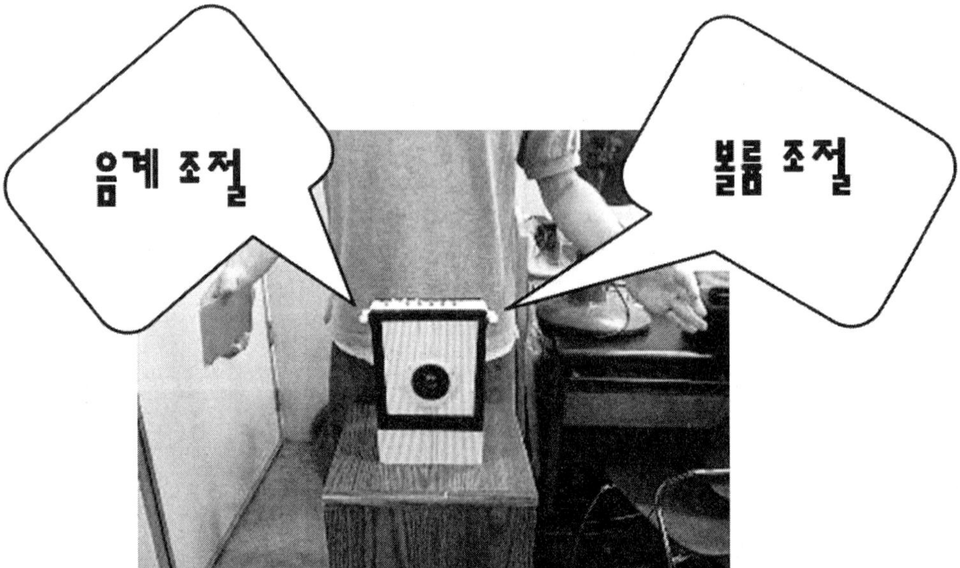

(c) 연주 사진

[그림 10-8] 작품 사진

10.6 프로그램 소스

```
/******************************************************************/
/* npro.c : 초음파 센서를 이용한 테레민          */
/*  2008. 6 by 김형직                            */
/******************************************************************/

#include <mega128.h>
#include <delay.h>
#include <stdio.h>

// LCD_관련
#define FUNCSET         0x28            // Function Set
#define ENTMODE         0x06            // Entry Mode Set
#define ALLCLR          0x01            // All Clear
#define DISPON          0x0c            // Display On
#define HOME            0x02            // 1nd Line Move
#define LINE2           0xC0            // 2nd Line Move
#define LSHIFT          0x18            // Display Left Shift

// 센서 관련
#define ECHO_M          PORTA.0         // Sensor1_ECHO_Pulse
#define TRIGGER_M       PORTA.1         // Sensor1_TRIGGER_Pulse
#define SPEAKER_M       PORTA.3         // Speaker_Music_Pulse
#define SPEAKER_V       PORTA.4         // Speaker_Volume_Pulse
#define ECHO_V          PORTA.5         // Sensor2_ECHO_Pulse
#define TRIGGER_V       PORTA.6         // Sensor2_TRIGGER_Pulse

// 변수
char            lcd_ss[16];             // sprintf함수를 사용하기 위한 작업용 버퍼
unsigned int    next;                   // 악보 넘김 카운터
unsigned int    cnt = 0, cnt1 = 0;      // 악보 넘기는 시간 카운터
unsigned int    sel;                    // 메뉴 모드에서의 선택값
                                        // (1 : 스승의 은혜, 2 : 학교종이 땡땡땡, 3 : 연주연습)
unsigned int    re_sel;                 // 1 : 메뉴 모드, 0 : 연주 모드
unsigned char   M_value;                // 음계 선택 초음파 센서의 거리값(cm)
unsigned char   V_value;                // 볼륨값 결정을 위한 초음파 센서의 거리값(cm)
unsigned char   M_old;
unsigned char   TCNT1_buf;              // 연주할 음계값(1~14 : 도 ~ 시, 도 ~ 시)
unsigned char   volum_buf;              // 연주할 볼륨값(1~14)
unsigned char   t_on, t_off;            // PWM on/off 시간
unsigned char   on_old, off_old;        // t_on, t_off 백업 변수

// LCD 표시 메뉴 패턴
flash char name_pat1[64] = {0x04, 0x1f, 0x11, 0x1f, 0x10, 0x1f, 0x11, 0x1f,     // 한자 '사' 왼쪽
```

```
                  0x1f, 0x04, 0x1f, 0x15, 0x15, 0x17, 0x05, 0x04,  // 한자 '사' 오른쪽
                  0x1f, 0x15, 0x1f, 0x1b, 0x1f, 0x15, 0x08, 0x17,  // 한자 '은'
                  0x0a, 0x1e, 0x0b, 0x16, 0x0a, 0x00, 0x1e, 0x02,  // 학
                  0x00, 0x1f, 0x01, 0x0b, 0x0b, 0x0a, 0x1f, 0x00,  // 교
                  0x1f, 0x04, 0x1b, 0x04, 0x1f, 0x04, 0x0a, 0x04,  // 종
                  0x00, 0x1f, 0x14, 0x14, 0x1f, 0x01, 0x02, 0x01,  // 땡
                  0x0a, 0x0a, 0x0e, 0x0a, 0x0a, 0x18, 0x04, 0x18};

// LCD 표시 음표 패턴
flash char cg_pat[48] = {0x02, 0x02, 0x02, 0x02, 0x0e, 0x1e, 0x1e, 0x0c,   // 4분음표
                0x04, 0x04, 0x04, 0x04, 0x04, 0x0c, 0x1d, 0x08,   // 4.5분음표
                0x02, 0x02, 0x02, 0x02, 0x0e, 0x12, 0x12, 0x0c,   // 2분음표
                0x04, 0x06, 0x05, 0x05, 0x04, 0x0c, 0x1c, 0x08,   // 8분음표
                0x04, 0x06, 0x05, 0x05, 0x04, 0x0c, 0x1d, 0x08,   // 8.5분음표
                0x06, 0x05, 0x06, 0x05, 0x04, 0x0c, 0x1c, 0x08};  // 16분음표

// LCD 관련 함수
void    LCD_init(void);                 // LCD 초기화
void    LCD_String(char flash *);       // 고정 문자열 출력
void    LCD_St(char *);                 // 생성 문자열 출력
void    Busy(void);                     // 딜레이 함수
void    Command(unsigned char);         // 커맨드 쓰기
void    Data(unsigned char);            // 데이터 쓰기

// 센서 및 스피커 구동 함수
void    Music_init(void);               // 초음파 센서 구동
void    Trigger_pulse1(void);           // 초음파 센서1(음계 선택) 트리거 신호 출력
void    Trigger_pulse2(void);           // 초음파 센서2(몰륨 제어) 트리거 신호 출력
void    Sensor1_op(void);               // 거리값 측정(음계)
void    Sensor2_op(void);               // 거리값 측정(볼륨)
void    avr_sensor1(void);              // 거리값에 따른 음계 결정
void    avr_sensor2(void);              // 거리값에 따른 볼륨값 결정
void    Timer0_pwm(void);               // 볼륨제어를 위한 PWM on/off 시간 설정

// 음계 및 LED 구동 함수
void    Music_octave(void);             // 음계값에 따른 타이머/카운터1 초기값 설정
void    Music_led(void);                // 해당 음계 LED on(도~시, 도_미)

// 악보 출력 함수 선언
void    Music_pat(void);                // 선택 메뉴에 따른 함수 실행
void    LCD_DIS(void);                  // 연습모드 음 출력
void    LCD_SP(void);                   // 음계, 거리값 출력
void    Music_sel(void);                // 첫 대기화면 출력
void    Music_start(void);              // 메뉴 선택
void    Music_score1(void);             // 스승의 은혜 연주
void    Music_score2(void);             // 학교종이 땡땡땡
```

```
void main(void)
{
        int i, j;

        DDRA = 0b11011110;              // PA.0,5 : 센서 에코 입력, PA.1,6 : 트리거 출력
        DDRC = 0xff;                    // PC,PG : LED 출력
        DDRG = 0xff;                    // PA.3,4 : 스피커 음 및 볼륨 출력

        SPEAKER_V =1;                   // 스피커 구동 TR on

        TCCR0 = 0x01;                   // 타이머/카운터0 일반모드, 분주비 1
        TCNT0 = 0;                      // 볼륨 제어를 위한 PWM 출력용

        TCCR2 = 0x05;                   // 타이머/카운터2 일반모드, 분주비 1024
        TCNT2 = 0;                      // 1/16 * (256 - 0) * 1024 = 16ms

        TCCR1A = 0x00;                  // 일반모드
        TCCR1B = 0x02;                  // 분주비 8선택
        TCNT1 = 0;                      // 음계 주파수 파형 출력

        TIMSK = 0x05;                   // 타이머/카운터 0,1 인터럽트 설정
        SREG = 0x80;                    // 전체 인터럽트 인에이블

        LCD_init();                     // LCD 초기화

        next = 0;                       // 악보 처음
        re_sel = 1;                     // 메뉴 선택 모드
        Music_sel();                    // LCD 첫 화면 출력
        Music_start();                  // LCD 메뉴 화면 출력

        while(1){
                while(re_sel == 1){  // 메뉴 선택 모드
                        // 제목 패턴 저장
                        for(i = 0;i <64;i++){
                                Command(0x40 + i);
                                Data(name_pat1[i]);
                        }

                        // 메뉴 화면 출력
                        for(i = 0;i < 30;i++){
                                Command(HOME);
                                LCD_String("1. ");                    // "1. "
                                Data(0x0); Data(0x01);                // 한자 스승 '사'
                                Data(0x20); Data(0xc9); Data(0x20);  // 일본어 가타가나 '노'
                                Data(0x2);                            // 한자 '은'
                                for(j = 0;j < 8;j++) Data(0x20);      // 공백
```

```
                    Command(LINE2);
                    LCD_String("2.  ");                         // "2. "
                    Data(0x3); Data(0x4); Data(0x5);            // 학교종
                    Data(0x20);
                    Data(0x06);Data(0x07);                      // 땡
                    Data(0x06);Data(0x07);                      // 땡
                    Data(0x06);Data(0x07);                      // 땡
                    for(j = 0;j < 4;j++) Data(0x20);            // 공백

                    Music_init();                       // 센서 구동
                    Music_start();                      // 메뉴 선택 화면
                    if(re_sel == 0) break;              // re_sel == 0 이면 멈춤
          }

          if(re_sel == 0) break;                        // 연주 모드

          for(i = 0;i < 30;i++){
                    Command(HOME);
                    LCD_String("3. Exercise   ");

                    Command(LINE2);
                    for(j = 0;j < 14;j++) Data(0x20); // 공백

                    Music_init();                       // 센서 구동
                    Music_start();                      // 메뉴 선택 화면
                    if(re_sel == 0) break;              // re_sel == 0 이면 멈춤
          }
}

// 연주 모드
Music_init();                       // 센서 구동
Music_pat();                        // 선택 메뉴 구동

if(cnt >= 244){                     // 악보 넘김 카운트
          cnt1++;

          if((sel == 3) & (cnt1 >= 15) ){
                    // 연습 모드일때는 일정 시간 뒤 종료
                    Command(ALLCLR);
                    Command(HOME);
                    LCD_String("     The   End      ");
                    re_sel = 1;                         // 메뉴 선택 모드로
                    TIMSK = TIMSK ^ 0x40; // 타이머/카운터2 인터럽트 금지
          }
          else{
                    cnt = 0;                            // 1,2번일때는 악보 넘김
                    Command(ALLCLR);
```

```
                                        next = (next + 1) % 33;
                              }
                    }
          }
}

// 센서 구동 함수
void Music_init(void)
{
        Sensor1_op();                  // 초음파 센서1(음계) 거리 계산
        avr_sensor1();                 // 측정거리값에 대한 음계 결정
        Music_led();                   // 음계 해당 LED on

        Sensor2_op();                  // 초음파 센서1(음계) 거리 계산
        avr_sensor2();                 // 측정거리값에 대한 볼륨 결정
        Timer0_pwm();                  // 볼륨에 대한 PWM on/off 시간 설정
}

// 초음파 센서1 트리거 신호 발생
void Trigger_pulse1(void)
{
        TRIGGER_M = 1;               // 트리거 신호 on
        delay_us(10);
        TRIGGER_M = 0;               // 트리거 신호 off
}

// 초음파 센서2 트리거 신호 발생
void Trigger_pulse2(void)
{
        TRIGGER_V = 1;                 // 트리거 신호 on
        delay_us(10);
        TRIGGER_V = 0;                 // 트리거 신호 off
}

// 초음파 센서1 거리 측정
// 초음파 값 cm 로 변환 : pulse / 58us = 1cm = 0.01m
// (331.5 + 0.6T) * 측정시간 / 2 = 거리
// T = 23도에서 0.01m(1cm) 거리 측정하는데 걸리는 시간
// (331.5 + 13.8) * 측정시간 / 2 = 0.01
// 측정시간 = 58us
void Sensor1_op(void)
{
        Trigger_pulse1();                        // 트리거 펄스 출력
        M_value = 0;                             // 음계 거리값 리셋

        while((PINA & 0x01) == 0x00);            // 에코신호 High 될 때까지 대기
```

```
        // 에코신호 HIGH 구간 측정
        do{
                delay_us(58);                    // 1cm 측정시간 딜레이
                M_value++;                       // 음계 거리값 +1
        } while((PINA & 0x01) == 0x01);

        delay_ms(20);
}

// 초음파 센서2 거리 측정
void Sensor2_op(void)
{
        Trigger_pulse2();                        // 트리거 펄스 출력
        V_value = 0;                             // 볼륨 거리값 리셋

        while((PINA & 0x20) == 0x00);            // 에코신호 High 될 때까지 대기

        // 에코신호 HIGH 구간 측정
        do{
                delay_us(58);                    // 1cm 측정시간 딜레이
                V_value++;                       // 볼륨 거리값 +1
        } while((PINA & 0x20) == 0x20);

        delay_ms(20);
}

// 음계 거리값에 따른 음계값 설정
void avr_sensor1(void)
{
        if(M_value > 40) TCNT1_buf = 14;                 // 시
        else if(M_value > 38) TCNT1_buf = 13;            // 라
        else if(M_value > 35) TCNT1_buf = 12;            // 솔
        else if(M_value > 32) TCNT1_buf = 11;            // 파
        else if(M_value > 29) TCNT1_buf = 10;            // 미
        else if(M_value > 26) TCNT1_buf = 9;             // 레
        else if(M_value > 23) TCNT1_buf = 8;             // 도
        else if(M_value > 20) TCNT1_buf = 7;             // 시
        else if(M_value > 17) TCNT1_buf = 6;             // 라
        else if(M_value > 14) TCNT1_buf = 5;             // 솔
        else if(M_value > 11) TCNT1_buf = 4;             // 파
        else if(M_value > 8) TCNT1_buf = 3;              // 미
        else if(M_value > 5) TCNT1_buf = 2;              // 레
        else  TCNT1_buf = 1;                             // 도
}

// 볼륨 거리값에 따른 볼륨값 설정
void avr_sensor2(void)
```

```
{
        if(V_value > 34) volum_buf = 14;
        else if(V_value > 32) volum_buf = 13;
        else if(V_value > 30) volum_buf = 12;
        else if(V_value > 28) volum_buf = 11;
        else if(V_value > 26) volum_buf = 10;
        else if(V_value > 24) volum_buf = 9;
        else if(V_value > 22) volum_buf = 8;
        else if(V_value > 20) volum_buf = 7;
        else if(V_value > 17) volum_buf = 6;
        else if(V_value > 14) volum_buf = 5;
        else if(V_value > 11) volum_buf = 4;
        else if(V_value > 8) volum_buf = 3;
        else if(V_value > 5) volum_buf = 2;
        else  volum_buf = 1;
}

// 음계별 LED 표시
void Music_led(void)
{
        switch(TCNT1_buf){
                case 1: PORTC = 0xfe; PORTG = 0xff; break;
                case 2: PORTC = 0xfd; PORTG = 0xff; break;
                case 3: PORTC = 0xfb; PORTG = 0xff; break;
                case 4: PORTC = 0xf7; PORTG = 0xff; break;
                case 5: PORTC = 0xef; PORTG = 0xff; break;
                case 6: PORTC = 0xdf; PORTG = 0xff; break;
                case 7: PORTC = 0xbf; PORTG = 0xff; break;
                case 8: PORTG = 0xfe; PORTC = 0xff; break;
                case 9: PORTG = 0xfd; PORTC = 0xff; break;
                case 10: PORTG = 0xfb; PORTC = 0xff; break;
                default : PORTC = 0xff; PORTG = 0xff; break;
        }
}

// 음계 파형 출력 타이머/카운터1 초기값 설정
void Music_octave(void)
{
        switch(TCNT1_buf){
                case 1: TCNT1 = 61714; break;
                case 2: TCNT1 = 62131; break;
                case 3: TCNT1 = 62502; break;
                case 4: TCNT1 = 62673; break;
                case 5: TCNT1 = 62985; break;
                case 6: TCNT1 = 63263; break;
                case 7: TCNT1 = 63511; break;
                case 8: TCNT1 = 63625; break;
```

```
                case 9: TCNT1 = 63833; break;
                case 10: TCNT1 = 64019; break;
                case 11: TCNT1 = 64104; break;
                case 12: TCNT1 = 64260; break;
                case 13: TCNT1 = 64400; break;
                case 14: TCNT1 = 64523; break;
                default : TCNT1 = M_old; break;
        }
        M_old = TCNT1;
}

// 첫 대기 화면 출력
void Music_sel(void)
{
        int i;

        // 제목 패널 설정
        for(i = 0;i < 64;i++){
                Command(0x40 + i);
                Data(name_pat1[i]);
        }

        // 메뉴 표시
        Command(HOME);
        LCD_String("Choose");

        Command(LINE2);
        LCD_String("1:RE 2:MI 3: PA");
        delay_ms(1500);
}

// 메뉴 선택 함수
void Music_start(void)
{
        int i, j;

        if(TCNT1_buf == 2) sel = 1;              // 레
        else if(TCNT1_buf == 3) sel = 2;         // 미
        else if(TCNT1_buf == 4) sel = 3;         // 파
        else sel = 0;

        switch(sel){
                case 1:         // 1번 "스승의 은혜" 선택
                        if(volum_buf == 14){    // 최대 볼륨(왼쪽손 최대 벌렸을 때)
                                for(i = 0;i < 50;i++){
                                        Command(HOME);
                                        LCD_String("1. ");      // "1. "
```

```
                        Data(0x0); Data(0x01);          // 한자 '사'
                        Data(0x20); Data(0xc9);         // 일본 가타가나 'ノ'
                        Data(0x20);
                        Data(0x2);                          // 한자 '은'
                        for(j = 0;j < 4;j++) Data(0x20);  // 공백

                        Command(LINE2);
                        for(j = 0;j < 14;j++) Data(0x20); // 공백

                        Music_init();              // 초음파 센서 구동
                }
                re_sel = 0;                        // 연주 모드

                // 음표 패턴 저장
                for(i = 0;i < 48;i++){
                        Command(0x40 + i);
                        Data(cg_pat[i]);
                }
                TIMSK |= 0x40;        // 타이머/카운터2 인터럽트 인에이블
        }
        else re_sel = 1;

        break;

case 2:         // 2번 "학교종이 땡땡땡" 선택
        if(volum_buf == 14){      // 최대 볼륨(왼쪽손 최대 벌렸을 때)
                for(i = 0;i < 50;i++){
                        Command(HOME);
                        LCD_String("2. ");                          // "2. "
                        Data(0x3); Data(0x4); Data(0x5);        // "학교종"
                        Data(0x20);
                        Data(0x06);Data(0x07);                      // "땡"
                        Data(0x06);Data(0x07);                      // "땡"
                        Data(0x06);Data(0x07);                      // "땡"

                        Command(LINE2);
                        for(j = 0;j < 14;j++) Data(0x20);           // 공백

                        Music_init();              // 초음파 센서 구동
                }
                re_sel = 0;             // 연주 모드

                // 음표 패턴 저장
                for(i = 0;i < 48;i++){
                        Command(0x40 + i);
                        Data(cg_pat[i]);
                }
```

```
                    TIMSK |= 0x40;      // 타이머/카운터2 인터럽트 인에이블
                }
                else re_sel = 1;            // 메뉴 선택 모드

                break;

            case 3 :        // 3번 "연습모드" 선택
                if(volum_buf == 14){     // 최대 볼륨(왼쪽손 최대 벌렸을 때)
                    for(i = 0;i < 50;i++){
                        Command(HOME);
                        LCD_String("3. Exercise   ");

                        Command(LINE2);
                        for(j = 0;j < 14;j++) Data(0x20);       // 공백

                        Music_init();          // 초음파 센서 구동
                    }

                    re_sel = 0;                     // 연주 모드

                    TIMSK |= 0x40;     // 타이머/카운터2 인터럽트 인에이블
                }
                else re_sel = 1;                        // 메뉴 선택 모드

                break;

            default :
                if(volum_buf == 14){
                    for(i = 0;i < 50;i++){
                        Command(HOME);
                        LCD_String("Re choice       ");

                        Command(LINE2);
                        for(j = 0;j < 14;j++) Data(0x20);       // 공백

                        Music_init();          // 초음파 센서 구동
                    }
                }

                re_sel = 1;                             // 메뉴 선택 모드

                break;
        }
}

// 선택 메뉴 출력
void Music_pat(void)
```

```
{
        switch(sel){
                case 1 : Music_score1(); break;        // "스승의 은혜" 연주
                case 2 : Music_score2(); break;        // "학교종이 땡땡땡" 연주
                case 3 : LCD_SP(); break;              // 음계 연습
                default : break;
        }
}

// 스승의 은혜 악보 출력
void Music_score1(void)
{
        switch(next){
                case 0 :
                        Command(HOME); Data(0x20);
                        Data(0x03); Data(0x20); Data(0x20);     // 8분 음표
                        Data(0x03); Data(0x20); Data(0x20);     // 8분 음표
                        Data(0x00); Data(0x20); Data(0x20);     // 4분 음표
                        Data(0x00); Data(0x20); Data(0x20);     // 4분 음표

                        Command(LINE2);
                        LCD_String("<DO DO RA RA>");            // 도 도 라 라
                        break;

                case 1 :
                        Command(HOME); Data(0x20);
                        Data(0x03); Data(0x20); Data(0x20);     // 8분 음표
                        Data(0x03); Data(0x20); Data(0x20);     // 8분 음표
                        Data(0x03); Data(0x20); Data(0x20);     // 8분 음표
                        Data(0x03); Data(0x20); Data(0x20);     // 8분 음표
                        Data(0x00);                             // 4분 음표

                        Command(LINE2);
                        LCD_String("<SI RA SO PA RE>");         // 시 라 솔 파 레
                        break;

                case 2 :
                        Command(HOME); Data(0x20);
                        Data(0x00); Data(0x20); Data(0x20);     // 4분 음표
                        Data(0x00); Data(0x20); Data(0x20);     // 4분 음표
                        Data(0x03); Data(0x20); Data(0x20);     // 8분 음표
                        Data(0x03);                             // 8분 음표

                        Command(LINE2);
                        LCD_String("<DO PA MI RA>");            // 도 파 미 라
                        break;
```

```
case 3 :
        Command(HOME); Data(0x20);
        Data(0x02); Data(0x20); Data(0x20);     // 2분 음표

        Command(LINE2);
        LCD_String("<SO~~~~~~>");              // 솔
        break;

case 4 :
        Command(HOME); Data(0x20);
        Data(0x03); Data(0x20); Data(0x20);     // 8분 음표
        Data(0x03); Data(0x20); Data(0x20);     // 8분 음표
        Data(0x00); Data(0x20); Data(0x20);     // 4분 음표
        Data(0x00); Data(0x20); Data(0x20);     // 4분 음표

        Command(LINE2);
        LCD_String("<DO DO RA RA>");           // 도 도 라 라
        break;

case 5 :
        Command(HOME); Data(0x20);
        Data(0x03); Data(0x20); Data(0x20);     // 8분 음표
        Data(0x03); Data(0x20); Data(0x20);     // 8분 음표
        Data(0x03); Data(0x20); Data(0x20);     // 8분 음표
        Data(0x03); Data(0x20); Data(0x20);     // 8분 음표
        Data(0x00);                             // 4분 음표

        Command(LINE2);
        LCD_String("<SI RA SO PA RE>");        // 시 라 솔 파 레
        break;

case 6 :
        Command(HOME); Data(0x20);
        Data(0x03); Data(0x20); Data(0x20);     // 8분 음표
        Data(0x03); Data(0x20); Data(0x20);     // 8분 음표
        Data(0x00); Data(0x20); Data(0x20);     // 4분 음표
        Data(0x00);                             // 4분 음표

        Command(LINE2);
        LCD_String("<MI PA SO RA>");           // 미 파 솔 라
        break;

case 7 :
        Command(HOME); Data(0x20);
        Data(0x02); Data(0x20); Data(0x20);     // 2분 음표

        Command(LINE2);
```

```
            LCD_String("<PA~~~~~>");            // 파
            break;

case 8 :
            Command(HOME); Data(0x20);
            Data(0x04); Data(0x20); Data(0x20);     // 8.5분 음표
            Data(0x05); Data(0x20); Data(0x20);     // 16분 음표
            Data(0x01); Data(0x20); Data(0x20);     // 4.5분 음표
            Data(0x03);                             // 8분 음표

            Command(LINE2);
            LCD_String("<PA MI RE RE>");        // 파 미 레 레
            break;

case 9 :
            Command(HOME);
            Data(0x03); Data(0x20); Data(0x20);     // 8분 음표
            Data(0x03); Data(0x20); Data(0x20);     // 8분 음표
            Data(0x04); Data(0x20); Data(0x20);     // 8.5분 음표
            Data(0x05); Data(0x20); Data(0x20); Data(0x20);     // 16분 음표
            Data(0x00);                             // 4분 음표

            Command(LINE2);
            LCD_String("RE PA SI RE+ DO+");     // 레 파 시 레+ 도
            break;

case 10 :
            Command(HOME);Data(0x20);
            Data(0x04); Data(0x20); Data(0x20);     // 8.5분 음표
            Data(0x05); Data(0x20); Data(0x20);     // 16분 음표
            Data(0x00); Data(0x20); Data(0x20);     // 4분 음표
            Data(0x03); Data(0x20); Data(0x20);     // 8분 음표
            Data(0x03);                             // 8분 음표

            Command(LINE2);
            LCD_String("<SI RE RE MI PA>");     // 시 레 레 미 파
            break;

case 11 :
            Command(HOME); Data(0x20);
            Data(0x02);                             // 2분 음표

            Command(LINE2);
            LCD_String("<SO~~~~~>");            // 솔
            break;

case 12 :
```

```
        Command(HOME); Data(0x20);
        Data(0x03); Data(0x20); Data(0x20);     // 8분 음표
        Data(0x03); Data(0x20); Data(0x20);     // 8분 음표
        Data(0x01); Data(0x20); Data(0x20);     // 4.5분 음표
        Data(0x03);                             // 8분 음표

        Command(LINE2);
        LCD_String("<DO DO DO+ RA>");           // 도 도 도+ 라
        break;

case 13 :
        Command(HOME);
        Data(0x03); Data(0x20);                 // 8분 음표
        Data(0x03); Data(0x20);                 // 8분 음표
        Data(0x03); Data(0x20); Data(0x20);     // 8분 음표
        Data(0x04); Data(0x20); Data(0x20);     // 8.5분 음표
        Data(0x05); Data(0x20); Data(0x20);     // 16분 음표
        Data(0x00);                             // 4분 음표

        Command(LINE2);
        LCD_String("SoRaSi RA SO PA");          // 솔 라 시 라 솔 파
        break;

case 14 :
        Command(HOME); Data(0x20);
        Data(0x01); Data(0x20); Data(0x20);     // 4.5분 음표
        Data(0x03); Data(0x20); Data(0x20);     // 8분 음표
        Data(0x03); Data(0x20); Data(0x20);     // 8분 음표
        Data(0x03);                             // 8분 음표

        Command(LINE2);
        LCD_String("<SI RE MI PA>");            // 시 레 미 파
        break;

case 15 :
        Command(HOME);Data(0x20);
        Data(0x02);                             // 2분 음표

        Command(LINE2);
        LCD_String("<SO~~~~~>");                // 솔
        break;

case 16 :
        Command(HOME); Data(0x20);
        Data(0x04); Data(0x20); Data(0x20);     // 8.5분 음표
        Data(0x05); Data(0x20); Data(0x20);     // 16분 음표
        Data(0x01); Data(0x20); Data(0x20);     // 4.5분 음표
```

```
        Data(0x03);                             // 8분 음표

        Command(LINE2);
        LCD_String("<PA MI RE RE>");            // 파 미 레 레
        break;

case 17 :
        Command(HOME);
        Data(0x03); Data(0x20); Data(0x20);     // 8분 음표
        Data(0x03); Data(0x20); Data(0x20);     // 8분 음표
        Data(0x04); Data(0x20); Data(0x20);     // 8.5분 음표
        Data(0x05); Data(0x20); Data(0x20); Data(0x20);  // 16분 음표
        Data(0x00);                             // 4분 음표

        Command(LINE2);
        LCD_String("RE PA SI RE+ DO+");         // 레 파 시 레+ 도
        break;

case 18 :
        Command(HOME); Data(0x20);
        Data(0x04); Data(0x20); Data(0x20);     // 8.5분 음표
        Data(0x05); Data(0x20); Data(0x20);     // 16분 음표
        Data(0x00); Data(0x20); Data(0x20);     // 4분 음표
        Data(0x03); Data(0x20); Data(0x20);     // 8분 음표
        Data(0x03);                             // 8분 음표

        Command(LINE2);
        LCD_String("<SI RE RE MI PA>");         // 시 레 레 미 파
        break;

case 19 :
        Command(HOME); Data(0x20);
        Data(0x02);                             // 2분 음표

        Command(LINE2);
        LCD_String("<SO~~~~~~>");               // 솔
        break;

case 20 :
        Command(HOME);
        Data(0x03); Data(0x20); Data(0x20);     // 8분 음표
        Data(0x03); Data(0x20); Data(0x20);     // 8분 음표
        Data(0x01); Data(0x20); Data(0x20); Data(0x20);  // 4.5분 음표
        Data(0x03);                             // 8분 음표

        Command(LINE2);
        LCD_String("DO DO DO+ RA");             // 도 도 도+ 라
```

```
        break;

case 21 :
        Command(HOME);
        Data(0x03);Data(0x20);Data(0x20);       // 8분 음표
        Data(0x03);Data(0x20);Data(0x20);       // 8분 음표
        Data(0x03);Data(0x20);Data(0x20);       // 8분 음표
        Data(0x04);Data(0x20);Data(0x20);       // 8.5분 음표
        Data(0x05);Data(0x20);Data(0x20);       // 16분 음표
        Data(0x00);                             // 4분 음표

        Command(LINE2);
        LCD_String("SO RA SI RA SO PA");  // 솔 라 시 라 솔 파
        break;

case 22 :
        Command(HOME); Data(0x20);
        Data(0x01); Data(0x20); Data(0x20);     // 4.5분 음표
        Data(0x03); Data(0x20); Data(0x20);     // 8분 음표
        Data(0x03); Data(0x20); Data(0x20);     // 8분 음표
        Data(0x03);                             // 8분 음표

        Command(LINE2);
        LCD_String("<SI RE MI PA>");           // 시 레 미 파
        break;

case 23 :
        Command(HOME); Data(0x20);
        Data(0x02);                            // 2분 음표

        Command(LINE2);
        LCD_String("<SO~~~~~~>");              // 솔
        break;

case 24 :
        Command(HOME);Data(0x20);
        Data(0x04); Data(0x20); Data(0x20);     // 8.5분 음표
        Data(0x05); Data(0x20); Data(0x20);     // 16분 음표
        Data(0x02);                             // 2분 음표

        Command(LINE2);
        LCD_String("<RA SI DO~~>");             // 라 시 도
        break;

case 25 :
        Command(HOME); Data(0x20);
        Data(0x03); Data(0x20); Data(0x20);     // 8분 음표
```

```
            Data(0x03); Data(0x20); Data(0x20);      // 8분 음표
            Data(0x03); Data(0x20); Data(0x20);      // 8분 음표
            Data(0x02);                              // 2분 음표

            Command(LINE2);
            LCD_String("<RA SI DO PA~>");            // 라 시 도 파
            break;

    case 26 :
            Command(HOME); Data(0x20);
            Data(0x01); Data(0x20); Data(0x20);      // 4.5분 음표
            Data(0x03); Data(0x20); Data(0x20);      // 8분 음표
            Data(0x03); Data(0x20); Data(0x20);      // 8분 음표
            Data(0x03);                              // 8분 음표

            Command(LINE2);
            LCD_String("<SO DO SI RA>");             // 솔 도 시 라
            break;

    case 27 :
            Command(HOME); Data(0x20);
            Data(0x02);                              // 2분 음표

            Command(LINE2);
            LCD_String("<SO~~~~~~>");                // 솔
            break;

    case 28 :
            Command(HOME); Data(0x20); Data(0x20);
            Data(0x00); Data(0x20); Data(0x20); Data(0x20);  // 4분 음표
            Data(0x02);                                      // 2분 음표

            Command(LINE2);
            LCD_String("< RA~ DO~ >");                     // 라 도
            break;

    case 29 :
            Command(HOME); Data(0x20);
            Data(0x03); Data(0x20); Data(0x20);      // 8분 음표
            Data(0x03); Data(0x20); Data(0x20);      // 8분 음표
            Data(0x03); Data(0x20); Data(0x20);      // 8분 음표
            Data(0x02);                              // 2분 음표

            Command(LINE2);
            LCD_String("<RA RA RA RE+>");            // 라 라 라 레+
            break;
```

```
            case 30 :
                    Command(HOME);
                    Data(0x03); Data(0x20); Data(0x20); Data(0x20);   // 8분 음표
                    Data(0x03); Data(0x20);                         // 8분 음표
                    Data(0x03); Data(0x20);                         // 8분 음표
                    Data(0x04); Data(0x20);                         // 8.5분 음표
                    Data(0x05); Data(0x20);                         // 16분 음표
                    Data(0x04); Data(0x20);                         // 8.5분 음표
                    Data(0x05);                                     // 16분 음표

                    Command(LINE2);
                    LCD_String("DO+ SiRaSoDoSoRa");        // 도+ 시 라 솔 도 솔 라
                    break;

            case 31 :
                    Command(HOME); Data(0x20); Data(0x20);
                    Data(0x02);                                     // 2분 음표

                    Command(LINE2);
                    LCD_String("< PA~~~~~~ >");                     // 파
                    break;

            case 32 :
                    Command(HOME);
                    LCD_String("     The   End      ");

                    re_sel = 1;                         // 메뉴 선택 모드
                    next = 0;                           // 연주 페이지 리셋
                    TIMSK = TIMSK ^ 0x40;               // 타이머/카운터2 인터럽트 금지
                    break;

            default : break;
    }
}

// 학교종이 땡땡땡 악보 출력 함수
void Music_score2(void)
{
    switch(next){
            case 0 :
                    Command(HOME); Data(0x20);
                    Data(0x00); Data(0x20); Data(0x20);     // 4분 음표
                    Data(0x00); Data(0x20); Data(0x20);     // 4분 음표
                    Data(0x00); Data(0x20); Data(0x20);     // 4분 음표
                    Data(0x00); Data(0x20); Data(0x20);     // 4분 음표

                    Command(LINE2);
```

```
            LCD_String("<SO SO RA RA>");        // 솔 솔 라 라
            break;

    case 1 :
            Command(HOME); Data(0x20);
            Data(0x00); Data(0x20); Data(0x20);   // 4분 음표
            Data(0x00); Data(0x20); Data(0x20);   // 4분 음표
            Data(0x02);                           // 2분 음표

            Command(LINE2);
            LCD_String("<SO SO MI>");             // 솔 솔 미
            break;

    case 2 :
            Command(HOME); Data(0x20);
            Data(0x00); Data(0x20); Data(0x20);   // 4분 음표
            Data(0x00); Data(0x20); Data(0x20);   // 4분 음표
            Data(0x00); Data(0x20); Data(0x20);   // 4분 음표
            Data(0x00);                           // 4분 음표

            Command(LINE2);
            LCD_String("<SO SO MI MI>");          // 솔 솔 미 미
            break;

    case 3 :
            Command(HOME); Data(0x20);
            Data(0x02); Data(0x20); Data(0x20);   // 2분 음표

            Command(LINE2);
            LCD_String("<RE~~~~~>");              // 레
            break;

    case 4 :
            Command(HOME); Data(0x20);
            Data(0x00); Data(0x20); Data(0x20);   // 4분 음표
            Data(0x00); Data(0x20); Data(0x20);   // 4분 음표
            Data(0x00); Data(0x20); Data(0x20);   // 4분 음표
            Data(0x00); Data(0x20); Data(0x20);   // 4분 음표

            Command(LINE2);
            LCD_String("<SO SO RA RA>");          // 솔 솔 라 라
            break;

    case 5 :
            Command(HOME);Data(0x20);
            Data(0x00); Data(0x20); Data(0x20);   // 4분 음표
            Data(0x00); Data(0x20); Data(0x20);   // 4분 음표
```

```
                Data(0x02);                          // 2분 음표

                Command(LINE2);
                LCD_String("<SO SO MI>");            // 솔 솔 미
                break;

            case 6 :
                Command(HOME);Data(0x20);
                Data(0x00); Data(0x20); Data(0x20);   // 4분 음표
                Data(0x00); Data(0x20); Data(0x20);   // 4분 음표
                Data(0x00); Data(0x20); Data(0x20);   // 4분 음표
                Data(0x00);                           // 4분 음표

                Command(LINE2);
                LCD_String("<SO MI RE MI>");          // 솔 미 레 미
                break;

            case 7 :
                Command(HOME);Data(0x20);
                Data(0x02);Data(0x20);Data(0x20);     // 2분 음표

                Command(LINE2);
                LCD_String("<DO~~~~~>");              // 도
                break;

            case 8 :
                Command(HOME);
                LCD_String("    The  End     ");
                re_sel = 1;                           // 메뉴 선택모드
                next = 0;                             // 연주 악보 페이지 리셋
                TIMSK = TIMSK ^ 0x40;           // 타이머/카운터2 인터럽트 금지
                break;

            default : break;
        }
}

// 연습모드 연주음 LCD 출력 표시
void LCD_DIS(void)
{
        switch(TCNT1_buf){
            case 1:  Command(HOME);
                     LCD_String("Name : DO       ");
                     break;
            case 2:  Command(HOME);
                     LCD_String("Name : RE       ");
                     break;
```

```
            case 3:   Command(HOME);
                      LCD_String("Name : MI          ");
                      break;
            case 4:   Command(HOME);
                      LCD_String("Name : PA          ");
                      break;
            case 5:   Command(HOME);
                      LCD_String("Name : SO          ");
                      break;
            case 6:   Command(HOME);
                      LCD_String("Name : RA          ");
                      break;
            case 7:   Command(HOME);
                      LCD_String("Name : SI          ");
                      break;
            case 8:   Command(HOME);
                      LCD_String("Name : DO+         ");
                      break;
            case 9:   Command(HOME);
                      LCD_String("Name : RE+         ");
                      break;
            case 10:  Command(HOME);
                      LCD_String("Name : MI+         ");
                      break;
            case 11:  Command(HOME);
                      LCD_String("Name : PA+         ");
                      break;
            case 12:  Command(HOME);
                      LCD_String("Name : SO+         ");
                      break;
            case 13:  Command(HOME);
                      LCD_String("Name : RA+         ");
                      break;
            case 14:  Command(HOME);
                      LCD_String("Name : SI+         ");
                      break;
            default : break;
        }
}

// 음 및 거리 출력
void LCD_SP(void)
{
        unsigned char lcd_i;

        for(lcd_i = 0;lcd_i < 16;lcd_i++) lcd_ss[lcd_i] = NULL;            // 버퍼 클리어
```

```
        LCD_DIS();          // 연주음 표시

        Command(LINE2);
        sprintf(lcd_ss, "Distance2: %dcm    ", M_value);          // 거리값 표시
        LCD_St(lcd_ss);                                       // 출력 문자열 LCD 표시
}


// PWM 파형 on/off 시간 설정
void Timer0_pwm(void)
{
        switch(volum_buf){
                case 1: t_on = 0; t_off = 255; break;
                case 2: t_on = 10; t_off = 245; break;
                case 3: t_on = 20; t_off = 235; break;
                case 4: t_on = 40; t_off = 215; break;
                case 5: t_on = 60; t_off = 195; break;
                case 6: t_on = 100; t_off = 155; break;
                case 7: t_on = 120; t_off = 135; break;
                case 8: t_on = 140; t_off = 115; break;
                case 9: t_on = 160; t_off = 95; break;
                case 10: t_on = 180; t_off = 75; break;
                case 11: t_on = 200; t_off = 55; break;
                case 12: t_on = 220; t_off = 35; break;
                case 13: t_on = 240; t_off = 15; break;
                case 14: t_on = 255; t_off = 0; break;
                default : t_on = on_old; t_off = off_old; break;
        }
        on_old = t_on;
        off_old = t_off;
}

// 스피커 볼륨조절 타이머 인터럽트 PWM 펄스 출력
interrupt [TIM0_OVF] void time0_ovf(void)
{
        if(SPEAKER_V){                              // High 출력
                TCNT0 = t_on;                       // High 출력 시간 설정
                SPEAKER_V = 0;                      // 다음 출력은 Low
        }
        else{                                       // Low 출력
                TCNT0 = t_off;                      // Low 출력 시간 설정
                SPEAKER_V = 1;                      // 다음 출력은 High
        }
}

// 음계 출력 타이머/카운터1 인털럽트
interrupt [TIM1_OVF] void time1_ovf(void)
```

```
{
        PORTA = PORTA ^ 0x08;        // 출력 파형 반전 출력

        Music_octave();              // 현재 음계에 맞는 타이머/카운터1 초기값 설정
}

// 타이머/카운터2 16ms 인터럽트 처리
interrupt [TIM2_OVF] void time2_ovf(void)
{
        cnt++;                       // 악보 넘기 제어 변수 1증가(main함수에서 사용)
}


// LCD 초기화
void LCD_init(void)
{
        DDRD = 0xFF;                 // 포트D 출력
        PORTD &= 0xFB;

        delay_ms(15);
        Command(0x20);               // 펑션셋
        delay_ms(5);
        Command(0x20);               // 펑션 셋
        delay_us(100);
        Command(0x20);               // 펑션 셋
        Command(FUNCSET);            // 펑션 셋(4비트 구동방식)
        Command(DISPON);             // 표시 on
        Command(ALLCLR);             // 클리어
        Command(ENTMODE);            // 엔트리 모드(메모리 액세스 후 어드레스 1증가)
}

// 고정 문자열 출력
void LCD_String(char flash *str)
{
        char flash *pStr=0;

        pStr = str;
        while(*pStr) Data(*pStr++);
}

// 생성 문자열 출력
void LCD_St(char *str)
{
        char      *pstr;

        pstr = str;
        while(*pstr) Data(*pstr++);
```

```
}

// 커맨드 쓰기
void Command(unsigned char byte)
{
        Busy();

        // 인스트럭션 상위 바이트
        PORTD = (byte & 0xF0);          // 데이터
        PORTD &= 0xFE;                  // RS = 0
        PORTD &= 0xFD;                  // RW = 0
        delay_us(1);
        PORTD |= 0x04;                  // E = 1
        delay_us(1);
        PORTD &= 0xFB;                  // E = 0

        // 인스드릭션 하위 바이트
        PORTD = ((byte<<4) & 0xF0);     // 데이터
        PORTD &= 0xFE;                  // RS = 0
        PORTD &= 0xFD;                  // RW = 0
        delay_us(1);
        PORTD |= 0x04;                  // E = 1
        delay_us(1);
        PORTD &= 0xFB;                  // E = 0
}

// 데이터 쓰기 함수
void Data(unsigned char byte)
{
        Busy();

        // 데이터 상위 바이트
        PORTD = (byte & 0xF0);          // 데이터
        PORTD |= 0x01;                  // RS = 1
        PORTD &= 0xFD;                  // RW = 0
        delay_us(1);
        PORTD |= 0x04;                  // E = 1
        delay_us(1);
        PORTD &= 0xFB;                  // E = 0

        // 데이터 하위 바이트
        PORTD = ((byte<<4) & 0xF0);     // 데이터
        PORTD |= 0x01;                  // RS = 1
        PORTD &= 0xFD;                  // RW = 0
        delay_us(1);
        PORTD |= 0x04;                  // E = 1
        delay_us(1);
```

```
        PORTD &= 0xFB;                  // E = 0
}

void Busy(void)
{
        delay_ms(2);
}
```

부록

1. ISP 케이블(OHM사 제공, 별매품)

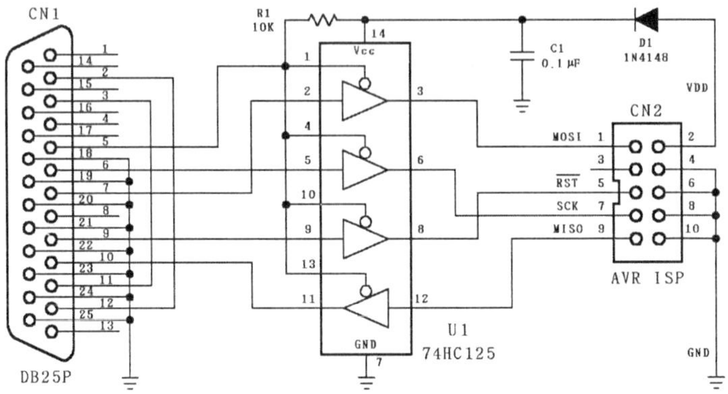

<ISP 케이블 회로도>

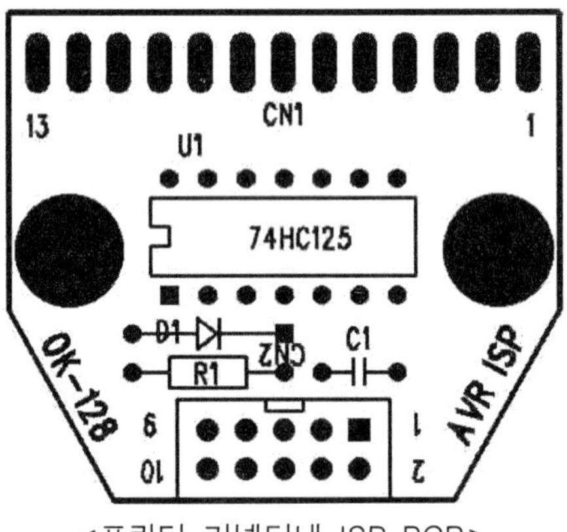

<프린터 커넥터내 ISP PCB>

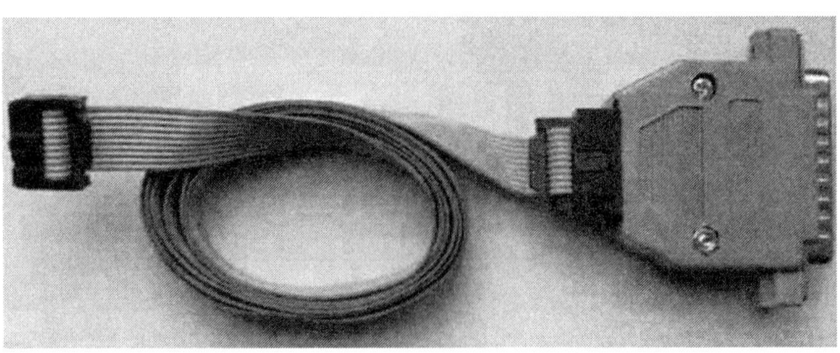

<케이블 외형>

2. RS-232C 시리얼 통신 케이블

기능	PC	KUT-128 KIT
RxD(PC)	2	1(TXD)
TxD(PC)	3	2(RXD)
GND	5	3(GND)
커넥터 종류	9핀 D-SUB 암 커넥터	3핀 암 커넥터

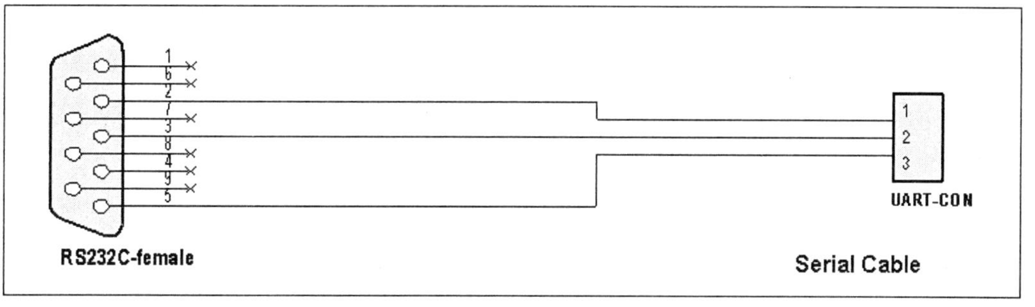

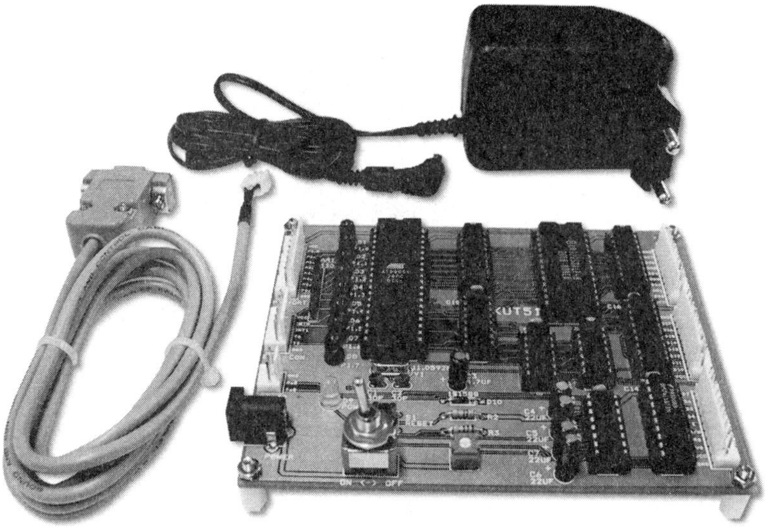

♣ 부품 SET 별도 판매

저 자 : 신동욱, 조영준
ISBN : 89-7101-718-X
판 형 : B5
쪽 수 : 382
가 격 : 28,000원

KUT-51 KIT의 주요 사양

항 목	사 양	비 고
CPU	AT89C51(ATMEL)	11.0592MHz 클럭 사용
메모리	FLASH : 4K 바이트 RAM : 32K 바이트	AT89C51에 내장 프로그램 & 데이터 메모리로 사용
내장 주변장치	P1 포트 : LED×8 직렬 포트 : RS232C	커넥터를 통해 외부와 연결 가능 MAX232 내장
디스플레이	LCD : 16문자 ×2줄	외부 커넥터에 연결
확장 커넥터	입력 : 8 비트 출력 : 8 비트 LCD : 8 비트 P1 포트 : 8 비트 인터럽트 신호 : 4 비트 총 36비트	래치에 의한 입력 래치에 의한 출력 래치에 의한 출력 - 4비트 제어 P1 포트의 입출력 사용 INTn, Tn 신호
전원	+5V의 외부 전원 사용	아답터 잭, 5V 정전압 아답터 사용
프로그래밍	직렬 포트에 의한 다운로딩	모니터 프로그램 내장
PCB 외형	127×101mm 2층 에폭시 기판	

Intel의 MCS51과 100% 호환되는 ATMEL의 AT89C51을 사용한 **KUT51 Training KIT**는 8051을 배우고 익힐 수 있는 최소한의 기능을 내장하고 있다. 간단하게 구성되었기 때문에 가격이 저렴하고 크기가 작아 좁은 공간에서도 쉽게 사용할 수 있으며, 응용 실험을 할 수 있도록 외부 커넥터를 내장하여 사용자가 직접 구성한 외부 기기나 책의 응용예제에 사용된 보드 등을 제작 연결하여 실험해 볼 수 있도록 되어 있다. 또한, **AT89C51 내부의 플래시 메모리에 모니터 프로그램을 내장하고 있어서 별도의 롬라이터가 필요 없이 시리얼 포트를 통해서 프로그램을 다운로드하여 실행시켜 볼 수 있는 장점**이 있다.
KEIL-C 컴파일러 평가판을 사용하여 C언어와 어셈블러로 플그램을 연습할 수 있다.

OK-8051 Kit

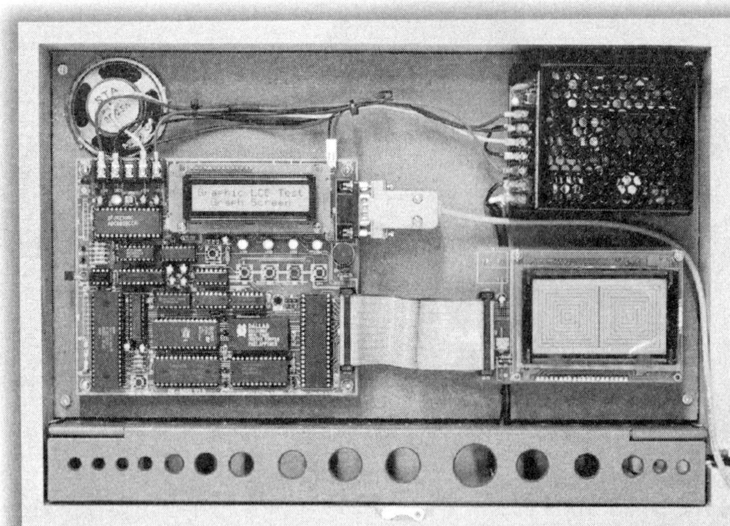

저 자 : 윤덕용
ISBN : 89-7101-715-5
판 형 : B5
쪽 수 : 870
가 격 : 30,000원

OK-8051 KIT의 주요 사양

항 목	사 양	비 고
CPU	89C52(12MHz)	12MHz 수정발진 모듈 사용
ROM	27C256-15(32 KB)	모니터 프로그램 및 응용 프로그램
RAM	62256-7(32 KB) (80C32에 내장된 256바이트는 별도)	사용자의 프로그램 및 데이터 저장
프로그램의 입력 및 실행	1. IBM PC의 직렬 포트를 사용하는 방법 (RS-232C 통신 에뮬레이터 DL51 기본 제공) 2. 키트에 ROM을 삽입하여 사용하는 방법 3. ROM 에뮬레이터를 사용하는 방법	1. 9핀 RS-232C 케이블 기본 제공 2. 모니터 프로그램 기본 내장 (트레이스 기능, 2개의 브레이크 포인트 기능, 역어셈블러 내장)
I/O	1. CPU가 직접 제어하는 I/O (1) RS-232C 직렬통신 포트(CN2) (2) +5V용 버저, 스피커 사운드 제어 (3) 스위치에 의한 사용자 인터럽트 (4) 포트1 콘넥터(CN3) 2. DS12C887 배터리 백업형 리얼타임 클럭 3. 82C54 타이머 (1) 외부 클럭 입력(CN4) (2) 스피커 출력(CN5) 4. 82C55 병렬 인터페이스 (1) 외부 병렬 입출력 콘넥터(CN4) (2) 4개의 키입력 스위치 및 상태표시 LED (3) 스텝 모터 제어 콘넥터(CN6) 5. 16자×2행 LCD 모듈 (backlight 가능) 6. ADC0809 8채널 8비트 A/D 컨버터 (1) 전압센서, 온도센서, 광센서 각 1개 (2) 4채널 아날로그 입력 콘넥터(CN7) 7. DAC0800 8비트 D/A 컨버터	1. 기본적인 주변 인터페이스용 LSI와 TTL 소자만을 사용하여 저렴한 가격으로 손쉽게 키트를 조립할 수 있도록 설계 2. A/D 입력 범위는 0V~+5V 3. D/A 출력 범위는 0V~+10V, -10V~+10V 중에서 선택 사용 4. 모니터 프로그램 사용시 9600, 19200 bps 중에서 선택 사용 5. 어셈블리 및 C언어로 작성된 수십가지의 응용 예제 프로그램을 기본으로 제공
전원	+5V, ±15V (또는 ±12V도 사용 가능)	±15V는 아날로그 회로에서만 사용
PCB	160×130mm 양면 에폭시 기판	

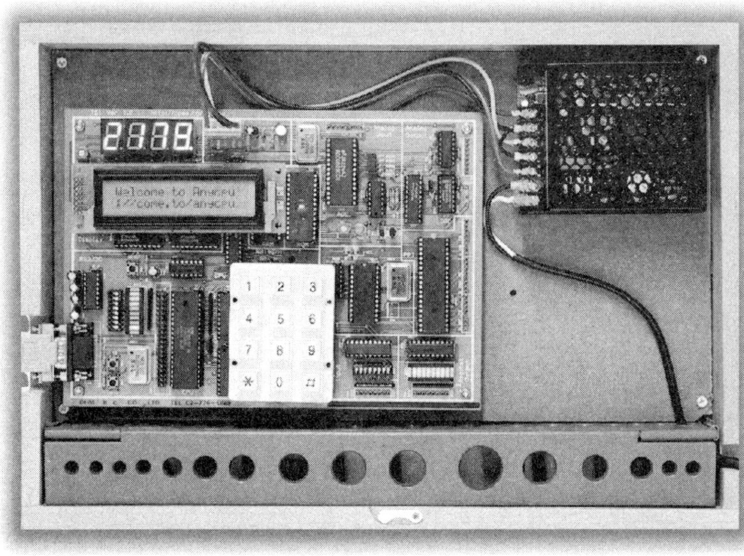

♣ PCB 별도 판매

저 자 : 박귀태, 이상락
ISBN : 89-7101-713-9
판 형 : B5
쪽 수 : 650
가 격 : 25,000원

T-51 KIT의 주요 사양

항 목	사 양	비 고
CPU	8051/8052 겸용	11.0592MHz
	80C251 지원	15배 성능 향상
메모리	ROM : 32K 바이트	27C256, 플래시 사용 가능
	RAM : 32K 바이트	62256
내장 주변장치	P1 포트 : LED×8, 스위치×8	
	직렬 포트 : RS232C	MAX232 내장
	타이머/카운터 : 16비트×2	입력 스위치 내장
외부 인터럽트	2채널	입력 스위치 내장
디지털 입출력 포트	디지털 입력 : 8채널, 스위치×8 내장	8핀 헤더 제공
	디지털 입력 : 8채널, LED×8 내장	8핀 헤더 제공
	PPI 8255 : 24채널 입출력	8핀 헤더×3 제공
디스플레이	7세그먼트 표시기 : 4자리	숫자 표시용
	LCD 표시기 : 20자×2줄	80×2, 40×4 확장 가능
키패드	12키	전화기용, 64키 확장 가능
아날로그 입력 DAC	8채널 입력	ADC0809
	입력범위 : 0~5[V]	OpAmp 버퍼 내장
	분해능 : 8비트	8핀 헤더 제공
	변환시간 : 100usec	
	가변저항, Cds, 온도센서, DAC 루프백 내장	LM35DZ
아날로그 출력 DAC	1채널 출력	DAC0800
	출력범위 : 0~5 또는 ±10V[V]	OpAmp 버퍼 내장
	안정시간 : 150nsec	8핀 헤더
	슬루레이트 : 8mA/usec	
전원	−12, 0, +12, 0, 5[V]	5핀 헤더
윈도우용 소프트웨어	문제출시, 풀이제시	AnyCpu Tutor 제공
	프로그램 컴파일 통합환경	Keil사 제공
	프로그램 다운로드	AnyCpu Tutor 제공
	트레이스, 실행	Os51.hex 제공
	직렬통신 터미널, 그래픽 터미널	AnyCpu Tutor 제공

OK-196 Kit

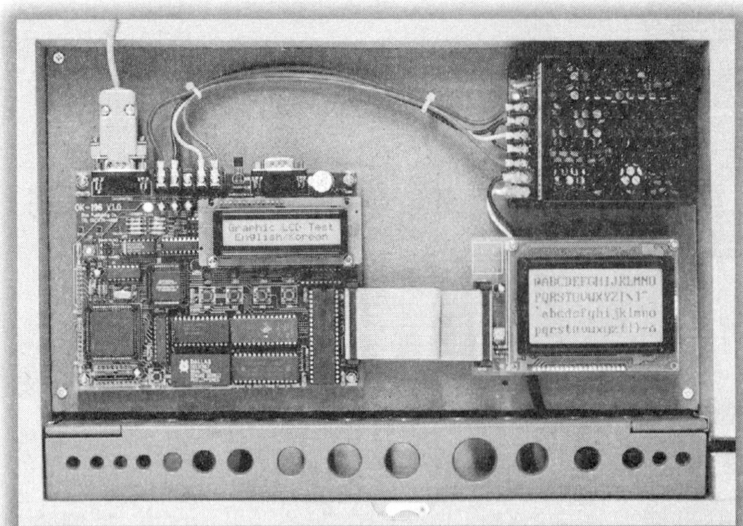

♣ PCB 별도 판매

저 자 : 윤덕용
ISBN : 89-7101-726-0
89-7101-727-9
판 형 : B5
쪽 수 : 808/535
가 격 : 33.000/28.000원

OK-196 KIT의 주요 사양

항 목	사 양	비 고
CPU	N80C196KC20(20MHz)	20MHz 수정발진자 사용
ROM	27C256-15(32 KB)	모니터 프로그램 및 응용 프로그램
RAM	62256-7(32 KB) (80C196KC에 내장된 488바이트는 별도)	사용자의 프로그램 및 데이터용
프로그램의 입력 및 실행	1. IBM PC의 직렬 포트를 사용하는 방법 2. 키트에 ROM을 삽입하여 사용하는 방법 3. ROM 에뮬레이터를 사용하는 방법	1. 9핀 RS-232C 케이블 기본 제공 2. 모니터 프로그램 기본 내장 (트레이스 기능, 4개의 브레이크 포인트 기능, 역어셈블러 내장)
I/O	1. CPU가 직접 제어하는 I/O (1) +5V용 버저, 온도센서, 전압센서 (2) RS-232C 직렬통신 포트(CN3) (3) 스텝/서보 모터 제어 콘넥터(CN5) (4) 포트1 콘넥터(CN6) (5) HSI/HSO 콘넥터(CN7) (6) 6채널 아날로그 입력 콘넥터(CN8) 2. 1채널 8비트 D/A 컨버터(DAC0800) 3. 8255A 병렬 인터페이스 (1) 4개의 키입력 스위치 (2) 4개의 상태표시 LED (3) 외부 병렬 입출력 콘넥터(CN4) 4. 8251A 및 RS-232C 포트(CN2, 모니터 전용) 5. 8254 타이머 및 스피커(CN9) 6. 16자×2행 LCD 모듈 (backlight 기능) 7. DS12887 배터리 백업형 리얼타임 클럭	1. EPLD를 사용하여 컴팩트하고 유연한 인터페이스 설계 2. A/D 입력 범위는 0V~+5V 3. D/A 출력 범위는 0~+10V, -10V~+10V중에서 선택 사용 4. 모니터 프로그램 사용시 9600, 19200 bps 중에서 선택 사용 5. 어셈블리 및 C언어로 작성된 수십가지의 응용 예제 프로그램을 기본으로 제공
전원	+5V, ±15V (또는 ±12V도 사용 가능)	±15V는 아날로그 회로에서만 사용
PCB	163×120mm 4층 에폭시 기판	

구입문의 : 학습기기 R&C사 / 도서출판 Ohm사 ✆ 02) 776-4868-9

저 자 : 김대근, 정순배 외
ISBN : 89-7101-725-2
판 형 : B5
쪽 수 : 770
가 격 : 33,000원

MDS-196 KIT의 주요 사양

항 목	사 양	비 고
CPU	N80C196KC20(20MHz)	
ROM	27C256-15(32 KB)	
RAM	62256-7(32 KB) (80C196KC에 내장된 488바이트는 별도)	
프로그램의 입력 및 실행	1. IBM PC의 직렬 포트를 사용하는 방법 2. 키트에 ROM을 삽입하여 사용하는 방법	
I/O	1. 기본 입출력 기판 (1) 출력 장치-LCD 모듈 (2) 입력 장치-키패드 2. 응용 보드 (1) 소형 DC 모터 제어 회로 (2) 스텝 모터 구동 회로 (3) AD 변환기 - 광센서 - 온도센서 - 가변저항 3. 다양한 시스템 응용을 위한 입출력 인터페이스 보드	 16문자×2줄 LCD 사용 16진 숫자 입력 스위치 16개 제어 입력 스위치 3개 PWM을 이용한 속도 제어 고속 출력(HSO)를 이용한 구동회로 고속 입력(HSI) 기능을 이용 포토 TR과 적외선 LED 사용 CdS 광센서 사용 외부 확장용 전원 회로 포함
전원	+12V(외부 입력 전압), +5V(정전압 회로 내장)	+12V는 모터 제어에 사용

TMS-31 Kit

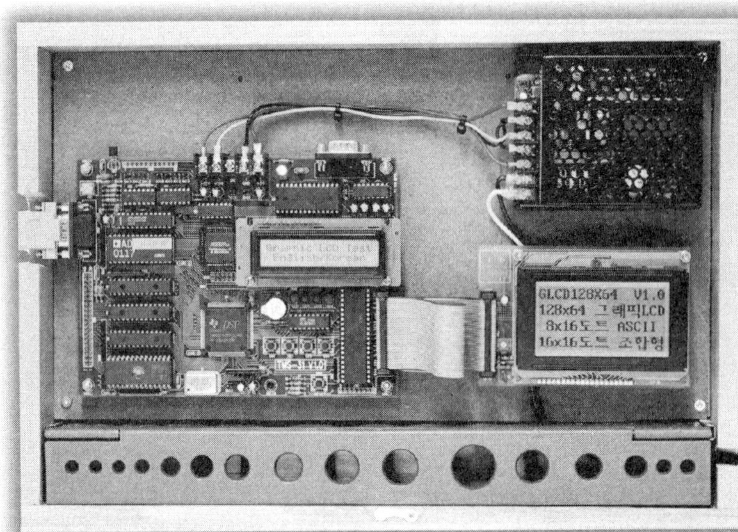

♣ 중간형 별도 판매
PCB+CPU+EPLD

저 자 : 윤덕용
ISBN : 89-7101-750-3
판 형 : B5
쪽 수 : 636
가 격 : 30,000원

TMS-31 KIT의 주요 사양

항 목	사 양	비 고
DSP	TMS320C31PQL-40 (40MHz)	40MHz 수정발진 모듈사용
ROM	27C256(32 KB) 또는 27C512(64KB)	PCB 진단 및 각종 응용 프로그램
RAM	68257-15(32 KB)×4개= 32K 워드 (TMS320C31에 내장된 2K 워드는 별도)	사용자의 프로그램 및 데이터용
프로그램의 입력 및 실행	1. XDS-510 에뮬레이터를 사용하는 방법 2. 내장 ROM을 사용하는 방법 3. IBM PC의 프린터포트를 사용하는 방법	1. 에뮬레이터용 콘넥터 내장 2. 예제가 포함된 27C256 기본 제공 3. 프린터포트용의 케이블 기본 제공
A/D 컨버터	12비트 MAX122 1개 (5MHz, 2.6μs) 8채널 아날로그 스위치 (1) 4개 채널은 콘넥터로 아날로그 입력 (2) 반고정 저항에 의한 -5V~+5V 입력 (3) 온도센서 LM35DZ 입력 (4) 2개 채널은 D/A 컨버터의 출력을 입력	1. 아날로그 입력 범위는 -5V~+5V 2. 아날로그 출력 범위는 -5V~+5V 3. 내장된 D/A 컨버터의 출력을 A/D 컨버터에 입력함으로써 외부에 별도의 함수발생기를 사용하지 않고 신호처리 실험이 가능
D/A 컨버터	12비트 AD664 (4채널 전압 출력) (1) 4개 채널 모두 콘넥터로 외부출력 (2) 2개 채널은 A/D 컨버터에 입력 가능	
기타 I/O	1. 시스템 확장용 콘넥터 2. 8255A 1개 내장 (1) 16자×2행 LCD 모듈 (backlight 가능) (2) buzzer (3) 4개의 상태표시용 LED (4) 4개의 입력키 (5) 8255A를 통한 외부 입출력 콘넥터 3. 8251A 및 MAX232 내장 외부와 RS-232C 직렬통신 4. 직류 서보모터 제어를 위한 콘넥터	
전원	+5V, ±15V (또는 ±12V)	±15V는 A/D, D/A 컨버터에서 사용
PCB	180×130mm 4층 에폭시 기판	

구입문의 : 학습기기 R&C사 / 도서출판 Ohm사 ✆ 02) 776-4868-9

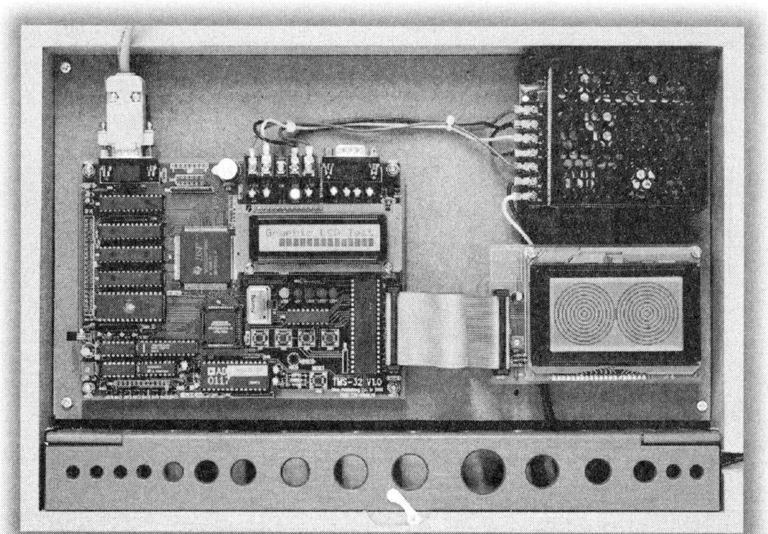

♣ 중간형 별도 판매
PCB+CPU+EPLD

저 자 : 윤덕용
ISBN : 89-7101-751-1
판 형 : B5
쪽 수 : 768
가 격 : 33,000원

TMS-32 KIT의 주요 사양

항 목	사 양	비 고
DSP	TMS320C32PCM50 (50MHz) 기본사양 TMS320C32PCM40 (40MHz)도 사용가능	50MHz 수정발진 모듈사용 40MHz 수정발진 모듈사용
ROM	27C512-15(64KB)	PCB 진단 및 각종 응용 프로그램
RAM	KM68257-15(32 KB)×4개= 32K 워드 (TMS320C32에 내장된 512 워드는 별도)	사용자의 프로그램 및 데이터용
프로그램의 입력 및 실행	1. IBM PC의 프린터 포트를 사용하는 방법 2. 키트에 내장된 ROM을 사용하는 방법 3. XDS510 에뮬레이터를 사용하는 방법	1. 에뮬레이터용 콘넥터 내장 2. 예제가 포함된 27C256 기본 제공 3. 프린터포트용의 케이블 기본 제공
A/D 컨버터	12비트 MAX122BCNG 1개 (5MHz, 2.6μs) 8채널 아날로그 스위치 (1) 4개 채널은 콘넥터로 아날로그 입력 (2) 내장 온도센서 LM35D 입력 (3) 내장 광센서 Cds 입력 (4) 내장 가변 저항에 의한 -5V~+5V 입력 (5) 1개 채널은 A/D 컨버터의 출력을 입력	1. 아날로그 입력 범위는 -5V~+5V 2. 아날로그 출력 범위는 -5V~+5V 3. D/A 컨버터의 출력을 A/D 컨버터에 다시 입력함으로써 외부에 별도의 함수발생기를 사용하지 않고 신호처리 실험이 가능
D/A 컨버터	12비트 AD664JN-BIP (4채널 전압 출력) (1) 4개 채널 모두 콘넥터로 외부출력 (2) 1개 채널은 A/D 컨버터에 입력 가능	4. 각종 응용 프로그램 기본 제공
기타 I/O	1. DSP가 직접 제어하는 I/O (1) +5V용 버저 (2) 1개의 동작 테스트용 LED (3) 직류 서보모터 제어를 위한 콘넥터 2. 8255A 1개 내장 (1) 16자×2행 LCD 모듈 (backlight 가능) (2) 4개의 상태표시용 LED (3) 4개의 키 입력 스위치 (4) 외부 병렬 입출력 콘넥터 3. 8251A 및 MAX232 내장 외부와 RS-232C 직렬통신 4. 시스템 I/O 확장용 콘넥터	각종 응용 프로그램 기본 제공
전원	+5V, ±15V (또는 ±12V)	±15V는 A/D, D/A 컨버터에서 사용
PCB	180×130mm 4층 에폭시 기판	

OK-128 Kit

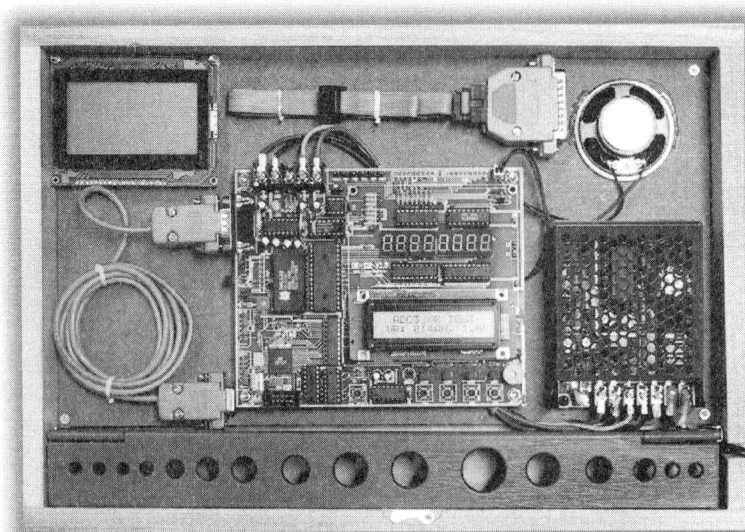

♣ PCB 별도 판매
(CPU 포함)

저 자 : 윤덕용
ISBN : 89-7101-765-1
판 형 : B5
쪽 수 : 920
가 격 : 38,000원

OK-128 KIT의 주요 사양

항 목	사 양	비 고
CPU	ATmega128-16AI(16MHz)	16MHz 수정발진자 사용
ROM	CPU에 내장된 128KB의 플래시 메모리	프로그램 저장
외부 RAM	62256-7(32 KB) (CPU에 내장된 4KB는 별도)	사용자 데이터 저장
프로그램의 입력/실행	1. JTAG ICE 에뮬레이터를 사용하는 방법 2. AVR ISP와 병렬 포트를 사용하는 방법 3. 기타 ISP와 직렬 포트를 사용하는 방법	1. 병렬포트형 AVR ISP 케이블 제공 (직렬포트형과 USB 포트형은 옵션) 2. 테스트 프로그램 기본 제공
I/O	1. CPU 프로그램용 콘넥터 (1) AVR ISP용 10핀 DIP 콘넥터(CN2) (2) JTAG ICE용 10핀 DIP 콘넥터(CN3) 2. CPU가 직접 제어하는 I/O (1) 2개의 RS-232C 직렬포트(CN4, CN5) (2) 4개의 키입력 스위치(SW1~SW4) (3) 4개의 상태표시 LED(LED1~LED4) (4) +5V용 버저 (5) 스피커 사운드 출력(CN6) (6) LM35D에 의한 온도센서(ADC1, ADC2) (7) 가변저항에 의한 전압센서(ADC3) (8) DAC0800 8비트 D/A 컨버터 (9) AT93C56 및 AT24C16 직렬 EEPROM (10) 도트 매트릭스 LED 접속(CN10) (11) 병렬 I/O 포트 확장 콘넥터(CN9) 3. 16자×2 문자 텍스트형 LCD 모듈 4. 128×64 도트 그래픽형 LCD 모듈 5. 8개의 7세그먼트 LED 6. DS12C887 배터리 백업형 리얼타임 클럭 7. 8비트 병렬출력 인터페이스(CN7) 8. 스텝모터 구동 인터페이스(CN8)	STK200/300의 AVR ISP 표준 Atmel사의 JTAG ICE 표준 RS-232C 통신 케이블 기본 제공 A/D 입력 범위는 0V~+5V 0V~+10V, -10V~+10V 중에서 선택 화면밝기 조절 및 백라이트 기능 포함 화면밝기 조절 및 백라이트 기능 포함 ULN2803 출력
전원	+5V, ±15V (또는 ±12V도 사용 가능)	±15V는 아날로그 회로에서만 사용
PCB 외형	160×130mm 양면 에폭시 기판	

☞ 이것은 *OK-128*키트와 *OK-64*키트 겸용이므로 ATmega64-16AI를 조립하면 *OK-64*키트가 된다.

구입문의 : 학습기기 R&C사 / 도서출판 Ohm사 ✆ 02) 776-4868-9

OK-162 Kit

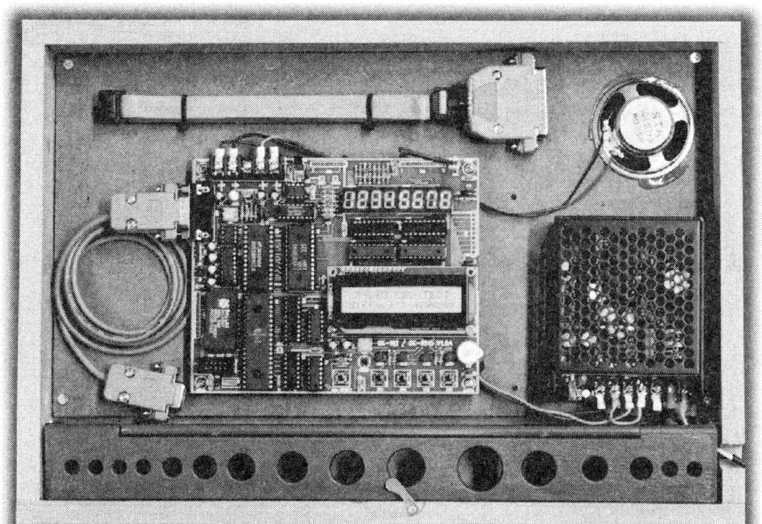

♣ PCB 별도 판매
(MPU 장착)

저 자 : 윤덕용
ISBN : 89-7101-759-7
판 형 : B5
쪽 수 : 726
가 격 : 32,000원

OK-162 KIT의 주요 사양

항 목	사 양	비 고
CPU	ATmega162-16PI(16MHz)	16MHz 수정발진자 사용
ROM	CPU에 내장된 16KB의 플래시 메모리	프로그램 저장
외부 RAM	62256-7(32 KB) (CPU에 내장된 1KB는 별도)	사용자 데이터 저장
프로그램의 입력/실행	1. AVR ISP와 병렬 포트를 사용하는 방법 2. 기타 ISP와 직렬 포트를 사용하는 방법 3. JTAG ICE 에뮬레이터를 사용하는 방법	1. AVR ISP 케이블 기본 제공 2. 응용 프로그램 기본 제공 (☞ JTAG 콘넥터는 사용자가 조립)
I/O	1. CPU 프로그램용 콘넥터 (1) AVR ISP용 10핀 DIP 콘넥터(CN2) (2) JTAG용 콘넥터는 사용자가 조립해야 함 2. CPU가 직접 제어하는 I/O (1) 포트 B 및 포트 D 확장 콘넥터(CN3) (2) 2개의 RS-232C 직렬포트(CN4, CN5) (3) 4개의 키입력 스위치(SW1~SW4) (4) 4개의 상태표시 LED(LED1~LED4) (5) +5V용 버저, 스피커 사운드 출력(CN6) (6) DAC0800 8비트 D/A 컨버터 (7) SPI 직렬통신에 의한 시리얼 EEPROM (8) 아날로그 비교기(J2, J3) 3. CPU 외부의 확장 I/O (1) 16자×2 문자 텍스트형 LCD 모듈 (2) 8개의 7세그먼트 LED (3) 8비트 병렬출력 인터페이스(CN7) (4) 스텝모터 구동 인터페이스(CN8) (5) DS12C887 베터리 백업형 리얼타임 클럭 (6) 8비트 8채널 A/D 컨버터 ADC0809 - 전압센서(VR1), 온도센서(LM35), 광센서(CdS) - 4채널 A/D 입력 콘넥터(CN9)	STK200/300의 AVR ISP 표준 (AVR ISP용 10핀 DIP 콘넥터) RS-232C 통신 케이블 기본 제공 (직렬포트) 0V~+10V, -10V~+10V 중에서 선택 (D/A 컨버터) 화면밝기 조절 및 백라이트 기능 포함 (LCD 모듈) ULN2803 출력 (스텝모터 구동 인터페이스) A/D 입력 범위는 0V~+5V (A/D 컨버터)
전원	+5V, ±15V (또는 ±12V도 사용 가능)	±15V는 아날로그 회로에서만 사용
PCB 외형	160×130mm 양면 에폭시 기판	

☞ *OK-162* 키트는 *OK-8515* 키트와 PCB를 공통으로 사용한다.

OK-8515 Kit

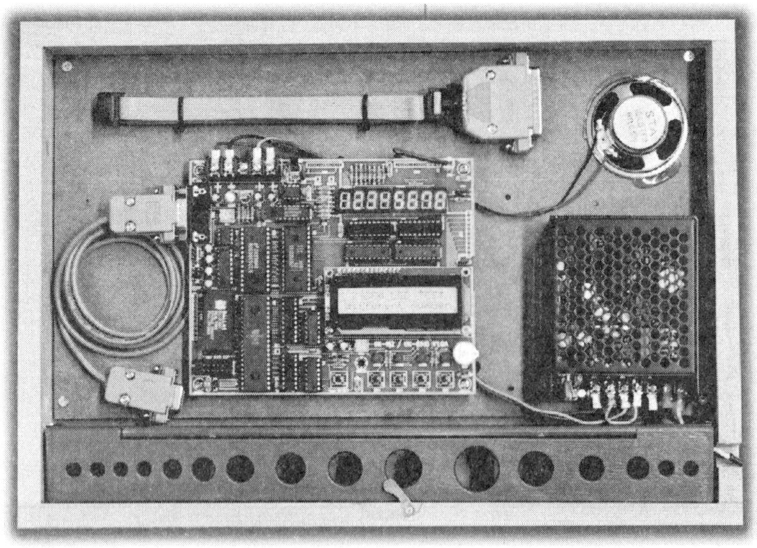

♣ PCB 별도 판매

저 자 : 윤덕용
ISBN : 89-7101-762-7
판 형 : B5
쪽 수 : 692
가 격 : 28,000원

OK-8515 KIT의 주요 사양

항 목	사 양	비 고
CPU	ATmega8515-16PI(16 MHz)	16 Mhz 수정발진자 사용
ROM	CPU에 내장된 8KB의 플래시 메모리	프로그램 저장
외부 RAM	62256-7(32 KB) (CPU에 내장된 512바이트는 별도)	사용자 데이터 저장
프로그램의 입력/실행	1. AVR ISP와 병렬 포트를 사용하는 방법 2. 기타 ISP와 직렬 포트를 사용하는 방법	1. AVR ISP 케이블 기본 제공 2. 응용 프로그램 기본 제공
I/O	1. CPU 프로그램용 콘넥터 AVR ISP용 10핀 DIP 콘넥터(CN2) 2. CPU가 직접 제어하는 I/O (1) 포트 B 및 포트 D 확장 콘넥터(CN3) (2) 1개의 RS-232C 직렬포트(CN4) (3) 4개의 키입력 스위치(SW1~SW4) (4) 4개의 상태표시 LED(LED1~LED4) (5) +5V용 버저, 스피커 사운드 출력(CN6) (6) DAC0800 8비트 D/A 컨버터 (7) SPI 직렬통신에 의한 시리얼 EEPROM (8) 아날로그 비교기(J2, J3) 3. CPU 외부의 확장 I/O (1) 16X2 문자 텍스트형 LCD 모듈 (2) 8개의 7세그먼트 LED (3) 8비트 병렬출력 인터페이스(CN7) (4) 스텝모터 구동 인터페이스(CN8) (5) DS12C887 배터리 백업형 리얼타임 클럭 (6) 8비트 8채널 A/D 컨버터 ADC0809 -전압센서(VR1), 온도센서(LM35), 광 센서(CdS) -4채널 A/D 입력 콘넥터(CN9)	STK200/300의 AVR ISP 표준 RS-232C 통신 케이블 기본 제공 0V~+10V, -10V~+10V 중에서 선택 화면밝기 조절 및 백라이트 기능 포함 ULN2803 출력 A/D 입력 범위는 0V~+5V
전원	+5V, ±15V (또는 ±12V도 사용 가능)	±15V는 아날로그 회로에서만 사용
PCB 외형	160×130mm 양면 에폭시 기판	

☞ *OK-8515* 키트는 *OK-162* 키트와 PCB를 공통으로 사용한다.

구입문의 : 학습기기 R&C사 / 도서출판 Ohm사 ✆ 02) 776-4868-9

KUT-8515 Kit

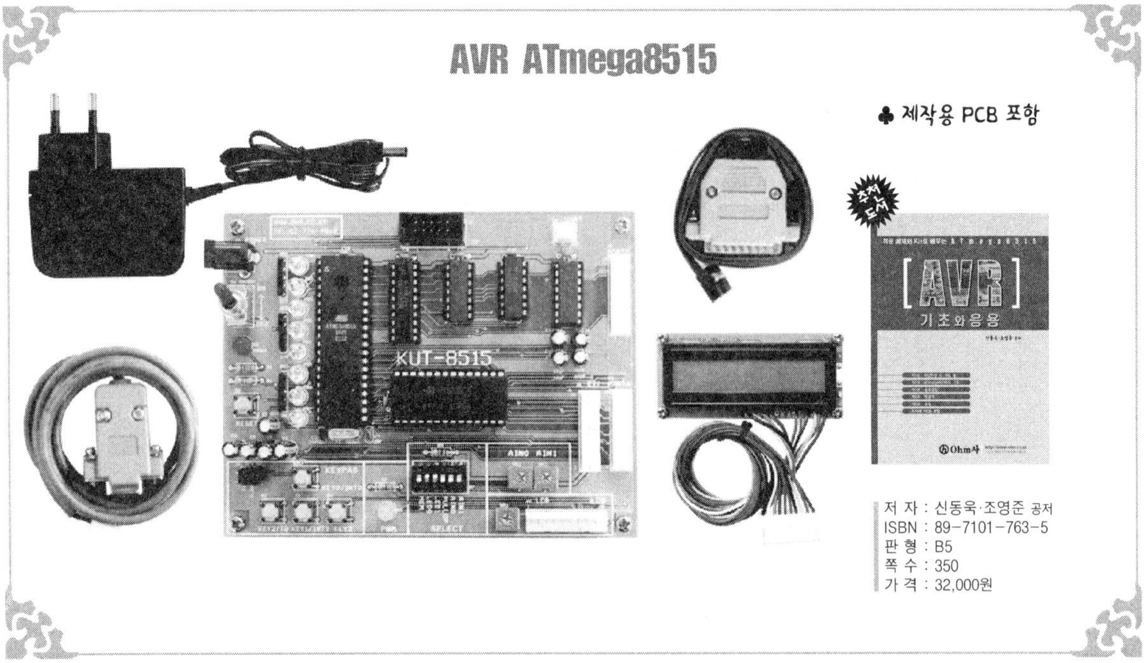

KUT-8515 KIT의 주요 사양

항 목	사 양	비 고
CPU	ATmega8515	16MHz 클럭 사용
메모리	RAM : 32K 바이트	선택적 사용
내장 주변장치	B 포트 : LED×8	선택적 사용
	D 포트 : 스위치×4	인터럽트와 연동 사용
	PWM 출력	LED로 확인
	아날로그 입력 비교	가변저항 이용
	2채널	스위치 입력, 외부 커넥터
전원	+5V	아답터 잭
외부 인터페이스	A 포트 커넥터	5V, PA0~PA7, GND(10핀)
	C 포트 커넥터	5V, PC0~PC7, GND(10핀)
	제어신호 커넥터	INT1 등 제어 신호 (10핀)
	RS-232C 커넥터	MAX232 내장(3핀)
	LCD 커넥터	4비트 데이터 버스 방식 (16문자×2라인 LCD 사용)
	ISP 커넥터	ISP 케이블 제작 필요 (또는 Ohm사 별매용 이용 가능)
PCB 외형	132×102mm 2층 에폭시 기판	

KUT-8515 완성 키트는 Atmel사의 AVR 8비트 RISC 프로세서인 ATmega8515의 기본적인 기능을 익히고 실험하는데 필요한 **최소한의 하드웨어로 구성된 쉽고 간단하며, 저렴한 트레이닝 키트**이다.
기존의 트레이닝 키트와는 달리 많은 주변기기를 내장하고 있지 않기 때문에 크기가 작아서 PC 옆에 놓고 사용하기에도 편리하다. 그리고 어느정도의 기본 학습이 끝나면, 단순한 교육용 키트가 아니라 독자 여러분이 제작하는 응용 시스템의 메인 CPU 보드로도 손쉽게 이용할 수가 있다. 책에서 소개된 ISP 케이블과 *CodeVisionAVR C* 컴파일러를 이용하여 사용자가 작성한 프로그램을 PC로부터 다운로드 하여 즉시 실험해 볼 수 있기 때문에 롬라이터와 같은 별도의 장비가 필요하지 않다.

구입문의 : 학습기기 R&C사 / 도서출판 Ohm사 ✆ 02) 776-4868-9

KUT-128 KIT의 주요 사양

항 목	사 양	비 고
MCU	ATmega128	16MHz 클럭 사용
내장 주변장치	• 포트 B, F : 7-Segment × 4 • 포트 C : LED × 8 • 포트 E : 스위치 × 4 • PWM 출력 • 아날로그 입력 비교 • A/D변환 2 입력	• 동적 구동 • 선택적 사용 • 인터럽트와 연동 사용 • LED로 확인 • 가변 저항 이용 • 가변저항 이용
전원	+5V	아답터 잭
외부 인터페이스	• 포트 A 커넥터 • 포트 C 커넥터 • 포트 G 커넥터 • RS-232 커넥터 • LCD 커넥터 • ISP 커넥터	• 5V, PA0-PA7, GND(10핀) • 5V, PC0-PC7, GND(10핀) • 메모리, I/O 확장 제어신호(10핀) • MAX232 내장(3핀) • 4비트 데이터 버스 방식 (16문자 × 2라인 LCD 사용) • ISP 케이블 제작 필요 (또는 Ohm사 별매품 이용 가능)
PCB 외형	KUT-128 MCU 보드 : 38mm × 40mm KUT-128 인터페이스 보드 : 142mm × 104mm	2층 에폭시 기판 2층 에폭시 기판

KUT-128 완성 보드는 Atmel사의 AVR 8비트 RISC 프로세서인 ATmega128 MCU 보드와 인터페이스 보드로 구성되며, ATmega128의 기본적인 기능을 익히고 실험하는데 필요한 최소한의 하드웨어로 구성된 **쉽고 간단하며, 저렴한 트레이닝 키트**이다. 기존의 트레이닝 키트와는 달리 많은 주변기기를 내장하고 있지 않기 때문에 크기가 작아서 PC 옆에 놓고 사용하기에도 편리하다. 그리고 어느 정도의 기본 학습이 끝나면, 단순한 교육용 키트가 아니라 독자 여러분이 제작하는 졸업작품 또는 응용 시스템의 메인 CPU 보드로도 손쉽게 이용할 수가 있다. 책에서 소개된 ISP 케이블과 *CodeVisionAVR C* 컴파일러를 이용하여 사용자가 작성한 프로그램을 PC로부터 다운로드 하여 즉시 실험해 볼 수 있기 때문에 롬라이터와 같은 별도의 장비가 필요하지 않다.

GLCD128X64

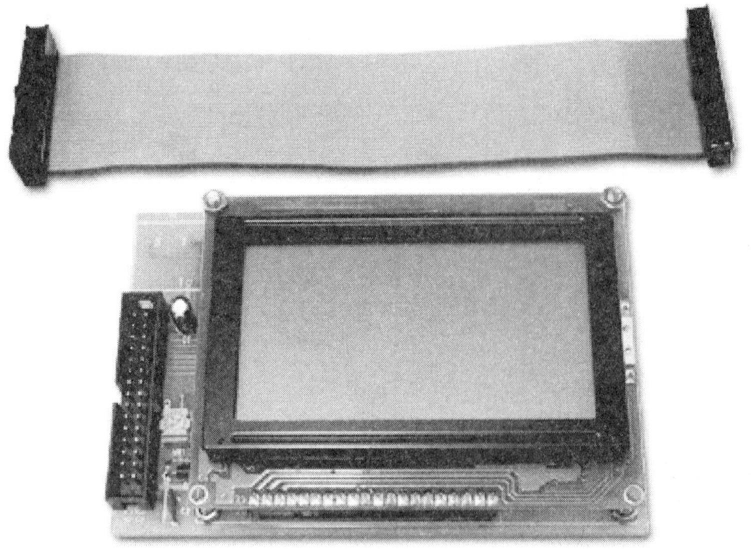

♣ PCB 포함

저 자 : 윤덕용
ISBN : 89-7101-760-0
판 형 : B5
쪽 수 : 798
가 격 : 43,000원

그래픽 LCD 확장보드의 주요 사양

항 목	사 양	비 고
해상도	128×64 도트, 단색	
사용 가능 LCD 모듈	(1) 삼성 SDI UG-13B04-SEAT5-2 (2) 현대 LCD HG12605NY-LY (3) 기타 이와 호환되는 그래픽형 LCD 모듈	EL 백라이트형 LED 백라이트형
접속 가능 키트	(1) *OK-8051* 키트 (2) *OK-196* 키트 (3) *TMS-31* 키트 (4) *TMS-32* 키트	
인터페이스 방법	(1) 82C55A를 사용하여 구동 (2) HIF3F-30PA-2.54DSA 콘넥터를 사용	
전원	키트에서 공급되는 +5V (LCD 모듈 내부에서 -10V를 만들어 사용)	30핀(전원 포함) EL 백라이트형은
PCB 외형	114×75 mm 양면 에폭시 기판	인버터 사용

그래픽형 LCD 모듈 확장보드 *GLCD128X64*는 *OK-8051* **키트**, *OK-196* **키트**, 그리고 *TMS-31/32* **키트**에 128×64 해상도의 그래픽형 LCD 모듈을 확장하여 사용할 수 있는 제품이다.
이들 키트에는 모두 16자×2행의 텍스트형 LCD 모듈이 내장되어 있으므로 이를 사용하는데는 문제가 없으나, 이들 키트들이 그래픽형 LCD 모듈은 가지고 있지 않으므로 이를 사용하려면 외부에 추가로 확장하여야 한다.

OK-128 V3.0 Kit

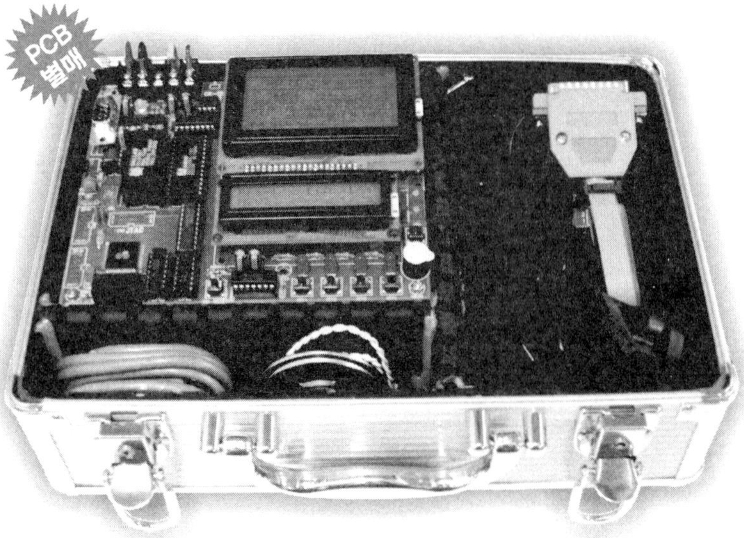

♣ PCB 별도 판매
(CPU 포함)

저 자 : 윤덕용
ISBN : 89-7101-771-6
판 형 : B5
쪽 수 : 1044
가 격 : 42,000원

OK-128 V3.0 KIT의 주요 사양

항 목	사 양	비 고
CPU	ATmega128-16AI/AU(16MHz)	16MHz 수정발진자 사용
ROM	CPU에 내장된 128KB의 플래시 메모리	프로그램 저장
외부 RAM	62256-7(32KB) (CPU에 내장된 4KB는 별도)	사용자 데이터 저장
프로그램의 입력/실행	1. AVR ISP 다운로드 케이블을 사용하는 방법 2. JTAG ICE 에뮬레이터를 사용하는 방법	1. 병렬포트형 AVR ISP 케이블 제공 (직렬포트형과 USB 포트형은 옵션) 2. 테스트 프로그램 기본 제공
I/O	1. CPU 프로그램용 콘넥터 (1) AVR ISP용 10핀 DIP 콘넥터(CN2) (2) JTAG ICE용 10핀 DIP 콘넥터(CN3) 2. CPU가 직접 제어하는 I/O (1) 4개의 키입력 스위치(KEY1~KEY4) (2) 4개의 상태표시 LED(LED1~LED4) (3) 외부 인터럽트 스위치(SW2) (4) +5V용 버저, 스피커 사운드 출력(CN6) (5) LM35D에 의한 온도센서(ADC1, ADC2) (6) 가변저항에 의한 전압센서(ADC3) (7) DAC0800 8비트 D/A 컨버터 (8) AT93C56 및 AT24C16 직렬 EEPROM (9) 2개의 RS-232C 직렬포트(CN4, CN5) (10) 병렬 I/O 포트 확장 콘넥터(CN8) (11) 도트 매트릭스 LED 접속 콘넥터(CN9) 3. 16×2 문자 텍스트형 LCD 모듈 4. 128×64 도트 그래픽형 LCD 모듈 5. 8개의 7세그먼트 LED 6. DS12C887 배터리 백업형 리얼타임 클록 7. 스텝모터 구동 인터페이스 콘넥터(CN7)	 STK200/300의 AVR ISP 표준 Atmel사의 JTAG ICE 표준 A/D 입력 범위는 0V~+5V 0V~+10V, -10V~+10V 중에서 선택 RS-232C 통신 케이블 기본 제공 화면밝기 조절 및 백라이트 기능 포함 화면밝기 조절 및 백라이트 기능 포함 ULN2803 출력
전원	+5V, ±15V (또는 ±12V도 사용 가능)	±15V는 아날로그 회로에서만 사용
PCB 외형	160×130mm 양면 에폭시 기판	

☞ 이것은 *OK-128* 키트와 *OK-64* 키트 겸용이므로 ATmega64-16AI/AU를 조립하면 *OK-64* 키트가 된다.

OK-1281/2561 Kit

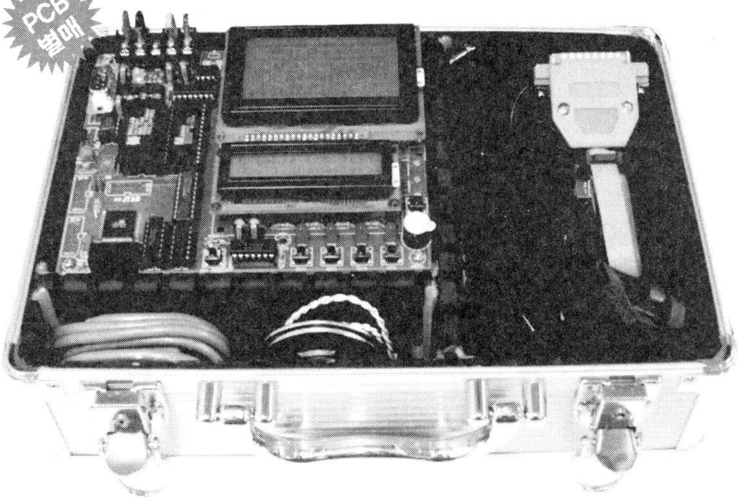

♣ 완성품 판매
SD, CF 카드 별매

저 자 : 윤덕용
ISBN : 89-7101-772-4
판 형 : B5
쪽 수 : 1092
가 격 : 43,000원

OK-1281/2561 KIT의 주요 사양

항 목	사 양	비 고
CPU	ATmega1281-16AU(16MHz) 또는 ATmega2561-16AU(16MHz)	16MHz 수정발진자 사용
ROM	CPU에 내장된 128/256KB의 플래시 메모리	프로그램 저장
외부 RAM	62256-7(32KB) (CPU에 내장된 8KB는 별도)	스택 및 사용자 데이터 저장
프로그램의 입력/실행	1. AVR ISP 다운로드 케이블을 사용하는 방법 2. JTAG ICE 에뮬레이터를 사용하는 방법	1. 병렬포트형 AVR ISP 케이블 제공 (직렬포트형과 USB 포트형은 옵션) 2. 테스트 프로그램 및 예제 기본 제공
I/O	1. CPU 프로그램용 콘넥터 (1) AVR ISP용 10핀 DIP 콘넥터(CN2) (2) JTAG ICE용 10핀 DIP 콘넥터(CN3) 2. CPU가 직접 제어하는 I/O (1) 4개의 키입력 스위치(KEY1~KEY4) (2) 4개의 상태표시 LED(LED1~LED4) (3) 외부 인터럽트 스위치(SW2) (4) +5V용 버저, 스피커 사운드 출력(CN6) (5) LM35D에 의한 온도센서(ADC1, ADC2) (6) 가변저항에 의한 전압센서(ADC3) (7) DAC0800 8비트 D/A 컨버터 (8) AT93C56 및 AT24C16 직렬 EEPROM (9) 2개의 RS-232C 직렬포트(CN4, CN5) (10) 병렬 I/O 포트 확장 콘넥터(CN8) (11) 도트 매트릭스 LED 접속 콘넥터(CN9) 3. 16×2 문자 텍스트형 LCD 모듈 4. 128×64 도트 그래픽형 LCD 모듈 5. 8개의 7세그먼트 LED 6. DS12C887 배터리 백업형 리얼타임 클록 7. 스텝모터 구동 인터페이스 콘넥터(CN7)	 STK200/300의 AVR ISP 표준 Atmel사의 JTAG ICE 표준 A/D 입력 범위는 0V~+5V 0V~+10V, -10V~+10V 중에서 선택 RS-232C 통신 케이블 기본 제공 화면밝기 조절 및 백라이트 기능 포함 화면밝기 조절 및 백라이트 기능 포함 ULN2803 출력
전원	+5V, ±15V (또는 ±12V도 사용 가능)	±15V는 아날로그 회로에서만 사용
PCB 외형	160×130mm 양면 에폭시 기판	

☞ 이것은 *OK-1281* 키트와 *OK-2561* 키트 겸용이므로 자신이 원하는 MCU 소자를 조립하면 된다.

OK-1280/2560 Kit

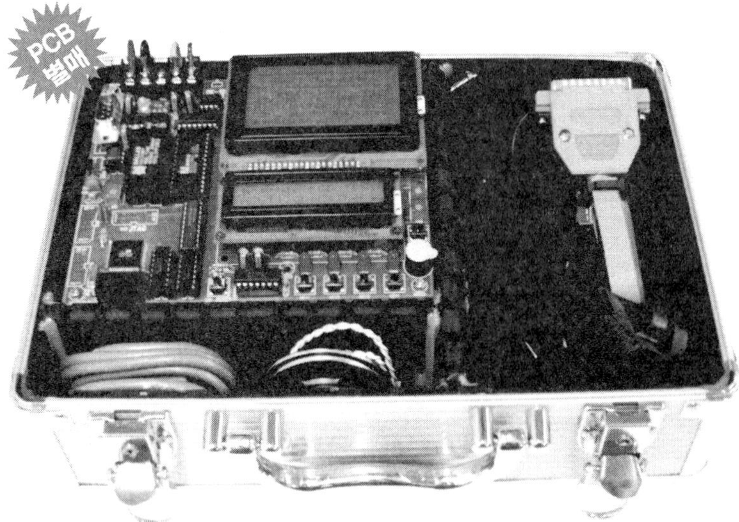

♣ PCB 별도 판매
(CPU 포함)

저 자 : 윤덕용
ISBN : 89-7101-773-2
판 형 : B5
쪽 수 : 1092
가 격 : 43,000원

OK-1280/2560 KIT의 주요 사양

항 목	사 양	비 고
CPU	ATmega1280-16AU(16MHz) 또는 ATmega2560-16AU(16MHz)	16MHz 수정발진자 사용
ROM	CPU에 내장된 128/256KB의 플래시 메모리	프로그램 저장
RAM	CPU에 내장된 8KB의 플래시 메모리	스택 및 사용자 데이터 저장
프로그램의 입력/실행	1. AVR ISP 다운로드 케이블을 사용하는 방법 2. JTAG ICE 에뮬레이터를 사용하는 방법	1. 병렬포트형 AVR ISP 케이블 제공 (직렬포트형과 USB 포트형은 옵션) 2. 테스트 프로그램 및 예제 기본 제공
I/O	1. CPU 프로그램용 콘넥터 (1) AVR ISP용 10핀 DIP 콘넥터(CN2) (2) JTAG ICE용 10핀 DIP 콘넥터(CN3) 2. CPU가 직접 제어하는 I/O (1) 4개의 키입력 스위치(KEY1~KEY4) (2) 4개의 상태표시 LED(LED1~LED4) (3) 외부 인터럽트 스위치(SW2) (4) +5V용 버저, 스피커 사운드 출력(CN6) (5) LM35D에 의한 온도센서(ADC1, ADC2) (6) 가변저항에 의한 전압센서(ADC3) (7) DAC0800 8비트 D/A 컨버터 (8) AT93C56 및 AT24C16 직렬 EEPROM (9) 2개의 RS-232C 직렬포트(CN4, CN5) (10) 병렬 I/O 포트 확장 콘넥터(CN8~CN10) (11) 16×2 문자 텍스트형 LCD 모듈 (12) 128×64 도트 그래픽형 LCD 모듈 (13) 8개의 7세그먼트 LED (14) 스텝모터 구동 인터페이스 콘넥터(CN7) 3. DS12C887 배터리 백업형 리얼타임 클록	 STK200/300의 AVR ISP 표준 Atmel사의 JTAG ICE 표준 A/D 입력 범위는 0V~+5V 0V~+10V, -10V~+10V 중에서 선택 RS-232C 통신 케이블 기본 제공 화면밝기 조절 및 백라이트 기능 포함 화면밝기 조절 및 백라이트 기능 포함 ULN2803 출력
전원	+5V, ±15V (또는 ±12V도 사용 가능)	±15V는 아날로그 회로에서만 사용
PCB 외형	160×130mm 양면 에폭시 기판	

☞ 이것은 *OK-1280* 키트와 *OK-2560* 키트 겸용이므로 자신이 원하는 MCU 소자를 조립하면 된다.

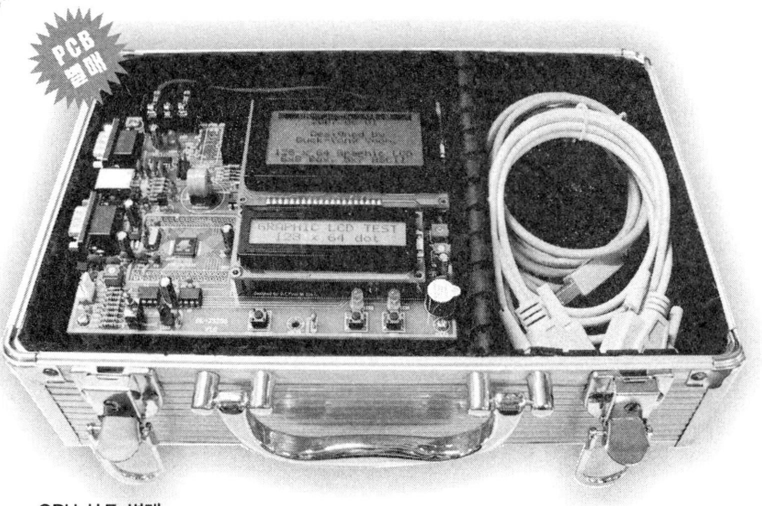

ARM 시작하기 시리즈 1

ARM7TDMI
AT91SAM7S256으로 시작하기

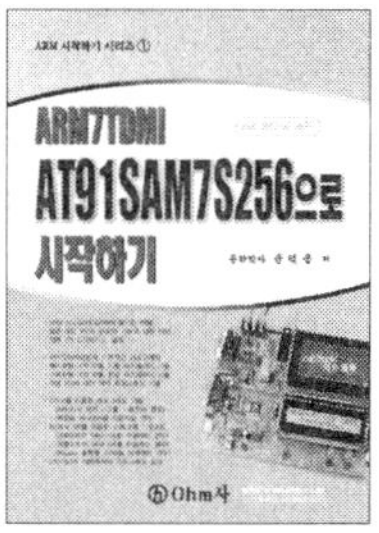

저 자 : 윤덕용
ISBN : 89-7101-775-9
판 형 : B5
쪽 수 : 924
가 격 : 39,000원

CPU 보드 별매

☞ CPU는 메인보드에 직접 납땜할 수도 있고, CPU보드에 납땜하여 메인보드에 장착할 수도 있다.

OK-7S256 키트의 주요 사양

항 목	사 양	비 고
CPU	AT91SAM7S256-AU-001	1.메인 보드에 직접 조립하는 방법 2.CPU 보드를 사용하는 방법(CN10~11)
ROM	CPU에 내장된 256KB(64KW)의 플래시 메모리	프로그램 및 상수 데이터 저장
RAM	CPU에 내장된 64KB의 SRAM	프로그램, 스택, 사용자 데이터 저장
프로그램의 입력/실행	1. USB포트형 다운로드 케이블을 사용하는 방법 2. 직렬포트형 다운로드 케이블을 사용하는 방법 3. JTAG 인터페이스를 사용하는 방법	1. USB A-B형 케이블 사용(기본 제공) 2. RS-232C 케이블 사용(기본 제공) 3. *OK-JTAG* 케이블 사용(선택 사양)
I/O	1. CPU 프로그램용 콘넥터 (1) JTAG 인터페이스용 20핀 콘넥터(CN2) (2) JTAG 인터페이스용 14핀 콘넥터(CN3) (3) USB 포트용 4핀 콘넥터(CN4) (4) 직렬포트 DBUG용 9핀 콘넥터(CN5) 2. SAM-BA Boot 프로그램을 플래시 메모리에 로드하는 장치(SW2 및 LED3) 3. CPU가 직접 제어하는 I/O (1) 2개의 키입력 스위치(KEY1~KEY2) (2) 2개의 상태표시 LED(LED1~LED2) (3) +5V용 버저, 스피커 사운드 출력(CN7) (4) 16×2 문자 텍스트형 LCD 모듈 (5) 128×64 도트 그래픽형 LCD 모듈 (6) LM35D에 의한 온도센서(AD4) (7) 가변저항에 의한 전압센서(AD5) (8) 외부 A/D 입력 콘넥터(CN8, AD6~AD7) (9) RS-232C 직렬통신 포트(CN6) (10) SPI를 사용한 SD/MMC 카드 인터페이스(CN9) (11) SPI를 사용한 AT93C56 직렬 EEPROM (12) TWI를 사용한 DS1307 리얼타임 클록 (13) 3개의 테스트 포인트 TP1~TP3	 Wiggler 호환의 *OK-JTAG*을 사용 Wiggler 호환의 *OK-JTAG*을 사용 표준 USB A-B형 케이블 사용 표준 9핀 RS-232C 케이블 사용 약 10초의 동작시간 동안 LED3이 점등 화면밝기 조절 및 백라이트 기능 포함 화면밝기 조절 및 백라이트 기능 포함 A/D 입력 범위는 0V~+3.3V 표준 9핀 RS-232C 케이블 사용 전원 백업 기능 포함(배터리, 수퍼캡) 각각 PWM0, PWM1, PCK1 출력
전원	+5V(키트에서 +3.3V 레귤레이터 사용)	CPU 내부에서 +1.8V 레귤레이터 사용
PCB	160×130mm 양면 에폭시 기판	

☞ *OK-7S256* 키트에는 필요하면 AT91SAM7S512/256/128/64/321을 조립하여 사용할 수도 있다.

전자공작 및 인터페이스 외

도서 및 키트는 OHM나 홈페이지 SHOP에서 구입 가능!

적외선 6족 보행로봇

♣ 부품 SET로 판매

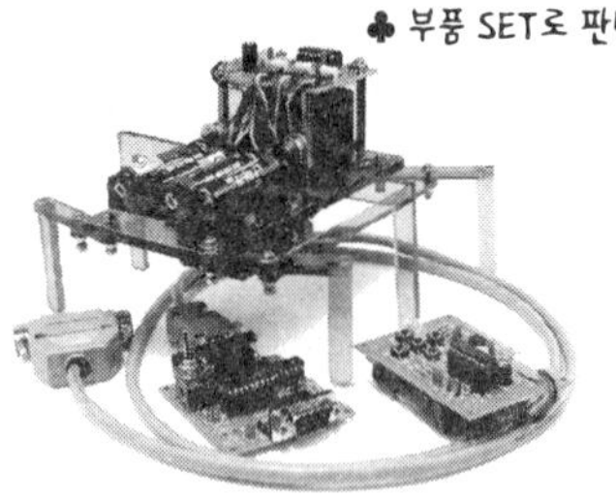

적외선 송신기로부터 전송 되어온 데이터를 판독하여 3개의 서브모터를 순차적으로 구동하여 로봇을 보행할 수 있고 프로그램에 의하여 보행속도도 조절할 수 있다.
교재 : 적외선으로 움직이는 PIC ROBOT

적외선 주행로봇 & 라인트레이서

♣ 부품 SET로 판매

기어모터(감속비 38:1)를 채용하므로서 정밀제어가가능하고, 360도 회전이 가능하며 빠른 스피드를 낼 수 있다. 데이터의 송수신 방법은 6족 로봇과 동일
교재 : 적외선으로 움직이는 PIC ROBOT

PIC 응용 제작

♣ 부품 SET로 판매

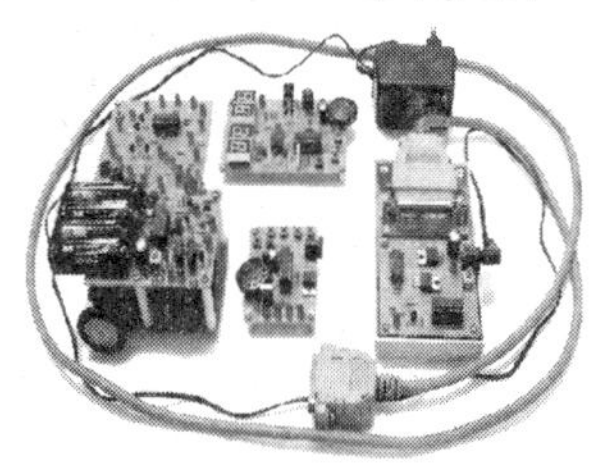

PIC프로그래머, 암호인식 초인종 하트무늬 깜빡이, 시계와 라인트레이서등의 아이템으로 구성되어 있어 마이컴 입문자들에게 유익한 실습키트임.
교재 : PIC16F84 응용 제작

침입자 경보기

♣ 부품 SET로 판매

레이저빔을 가로질러가는 사람이나 물체가 있다면 경보를 울리는 키트. 응용범위가 매우 넓은 아이템(작품 1,2키트 포함)
교재 : 기초로봇의 제작

라인트레이서

♣ 부품 SET로 판매

검정라인을 추적하여 주행 6개의 적외선 센서
패키지 구성
*센서감지와 비교, 제어회로
*로봇프레임 & 기어박스
교재 : 기초로봇의 제작

축구로봇

♣ 부품 SET로 판매

RF를 이용한 로봇 제어, 4ch. 송수신 가능
패키지 구성
* RF송수신회로 제어회로
* 로봇프레임SET & 기어모터 SET
교재 : 기초로봇의 제작

라인마우스-깨돌이

♣ 부품 SET로 판매

CPU:V25
RAM:61256
ROM:27256
모터구동부:SLA7024*2조
밧데리:SANYO 1.2 250mA 3A*10개
* CPU,모터,센서,몸체부로 구성
* 기본 프로그램이 포함

V-IO Board

완제품

♣ 부품 SET도 판매함

PC의 ISA슬롯을 이용하는 인터페이스카드로A/D, D/A컨버터를 이용한 아날로그 디지털 상호변환 신호처리와 I/O, 타이머, 카운터, 스텝모터, LCD제어등에 활용할 수 있다.
교재 : C가 미는 로보트 I, II, III

C-패러렐포트 I

완제품

PC의 페러럴 포트를 이용하여 LED, 7Segment, 키패드 입력등의 실험을 할 수 있는 키트
교재 : C로 미는 PC자동제어응용
C로 쓰는 윈도우즈 병렬포트
VB로 미는 PC 자동제어 응용

C-패러렐포트 II

완제품

정역회전, 스피드조절, 센서의 동작을 실험해 볼 수 있는 스테핑모터 모듈
교재 : VB 로 미는 PC 제동제어 응용
그 밖의 마이컴 응용교재

AT89C Writer

완제품

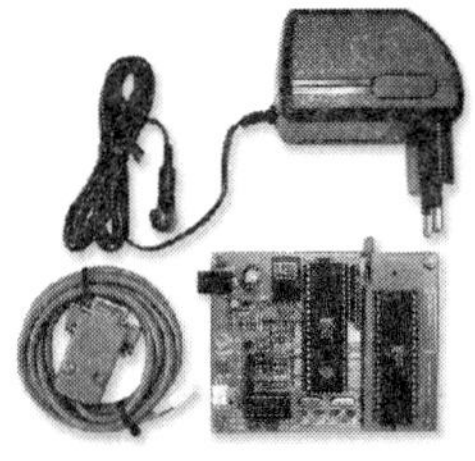

AT89C51,52 40DIP 핀 AT89C1051, 2051, 4051 20DIP 핀 지원
RS-232C serial 다운로드
TEXTOOL 장착, 라이터 전용프로그램 제공
(TEXTOOL에 장착된 89C51은 제외)

구입문의 : 학습기기 R&C사 / 도서출판 Ohm사 ✆ 02) 776-4868-9

AVR ISP Studio / STK500 · AVR ISP Studio / AvrProg [직렬포트형]

RS-232C 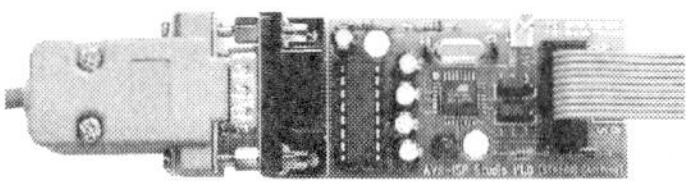 ISP

AVR ISP Studio 다운로드 케이블은 퍼스널컴퓨터 측에서 어떤 통신프로그램을 사용하는지에 따라 **AVR ISP Studio/STK500** 모델과 **AVR ISP Studio/AvrProg** 모델로 나누어진다. 이것들은 동일한 하드웨어를 사용하지만 ATmega8에 장착되는 펌웨어가 서로 다르다.

(1) AVR 모델의 모든 ATmega 패밀리에 적용
(2) 별도의 장비 없이 이 케이블만으로 사용자 프로그램을 다운로드
(3) AVR Studio 프로그램과 함께 사용
(4) 초고속 다운로드
(5) 10핀 80센티 플랫 케이블 포함

AVR ISP 케이블 [USB형]

노트북 사용자에게 꼭 필요한

USB  ISP

(1) AVR 모델의 모든 ATmega 패밀리에 적용
(2) 별도의 장비 없이 이 케이블만으로 사용자 프로그램을 다운로드
(3) AVR Studio 프로그램과 함께 사용
(4) 초고속 다운로드
(5) 10핀 80센티 플랫 케이블 포함

AVR ISP 케이블 [직렬포트형]

RS-232C  ISP

(1) AVR 모델의 모든 ATmega 패밀리에 적용
(2) 별도의 장비 없이 이 케이블만으로 사용자 프로그램을 다운로드
(3) PonyProg2000 프로그램과 함께 사용
(4) 병렬포트형 AVR ISP와 비슷한 다운로드 속도
(5) 10핀 80센티 플랫 케이블 포함

USB TO RS-232C 컨버터 동글

노트북 사용자에게 꼭 필요한

USB 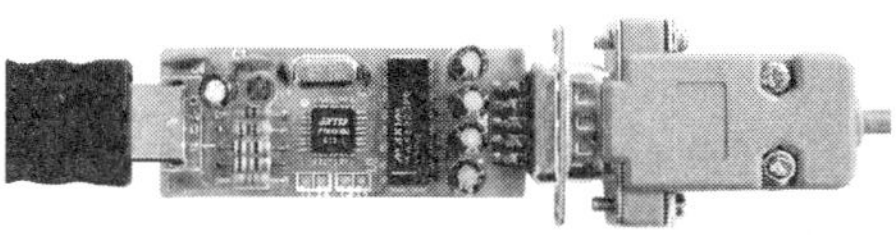 RS-232C

(1) USB 신호를 RS-232C 신호로 변환
(2) USB 포트를 가상적인 COM3 포트로 사용
(3) 하이퍼터미널등과 같은 직렬통신 프로그램 사용
(4) 9600, 19200, 115200 등 하이퍼터미널에서 설정할 수 있는 모든 통신 포맷 사용 가능
(5) 본사의 모든 키트에서 직렬통신 또는 모니터 프로그램용으로 사용 가능

MOTOR CONTROL BOARD

이 보드는 OK-128/162/8515 키트 또는 JJ-128 키트에 접속하여 스텝모터 및 직류서보모터를 동시에 구동 또는 제어할 수 있는 I/O 확장 보드.

스텝모터 또는 직류서보모터를 동시에 구동하지 않고 하나씩만 구동한다면 8051 등의 임의 마이크로콘트롤러 키트에 적용할 수 있다.

케이블 외

도서 및 키트는 OHM사 홈페이지 SHOP에서 구입 가능!

AVR ISP 케이블 [USB형]

노트북 사용자에게 꼭 필요한

USB 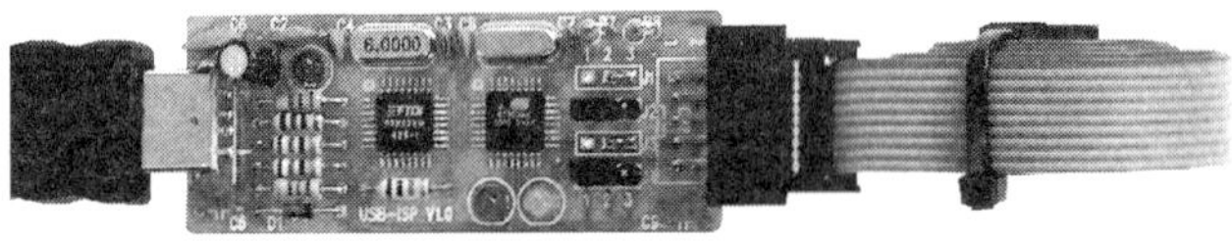 ISP

(1) AVR 모델의 모든 ATmega 패밀리에 적용
(2) 별도의 장비 없이 이 케이블만으로 사용자 프로그램을 다운로드
(3) AVR Studio 프로그램과 함께 사용
(4) 초고속 다운로드
(5) 10핀 80센티 플랫 케이블 포함

AVR ISP 케이블 [직렬포트형]

RS-232C  ISP

(1) AVR 모델의 모든 ATmega 패밀리에 적용
(2) 별도의 장비 없이 이 케이블만으로 사용자 프로그램을 다운로드
(3) PonyProg2000 프로그램과 함께 사용
(4) 병렬포트형 AVR ISP와 비슷한 다운로드 속도
(5) 10핀 80센티 플랫 케이블 포함

USB TO RS-232C 컨버터 동글

노트북 사용자에게 꼭 필요한

USB  RS-232C

(1) USB 신호를 RS-232C 신호로 변환
(2) USB 포트를 가상적인 COM3 포트로 사용
(3) 하이퍼터미널등과 같은 직렬통신 프로그램 사용
(4) 9600, 19200, 115200등 하이퍼터미널에서 설정할 수 있는 모든 통신 포맷 사용 가능
(5) 본사의 모든 키트에서 직렬통신 또는 모니터 프로그램용으로 사용 가능

MOTOR CONTROL BOARD

이 보드는 OK-128/162/8515 키트 또는 JJ-128 키트에 접속하여 스텝모터 및 직류서보모터를 동시에 구동 또는 제어할 수 있는 I/O 확장 보드.

스텝모터 또는 직류서보모터를 동시에 구동하지 않고 하나씩만 구동한다면 8051 등의 임의 마이크로콘트롤러 키트에 적용할 수 있다.

KUT-128 응용 키트

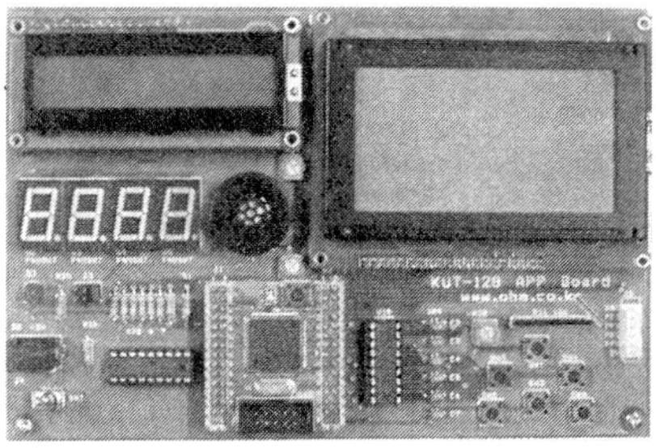

KUT-128 APP 보드 + MCU 보드
(그래픽 LCD 장착)

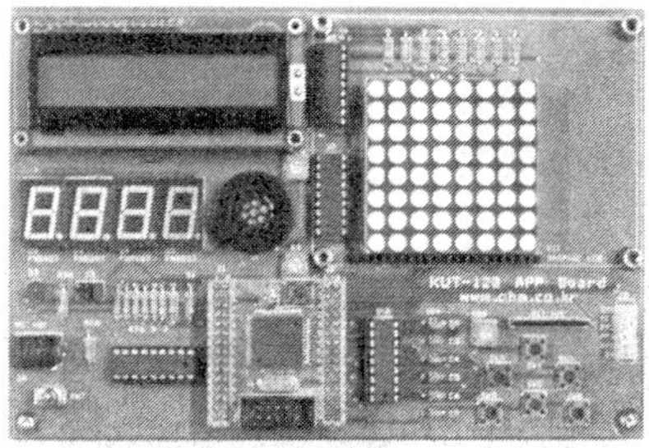

KUT-128 APP 보드 + MCU 보드
(도트매트릭스 장착)

MCU 보드 ▶

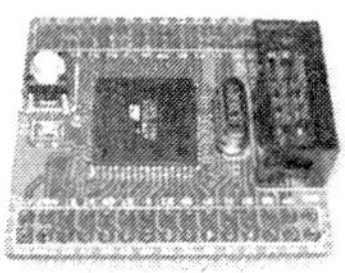

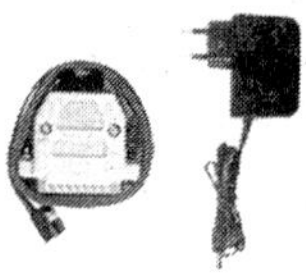

♣ 상품 구성 : KUT128 MCU 보드+KUT-128 APP 보드
-7 segment, 스피커 기본 장착
-그래픽 LCD와 도트매트릭스 선택 사용
-캐릭터 LCD, 그래픽 LCD, 도트매트릭스 별도 판매

KUT-128 응용 키트의 주요 사양

항 목	사 양	비 고
MCU	ATmega128	16MHz 수정 발진자
외부 인터페이스	· 7-Segment 구동회로(PB0-PB6, PF4-PF7) · 스위치 입력 회로(PD0-PD3, PE6-PE7) · 캐릭터 LCD(PD4-PD7, PE0-PE2) · 그래픽 LCD(PA0-PA7, PG0-PG1) · 도트매트릭스(PA0-PA7, PC0-PC7, PG0-PG4, PE3-PE5) · 스피커 (PB7) · 외부 아날로그 입력 (PF0-PF3)	· 4개 동적구동 · 6개 외부 인터럽트 · 4비트 구동방식(16문자×2라인) · 128×64 도트 · 8×8도트, 동적구동 (적색, 녹색, 주황색) · PWM 파형 (OCIC 핀) · 4개 아날로그 신호 입력
전원	· +5V 단일 전원	· 어댑터 사용
프로그래밍	ISP 케이블 사용	PC 프린터 포트에 연결
PCB 외형	KUT-128 MCU 보드 : 38mm × 40mm KUT-128 APP 보드 : 180mm × 121mm	2층 에폭시 기판 2층 에폭시 기판

KUT-128 응용 보드는 KUT-128 MCU 보드와 KUT-128 APP 보드로 구성되어 있다, KUT-128 MCU 보드는 Atmel사의 AVR 8비트 마이크로프로세서 ATmega128을 탑재하고 있다. 그리고 KUT-128 APP 보드는 7-Segment, 캐릭터 LCD, 그래픽 LCD, 8×8 도트매트릭스, 스피커, 6개 스위치를 탑재하고 있어 ATmega128의 다양한 응용 실습과 함께 실기작품 및 졸업작품 제작에 활용할 수 있는 저렴한 트레이닝 키트이다.

구입문의 : 학습기기 R&C사 / 도서출판 Ohm사 ✆ 02) 776-4868-9 http://www.ohm.co.kr

OK-X128A1 키트

♣ 상품 구성 : 완성품 (Full Set) 판매
PCB 별도 판매

추천도서

- 저　　자 : 윤 덕 용
- 발행처 : OHM사
- 쪽　　수 : 1167
- I S B N : 978-89-7101-783-X
- 정　　가 : 48,000원

OK-X128A1 키트의 주요 사양

항 목	사 양	비 고
1. CPU	ATxmega128A1-AU(32 MHz) ☞ 모든 XMEGA A1 패밀리 모델 사용 가능	16MHz 수정 발진자 사용
2. ROM	CPU에 내장된 128KB의 플래시 메모리	프로그램 저장
3. RAM	CPU에 내장된 8KB	사용자 데이터 저장 및 스택
4. 프로그램 입력/실행	1. AVR PDI 다운로드 케이블을 사용하는 방법 2. JTAG 에뮬레이터를 사용하는 방법	1. Atmel사의 AVRISP mkII 2. Atmel사의 JTAGICE mkII
5. I/O	1. CPU 프로그램용 커넥터 (1) AVR PDI용 6핀 DIP 커넥터(CN2) (2) JTAG ICE용 10핀 DIP 커넥터(CN3) 2. 기본 입출력 장치 (1) 4개의 키입력 스위치(KEY1~KEY4) (2) 4개의 상태표시 LED(LED1~LED4) (3) +5V용 버저, 스피커 사운드 출력(CN6) (4) *TFT-32HX* 3.2인치 TFT-LCD 보드 64MB~32GB의 SD 카드 (5) RS-232C 직렬포트(CN7) 3. 기타 입출력 장치 (1) LM35DZ에 의한 온도센서(ADC4) (2) +5V, +3.3V, +2.5V 전압센서(ADC5~7) (3) 12비트 D/A 컨버터 출력(DAC0~3) (4) 포트B, C의 출력을 관측하는 테스트 단자 (5) DS1307 배터리 백업형 리얼타임 클록(U9) (6) TCN75-5.0MOA 반도체 온도센서(U10) (7) VS1033을 사용한 MP3 플레이어(U11) 4. 옵션 기능 (1) WIZ812MJ TCP/IP LAN 통신 모듈(MOD1) (2) *USB-UART* USB 통신모듈 (MOD2) (3) UST-SNR-GPS GPS 모듈(MOD2) (4) myAcce13LV02 3축 가속도 센서 모듈(MOD3) (5) NT-TS601 초음파 센서 모듈(MOD4)	 Atmel사의 AVRISP mkII 사용 Atmel사의 JTAGICE mkII 사용 240×320 픽셀, 터치스크린 내장 TFT-LCD 보드에 내장 0~+100℃ 2.4V NiMH 배터리 사용 -55~+125℃ CN8에 외장 스피커를 연결 사용 http://www.ewizenet.kr/구입 http://www.ohm.co.kr/구입 http://www.devicemart.co.kr/구입 http://www.devicemart.co.kr/구입 http://www.devicemart.co.kr/구입
6. 전원	+5V/3A SMPS(CN1)	키트 내부에서 +3.3V, +2.5V 발생
7. PCB 외형	144×106mm 양면 에폭시 기판	

☞ MOD1~MOD4에 장착할 모듈은 선택사양이므로 기본으로 제공되지 않으며 별도로 구입해야 한다.

구입문의 : 학습기기 R&C사 / 도서출판 Ohm사 ✆ 02) 776-4868-9 http://www.ohm.co.kr

OK-128TFT 키트

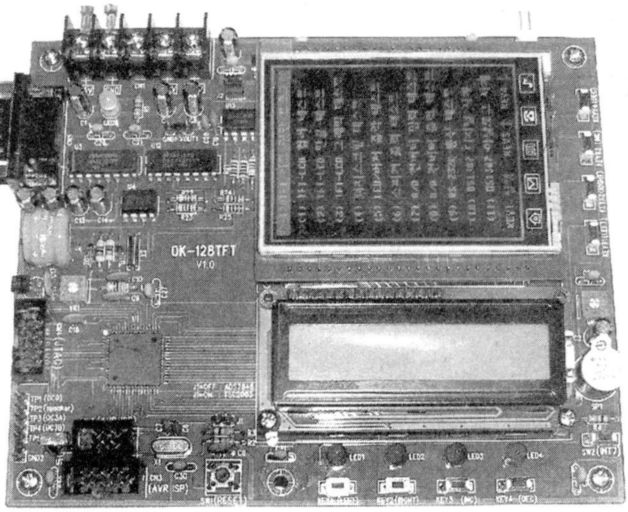

♣ 상품 구성 : 완성품 (Full Set) 판매
PCB 별도 판매

- 저　자 : 윤 덕 용
- 발행처 : OHM사
- 쪽　수 : 1100
- ISBN : 978-89-7101-785-6
- 정　가 : 50,000원

OK-128TFT 키트 V1.0의 주요 사양

항 목	사 양	비 고
1. MCU	ATmega128A-AU(16 MHz)	16MHz 수정 발진자 사용
2. ROM	MCU에 내장된 128KB의 플래시 메모리	프로그램 저장
3. RAM	MCU에 내장된 4KB	스택 및 사용자 데이터 저장용
4. 프로그램 입력/실행	1. AVR ISP 다운로드 케이블을 사용하는 방법 2. JTAG ICE 에뮬레이터를 사용하는 방법	병렬포트형 AVR ISP 케이블 제공 (USB 포트형은 옵션 사양) 테스트 프로그램 기본 제공
5. I/O	1. MCU 프로그램용 컨넥터 ① AVR ISP 6핀 DIP 컨넥터(CN2) ② AVR ISP용 10핀 DIP 컨넥터(CN3) ③ JTAG ICE용 10핀 DIP 컨넥터(CN4) 2. MCU가 직접 제어하는 I/O ① 16×2 문자 텍스트 LCD 모듈 ② 3.2인치 240×320 픽셀 TFT-LCD 모듈 ③ 4개의 키입력 스위치(KEY1~KEY4) ④ 4개의 상태표시 LED(LED1~LED4) ⑤ +5V용 버저, 스피커 사운드 출력(CN6) ⑥ RS-232C 직렬포트(CN5) ⑦ LM35D에 의한 온도센서(ADC1, ADC2) ⑧ 가변저항에 의한 전압센서(ADC3) ⑨ DAC0800 8비트 D/A 컨버터 출력 ⑩ DS1307 배터리 백업형 리얼타임 클록 ⑪ AT93C56 및 AT24C16 직렬 EEPROM ⑫ 외부 인터럽트 스위치(SW2)	 Atmel사의 AVR ISP 표준 Atmel사의 AVR ISP 표준 Atmel사의 JTAG ICE 표준 화면밝기 조절 및 백라이트 기능 포함 터치 스크린 및 SD 카드 컨넥터 포함 KEYX1~KEYX4도 각각 동일한 기능 RS-232C 통신 케이블 기본 제공 J2로 0V~+10V, -10V~+10V 범위 선택
6. 전원	+5V, ±15V(또는 ±12V도 사용 가능)	±15V는 아날로그 회로에서만 사용
7. PCB 외형	160×130mm 양면 에폭시 기판	

☞ 키트 내부에서 +5V 전원으로부터 +3.3V를 만들어 TFT-LCD 모듈에서 사용함.

구입문의 : 학습기기 R&C사 / 도서출판 Ohm사 ✆ 02) 776-4868-9 http://www.ohm.co.kr

OK-STM32FO 키트

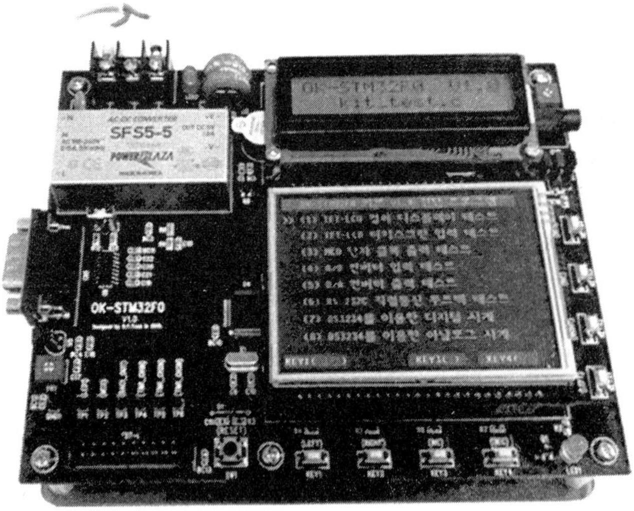

♣ 상품구성 : 완성품(Full Set) 판매
PCB 별도 판매

- 저 자 : 윤덕용
- 발행처 : OHM사
- 쪽 수 : 1036
- ISBN : 978-89-7101-786-9
- 정 가 : 55,000원

OK-STM32FO 키트의 주요 사양

항 목	사 양	비 고
1. CPU	STM32F051R8T6	48MHz로 동작
2. ROM	CPU에 내장된 64KB의 플래시 메모리	프로그램 및 상수 데이터 저장
3. RAM	CPU에 내장된 8KB의 SRAM	프로그램, 스택, 사용자 데이터 저장
4. 프로그램 입력/실행	1. 에뮬레이터를 사용하는 방법 2. RS-232C 직렬통신 케이블을 사용하는 방법	기본으로 ST-LINK/V2 에뮬레이터 사용 부트로더와 USART1 포트로 사용 가능
5. I/O	1. CPU 프로그램용 컨넥터 (1) SWD 인터페이스용 20핀 컨넥터(CN2) (2) RS-232C 직렬통신 컨넥터(CN5) 2. 기본 입출력 장치 (1) 16자×2행 텍스트 LCD 모듈 (2) 320×240픽셀 터치스크린 TFT-LCD 모듈 (3) SPI를 사용한 SD 카드 인터페이스 (4) 4개의 키입력 스위치(KEY1~KEY4) 4개의 보조 키 스위치(KEYX1~KEYX4) (5) 1개의 상태표시 LED(LED1) (6) +5V용 버저 (7) RS-232C 직렬통신 컨넥터(CN5) 3. 기타 입출력 장치 (1) +5V, +3.3V 전압센서(ADC0, ADC1) (2) 가변저항 VR1에 의한 전압센서(ADC2) (3) LM35DZ 온도센서(U5, ADC3) (4) 1개의 D/A 컨버터 출력(DAC_OUT) (5) TV 리모컨 입력 (6) 6개의 테스트 포인트(TP1~TP6) (7) SPI를 사용한 DS3234 리얼타임 클록(U8) (8) I2C를 사용한 AT24C16 EEPROM(U7) (9) VS1053b를 사용한 MP3 플레이어 회로	ST-LINK/V2 에뮬레이터 사용 표준 9핀 RS-232C 케이블 사용 별도의 TFT-2432A 보드를 장착 사용 별도의 TFT-2432A 보드에 내장 표준 9핀 RS-232C 케이블 사용 온도측정 범위는 0~100℃ A/D 입력 범위는 0~+3.3V D/A 출력 범위는 0~+3.3V 2.4V 충전용 NiMH 배터리로 전원 백업 CN6 컨넥터에 외장형 스피커를 연결
6. 전원	+5V(키트에서 +3.3V 및 +1.8V 레귤레이터 사용)	
7. PCB	160×130mm 양면 에폭시 기판	

☞ OK-STM32F0 키트에는 STM32F0 시리즈의 모든 64핀짜리 소자를 조립하여 사용할 수 있다.

구입문의 : 학습기기 R&C사 / 도서출판 Ohm사 ✆ 02) 776-4868-9 http://www.ohm.co.kr

저자 소개

신 동 욱

- 한양대학교 전자공학과 학사, 공학석사
- 일본 와세다 대학 응용물리학과 공학박사
- 한국기술교육대학교 정보기술공학부 교수

<저서>

쉬운 예제와 Kit로 배우는 8051 기초와 응용, Ohm사
쉬운 예제와 Kit로 배우는 ATmega8515 기초와 응용, Ohm사
PIC 마이컴 보드로 배우는 PIC16F874A/877A, Ohm사
기초전자실습, Ohm사
알기쉽게 배우는 AVR ATmega128, Ohm사
AVR ATmega128을 활용한 응용 실습편 졸업작품 만들기(III), Ohm사

AVR ATmega128을 활용한 응용 실습편-[게임특집]

졸업작품 만들기 (VI) *KUT-128 보드 별매*

초판인쇄	2009년 1월 15일
1판 2쇄	2014년 3월 10일
저 자	신동욱 저
발 행 인	곽 종 학
발 행 처	도서출판 Ohm사
주 소	140-150 서울 용산구 갈월동 17번지 세기B/D
전 화	02-776-4868~9
팩 스	02-779-6757
등록번호	1975년 9월 12일 제3-3호

http://www.ohm.co.kr E-mail:ohm@ohm.co.kr

ISBN 89-7101-780-5 정가 28,000원